불멸의 명작
영화 50선

불멸의 명작 영화 50선

발행일	2023년 7월 19일		
지은이	고지찬		
펴낸이	손형국		
펴낸곳	(주)북랩		
편집인	선일영	편집	정두철, 윤용민, 배진용, 김부경, 김다빈
디자인	이현수, 김민하, 김영주, 안유경	제작	박기성, 구성우, 변성주, 배상진
마케팅	김회란, 박진관		
출판등록	2004. 12. 1(제2012-000051호)		
주소	서울특별시 금천구 가산디지털 1로 168, 우림라이온스밸리 B동 B113~114호, C동 B101호		
홈페이지	www.book.co.kr		
전화번호	(02)2026-5777	팩스	(02)3159-9637

ISBN   979-11-6836-982-5 03900 (종이책)   979-11-6836-983-2 05900 (전자책)

(주)북랩 성공출판의 파트너

북랩 홈페이지와 패밀리 사이트에서 다양한 출판 솔루션을 만나 보세요!

홈페이지 book.co.kr   •   **블로그** blog.naver.com/essaybook   •   **출판문의** book@book.co.kr

---

작가 연락처 문의 ▸ ask.book.co.kr

작가 연락처는 개인정보이므로 북랩에서 알려드릴 수 없습니다.

The 50 Greatest Films
영화의 역사를 바꾼 감동과 추억의 명작 50

불멸의 명작 영화 50선

고지찬
지음

 북랩

아는 만큼 재미있다

"한 번 명작은 영원한 명작"이라는 얘기가 있지요. 그래서 우리는 흔히 불멸의 고전이라는 말을 하곤 합니다. 이는 다른 예술 작품이나 문학 작품에도 해당되는 말이지만, 시대를 막론하고 명작이라는 찬사를 받고 있는 영화들은 아무리 세월이 흘러도 볼 때마다 언제나 새로움과 감동을 주는 것은 그래서일 겁니다. 시대가 바뀌어 영화의 장르는 더욱 다양해지고 촬영 기술과 컴퓨터 그래픽 등 제작 환경은 기가막히게 좋아졌지만 명작의 명성은 쉽사리 따라갈 수는 없는 법입니다.

한 편의 명작은 우리의 가슴을 치기도 하고 먹먹하게도 하면서 강렬한 감동을 안겨 줍니다. 이를 통해서 우리는 위안과 카타르시스를 얻기도 하지요. 한편으로는 우리를 아련한 추억의 저편으로 이끌기도 하면서 팍팍한 일상을 살아가는 우리의 메마른 마음을 촉촉이 적셔 주기도 합니다.

본 책자는 저의 필생의 작업인 '영화와 역사 이야기 3부작' 중 마지막 결산을 하는 작품입니다. 이전에 나온 1권 『명작 영화와 함께 읽는 역사와 인물』과 2권 『명작 영화로 미국 역사를 읽다』는 영화와 그 배경이 되는 역사와 인물에 대한 것이라면, 이번 3권은 영화 소개와 함께 그 작품에 출연한 유명 배우들과 영화를 만든 감독들에 대한 이야기입니다. 한마디로 이번 책자는 오로지 영화 자체에만 집중했다고 볼 수 있습니다.

본 책자는 1권과 2권에서 소개한 영화들을 제외한 모든 명작들 중 50편의 영화를 추렸습니다. 본서는 영화의 개봉 연대순으로 꾸몄습니다. 맨 먼저 1940년도에 나온 멜로 영화의 진수 〈애수〉를 시작으로 해서 2001년도에 개봉한 러셀 크로우가 열연한 영화 〈뷰티플 마인드〉까지 약 60년에 걸쳐 등장한 수많은 명작들 중 50편의 주옥같은 영화들을 골랐습니다. 영화를 추리면서 〈벤허〉, 〈십계〉, 〈쿼바디스〉, 〈나바론〉, 〈대장 부리바〉 같이 많이 알려진 대작들은 가급적 피했고 대부분 우리에게 친숙한 할리우드 영화 중에서 화제작을 위주로 엄선했습니다. 유럽의 경우에는 영국은 〈겨울의 라이언〉, 〈제3의 사나이〉 두 편, 프랑스는 〈태양은 가득히〉, 이탈리아는 〈길〉, 독일은 〈특전 U보트〉 등 각각 한 편씩을 골랐습니다.

이번 책에서는 이전 두 권의 책자에서 누락되어 안타깝게 여겼던 역사와 인물들에 대해서 아홉 편에 걸쳐서 보완했습니다. 아라비아의 로렌스, 쉰들러 리스트, 바운티호의 선상 반란, 콰이강의 다리, 노르망디 상륙 작전, 캄보디아의 쿠메르 루즈 대학살, 제2차 세계대전 당시의 대서양 전투, 영국 본토 항공전, 제2차 세계대전 중 미 폭격기들의 활약 등이 그것입니다. 지난번에 빠뜨려서 기회가 되면 꼭 보완해야겠다고 마음먹고 있던 차였습니다.

평생을 영화와 역사 마니아로 살아 온 제가 지난 10어 넌 동안의 작업 끝에 이번에 3권을 마지막으로 대단원의 막을 내려놓고 보니 사뭇 감개가 무량합니다. 3권의 책에 수록된 총 120편의 이야기 속에는 영화가 던지는 메시지는 물론 우리가 죽기 전에 꼭 알아야 할 역사적 대사건과 인물들, 그리고 우리가 살면서 한 번씩은 영화에서 접하시거나 들어 보았음직한 기라성 같은 명배우들과 거장 감독들의 이야기들이 다채롭게 펼쳐져 있습니다.

첫 권인 『명작 영화와 함께 읽는 영사와 인물』의 머리말에서, 여행을 할 때 "아는 것만큼 보인다."라는 말이 있듯이 영화도 "아는 만큼 재미있다."는 말씀을 드린 적이 있습니다. 마찬가지로 본 책자도 50편의 영화를 통해 소개하는 배우들과 감독들에 대해서 알고 영화를 감상하시면 더욱 재미있고 유익하리라 생각됩니다. 아무쪼록 이 책에서 소개하는 명작들을 다시 한 번 찾아서 감상하시는 기회가 되셨으면 합니다. 새로운 감동의 물결을 맛보실 수 있을 것입니다. 참고로 1권에 수록된 40편의 영화와 2권의 30편의 영화 목록은 이 책 말미에 수록되어 있으니 참고 바랍니다. 끝으로 맛깔스러운 편집과 책자 디자인 등에 힘써 주신 북랩 출판사 관계자 여러분들께 감사의 말씀을 드립니다.

광교산 기슭 우거에서

고지찬

2023. 7

Contents ———————————

차례

애수

세기의 미남 로버트 테일러 / 비비안 리의 가슴 시린 이야기

I. 애수(1940년), Waterloo Bridge

운명적인 만남과 사랑 그리고 전쟁이라는 불가항력이 가져온 이별, 또다시 운명적인 재회와 헤어짐 그리고 죽음...멜로물의 전형을 보여 준 영화가 바로 〈애수〉였다. 로버트 셔우드의 희곡 『Waterloo Bridge』를 원작으로 하고 있다. 1931년 제임스 웨일 감독이 영화화하였으나 비평과 흥행 모두 성공을 거두지 못하였다. 1940년 머빈 르로이 감독이 원작의 반전(反戰)의 냄새를 걷어 내고 두 주인공의 비극적인 사랑을 섬세한 터치로 그리면서 시리도록 아름다운 흑백 고전 명작을 탄생시켰다.

르로이는 두 주인공 마이라와 로이의 사랑이 반복되는 우연한 사

로이와 마이라

건들에 의하여 비극으로 끝나기까지 멜로드라마의 정수를 만들어 냈다. 여주인공 비비안 리의 청초한 모습과 상대역인 로버트 테일러의 중후한 남성미는 이후 만들어진 숱한 비극적 러브스토리의 모델이 되었다. 특히 성녀(聖女)와 창녀(娼女)라는 양극적인 마이라 역을 뛰어나게 연기한 비비안 리는 비평가들로부터 절찬을 받았다.

시대적 배경이 제1차 세계대전이어서 그런지 로버트 테일러는 트렌치코트*를 입고 등장한다. 흔히 영화에 나오는 인상적인 트렌치코트 하면 〈카사블랑카〉의 험프리 보가트를 떠올리는데, 테일러의 트렌치코트 역시 무척이나 근사하다. 로이와 마이라가 춤출 때 촛불이 하나하나 꺼지며 흘러나오던 '올드랭 사인'은 아직도 많은 사람들의 마음을 울리던 곡으로 기억되고 있다. 국내에서는 6·25 전쟁 중에 피난지인 부산과 대구에서 처음 개봉되어 많은 관객들로 하여금 손수건을 적시게 하였고, 이후로도 여러 차례 재개봉되었다. 이 영화의 영향으로 마스코트가 유행하기도 하였다.

당시 〈바람과 함께 사라지다〉에서 최고의 여배우로 등극한 비비안

---

* 원래 트렌치코트trench coat는 말 그대로(trench는 참호라는 뜻) 겨울 참호 속의 혹독한 날씨로부터 군인들을 보호하기 위해 영국에서 만들어진 것이다. 제1차 세계대전 중 토머스 버버리가 이 트렌치코트를 개발하였다는 이유로 일명 버버리burberry 코트라고도 한다. 트렌치코트는 영국 장교들의 유니폼이 되었고 전쟁 후에는 클래식한 패션 아이템으로 자리를 잡았다.

리는 이 영화에서 남자 주인공 로이 역을 남편인 로렌스 올리비에가 맡기를 원했고, 로버트 테일러가 낙점된 데에 불만스러워했다. 비비안 리는 올리비에게 '로버트 테일러는 정말 잘생긴 남자지만 분명 미스 캐스팅'이라고 불평했다. 하지만 나중에 비비안 리는 개인적으로 〈애수〉를 본인 출연작 중 가장 좋아하는 작품이었다고 토로하기도 했다. 결과적으로 남자 주인공 역에 로버트 테일러를 발탁한 것은 MGM 영화사 최고의 선택이 되었다.

▌간략한 줄거리

제2차 세계대전이 발발하던 1939년 9월, 안개 낀 런던의 워털루 브리지에 머리가 희끗희끗한 중년의 신사가 깊은 상념에 잠겨 서 있다. 그의 한 손에는 마스코트 하나가 쥐어져 있다. 그는 로이 크로닌(로버트 테일러 분) 대령이다. 마스코트와 로이 대령의 얼굴이 화면에 클로즈업되다가 제1차 세계대전 중이던 워털루 다리로 넘어간다. 런던에서 휴가를 즐기고 있던 초급 장교 로이는 독일군의 공습에 대피소로 피하다 발레리나 마이라(비비안 리 분)를 만난다. 이후 걷잡을 수 없이 사랑에 빠져든 둘은 만난 지 하루 만에 결혼을 약속하지만 로이가 부대 복귀 명령을 받는 바람에 결혼식을 올리지 못한다. 연습 시간을 어기고 로이를 배웅 나간 마이라는 무용단에서 쫓겨난다. 마이라는 엎친 데 덮친 격으로 신문 전사자 명단에서 로이를 확인하고 실신한다.

그 뒤 거리의 여자로 전락한 마이라는 여느 때와 마찬가지로 군인들을 상대로 호객 행위를 하다가 로이를 발견하고 아연실색한다. 로이가 살아 돌아온 것이다. 자신을 마중 나온 것으로 착각한 로이는 마이라를 뜨겁게 포옹한다. 거리의 여자가 됐다는 사실을 털어놓을 수 없는 마이라, 그렇다고 이미 더렵혀진 몸으로 로이와 결혼은 더더욱 할 수 없는 그녀였다. 로이의 집을 뛰쳐나온 마이라는 "아무도 나를 도와줄 수 없어요."라고 울부짖으며 로이와 처음 만났던 워털루 브리지에서 달려오는 트럭에 몸을 던진다. 로이로부터 받은 마스코트가 다리 위에 나뒹군다.

II. 세기의 미남, 로버트 테일러

로버트 테일러

할리우드의 미남 배우 계보는 무성 영화 시대의 루돌프 발렌티노로부터 시작하여 타이론 파워-게리 쿠퍼-로버트 테일러-록 허드슨-그레고리 펙-로버트 레드포드를 거쳐 톰 크루즈로 이어진다고 할 수 있다. 여기에 프랑스 배우인 알랭 들롱도 빼놓을 수가 없다. 이 중에서 특히 빛나는 인물은 로버트 테일러일 것이다. 선이 굵으면서 단려(端麗)한 용모를 지닌 그는 영화인들과 일반 대중 모두 그를 고전적인 의미에 있어서 최고의 미남 배우로 꼽는 데 주저하지 않는다. 거기에다 매력이 철철 흐르는 목소리의 소유자이기도 했다.

1940년대와 50년대 영화 팬들을 사로잡았던 최고의 미남 배우 로버트 테일러의 본명은 '스팽글러 알링턴 브루그'라는 다소 어려운 이름이다. 처음에는 그저 여자 관객들을 끌어모을 만한 잘생긴 남자 배우 정도로 배우 생활을 시작한 그는 잘생긴 용모 덕에 연기력에 관해서는 평단의 삐딱한 시선을 말없이 받아들여야 했다. 빼어난 외모와는 달리 그는 촬영장에서는 성실하고 겸손한 인품으로 동료와 스태프들에게 호감을 주는 인물이었다.

1936년 당대를 주름잡던 여배우 그레타 가르보와 공연한 〈춘희〉에 이르러 비로소 "로버트 테일러도 연기를 할 줄 아는구먼."하는 다소

장난스런 호평과 함께 진정한 연기자의 한 사람으로 인정받기 시작했다. 그러나 뭐니 뭐니 해도 테일러의 출세작은 단연 〈애수〉였다. 비비안 리와 공연한 이 영화 한 편으로 그는 단박에 전 세계 여성 팬들을 사로잡아 버렸다. 전쟁 통에 사랑이 싹트고 전쟁으로 가슴 아프게 끝나 버린 비극적인 이 영화는 전 세계 여성 팬들의 손수건을 흠뻑 적시게 했다. 아무튼 이 영화 한 편으로 테일러는 풋내기라는 시각을 벗어나면서 당대의 인기 배우로 등극한다.

1911년 네브라스카 주 필리에서 태어난 그는 고등학교 시절 육상 선수와 첼로 연주자로 활동할 정도로 예체능 방면에 뛰어난 재능을 보였다. 그는 대학에서는 음악을 전공했는데 중간에 전공을 바꿔 연기 공부를 하면서 그는 영화배우의 꿈을 키운다. 이후 MGM 영화사의 스카우터에게 픽업이 된다. 조각 같은 빼어난 외모 덕을 본 것이지만, 사실 그의 외모는 배우 경력에는 큰 도움이 되지는 못했다. 뛰어난 용모가 다양한 연기력을 인정받는 데 방해가 되었을 것이다.

할리우드에서 알아주는 미남자인 그의 주변에 여자가 끊이지 않은 건 당연한 일이었다. 1939년에 네 살 연상인 여배우 바바라 스탠윅과 떠들썩한 결혼식을 올렸으나, 세 번이나 함께 공연한 에바 가드너(이 배우의 남성 편력도 만만치가 않다)를 비롯해서 수잔 헤이워드, 엘레나 파커, 라나 터너 등 숱한 여배우들과 심심찮게 염문을 뿌리며 바바라의 속을 무던히 태운 끝에 결국 두 사람은 1951년 이혼했다.

그는 말년에도 제작을 비롯해서 여러 영화 관련 일을 계속했다. 하루에 세 갑씩 피워 대는 지독한 골초였던 그는 결국 58세를 일기로

1969년 폐암으로 죽었다. 그의 장례식에서는 절친이자 훗날 대통령이
된 로널드 레이건이 고인을 기리는 조사를 읽었다. 테일러는 특별히
상복도 없었고 화려한 필모그래피*를 남기지도 못했다. 그럼에도 불
구하고, 전 세계 올드 팬들의 가슴속에 그는 영원히 '세기의 미남'으로
남아 있다. 대표작으로는 〈춘희〉, 〈애수〉, 〈형제는 용감했다〉, 〈쿼바디
스〉, 〈아이반호(흑기사)〉, 〈원탁의 기사〉 등을 들 수 있다.

III. 비비안 리의 가슴 시린 이야기

"이 배우만큼 아름다운 외모를 가졌다면 연기력은 필요 없을 것이
다. 또 이 배우만큼 연기력이 뛰어나다면 아마 외모는 그다음 문제가
아니겠는가?" - 《뉴욕 타임스》

"그녀는 우아하고 경이롭게 움직이는 무용수 같은 델리키트한 눈
부신 난초다." - 테네시 윌리엄스(『욕망이라는 이름의 전차』, 『뜨거운 양철
지붕 위의 고양이』를 쓴 희곡 작가)

이는 아마 할리우드의 배우가 들을 수 있는 최고의 찬사일 것이다.
그러나 이 배우는 일생 동안 이러한 찬사 속에서 살았고 배우로서 최

---

* 감독·배우·제작자 등 영화 관계자들의 고유 영화 목록을 뜻한다. 예를 들어 감독의 경우 지금까지 연
  출한 작품들, 배우는 출연했던 작품 리스트를 말한다.

고의 명예를 얻었지만 양극성 장애[*]라는 조증 증세로 시달리면서 평생을 한 남자를 끔찍이 사랑하다 헤어지는 가슴 아픈 삶을 살았다. 이는 바로 배우 비비안 리를 두고 하는 소리다. 그녀는 잉그리드 버그만, 에바 가드너와 함께 1940년대를 풍미했던 시대의 아이콘이었다.

비비안 리

비비안은 1913년 11월 5일, 영국의 식민지였던 인도 벵골 다즐링에서 외동딸로 태어났다. 18살이 되던 1931년부터 부모님의 적극 지원 속에 런던 왕립연극학교에서 연기를 배우기 시작했다. 그러나 얼마 안 있어 13살 연상의 변호사 허버트 리 홀먼과 사랑에 빠져 1932년 12월 결혼을 하고 딸을 낳는다.

결혼 생활 중에도 배우의 희망에 차 있던 비비안의 우상은 배우 로렌스 올리비에였다. 비비안 스스로 '올리비에는 내 삶의 등불'이라고 표현했을 정도로 그녀는 올리비에를 끔찍이 흠모했다. 그에 대한 존경은 배우가 되겠다는 비비안의 열정에 더욱 불을 지폈다. 결국 비비안은 당대 최고의 톱스타 로렌스 올리비에와 사적 모임에서 운명적인 만남을 갖게 된다. 당시 올리비에는 유명 여배우 질 에이몬드와 결혼한 유부남이었고 비비안 역시 딸을 두고 있는 유부녀였다. 그러나 이들의 만남에서 이것들은 전혀 장애물이 되지 못했다. 올리비에 역시 뛰어난

---

* 정신이 유쾌하고 흥분된 상태와 우울하고 억제된 상태가 교대로 나타나거나 둘 가운데 한쪽이 주기적으로 나타나는 병으로, 조울증이라고도 한다.

매력과 아름다움을 지니고 있었던 비비안에게 첫눈에 반하게 됐고 결국 영화 〈무적함대〉에서 같이 공연하면서 둘은 불륜 관계로 돌입한다.

올리비에를 만남으로써 비비안은 가정도 버리고 그를 따라 곧장 할리우드로 날아간다. 당시 〈바람과 함께 사라지다〉의 제작자 데이비드 셀즈닉은 여주인공 스칼렛 오하라를 연기할 배우를 찾기 위해 2년 반이라는 오랜 시간 동안 오디션을 진행 중에 있었다. 셀즈닉은 2년 반 동안이나 적격자를 찾지 못해 애를 태우고 있었다. 캐서린 헵번, 조안 크로포드 등 당대 최고의 여배우들이 계속해서 거론됐지만 셀즈닉의 대답은 항상 "NO!"였다. 그렇게 덧없는 시간이 흘러가던 중 셀즈닉은 형 마이론이 한 여성을 오디션장에 데려온 것을 보았다. 초록빛 고양이 눈에 개미허리의 가냘픈 몸매의, 마치 스칼렛 오하라가 환생한 듯한 비비안이었다.

마이론은 셀즈닉에게 비비안을 선보이면서 이렇게 말했다. "자, 스칼렛 오하라를 만나 보게나." 25살의 비비안은 이렇게 자신의 배우 인생 중 최고의 순간을 맞게 된다. 당시 무명 수준의 배우였던 비비안이 〈바람과 함께 사라지다〉의 최종 주인공으로 낙점되자 할리우드에선 이름 없는 영국 배우가 전형적인 '미국 남부 출신 미녀'를 연기하게 됐다고 많은 사람들이 입방아를 찧기도 했다. 사실 셀즈닉은 이미 비비안을 점찍어 놓고 영화 홍보를 위해 생쇼를 했다고 뒤에서 쑥덕거렸다.

그러나 셀즈닉의 소신은 확고했고, 비비안 역시 자신감에 꽉 차 있었다. 캐스팅 후 비비안에 대해서 긴가민가했던 할리우드의 분위기는 영화의 개봉과 함께 급반전된다. 비비안은 그 자체가 스칼렛 오하라였고 신비스러운 매력과 고혹적인 아름다운 외모, 완벽한 연기로 전 세계적으로 찬사를 받기에 이른다.

그리고 결국 1939년 제11회 아카데미 시상식에서 비비안은 당당히 여우주연상을 수상한다. 이미 예정되었다 할 만큼 언론에서는 "비비안이 여우주연상인 것은 당연하다."는 반응을 보였다. 이듬해 1940년, 비비안은 로렌스 올리비에와 결혼식을 올렸다. 주위의 따가운 시선에도 불구하고 두 사람은 꿋꿋했다. 그들은 배우로서 서로를 존경했고, 인간으로서 서로를 사랑했다. 뜨거운 예술 혼과 배우라는 직업에 대한 열정 역시 변함없었다.

올리비에와 다정했던 한때

비비안은 더없이 행복했다. 그는 열정적으로 올리비에를 사랑하고 존경했으나 선천적으로 허약했던 비비안은 유산을 하기에 이른다. 그녀는 이후에도 여러 번 유산을 했다. 비비안은 유산의 충격으로 가뜩이나 예민한 성격에 우울증에 시달리면서 평생을 양극성 장애라는 정신분열증을 앓는다. 그녀는 이후 잦은 감정 기복을 공공연하게 노출하면서 영화판에서 함께 작업하기 어려운 배우로 소문이 나게 된다.

한편 올리비에는 비비안의 우울증이 유산에 따른 일시적 현상이라고 믿었다. 왜냐하면 비비안은 끊임없이 연기에 대한 열정을 쏟았고

1951년에는 영화 〈욕망이라는 이름의 전차〉로 두 번째 아카데미 여우 주연상을 수상했기 때문이었다. 그러나 비비안은 양극성 장애가 심해지고 줄담배와 무리한 촬영으로 인해 결핵까지 걸리게 된다. 희한하게도 그녀는 영화와 연극에서도 정신병을 앓는 인물들을 여럿 연기하는 바람에 사람들의 입에 오르내리기도 했다.

비비안의 날로 심각해지는 양극성 장애 증상은 결국 올리비에와의 부부 관계도 파탄에 이른다. 그녀는 발작을 시작하면 욕설을 내지르고 물건을 던지며 올리비에에게 대드는 등 시악을 쓰면서 바닥에 쓰러져 울다가 기절했다. 그리고 깨어난 뒤에는 무슨 일이 있었는지 전혀 기억하지 못했다. 혹시 무슨 일이 일어났는지 알게 되면 매우 부끄러워했다. 이런 증상 때문에 그녀는 정신 병원에도 들락날락했다. 결국 20년 가까운 두 사람의 결혼 생활은 1960년에 합의 이혼을 하면서 종말을 고했다. 올리비에와의 결별은 그녀로서는 인생을 잃은 것과 마찬가지였다. 올리비에와 비비안은 이혼한 후에도 서로를 그리워하며 편지도 교환했지만, 이미 예전의 관계로는 돌아가지 못했다.

그렇게 정신 분열과 착란, 심각한 조울증으로 시달리던 비비안은 1967년 7월 7일 향년 54세로 조용히 세상을 하직했다. 그녀의 죽음을 지켜보았던 것은 고양이 한 마리뿐이었다. 당시 암 치료를 하기 위해 병원에 입원 중이었던 올리비에는 비비안의 죽음을 듣자마자 그녀에게 달려왔다. 올리비에는 비비안의 싸늘한 시신 옆에 주저앉아 "비비안의 죽음은 모두 내 책임이다."라며 흐느꼈다. 암 치료를 성공적으로 마친 올리비에는 비비안이 죽은 뒤에도 22년 동안 더 살았다. 그러나 올리비에는 비비안과 지난날에 함께 했던 사랑을 회상했고, 말년에 이르러서는 비비안을 더욱 그리워했다. 그것은 세 번째 부인인 플로라이트의 극진한 애정과는 별개의 감정이었을 것이다.

1987년 올리비에의 친구가 올리비에를 찾아갔을 때 그는 TV 속에서 비비안의 영화를 조용히 보고 있었다고 한다. 비비안의 모습을 보고 있던 올리비에는 닭똥 같은 눈물을 뚝뚝 떨구며 이렇게 말했다.

"아는가, 친구? 비비안은 내 사랑이었네…. 그건 내 인생의 단 하나뿐인 진짜 사랑이었다구."

2장

나의 계곡은 푸르렀다

서부극의 거장 존 포드

I. 나의 계곡은 푸르렀다(1941년), How Green Was My Valley

영화 〈나의 계곡은 푸르렀다〉는 서부 영화의 거장이자 전설이라고 불리는 존 포드 감독의 작품이다. 1942년 제14회 아카데미에서 5개 부문(작품상·감독상·남우조연상·촬영상·미술상)에서 수상했다. 따뜻한 가족애와 서정성이 짙게 깔린 이 영화는 아카데미가 딱 좋아하는 스타일의 영화이기도 했다. 포드는 전년도 〈분노의 포도〉 이후 2년 연속 감독상을 수상하기도 했다. 리처드 루엘린의 소설 『How Green Was My Valley』를 원작으로 만든 명화다.

《뉴욕 타임스》는 '아름다운 자연과 거친 현실의 모습이라는 날카로운 대조를 시적 이미지로 빚어낸 놀라운 걸작'이라고 호평했다. 영화는 가난한 탄광촌 마을을 배경으로 전개되고 있지만 구질구질하지 않고 깔끔하게 만들어졌다. 한편 이 영화는 하필이면 영화사상 최고의 작품으로 일컬어지고 있는 〈시민 케인〉을 제치고 아카데미 작품상을 수상하면서 구설수에 오르기도 했다. 그러나 이 영화는 세월이 흘러갈수록 더 깊이 존중받고 사랑받고 재탐구 되어야 할 걸작이라는 평가도 끊이질 않는다.

이 영화의 배경은 영국의 웨일스 탄광촌 마을이다. 이곳을 배경으로 하여 부모님과 6남 1녀의 가족이 탄광 일(아버지와 다섯 아들)을 하면서 살아가는 한 가정을 중심으로 벌어지는 훈훈한 가족 드라마다. 주인공 막내아들 휴(로디 맥도웰 분)의 성장 드라마이기도 하다. 이 영화의 매력이기도 하지만 이야기가 앞으로 어떻게 펼쳐질지 전혀 예측할 수가 없다. 새로운 에피소드가 물 흐르듯 자연스럽게 이어진다. 탄광촌 사람들 일상의 평범한 삶을 다루고 있지만, 지루함을 느낄 수 없을 정도로 계속 흥미를 유발한다. 아버지와 아들들 간의 갈등, 딸과 마을 목사와의 맺지 못할 사랑, 막내 휴의 학교생활에서 벌어지는 수난, 광부들의 파업, 광산 사고 등의 이야기들이 다채롭게 펼쳐진다. 감동과 유머가 영화 전편에 녹아 있다. 2시간에 걸친 짧은 시간에 이렇게 재미있게 이야기를 풀어놓을 수 있는 포드의 역량이 놀랍다.

탄광으로 올라가는 길을 따라서 웨일스 특유의 집들이 촘촘히 지어져 있는 모습과 인근의 언덕과 들판이 어우러져 있는 풍꼉은 비록 흑백 필름이지만 숨이 막힐 정도로 아름답다. 사실 포드가 영화에서 풍경을 얼마나 솜씨 있게 담아내는지는 그의 웨스턴 한 편만 보면 알 수 있다. 어릴 때부터 화가를 꿈꿨다는 포드의 고백은 결코 헛소리가 아니다.

아버지와 막내 휴

막내아들 휴 역으로 나오는 당시 13세의 로디 맥도웰은 소년에서 성인으로 성장해 가는 아들 역할을 멋지게 해 낸다. 맥도웰은 우리나라 배우 안성기처럼 커서도 150여 편의 영화에 출연하는 등 활발한 배우 인생을 보냈다. 말년에는 훌륭한 사진작가로서도 이름을 날렸다. 목사(월터 피전 분)와의 이루지 못할 사랑을 나누는 딸 역의 모린 오하라는 이후 존 포드의 영화에 다섯 번이나 출연했다. 존 웨인이나 헨리 폰다만큼은 아니었지만 그녀도 포드가 무척 아끼는 여배우였다.

ː 간략한 줄거리

이야기는 자신의 어린 시절을 되돌아보는 모건 집안의 막내 휴의 내레이션으로 진행된다. 휴는 아버지(도널드 크리스프 분)와 네 형들이 도시락을 싸 들고 매일 언덕을 올라 탄광으로 가던 모습을 추억한다. 위험하기 짝이 없는 작업 환경, 가난, 추위도 떠오르지만 따뜻한 가족의 삶과 마을 전체의 공동체에 대한 애정 어린 느낌도 함께 회상하고 있다. 그러나 이러한 행복은 임금 문제로 파업이 일어나고 전통적인 가치를 옹호하는 아버지와 이에 반대하는 아들들 사이에 갈등이 빚어지면서 깨져 버린다. 그 결과 아들들은 약속의 땅 미국으로 떠난다. 사랑하는 누나의 불행한 결혼 생활, 올곧았던 아버지, 따뜻하게 가정을 보살피던 어머니에 대한 아련하고도 달콤한 기억이 영화 전편을 수놓고 있다.

II. 서부극의 거장, 존 포드

존 포드

존 포드는 영화 역사상 최고의 감독 중 한 명으로 평가받는다. 특히 '서부극의 거장'이라는 닉네임이 항상 따라다닌다. 포드는 무성 영화 이후 맥이 끊길 위기에 처했던 서부극을 영화 〈역마차〉를 통해 부활시킨 사람이었다. 그는 어떤 감독보다 서부극을 잘 이해했고 걸작 서부극을 많이 만들었다. 한편 포드는 서부극만큼 비서부극도 다수 만들었으며, 생전엔 서부극보다 비서부극으로 높이 평가받은 인물이기도 했다. 이는 그의 아카데미 감독상을 받은 네 작품(밀고자, 분노의 포도, 나의 계곡은 푸르렀다, 아일랜드의 열풍)이 모두 비서부극이라는 사실이 이를 증명한다. 그러나 그의 영화 여정 중 서부극이 가장 중요한 위치를 차지한다는 것은 재론의 여지가 없다. 포드의 영화 인생을 따라가는 것은 바로 서부극 역사를 더듬는 길이기도 하다.

포드는 영화가 탄생한 해인 1885년 미국 메인 주에서 아일랜드 이민의 후예로 태어났다. 메인 주립대학을 중간에 그만두고, 형의 손에 이끌려 할리우드에 오게 된 그는 잭 포드란 이름으로 1917년에 그의 첫 작품 〈토네이도〉를 연출하게 된다. 이어 〈철마〉, 〈세 악당〉 같은 무성 영화 시대의 웨스턴을 만들어내게 되는데, 그는 이 시기부티 야외에서 행해지는 액션 신에, 장대한 스펙터클을 집어넣기 시작했다. 초기 웨스턴의 원형인 카우보이 극에 시각적 요소를 강조하기 시작한 것이다.

1930년대는 할리우드에서 감독 포드의 입지를 굳히는 시대였다. 1935년 아일랜드 혁명의 무용담을 그린 영화 〈밀고자〉로 최초로 아카데미 감독상을 탔고, 1939년에는 〈젊은 링컨〉과 〈모호크족의 북소리〉, 그리고 그의 초기 걸작이자 대표작이 된 〈역마차〉를 만들었다. 이 영화는 고전 서부극 4대작(〈황야의 결투〉, 〈셰인〉, 〈하이 눈〉, 〈역마차〉)의 하나로 손꼽힌다. 1930년대는 서부극 장르가 위기에 몰려 있었다. 몇 년 동안 〈빅 트레일〉과 〈시마론〉 등의 서부극에 많은 비용을 처들이고 실패만 거듭한 메이저 영화사들은 모두 진저리를 치며 웨스턴에서 손을 뗐다. 소규모 영화사들만 B급 서부극을 만들면서 명맥을 이어가고 있었다. 이때 등장한 〈역마차〉가 흥행에서 성공을 거두면서 서부극 장르의 부흥에 크게 기여한 기폭제 역할을 했다.

포드는 1940년 〈분노의 포도〉, 1941년 〈나의 계곡은 푸르렀다〉로 연속 아카데미 감독상을 수상하며 감독으로서 완숙한 기량을 보여 주었다. 1952년에는 아일랜드 출신인 그의 기질을 유감없이 보여 준 〈아일랜드의 연풍〉으로 네 번째 아카데미상 감독상을 받았다. 2차 대전이 발발하자 전쟁 다큐멘터리를 만들며 잠시 할리우드와 멀어졌던 포드는 이전 영화보다 더욱 서정적이고 인간미가 풍부한 서부극을 만들었다. 명작 〈황야의 결투〉와 기병대 삼부작 〈아파치 요새〉, 〈황색 리본〉, 〈리오 그란데〉가 그것이다. 50년대로 넘어오면서 잠시 휴식을 취했던 포드는 1956년 그의 진정한 걸작으로 꼽히는 영화 〈수색자〉와 1962년 〈리버티 밸런스를 쏜 사나이〉를 발표한다. 이 영화들은 서부와 사라져 가는 영웅을 그린 서부극에 대한 고별사와도 같은 작품들이었다.

영화 〈역마차〉

그는 존 웨인, 헨리 폰다, 제임스 스튜어트 등을 발굴해서 대배우로 키우기도 했다. 특히 존 웨인의 경우 영화사의 반대를 무릅쓰고 〈역마차〉에 출연시켰다. 웨인은 이를 발판으로 승승장구하면서 훗날 서부극의 대명사로 자리 잡는다. 서부극의 대표적인 명소인 모뉴먼트 밸리도 그가 처음 발굴했다. 1939년도 작품인 〈역마차〉에 이곳이 처음 소개된 이후 〈황색 리본〉, 〈리오 그란데〉, 〈아파치 요새〉 등 9편의 서부극을 모뉴먼트 계곡에서 촬영했다. 그가 이렇게 모뉴먼트 밸리를 촬영 장소로 여러 번 활용하면서 관객들은 서부극 하면 가장 먼저 떠올리는 이미지가 되었다. 포드 이후로도 〈옛날 옛적 서부에서〉를 비롯해서 여러 웨스턴의 로케 장소로 이용되었다.

제2차 세계대전이 발발하면서 포드는 기록 영화 촬영팀을 이끌고 태평양과 북아프리카 등의 전투 현장을 누비고 다녔다. 1941년부터 종전까지 4년간 이 팀은 여러 편의 전쟁 기록 영화를 만들었다. 그중 가장 유명한 것은 포드가 미드웨이 섬에서 직접 일본군의 공습과 미군의 반격을 찍은 〈The Battle of Midway〉였다. 포드는 촬영 도중 파편에 맞아 심하게 다치기도 했다. 2019년 롤랜드 에머리히가 찍은 영화 〈미드웨이〉에서 포드가 미드웨이 섬에서 다큐멘터리를 찍는 장면이 나온다. 1944년 6월에는 육해군 합동 촬영 팀을 이끌며 노르망디 상륙 작전의 영상물을 찍기도 했다. 젊었을 적에는 'OK 목장의 결투'로 유명한 총잡이 와이어트 어프를 만나, 몇 년 동안 친하게 지냈다. 그리고 그의 증언을 토대로 찍은 영화가 〈황야의 결투〉였다. 1948년 54세 때 세트에서 불의의 사고로 왼쪽 눈을 실명하면서 선글라스를 착용하거나 눈가리개를 하고 다녔다.

그는 퉁명스러운 성격답게 기자들의 질문에 썰렁한 답변으로 일관해서 물어보는 사람들을 머쓱하게 만들곤 했다. 예를 들어 "어떻게 할리우드에 오셨나요?"라고 물어보면 "기차 타고."라고 답변하는 식이었다. 그나마 대답을 회피하거나 본심과 반대되는 답변을 해대는 통에 인터뷰하기에 고약한 인물로 소문났었다. "영화를 만드는 건 좋아하지만, 영화에 관하여 떠드는 건 싫다구."라고 말하기도 했다. 그는 할리우드에서 괴팍한 상남자로 유명했다. 툭툭 내뱉는 말투와 변덕스러운 성격, 그리고 이것저것 가리지 않고 할 말은 하는 사람이었다. 포드는 정치적으론 보수주의자였지만, 도를 넘어 지나치게 설쳐대는 매카시즘*을 극도로 혐오했다. 당시 공산주의 콤플렉스에 너 나 할 것 없이 몸 사리고 있던 미국 사회의 분위기를 생각하면 굉장히 깡다구가 있는 인물이었다.

아래는 50년대 미국에서 매카시즘이 한창 불어 닥칠 때 감독협회

* 50년대 초반 극우적인 상원 의원 매카시가 선봉이 되어 벌인 빨갱이 색출 운동을 말한다. 한동안 미국 전역을 들썩이게 했다. 할리우드도 예외가 아니었다.

에서 존 포드가 행한 연설의 일부다.

> "나는 존 포드요. 서부극을 찍는 사람입니다. 미국인들이 무엇을 원하는지, 이 방에서 세실 B. 드밀보다 더 잘 아는 사람은 없다고 생각합니다. 그리고 그는 그것을 어떻게 보여 주는지도 분명히 알고 있습니다. (드밀을 바라보며) 그러나 나는 당신이 싫소. 오늘 밤 여기서 당신이 말한 것도 싫소."

할리우드에서 매카시즘 바람을 주도한 인물 중의 한 사람이 바로 명감독이었던 세실 B. 드밀(십계, 삼손과 데릴라 감독)이었다. 드밀과 그의 추종자들은 무려 4시간에 걸친 연설을 하며 매카시즘 전파의 선봉에 섰다. 드밀은 협회의 모든 감독들은 '충성 맹세'를 해야 한다고 주장하며 분위기를 몰고 갔다. 이때 드밀에게 정면으로 들이받은 인물이 바로 포드였다.

이 연설에는 포드의 두 가지 특징이 드러나 있다. 우선 반골 기질로서의 비판적인 태도다. 매카시즘이라는 일방적 애국주의에 많은 감독들과 영화인들이 주눅이 들어 있을 때, 포드의 배짱 있는 한 마디는 회의장에 팽팽하게 어린 긴장의 얼음판을 깨 버렸다. 그의 발언 이후 분위기가 역전된 것은 물론이다.

두 번째는 서부극에 대한 자부심이다. 그는 아카데미에서 감독상을 네 번이나 받았지만, 한 번도 서부극으로 수상한 적은 없었다. 당시 서부극은 저급한 장르로 치부될 때였다. 그런데도 그는 자신을 소개하며, "서부극을 만든다."고 자신 있게 말했다. 서부극 장르에 대한 그의 자신감을 말하고 있는 것이다.

포드는 마초 기질이 다분했고 카리스마가 대단했던 인물이었다. 그 앞에서는 할리우드의 내로라하는 배우들도 함부로 나대거나 감독의 지시를 거부하거나 항변할 생각조차 할 수 없었다. 그는 영화를 제작할 때나 그 이후나 항상 자신이 보스라는 사실을 인식하고 있었고, 그 권한을 즐겼다. 아래는 할리우드 거장들의 그에 대해 바치는 찬사다.

알프레드 히치콕: "존 포드의 영화는 시각적 희열이었다."

스티븐 스필버그: "그의 작품이 영원히 기억될 것이기에, 존 포드도 영원히 기억될 것이다."

마틴 스콜세지: "그는 미국 고전 영화의 정수이며, 오늘날 영화를 만드는 사람들은 모두 알게 모르게 존 포드의 영향을 받았다."

클린트 이스트우드: "존 포드는 미국 영화계의 선구자이다. 나를 포함한 대부분의 영화인들은 전부 존 포드의 영향을 받았다. 그게 서부극이든 〈분노의 포도〉이든 간에."

3장

카사블랑카

터프 가이, 험프리 보가트 / 여신 잉그리드 버그만

I. 카사블랑카(1942), Casablanca

'고전'이라는 명칭에는 그만이 풍기는 특별한 향기가 있다. 그런 고전의 향기가 진하게 배어 있는 영화 중의 하나가 바로 〈카사블랑카〉다. 이 영화는 영화 팬들에게 오랫동안 '불멸의 고전'이라는 칭송을 받으면서 사랑을 받아 왔다. 1944년 제16회 아카데미에서 작품상·감독상·각색상을 수상하였다. 88만 달러의 제작비를 들여 3,700만 달러의 수익을 올렸다. 2007년 미국 영화 연구소AFI가 선정한 100대 영화 중 3위로 선정되었다. 이 영화는 머리 버넷과 조앤 앨리슨이 쓴 소설, 『모두가 릭의 카페로 온다』를 원작으로 해서 만들어졌는데 시나리오가 소설과 달라지는 바람에 출연진들은 마지막까지 결말을 알지 못했다고 한다.

이 영화가 고전 명작의 반열에 오른 것은 두 주연 배우의 역할이 컸다. 냉소적이고 우수를 띄운 눈빛, 착 가라앉은 특유의 저음, 고독이 넘치는 카리스마로 한 시대를 휘어잡았던 험프리 보가트, 그리고 스웨덴 출신의 청순한 얼굴과 이슬처럼 영롱한 눈빛을 빛내던 매력의 잉그리드 버그만이 바로 그들이다. 이밖에 뛰어난 촬영, 멋진 대사, 분위기를 한껏 고무시키는 음악 등도 최고의 명작이 탄생하는 데 일조를 했다.

〈카사블랑카〉는 오늘날의 시선으로 보면 극히 평범하고 진부할 수 있는 이야기를 멋지고 세련되면서도 아름답게 만든 작품이었다. 이 영화로 각박한 현대를 사는 우리들을 잠시나마 낭만이 어린 추억의 세계로 되돌아가게 할 수 있다면 한 편의 고전이 주는 감동이 이보다 더 값질 수는 없을 것이다. 이 영화의 잊을 수 없는 명장면 중의 하나는 안개 자욱한 공항에서의 이별 장면이다. 흑백필름이 갖는 특유의 클래식한 분위기가 빚어내는 라스트 신으로 말미암아 〈카사블랑카〉는 영화사에 기록될 만한 불멸의 작품이 되었다. 골판지로 만들어진 뒷배경을 가리기 위해 카사블랑카 공항에 안개를 자욱하게 깔았다.

당시 북아프리카에서는 연합군의 횃불 작전*이 진행되면서 실제로 카사블랑카에서는 촬영할 여건이 도저히 못 되었다. 이렇게 현지

---

* 1942년 11월 프랑스령 북아프리카에서 미국, 영국 연합군이 전개한 작전을 말한다. 연합군은 이집트의 엘 알라메인에서 거둔 영국의 승리의 후속 조치로 횃불 작전Operation Torch이라는 암호명으로 모로코와 알제리에 상륙하였다.

공항에서 릭과 엘자

로케이션이 불가능해지자 커티즈 감독은 결국 할리우드에서 스튜디오 촬영으로 대신했다. 그래서 제작진은 세트장의 배경을 감출 목적으로 할 수 없이 안개 장면을 연출한 것이다. 결과적으로 멋진 이 라스트 신은 로맨티시즘의 진수를 보여 주는 명장면이 되었다.

커티즈 감독은 또 여신과 같은 미모를 갖춘 버그만의 눈동자가 더욱 반짝거리게 보이도록 그녀의 눈에 매우 작은 조명을 따로 비추는 멋진 마법을 구사했다. 그래서 '당신의 눈동자에 건배Here's looking at you'라는 영화 속 명대사가 더 빛을 발하고 있는 것이다. 여기에 카페의 가수 샘(돌리 윌슨 분)이 피아노를 연주하며 부르는 'As Time Goes By(세월이 흐르면)'도 영화를 한층 로맨틱한 분위기로 자아내었다.

버그만은 보가트와 촬영에 돌입하기 전에 그의 대표작 〈말타의 매〉를 수십 번도 더 보면서 험프리의 모든 것을 파악하려고 했다고 한다. 대단한 집념의 소유자다. 감독으로 내정된 윌리엄 와일러가 군에 입대하는 바람에 대타로 구한 감독이 바로 마이클 커티즈였다. 원래는 릭 역에 로널드 레이건(미국 대통령 역임)이 내정되었었다. 영화 촬영은 시나리오 작업과 병행해서 진행되었는데 소설의 결말과 많이 바뀌어 버그만은 끝내 영화의 엔딩을 모르고 연기했다. 영화 내내 버그만은 "제가 누구와 사랑에 빠져야 하나요? 남편인가요, 릭인가요?"를 질문을 해 댔지만 그때마다 마이클은 이렇게 대답했다. "그냥 두 사람을 가지고 놀면 돼요."

이 영화에서 나치 군인들이나 나치를 피해 미국행 비자를 눈이 빠지게 기다리는 망명객들 역할은 실제로 미국으로 망명한 유대계 독일 배우들이 열연했다. 그래서 이들은 영화 속에서 독일 노래 '라인강을 바라보며, Die Wacht am Rhein'를 부르는 장면에서 펑펑 울었다고 한다. 이 영화가 흥행 대박을 친 이유 중의 하나는 작품이 개봉된 첫 주에 고맙게도 처칠과 루스벨트가 카사블랑카*에서 만나 회담을 가진 것이다. 전쟁이 영화를 선전해 준 모양새가 되었다.

보가트는 잉그리드 버그만과 키를 맞추기 위해 키높이 신발을 신기도 했다. 보가트의 아내이자 여배우 메요 메토는 남편과 버그만의 관계를 감시하느라고 영화 촬영 내내 졸졸 따라다녔다. 결국 두 사람은 점심시간 외에는 따로 만날 수조차 없었고 보가트는 촬영 기간 중 줄곧 트레일러에서 처박혀 지냈다. 세 번째 아내였던 메토는 못 말리는 알콜 중독자이기도 해서 보가트의 속을 무던히 썩였다. 결국 보가트는 몇 년 있다가 이혼하고 로렌 바콜과 결혼해서 눈 감을 때까지 그녀와 해로를 했다.

훗날 가수 마돈나가 제작비의 상당 부분을 대 줄 테니 자신을 여주인공으로 해서 〈카사블랑카〉의 리메이크를 제안하면서 여기저기 기웃

---

* 1943년 1월 14~26일 카사블랑카에서 루스벨트와 처칠이 만나 회담을 가졌는데 이때 시칠리아 섬 상륙을 결정하였다. 이 회담에서 독일의 '무조건 항복'을 조건으로 전쟁을 종결시킨다는 방침을 명백히 하였다.

거리고 다녔지만, 모든 영화사로부터 만장일치로 거절당했다. 거절 이유가 웃겼다. "그것은 영화 〈카사블랑카〉에 대한 예의가 아닙니다."라고 했다나. 마돈나가 머쓱해진 것은 두말할 나위가 없다.

ː 간략한 줄거리

때는 1941년, 제2차 세계대전으로 인해 유럽을 탈출한 망명객들은 리스본행 비자를 얻으려 프랑스령 모로코의 카사블랑카로 몰려든다. 카사블랑카에는 사랑에 배신당해 냉소적으로 변한 미국인 릭이 술집을 운영하고 있다. 망명객들은 누구나 한 번씩 들리는 이 명물 술집에서는 출국 비자가 비싼 값에 팔리고 있었다. 어느 날 릭은 한때 파리에서 사랑했던 여인 일자와 마주친다. 그러나 그녀의 곁에는 체코슬로바키아의 레지스탕스 리더인 라즐로가 있었다. 라즐로와 일자는 릭이 갖고 있는 통행증을 내줄 것을 요구하지만 릭은 그 요구를 거절한다. 일자는 그를 사랑하는 마음을 숨기고 파리를 떠날 수밖에 없었던 이유를 설명한다. 이에 릭은 오해가 풀리면서 일자가 무사히 리스본으로 빠져나갈 수 있도록 돕는다.

II. 터프 가이, 험프리 보가트

험프리 보가트는 이 작품 이전에는 주로 갱스터 영화에 출연하며 냉소적이고 싸늘한 눈빛으로 냉혹한 이미지를 풍겼던 악역 전문 배우였다. 필름 느와르*를 대표하는 배우로서 비정하고 암울한 도시의 정서를 대변하는 역할을 그만큼 잘 소화해 낸 배우는 없었다. AFI(미국영화협회)에서 선정한 가장 위대한 남자 배우 중 열 손가락 안에 꼽힐 만

---

* 암흑가를 다루는 할리우드 영화를 일컫는 말이다. 1950년대 프랑스 비평가들이 명명한 '필름 느와르'는 어둡고, 냉소적이며, 음울하고, 비관적인 분위기가 물씬 풍기는 장르의 영화를 통칭한다.

큼 영화사에 인상적인 족적을 남긴 배우다.

그는 〈카사블랑카〉에서 속을 알 수 없는 정체불명의 수수께끼 같
은 인물로 나온다. 하지만 마지막에 가서 사랑하는 여인에게 한없는
관용을 베푸는 멋진 남자로 변한다. 그는 이 영화로 일약 로맨틱한 남
자의 상징이 되어 버렸다. 영화에서 그는 트렌치코트, 중절모와 비스
듬히 꼬나문 담배, 나비넥타이를 한 흰색 연미복 패션을 선보이며 시
대의 아이콘으로 떠오르기도 했다.

영화 <말타의 매>에서 보가트

보가트는 1899년 외과 의사인 아
버지와 화가인 어머니 사이에서 뉴욕
에서 태어났다. 제1차 세계대전 참전한
이후 이런저런 다양한 직업을 거친 뒤
1921년에 연극 무대에 섰다. 29살이 되
어서야 처음 영화에 데뷔했다. 〈더럽혀
진 얼굴의 천사〉 같은 갱스터 영화에
주로 출연하였다. 냉정하고 날카로운
눈매와 강퍅한 턱선, 깡마른 체격 등이 인상적인 그는 〈하이 시에라〉,
〈말타의 매〉 같은 탐정물 영화에서 뛰어난 연기를 펼쳤다.

1942년에는 본인의 최고 흥행작이자 명작으로 일컬어지는 〈카사
블랑카〉에 출연하여 대배우로 입지를 굳혔으며, 1951년에는 〈아프리
카의 여왕〉으로 마침내 아카데미 남우주연상을 수상하였다. 냉전 시대
에 할리우드 영화계를 발칵 뒤집어 놓았던 매카시즘 광풍에 단호하게
맞서기도 했다. 1956년 못 말리는 골초였던 그는 과도한 흡연으로 인

해 후두암이 발병하면서 1년도 못가 1957년 1월 14일, 만 57세로 세상을 하직했다. 죽기 하루 전날, 연인 사이였던 캐서린 헵번과 스펜서 트레이시가 마지막으로 병문안을 왔고 보가트는 담담하게 평소에 친했던 두 사람을 맞이했다.

대표작으로는 〈카사블랑카〉, 〈말타의 매〉, 〈케인호의 반란〉, 〈아프리카의 여왕〉, 〈사브리나〉 등이 있다.

III. 여신, 잉그리드 버그만

이 영화를 빛낸 또 한 명의 스타는 잉그리드 버그만이다. 뛰어난 미모와 우아함, 그리고 고결한 분위기를 풍기는 그녀는 우리가 흔히 생각하고 있던 다른 할리우드 여배우들과는 확실히 구별이 되었다. 5개 국어를 구사할 정도로 지적이며 눈부신 미모로 세계인의 사랑을 한 몸에 받은 그녀였지만 사생활에서 이탈리아의 로셀리니 감독과의 불륜 사건으로 세계 영화계를 떠들썩하게 하기도 했다.

스톡홀름에서 스웨덴인 아버지와 독일인 어머니의 사이에서 태어났다. 유럽 영화계에서 활동하던 버그만은 할리우드 영화 제작자 데이비드 셀즈닉이 그

잉그리드 버그만

녀의 영화 〈간주곡〉을 보고 그녀를 초청하면서 할리우드로 건너온다. 미국에 온 그녀는 1939년 〈간주곡〉의 리메이크작을 찍으며 할리우드에 데뷔했다. 할리우드 초기 시절에는 별로 두각을 나타내지 못했다.

이후 1942년에 찍은 〈카사블랑카〉로 일약 스타가 되고 이후 계속해서 찍은 영화들 역시 호평을 받으며 할리우드 최고의 여배우들 중 한 명으로 급부상했다. 당시 버그만의 인기는 어마어마해서 '만인의 연인'이라고까지 추앙되었다. 1943년 헤밍웨이의 소설 〈누구를 위하여 종은 울리나〉를 영화화할 때에는 헤밍웨이가 직접 주인공 마리아 역으로 버그만을 지목했다고 한다. 1944년에는 〈가스등〉으로 아카데미 여우주연상을 수상했고 〈오명〉 등 히치콕의 여러 영화와 역사물 〈잔다르크〉에 출연했다.

이로부터 몇 년 후 버그만은 이탈리아의 영화감독 로베르토 로셀리니의 작품 〈독일 영년, Germany Year Zero〉을 보고 감동을 받아 그의 작품에 출연하고 싶다는 편지를 보냈다. 버그만은 말 그대로 로셀리니의 곁으로 득달같이 달려가서 그의 영화에 출연했다. 동시에 그와 사랑에 빠지면서 임신을 했다. 문제는 로셀리니가 유부남이었고 버그만 역시 남편과 딸이 있는 유부녀였다는 것이었다. 이 불륜 사건은 1950년대 영화계에 큰 파란을 일으켰다. 그녀는 이 불륜 사건에 대해 "내가 한 일에는 후회가 없다. 차라리 하지 못한 것에 대한 후회가 있을 뿐."이라는 말을 남기기도 했다. 두 사람은 훗날 배우가 되는 딸 이사벨라 로셀리니를 낳았다.

이 스캔들 후에도 그녀의 배우 생활은 중단 없이 계속되었다. 그녀는 연기 생활 동안 〈가스등〉, 〈아나스타샤〉로 아카데미 여우주연상을 수상했다. 특히 〈아나스타샤〉로 여우주연상을 받았을 때는 "나는 성녀에서 창녀가 됐다가 다시 성녀가 됐다. 단 한 번의 인생에서…"라는 유명한 말을 남겼다. 유방암으로 고생하던 말년에 출연한 〈오리엔탈 특급〉으로 아카데미 조연상을 받았다.

말년에 버그만은 유방암으로 고생하다가 1982년, 정확히 67세가 되는 그녀의 생일인 8월 29일에 눈을 감았다. 그녀는 로셀리니를 비롯해서 여러 남성들과 스캔들을 안고 살았지만 자녀들에게는 아낌없는 사랑을 주었다. 그러나 기질적으로 아이들과는 자주 같이 못 하고 항상 떠돌아다녔다. 이런 그녀의 행동을 자녀들은 이해했지만 어머니를 몹시 그리워했다고 한다. 버그만은 세 번의 결혼으로 1남 4녀를 두었는데 이 이부 남매들은 사이가 좋아서 버그만의 사후에도 가까이 지내고 있다고 한다.

마음의 행로

두 주인공 로널드 콜맨과 그리어 가슨 / 멜로드라마의 거장, 머빈 르로이

I. 마음의 행로(1942년), Random Harvest

     이 영화는 〈애수〉, 〈작은 아씨들〉 등의 주옥같은 작품을 만든 멜로드라마의 거장 머빈 르로이 감독이 메가폰을 잡았다. 원제인 〈Random Harvest〉는 '뜻하지 않은 결과'라고 해석할 수 있는데, 우리나라에서는 〈마음의 행로〉라는 멋진 제목으로 개봉되었다. 영화 마지막에 의문의 열쇠가 등장하면서 두 주인공의 궁금증을 풀어 주는 장면이 나오는데 바로 이 열쇠가 '뜻하지 않은 결과'를 가져오는 것이다. 우리나라에는 1954년과 1967년 두 번이나 수입 상영될 정도로 많은 관객들의 사랑을 받았다. 이 영화는 지고지순의 여주인공 폴라(그리어 가슨 분)가 잊혀진 사랑의 역정을 찾아가는 그야말로 마음의 행로를 찾아가는 빛나는 고전이다.

〈마음의 행로〉는 1943년 제15회 아카데미 시상식에서 작품상을 비롯해서 무려 7개 부문에서 노미네이트되었지만 윌리엄 와일러 감독의 〈미니버 부인〉이 모조리 독차지하면서 단 하나도 수상하지 못하면서 분루를 삼켰던 명작이다. 다행히 〈미니버 부인〉의 여주인공 역을 맡았던 그리어 가슨이 여우주연상을 타긴 했지만…. 영화 촬영이 끝나던 날 로널드 콜맨은 "내 생애 이렇게 촬영이 영원히 끝나지 않았으면 하고 바랐던 영화는 없었다."며 기억 상실중에 걸린 남자 주인공 찰스 역에 푹 빠져 있었다고 소감을 말했다. 또한 그리어 가슨은 본인이 출연한 영화 중에서 가장 애착이 가는 작품이었다고 한다.

찰스와 폴라

이 영화는 기억 상실을 주제로 한 영화의 원조로 불린다. 콜맨은 실제 1차 세계대전에 참전했었는데 놀랍게도 1914년 벨기에의 이프르 전투[*]당시 실제로 몇 달 간의 기억 상실증을 경험한 적이 있었다고 한다. 이 영화는 개봉되자마자 관객들의 폭발적인 반응을 보였다. 뉴욕의 '라디오 시티 뮤직 홀'에서 전회 매진되는 기록을 세우면서 석 달 연속으로 상영되기도 했다. 극장 측은 몰려드는 관객들의 성화에 못 이겨 아침 7시 45분부터 영사기를 돌렸어야 했다.

이 영화를 처음 기획할 때 작가 제임스 힐턴^{**}의 원작의 이야기가 워낙 복잡하게 얽혀 있어서 과연 이 영화가 성공할 수 있을지 제작진들도 의아해했다. 그러나 르로이 감독이 줄거리의 곁가지를 과감하게 치는 등 각본을 심플하게 다듬으면서 진솔한 감동을 안겨 주는 걸작을 만들어 냈다. 오늘날 우리들에게 잃어버린 추억을 소환해 줄 동화 같은 한 편의 영화가 곁에 있다면 더없이 소중한 위안이 될 것이다. 바로 그런 영화가 이름도 멋진 〈마음의 행로(行路)〉다.

❙ 간략한 줄거리

전쟁 중 부상을 입고 기억 상실증에다가 언어장애까지 겹친 찰스는 전쟁이 끝나고 귀국한 어느 날 안개 자욱한 새벽에 정신 요양원을 몰래 빠져나온다. 그 뒤 찰스는 폴라라는 여자를 만나 건강도 되찾고 결혼도 하면서 아들도 낳고 안정적인 삶을 이룬다. 그는 작가로 이름을 날리기 시작하면서 리버풀에 잡지사에 연재할 소설을 계약하러 가다 그만 교통사고를 당

---

[*] 제1차 세계대전 중 벨기에의 이프르에서 벌어진 연합군(영국군, 벨기에군)과 독일군 간의 전투를 말한다. 총 다섯 차례의 전투가 있었다. 지옥 같은 끝 없는 참호전의 수렁으로 빠지게 되는 직접적인 시작점이 되었고, 또한 독가스가 처음으로 사용된 전투이기도 했다.

^{**} 영국 출신의 제임스 힐턴(1900~1954)은 『잃어버린 지평선』과 『굿바이 미스터 칩스』 등의 베스트셀러를 쓴 작가다. 『잃어버린 지평선』은 1930년대 최초로 나온 〈포켓 북스 시리즈〉로 페이퍼백 혁명을 가져다주었다. 또한 이 책에서 나오는 '샹그릴라Shangri-La'라는 이름 때문에 이상향 또는 유토피아를 의미하는 신조어가 생겨났다. 1942년 영화 〈미니버 부인〉으로 아카데미 각본상을 받았다.

하고 만다. 그리고 그는 이 사고로 잃어버린 기억이 되살아나면서 자신이 명문가면서 대사업가의 아들이었다는 사실을 깨닫게 된다.

하지만 거꾸로 폴라와의 결혼 생활의 기억은 지워져 버린다. 자신의 원래 고향 집으로 돌아가 억만장자의 가업을 물려받은 찰스는 마음 한구석이 항상 텅 비어 있는 것 같다. 어느 날 잡지에서 남편의 기억이 돌아와 이제는 대기업의 회장이 되었다는 기사를 본 폴라는 조용히 그의 개인 비서로 취직한다. 그리고 그의 곁에서 폴라는 그의 기억이 돌아올 날을 기다린다. 결국은 과거를 열 수 있는 열쇠를 통해 남편을 되찾는다.

II. 두 주인공, 로널드 콜맨과 그리어 가슨

영화에서 기억을 잃어버린 남자 주인공 찰스를 연기한 로널드 콜맨은 1920년대 초반부터 제2차 세계대전이 끝날 때까지 배우로서 활동했다. 전형적인 영국의 신사적 매너와 귀족적 풍모를 지닌 그의 트레이드 마크는 콧수염이었다. '콜맨 수염'이라는 유행어가 생길 만큼 그의 콧수염은 큰 인기를 끌

로널드 콜맨

었다. 그래서 그는 배우 클라크 케이블과 자주 비교되기도 했다. 또한 매력적인 감미로운 목소리 때문에 토키 영화 시대에 더욱 빛을 발한 배우이기도 했다.

제1차 세계대전에 참전했던 그는 이프르 전투에서 녹가스에 노출

되어 전투신경증을 앓았고, 얼마 후 훈장을 받고 제대했다. 영화 〈마음의 행로〉에 출연할 당시 그의 나이는 오십이었다. 영화에서 상대적으로 젊은 두 여배우와 로맨스를 엮어 가기에는 좀 늙어 보였지만 그런대로 무난하게 배역을 소화했다.

1891년 영국에서 태어난 그는 연극과 무성 영화에 출연하다가 미국으로 건너가 할리우드 영화에 출연하기 시작했다. 1947년 영화 〈이중 생활〉로 아카데미 남우주연상과 골든 글로브 남우주연상을 수상했다. 콜먼은 1957년 폐감염 수술을 받았고 이듬해 1958년 5월 19일 67세의 나이로 캘리포니아 주 산타바바라에서 급성 폐기종으로 눈을 감았다.

그리어 가슨

여주인공으로 나오는 그리어 가슨을 이야기할 때 온화함, 고귀함, 정숙함이라는 수식어들이 항상 붙어 다닌다. '공작부인'이라는 멋진 애칭도 있다. 가슨은 런던대학과 프랑스 그로노블 대학에서 수학하기도 한 재원(才媛)이었다. 1942년 작 〈미니버 부인〉으로 아카데미 여우주연상을 받았다. 단아하고 지성미까지 갖추어져 현모양처형 이미지로 딱 어울려, 한때 미국의 국민 여배우로 추앙되기도 하였다.

영화 〈굿바이 미스터 칩스〉에서는 칩스 선생님의 착한 아내로, 〈마음의 행로〉에서는 헌신적인 아내로 연기하면서 당시 우리나라에서도 그녀를 좋아하는 팬들이 많았다. 이밖에 〈오만과 편견〉, 〈퀴리 부인〉, 〈줄리어스 시저〉 등에 출연했다. 1904년 영국에서 태어나 할리우드에서 활동한 그녀는 두 번의 이혼 뒤에 텍사스 석유 재벌 바디 포겔슨과 세 번째 결혼했다. 1993년 엘리자베스 2세는 가슨의 업적을 인정하면서 대영제국 훈장CBE을 수여했다. 1999년 댈러스에서 눈을 감기까지 92세의 나이로 비교적 장수했다.

III. 멜로드라마의 거장, 머빈 르로이

제2차 세계대전 이후 다양한 장르의 흥행작들을 내놓으면서 할리우드의 황금기를 이끌었던 머빈 르로이 감독은 흔히 멜로드라마의 거장이라고도 불린다. 그는 극히 통속적인 소재를 가지고 뜻밖의 감동을 이끌어 내는 탁월한 재능을 가진 명장이었다. 1952년에 만든 〈애수〉는 올드 팬들에게 큰 사랑을 받고 있는 그의 대표작이다. 르로이는 눈물짜는 단순한 멜로드라마를 불멸의 명작으로 만든 것이다.

베스트셀러 작가 제임스 힐턴의 소설 『Random Harvest』를 각색한 〈마음의 행로〉 또한 그의 연출력이 빛을 발한 멜로드라마의 정수였다. 그의 탁월한 역량은 그냥 삼류드라마에 머물렀을 이야기들을 이렇게 놀라운 작품으로 탄생시키곤 했다. 그는 〈애수〉와 〈마음의 행로〉의 흥행에 연거푸 성공함으로써 순수 멜로의 거장으로 불리게 되지만 1951년에는 〈벤허〉에 필적할 만한 대작 역사물 〈쿼바디스〉를 내놓아 또 한 번 주목을 받기도 했다.

1900년 샌프란시스코에서 태어난 르로이는 할아버지가 백화점을 소유할 정도의 성공한 유대인 가족이었지만, 1906년 발생한 샌프란시스코 대지진과 화재로 한순간에 쫄딱 망해 버렸다. 백화점은 보험에 들었지만 보험 회사도 함께 파산해 버렸기 때문이었다. 이후 르로이는 입에 풀칠을 하기 위해 신문팔이를 하는 등 고달픈 어린 시절을 보내야 했다. 그러다가 사촌인 제시 라스키를 통해 할리우드에 발을 디디게 된다. 그는 보조 카메라맨을 거쳐 배우로 활동하기도 했으며 드디어 1927년 감독 데뷔작으로 로맨틱 코미디 〈갈 곳이 없다〉를 내놓았다.

그때부터 그는 "좋은 이야기만이 좋은 영화를 만든다."라는 신조를 가지고 저비용 고수익 영화를 만드는 감독으로 정평이 나기 시작했다. 덩달아 제작사인 워너 브라더스를 먹여 살린다는 이야기를 들으면서 할리우드의 원더 보이로 이름을 날린다. 1931년 첫 번째 갱스터 필름으로 꼽히는 에드워드 G. 로빈슨 주연의 〈리틀 시저〉로 흥행에 성공한 뒤 MGM으로 적을 옮겼다. 이후 고전 명작인 〈오즈의 마법사〉의 제작에 참여하였고, 1940년에는 멜로 영화 팬들의 심금을 울린 〈애수〉를 만들었다. 1951년에는 스펙터클한 종교 대작 〈쿼바디스〉를 연출한 르로이는 다시 한 번 MGM에게 막대한 흥행 수익을 안겨 주었다.

이후 헨리 폰다 주연의 〈미스터 로버츠〉, 제임스 스튜어드 주연의 〈FBI〉 등을 연출했다. 〈FBI〉는 걸작 반열에 들을 만큼 완성도가 높은 영화였으나 당시 FBI 수장 에드거 후버가 공동 제작자로 나서면서 FBI를 홍보하는 국책 영화라고 비아냥거리는 소리를 듣기도 했다. 말년에는 베트남전을 배경으로 한 첫 번째 영화인 존 웨인 주연의 〈그린베레〉를 웨인과 공동으로 감독했다. 한편으로 그는 미국 대통령을 지낸 배우 로널드 레이건에게 훗날 그의 아내가 되는 여배우 낸시 데이비스를 소개해 주기도 했다. 1976년 아카데미 평생 공로상을 수상하였고, 1987년 로스엔젤레스 베벌리힐스의 자택에서 지병인 알츠하이머병으로 숨을 거두었다.

5장

작은 아씨들

세기의 미녀 엘리자베스 테일러

I. 작은 아씨들(1949년), Little Women

　　영화 〈애수〉, 〈쿼바디스〉, 〈마음의
행로〉 등으로 멜로드라마의 귀재라고
일컬어지는 머빈 르로이 감독의 〈작은
아씨들〉은 루이자 메이 올콧 원작이다.
1933년 조지 큐커 감독의 흑백 영화로
만들어졌던 것을 16년 만에 컬러로 리메
이크한 것이다. 이 영화는 당시 우리나
라에서는 〈푸른 화원〉이라는 제목으로
개봉되었다. 이 영화는 그 후 두 번 더
(1994년, 2019년) 영화화되었다.

　　제작사 MGM은 이 영화를 자사의 작품 중 가장 자랑스러워하는 영
화 중 하나로 내세우고 있다. 이 작품은 미국 남북전쟁 당시 매사추세

츠 주의 콩코드를 배경으로 중산층 가정인 마치March 가족 네 자매의 성장과 가족생활을 그렸다. 경제적으로는 어렵지만 고결하면서도 엄격한 청교도 정신의 소유자인 아버지가 전쟁터에 나가 있는 사이에 일어나는 네 자매의 이야기들을 밝고 아름답게 영상화한 명작이다.

영화의 원작은 올콧의 자전적 소설로서 올콧은 아버지의 영향을 많이 받았다. 고전과 철학에 박식했던 그녀의 아버지는 사회와 교육 문제에 평생을 바쳤다. 올 컷은 이런 아버지를 존경했으며, 그녀 자신도 아버지의 철학과 이상을 실천하려고 노력했다. 그래서 그녀의 작품에는 아버지의 이상과 고결한 정신이 고스란히 녹아 있다는 평을 듣고 있다. 이 책은 1869년 4월 출간된 뒤, 평론가들의 호평이 뒤따랐고 1년이 지나자마자 당시로서는 베스트셀러에 가까운 3만 부 이상이 팔렸다. 이후 올콧은 미국을 대표하는 여성 작가로 떠올랐고 현재 이 책은 세계 명작의 하나로 꼽히고 있다.

자매로 나온 4명의 여배우들은 실제 친자매 이상으로 촬영 내내 가까이 지냈다. 촬영 중 엘리자베스 테일러가 다리를 다쳤을 때 나머

네 자매들

지 세 여배우가 빠른 회복을 바라는 글을 테일러의 깁스 위에 꽉 채워 적어 놓기도 했다. 셋째인 베스(마가렛 오브라이언 분)가 가족을 위해 자기는 죽어도 상관없다고 말하는 장면에서 둘째 조(준 엘리슨 분)가 하도 울

어 대는 바람에 촬영이 여러 번 중단되기도 했다고 한다. 이 영화에서 베스가 항상 옆구리에 끼고 다니는 바구니는 영화 〈오즈의 마법사〉에서 여주인공 주디 갈란드가 갖고 다니던 바로 그 바구니다.

영화 〈싸이코〉와 〈바이킹〉에서 인상적인 연기를 보여 준 자넷 리는 맏언니로 나와 다소곳하고 의젓한 모습으로 등장한다. 그녀는 가난한 북군 장교와 아름다운 사랑을 이어 나가는 정숙한 여인상을 보여 주었다. 1954년도의 영화 〈삼총사〉에서 뛰어난 활약을 보여 준 준 앨리슨은 둘째 조 역으로 원 톱 주인공 역을 맡았다. 씩씩한 성격의 남성적인 모습으로 나온다. 앨리슨은 이 영화를 찍을 때 실제 나이 31살이었는데 10살이나 어린 둘째 역할을 무난하게 소화해 내었다. 그녀는 이 영화를 찍기 전 그토록 갖고 싶었던 아이도 출산하게 되고 원하던 아이를 입양하는 겹경사를 맞았다. 촬영 중 아기들이 보고 싶어 뻔질나게 집으로 달려가는 바람에 촬영하는 데 애를 먹기도 했다.

셋째 베스 역의 마가렛 오브라이언은 이 영화의 촬영이 시작되었을 때 불과 12살밖에 안 되었다. 영화 후반에 안타깝게 죽는데 이때 둘째 언니 조와 대화를 나누면서 어른스러운 모습으로 "난 원래 오래 살 운명이 아니었나 봐."라고 해서 언니를 또 울게 만든다. 새침데기이며 약간 이기적이지만 마음씨는 착한 막내 역인 에이미로 나온 엘리자베스 테일러의 어렸을 때 모습을 보는 것도 흥미롭다.

1954년과 1963년 이 영화는 두 차례 수입 개봉되었다. 당시 한국전쟁이 바로 끝난 뒤 지지리도 가난하던 한국인들 눈에 이들의 삶은 어떻게 보였을까? 영화 속에서 네 자매들이 우리들은 '가난하다'라는 표현을 여러 번 반복하지만 그녀들의 집은 그림 같은 숲속에 아담하게 자리 잡고 있는 다락방까지 있는 예쁜 이층집이다. 6.25 전쟁 이후에 연탄불 피우면서 단칸방에서 온 식구가 옹기종기 모여 살던 당시 우리나라 사람들의 눈으로는 가난하다는 말이 실감이 안 났을 것이다.

이들 자매들에게는 부자이지만 성격이 괴팍한 고모가 있다. 그 고모님은 간간이 들러서 용돈도 주고 물심양면으로 도와주기도 한다. 거기다 바로 옆집에 언제든 도와줄 준비가 되어 있는 부자인 로리의 할아버지도 있다. 그래서인지 영화가 그리 궁상스럽지 않고 밝고 훈훈하다. 아무튼 당시 전쟁 직후 너 나 할 것 없이 가난에 찌들어 있던 한국인들에게 이 영화는 그야말로 한 폭의 그림 속의 동화로 비추어졌을 것이다.

이 영화는 아카데미 촬영상을 받았다. 흑백 화면이 주류이던 당시 잘 꾸며 놓은 세트에서의 컬러 촬영은 세트 촬영의 미학을 최대한 살렸다는 평을 받았다. 화면 하나하나가 그림엽서처럼 예쁘기 짝이 없다. 그래서인지 국내 개봉 제목은 〈푸른 화원〉으로 바뀌어서 개봉되었다.

⁝ 간략한 줄거리

성격이 각각 다른 딸 넷 중에서 남자 같은 성격의 둘째 조가 주인공 역할을 한다. 틀에 얽매이기 싫어하는 작가 지망생이다. 그리고 단아한 장녀 메그, 수줍음 많고 병약한 셋째 베스, 외모에 신경 쓰는 막내 에이미, 마치 가의 이들 네 자매들은 그렇게 우애가 좋을 수가 없다. 이웃집 청년 로리가 조에게 구애를 하지만 자신은 틀에 박힌 것에 견디지 못한다면서 조는 작가가 되기 위해 뉴욕으로 떠난다. 로리는 상심한 채 할아버지와 유럽 여행을 가는데, 할머니와 유럽에 여행 온 에이미와 만나 결혼에 이르게 된다. 장녀 메기도 로이의 가정교사와 결혼해 쌍둥이를 낳았고, 셋째 베스는 결국 병으로 숨지고 만다. 조는 『나의 베스』란 제목으로 작품을 출판하면서 성공하게 된다. 그녀가 작품을 출판하게 되기까지 조언을 아끼지 않았던 프리드리히 교수와 장래를 약속한다.

II. 세기의 미녀, 엘리자베스 테일러

엘리자베스 테일러

백이면 백, 보는 사람들을 홀딱 반하게 만드는 맑고 푸른 눈과 완벽한 이목구비를 가진 엘리자베스 테일러는 세계에서 가장 아름다운 여인이었다. 숱한 영화 속에서 러브 스토리의 주인공으로 나와 많은 이들의 가슴을 설레게 했던 그녀는 실제 생활에서도 수많은 로맨스를 남겼다.

1932년 2월 27일 그녀는 런던 햄스테드에서 미술 중개상인 미국인 아버지와 역시 미국인인 연극배우 출신 어머니 사이에서 태어났다. 형제자매로는 오빠 하워드가 있다. 10살 아역 시절부터 영화계에 진출한 그녀는 미모뿐만 아니라 아카데미 여우주연상을 2번(레인트리 카운티, 누가 버지니아 울프를 두려워하랴)이나 수상한 뛰어난 연기력을 갖춘 배우였다.

엘리자베스에 대해 얘기할 때 빼놓을 수 없는 것이 밥 먹듯 해치운 결혼과 이혼이다. 1950년 18세에 힐튼 호텔의 후계자 콘래드 힐튼 주니어와의 결혼을 시작으로 자그마치 8번의 결혼과 이혼을 거듭했다. 그녀는 첫 남편과 결혼한 지 1년 만에 이혼하고 이듬해에 그녀보다 20살 많은 영국 배우 마이클 와일딩과 결혼했다. 그리고 결혼 5년 만에 각자의 길을 갔다. 1957년에 세 번째 남편인 엔터테인먼트 프로듀서 마이크 토드와 결혼한다. 슬프게도 이듬해에 토드가 비행기 추락 사고로 사망했다.

그녀의 네 번째 결혼에 대해서 할리우드에서는 시끌벅적했다. 그녀는 죽은 전 남편 마이클 토드의 가장 친한 친구이자 여배우 데비 레이놀즈의 남편인 가수 에디 피셔를 결혼상대로 찍은 것이다. 레이놀즈로서는 대낮에 날벼락을 맞은 기분이었다. 테일러와 레이놀즈와의 관계를 빗대어 세간에서는 '믿는 도끼에 발등 찍힌 격'이라는 말이 나돌았다. 말 많고 탈도 많았던 피셔와의 결혼 생활도 5년 만에 끝장이 났다.

리차드 버튼과 다정했던 한때

그녀의 5번째 결혼은 폭풍처럼 할리우드를 강타했다. 테일러는 영화 〈클레오파트라〉 촬영장에서 배우 리처드 버튼과 불같은 사랑에 빠지면서 부부가 되었다. 이렇게 뜨겁게 달아올랐던 두 사람도 결국 10년간의 결혼 생활을 지속하고 끝냈다. 그러나 1년 4개월 후에 이 두 사람은 다시 재결합했다. 그때 테일러는 이후로는 다른 누구와도 결혼하지 않을 것이며 버튼을 미치도록 사랑한다고 말했다. 그러나 그들의 두 번째 결혼은 1년도 채 지속되지 않았다. 버튼의 고질적인 폭음이 다시 심각해졌기 때문이었다.

두 번씩이나 헤어지기를 반복했지만 테일러는 생전에 "내가 죽으면 리처드 버튼의 고향에 뿌려지길 원한다."고 말할 정도로 버튼을 사랑했다. 또한 "리처드가 일곱 번의 아카데미 시상식에서 노미네이트 됐지만 단 한 차례도 트로피를 타지 못한 게 가슴이 쓰리다."고 그의 여러 번 거듭된 아카데미상 탈락에 대해 안쓰러운 감정도 가지고 있었다.

테일러의 여섯 번째 배우자는 정치인 존 워너 상원 의원이었다. 6년 만에 이혼했다. 그녀의 마지막 결혼 대상은 놀랍게도 그녀보다 20살 어린 노가다 판의 노동자 래리 포텐스키였다. 그러나 테일러와 달리 포텐스키는 언론의 스포트라이트를 부담스러워했고 결국 1996년에 헤어졌다. 그래도 테일러는 남은 생애 동안 워너와 포텐스키와 연락을 유지했다.

잦은 결혼과 이혼으로 복잡한 결혼 생활을 했던 엘리자베스의 노년은 비교적 평화로웠다. 이라크 전쟁을 반대하는 반전 시위에 앞장서는가 하면 에이즈 예방 운동에 적극적으로 참여하는 등 봉사하는 삶을 살았다. 이런 봉사 활동으로 엘리자베스 2세 여왕으로부터 배우 줄리 앤드류스와 함께 '사령관 여기사Dame Commander'라는 작위를 받았다.

그녀는 2011년 79세의 나이로 심장병으로 사망했다. 슬하에 2남 2녀를 두었다. 그녀는 죽기 전에 "나의 인생은 사랑을 하고, 엄마가 되고, 아내가 되고, 친구가 될 운명이었다."라고 말했다. 그리고 그것이 바로 그녀가 삶을 살았던 방식이었다. 전 세계 팬들은 그녀가 "아름다운 외모에 걸맞는 삶을 살고 갔다."며 고인의 넋을 위로했다.

대표작으로 〈작은 아씨들〉, 〈자이언트〉, 〈젊은이의 양지〉, 〈아이반 호〉, 〈내가 마지막 본 파리〉, 〈뜨거운 양철지붕의 고양이〉, 〈누가 버지 니아 울프를 두려워하랴〉 등이 있다.

제3의 사나이

안톤 카라스와 주제곡 / 천재 영화인, 오손 웰스

I. 제3의 사나이(1949년), The Third Man

　　영화 〈제3의 사나이〉는 현대 영국의 가장 권위 있는 작가 가운데 한 명인 그레엄 그린이 시나리오를 맡았고, 훗날 〈올리버〉라는 작품으로 아카데미 감독상을 수상하는 캐롤 리드가 메가폰을 잡았다. 실제로 스파이로 일한 적이 있었던 그린은 이 영화의 각본과 함께 같은 이름의 중편 소설을 썼는데, 지금까지도 출간되고 있을 정도의 명저로 알려져 있다.

　　제2차 세계대전 직후의 암울한 도시 비엔나를 배경으로 하여 펼쳐지는 미스터리에 휩싸인 사건을 완벽한 콘트라스트를 이루는 흑백 화면에 담아낸 이 작품은 영화 비평가들로부터 대단한 주목을 받았다. 결국 그해 칸 영화제에서 그랑프리 대상을 수상하게 되며 그리고 미국의 감독협회는 최우수 감독상을, 아카데미는 최우수 촬영상을 이 영화에 안겨 주었다. 1999년 영국영화연구소BFI가 선정한 위대한 영국 영화 100편 가운데 1위에 올랐다.

영화는 전후(前後) 패전 국가 오스트리아의 수도인 비엔나를 덮고 있는 음산하고 비정한 분위기를 시각적으로 훌륭히 묘사했다는 찬사를 받았다. 당시 비엔나는 폭탄을 맞아 부서진 건물들이 곳곳에 남아 있어 을씨년스러운 분위기를 고스란히 화면에 담을 수 있었다. 가장 두드러지는 촬영상의 특징은 촬영을 담당한 로버트 크래스커에 의한 강렬한 흑백 미장센*이다. 그는 또한 화면 속의 지평선을 사선으로 비스듬히 찍으면서 독창적인 화면 구도를 시도했다. 아울러 흑백의 차이를 극도로 대비시키고 그림자의 활용도를 높이는 등 필름 느와르의 미학을 한 단계 발전시켰다는 평을 들었다. 크래스커는 이듬해 아카데미에서 촬영상을 수상했다.

스산한 겨울의 밤공기가 흐르는 가운데 짙게 깔리는 어둠, 뽀얀 담배 연기와 독한 위스키 한 잔, 화급하게 들려오는 총소리와 부산한 발자국 소리, 옆으로 기울어진 흑백이 대비되는 화면에서 내뿜는 불안감, 어두컴컴한 하수구 안에서의 숨 막히는 추격전, 타락과 비장미가

---

* 미장센은 '장면(화면) 속에 무엇인가를 놓는다'라는 뜻의 프랑스어에서 유래하였다. 이 말은 오랫동안 연극 용어로 쓰여 왔다. 이후 화면 속에 하나의 그림을 만들어 내는 작업을 의미하는 영화 용어로 정착하였다. 여기에는 세트·인물·사물·조명·의상·배열·구도·동선·카메라의 각도와 움직임 등이 모두 포함된다.

감도는 뒷골목의 범죄자들, 영화 마지막에 흩날리는 낙엽 속을 주인공에게 눈길 한 번 안 주고 사라져 가는 여인 등 인상적인 장면을 연출한 리드 감독은 할리우드 느와르 영화에 뒤지지 않는 근사한 작품을 탄생시켰다.

그런데 정작 이 영화에서 주역을 맡았던 배우들은 영화제의 상(賞)들과는 인연이 없었다. 그러나 이 영화를 걸작으로 기억하는 이들은 영화 속의 주요 인물들을 결코 잊지 못할 것이다. 특히 악당 해리 라임으로 나오는 대배우 오손 웰스가 내뱉는 다음과 같은 말은 지금까지도 팬들의 입에서 오르내리고 있는 명대사다.

"이탈리아? 30년간의 보르자*체제하에서 이탈리아에선 전쟁과 공포와 학살이 난무했네. 하지만 그들은 미켈란젤로와 레오나르도 다 빈치, 르네상스를 만들어 냈지! 스위스? 그들은 동포애를 갖고 있지. 500년 동안이나 민주주의와 평화를 누려 왔고…. 하지만 그들이 만들어 낸 게 도대체 뭔가? 고작 뻐꾸기 시계뿐일세! 이 친구야!"

〈제3의 사나이〉에서 가장 인상적인 이 불쾌한 대사는 영화의 후반부에 나온다. 더 이상 제3의 사나이가 바로 자신임을 숨길 수 없게 된 해리는 결국 친구인 마틴스 앞에 정체를 드러낸다. 그때 그가 뻔뻔스럽게 이 대사를 내뱉는다. 인체에 극히 해로운 불량 페니실린을 팔아먹다

---

* 보르자 가문은 르네상스 시대에 알렉산데르 6세라는 타락한 교황을 배출한 것으로 유명한 스페인 기원의 이탈리아 귀족 가문이다. 그의 아들인 체사레 보르자가 유명하다. 그는 아버지이자 교황인 알렉산데르 6세를 등에 업고 중부 이탈리아의 로마냐 지역을 지배했다. 마키아벨리는 그를 이상적인 모델로 삼아 『군주론』을 집필했다.

가 경찰에게 쫓기는 악인답게 오만불손하기 짝이 없는 언사다. 바로 이 독특한 궤변을 쓴 사람은 각본을 담당한 그린이 아니었다. 해리 역을 맡았던 오손 웰스가 이 대사의 창안자였다. 이

눈길도 주지 않고 마틴스를 지나쳐 가는 애나

후 오손 웰스의 천재성을 거론할 때 가끔 이 대사가 인용되곤 한다.

이 영화의 가장 인상적인 장면은 영화의 라스트 신이다. 해리의 진짜 장례식을 마치고 돌아오는 애나(알리다 발리 분)와 마틴스(죠셉 코튼 분)가 만들어 내는 이 장면은 영화사에 길이 남을 명장면 중의 하나다. 저 멀리 소실점에서 대각선 구도로 뻗어 나온 쓸쓸한 가로수 길을 또박또박 걸어오는 여주인공 애나가 눈길 한 번 주지 않고 쌀쌀맞게 마틴스의 곁을 지나쳐 가는 롱테이크는 결코 잊혀지지 않는다.

원래는 마틴스가 해리의 장례식이 끝난 후 애나의 손을 잡고 나가는 해피 엔딩으로 마무리될 예정이었으나 리드 감독이 바꾸었다고 한다. 비록 정의의 편에 섰다고는 해도 20년 우정을 버린 대가로 마틴스가 얻을 수 있었던 것은 무엇이었을까? 흩어지는 나뭇잎과 점점 멀어지는, 한때 마음을 주었던 애나의 발자국 소리만이 텅 빈 화면 위에 여운처럼 남는다.

안톤 카라스가 작곡한 애잔하면서도 감미로운 주제곡인 '해리 라

임의 테마'는 너무도 유명해서 오늘날에도 많은 사람들이 즐겨 듣고 있다. 이 곡은 오스트리아의 민속 악기인 치터가 연주한다.

ː 간략한 줄거리

제2차 세계대전이 끝난 직후, 연합군이 공동 관리하고 있는 패전국 오스트리아의 수도 비엔나에 미국의 B급 소설가 마틴스가 찾아온다. 그가 대서양을 건너 비엔나를 찾아온 이유는 친구인 해리를 만나기 위해서였다. 하지만 해리는 그를 기다려 주지 않는다. 교통사고를 당해 그는 세상을 뜨고 말았던 것이다. 하지만 그것은 시작일 뿐이었다. 친구를 죽음으로 몰고 간 그 사고에는 뭔가 석연치 않은 구석이 있음을 알아차린 마틴스는 해리의 애인인 애나와 함께 사고를 조사하게 된다. 그런데 그 과정에서 뜻밖의 사실을 발견한다. 해리가 사고를 당한 그 현장에 제3의 인물이 있었음이 밝혀진 것이다. 아무리 추적해도 전혀 실마리가 잡히지 않는 제3의 사나이는 바로 친구인 해리였던 것이다. 마틴스와의 약속 장소에 나간 해리는 경찰의 추격을 받고 도주하다 결국 친구 마틴스의 총에 죽고 만다.

II. 안톤 카라스와 주제곡

이 영화의 메인 테마 곡은 싱글이 발매된 1949년과 그 이듬해에 걸쳐 당시로서는 엄청난 대박인 50만 장이 넘는 음반이 팔렸다. 이후 반세기가 넘는 기간 동안 꾸준한 사랑을 받아 왔다. 메인 테마 곡의 치터 선율은 기본적으로 경쾌한 리듬을 갖고 있으면서도 동시에 애잔한 분위기의 우수를 띠고 있다.

이 인상적인 주제곡을 작곡한 안톤 카라스는 감독 캐럴 리드에게 발탁되기 전만 해도 비엔나의 칼렌베르크 산자락 호이리게 술집에서 치터Zither 연주를 하면서 근근이 살아가는 악사에 지나지 않았다. 카라스는 가난한 노동자의 아들로 태어나 어린 시절부터 기계공으로 일했다. 어릴 적부터 오스트리아 전통 악기인 치터를 잘 연주해 빈 음악원을 다니기도 했다. 하지만 호이리게 주점의 악사 신분에서 벗어나지 못했다. 마침 오스트리아의 갑부이자 영화 제작자인 칼 하르테는 이 술집의 단골이었다.

악기 치터

어느 날 그가 멋스런 부부를 초청했는데 그가 바로 영국의 영화감독 캐럴 리드였다. 리드는 그 자리에서 카라스의 환상적인 치터 연주에 단박에 반해 버렸다. 캐롤이 묵던 호텔 아스토리아에 불려 간 카라스는 영화 〈제3의 사나이〉에 대한 구상을 듣는다. 대본을 쓴 작가는 영국의 그레엄 그린이라고 했다. 그는 이때부터 열성을 다해 작곡에 몰입한다. 메인 타이틀의 제목은 '해리 라임의 테마'였다.

이 영화 음악은 영화가 개봉된 이듬해인 1950년 '전미 주크박스 베스트 10' 차트 2위에 올랐고, 51년 4월, 비오 12세 로마 교황 어전 연주의 영광을 누린다. 이는 49년 9월 영국 국왕 조지 6세(엘리자베스 2세의 아버지)의 어전 연주가 성공적이라는 평판을 듣고 난 후였다. 이후 네덜란드·영국·일본 등 해외 공연까지 다니며 많은 돈을 벌기도 했다. 이후 카라스는 다른 음악에서 빛을 못 보고 1960년대에 은퇴하여 카페에서 치터 연주를 하며 여생을 보냈다.

악기 치터는 독일·오스트리아에서 널리 애용되고 있는 민족적 발현 악기로 악기의 크기와 현의 수는 일정하지 않으며 연주법도 일정하지 않은 악기로, 애조 띤 음조가 특색이며 노래의 반주나 독주에 쓰인다.

III. 천재 영화인, 오손 웰스

오손 웰스는 영화 역사상 최고의 영화감독으로 항상 빠지지 않으며 당대 최고의 명배우 중 하나로 꼽히는 인물이다. 위스콘신 주에서 발명가인 아버지와 피아니스트 어머니 사이에서 태어난 웰스는 어렸을 때부터 시를 쓰고 만화를 그리며 연극까지 하는 등 다방면으로 천재적인 재능을 나타냈다. 이후 시카고 예술학교에서 공부한 뒤 저널리스트로 일하다가 브로드웨이 무대에 진출, 젊은 배우이자 연출자로서 활약을 하게 된다. 이후 머큐리 극단을 설립하고 〈부두 맥베스〉와 〈우주전쟁〉 같은 혁신적인 무대 작품과 라디오 방송 드라마들을 제작하기 시작했다.

〈우주전쟁〉은 조지 웰스의 소설을 각색한 라디오 방송 드라마였는데 일시에 전국을 패닉 상태에 빠뜨렸다. 핼러윈을 맞이해서 장난칠 의도로 만들어졌다. 화성인들의 침공이라는 일련의 사건들을 뉴스 속보 형태로 각색해서 내보낸 것이다. 웰스의 연기가 너무 리얼한 나머지 라디오를 듣던 사람들은 진짜 화성인들이 쳐들어온 것으로 착각해서 거리로 뛰쳐나가는 등 공포에 떨면서 미국 전역이 공황 사태가 벌어졌다 그 방송으로 웰스는 순식간에 악명을 떨쳤고, 다음날 공개 사과문을 발표해야 했다. 이 사건을 주목한 할리우드의 RKO 영화사가 그에게 손을 내밀었고, 그곳에서 웰스는 1941년에 영화사에 길이 남을 걸작인 〈시민 케인〉을 만들었다.

오손 웰스

영화 〈시민 케인〉은 당시 신문계의 거물인 윌리엄 랜돌프 허스트를 모델로 만든 영화였다. 감독 겸 주연으로 나온 웰스가 허스트 역을 맡아 그가 사치와 허영, 불륜에 빠지고 정치나 사업에서도 폭망하면서 결국은 비참하게 죽는다는 내용이었다. 이를 알고 화가 머리끝까지 난 허스트는 온갖 공작으로 대부분의 지역에서 이 영화의 개봉을 막아 버렸다. 또한 허스트는 소유하고 있는 모든 신문들을 동원해서 이 영화에 대해 가차 없이 씹어댔다. 이 때문에 〈시민 케인〉은 뛰어난 작품이라는 평론가들의 호평에도 불구하고 흥행에는 대실패했다. 아카데미 시상식은 〈시민 케인〉을 9개 부분에 후보로 지명했지만, 정작 각본상 하나만 달랑 주고 말았다. 이를 두고 아카데미 역대 최악의 실수라고 두고두고 말이 많았다.

〈시민 케인〉은 당시 할리우드에서는 생각도 못 했던 딥 포커스[*],

---

[*] 화면에 가까운 곳과 먼 곳 모두를 선명하게 표현한다는 것이다. 주인공뿐만 아니라 주변 인물과 배경이 모두 선명하게 나타난다.

로키 조명*, 역광 조명, 극단적 클로즈업 등 대단히 획기적이고 이채로운 방식들을 동원해 만들어졌다. 웰스가 〈시민 케인〉에서 구사한 이런 파격적인 시도들은 오늘날에 와서는 영화 제작 기법으로 일반화되어 있다.

이를 계기로 웰스는 자신의 영화 기획들이 번번이 퇴짜를 맞는 등 할리우드의 영화사들에게 철저하게 왕따를 당했다. 그럼에도 그는 B급 영화에까지 출연해 가면서 어떻게든 제작비를 마련해서 영화를 만드는 등 고군분투를 했다. 이러한 영화에 대한 그의 열정은 평생을 지배했다.

웰스는 한 마디로 할리우드 영화 산업 안에서 천재적 재능을 마모해 버린 아까운 인물이었다. 후에 수작으로 불리게 된 그의 여러 영화들은 당시에는 제대로 된 평가를 받지 못했다. 그의 작품들은 영화사의 압력으로 늘 재편집 당했다. 그는 할리우드 영화계에서 언제나 떠돌이였다. 그가 창조하는 대부분의 인물들은 제도권 외곽에서 머물며 배회하는 자의식이 투철한 남자들이었다. 웰스 역시 자신이 창조한 인물들이 보여 준 인생 역정과 유사한 삶을 살았다. 천재 소리를 들었던 그는 도리어 자신의 재능으로 인해 역경 속의 파란만장한 인생을 살게 된 것이다.

웰스는 배우 리타 헤이워스를 비롯하여 세 번의 결혼과 세 아이를

---

* 어두운 부분이 화면을 지배하며 콘트라스트를 가능한 크게 만드는 조명 방식이다. 예를 들어 어두운 방에 하나의 촛불만이 켜 있어 전체적으로 어두운 느낌이지만 촛불이 비추는 인물 한쪽만을 밝게 비치는 것을 들 수 있다.

두었다. 2002년 그는 영국 영화 협회 여론 조사에서 역대 최고의 영화 감독으로 뽑혔다. 2018년 그는 데일리 텔레그래프에 의해 역대 가장 위대한 할리우드 배우 50인 명단에 포함되었다. 그는 생전에 〈시민케인〉, 〈제3의 사나이〉, 〈백경〉, 〈길고 더운 여름〉 등의 영화에서 열연을 펼쳤다.

7장

라임라이트

20세기 최고의 희극배우 찰리 채플린

I. 라임라이트(1952년), Limelight

이 영화는 찰리 채플린 말년의 대표작으로 실질적인 유작이다. 제목인 〈라임라이트〉는 무대에 쓰이는 석회로 만든 조명을 말하는데, 19세기 말에 전기 조명에 밀려서 사라지는 신세가 되었다. 이는 한때 잘 나가던 코미디언인 칼베로가 말년에 아무도 찾아주지 않는 퇴물 취급을 받는 신세가 된 것을 비유한다. 칼베로의 이야기는 어떤 의미에서는 바로 채플린 자신의 자전적인 성격을 띤 이야기다. 이 영화는 채플린 특유의 풍자와 비판이 사라지고 노령의 고독과 우수가 가득 담긴 작품으로 자서전적인 냄새를 풍기고 있다.

〈라임라이트〉는 제작·각본·감독·출연과 심지어 주제곡 작곡까지 그의 손길이 미치지 않은 곳이 한 군데도 없을 정도로 화려한 그의 원맨쇼였다. 네 번째 부인, 우나 오닐을 포함한 가족들도 총동원되었다. 그 결과 채플린으로서는 노장은 결코 죽지 않았다는 것을 대내외에 과시하면서 찬사를 받았다. 비극적인 냄새가 짙게 풍기는 이 영화는 채플린의 인간적인 원숙미를 느끼게 한다. 이는 지난 세월, 좌익으로 몰리는 등 여러 가지 일들로 괴로웠던 시간들이 그를 인간적으로 더욱 성숙하게 만든 결과일 것이다.

이 영화의 원작은 1948년에 쓴 채플린의 유일한 중편 소설 『풋라이트Footlight』이다. 이 책은 자기 성찰적 시선으로 스스로의 인생과 예술을 돌아보며 썼다. 할리우드 시절에 겪었던 내밀한 상처들과 예술가의 번뇌 등이 응집되어 있다. 노년에 이른 한 천재가 보여 주는 삶과 예술에 대한 열정, 화려한 조명과 쓸쓸한 무대 뒤 풍경이 엇갈리면서 희극과 비극이 교차되는 굴곡으로 점철된 인생을 오롯이 담고 있다.

이 영화는 메인 주제곡인 '테리의 테마'를 직접 작곡한 채플린의 예술적인 천재성을 다시 한 번 보여 주고 있다. 이 곡은 20세기의 위대한 영화 음악 10곡 가운데 한 곡으로 선정되어 있기도 하다. 음악적으로도 어쩌면 그렇게 극 중 분위기를 감성적으로 잘 표현하였을까 하는 감탄이 절로 나온다. 〈라임라이트〉는 21년이 지난 1973년 제44회 아카데미 시상식에서 최우수 영화음악상을 받았다. 이는 〈라임라이트〉가 20년 만에 미국에서 정식으로 개봉되었기 때문이었다.

주로 현악기 위주의 연주를 통해 서정적이면서도 휘몰아치는 분위기의 이곡은 21세기인 요즈음에 다시 들어봐도 여전히 우리들의 감성

을 자극하고 있다. 영화에
서는 여러 장면에서 이 곡
이 등장하지만 특히 칼베
로가 숨을 거두는 마지막
장면에서 이 곡에 맞춰 여
주인공 테리(클레어 블룸 분)
가 아름다운 발레 댄스를
추는 장면이 인상적이다.

칼베로와 테리

　채플린은 영화 〈라임라이트〉를 런던에서 세계 최초로 개봉하기로 결정했다. 이는 그가 가족들을 런던으로 데려가서 겸사겸사 자신의 고국을 보여 주려는 의도에서였다. 1952년 9월 17일 퀸엘리자베스 호에 몸을 실은 채플린 일가는 배가 떠난 지 2일 후 라디오 방송으로 미국 법무장관이 그의 미국 비자를 말소시켰다는 날벼락 같은 보도를 들었다. 그는 당시 미국 시민권자가 아니었다. 혐의는 도덕성·정신 착란·공산주의 찬동 등의 이유로 입국을 금지시킨다는 내용이었다. 이후 20년 동안 채플린은 미국 땅을 밟을 수 없었다. 결국 이 영화는 그의 할리우드 시절을 마감하는 영화가 되고 만다. 〈라임라이트〉도 20년 이후에야 미국에서 개봉할 수 있었다.

　이 영화가 유럽에서 개봉된 후 이탈리아를 대표하는 거장 베르나르도 베르톨루치는 이런 소감을 피력했다. "〈라임라이트〉의 마지막 장면을 보면서 이런 생각을 했다. 슬프다. 이제 더 이상 이런 영화는 없을 것 같다. 그리곤 울어 버렸다."

지금은 형편없는 처지에 있지만 왕년에는 한가락 하던 코미디언 칼베로는 어느 날 가스 자살을 기도하는 처녀 테리를 구해 자기 방으로 데려온다. 그리고 마지막 소지품인 바이올린을 저당 잡히면서 그녀를 정성껏 간호한다. 무용수인 그녀는 아픈 관절 때문에 이제 춤을 출 수 없어 절망에 빠져 있었다. 그런 테리에게 칼베로는 희망을 불러일으켜 주고 이에 그녀는 용기를 얻어 건강을 회복하게 된다. 칼레로는 테리의 부담을 덜어 주기 위해서 그녀의 곁을 떠난다. 몇 년 뒤, 발레리나로 대성공을 거둔 테리는 떠돌이 악사가 된 칼베로를 만나자 은인을 위해 자선공연을 한다. 공연은 대성공이었다. 칼베로는 테리가 라임라이트를 받으며 춤을 추고 있는 동안 숨을 거둔다.

II. 20세기 최고의 희극 배우, 찰리 채플린

떠돌이 복장의 채플린

헐렁한 바지에 콧수염, 찌그러진 중산모와 지팡이, 납작한 구두에다 뒤뚱거리는 걸음걸이로 평생을 남을 웃기면서 살아간 20세기 최고의 희극 배우 찰리 채플린. 그러나 그의 희극적인 몸짓과 어색한 웃음 속에는 슬픔과 애수가 담겨 있었다. 그는 희극을 통해 비극을 말했고, 탐욕스러운 자본주의 사회의 여러 문제점을 적나라하게 들추어냈다. 그는 진정 시대를 앞서간 선구자였고 영화에 대한 열정이 가득했던 인물이었다.

채플린은 1889년 런던의 빈민가에서 삼류 배우인 부모에게서 태어났다. 그의 아버지는 알코올 중독으로 일찍이 사망했고, 어머니는 연극 무대에서 들어오는 수입으로 그와 형을 키웠으나 점차 인기가 하락하고 건강까지 악화되었다. 별수 없이 어머니는 두 자식을 빈민 구호소에 맡겼고 자신은 정신 질환에 시달리며 정신 병원을 오가는 신세가 되었다.

가난 때문에 5살 때부터 무대에서 노래를 불렀던 그는 아역배우를 거쳐 사춘기 시절에는 무대에서 연기를 단련했다. 14살 때는 한 극단에 입단해서 연극 〈셜록 홈즈〉에서 꼬마 심부름꾼을 맡아 열연하며 호평을 받기도 했다. 1908년 19살 때 영국 최고의 희극 극단인 카노 극단에 입단, 그가 개발한 코믹한 취객 흉내가 인기를 모으면서 연기 인생의 전환점을 맞게 된다. 2년 후 극단을 따라 미국 순회공연에 따라 가서 그곳에서 그는 대망의 스크린에 데뷔했다. 이때 그는 할리우드로 아예 생활의 근거지를 옮겨 영화 인생을 시작한다.

1914년에 출연한 〈베니스의 어린이 자동차 경주〉에서 그는 처음으로 중절모와 짤막한 양복바지, 지팡이를 휘두르는, 나중에 그의 트레이드마크로 굳어지는 떠돌이 캐릭터를 선보인다. 이 캐릭터는 관객들로부터 깊은 연민과 동정을 불러일으키면서 한편으로는 소외자로서의 비애와 유머를 동시에 표현할 수 있는 중요한 도구가 된다. 그는 이 캐릭터로 〈방랑자〉, 〈이민선〉, 〈키드〉 등에서 배우와 감독으로 종횡무진 활약했다. 1917년, 할리우드 입성 3년 만에 100만 달러(현재 가치 2,350만 달러)에 이르는 놀라운 개런티를 받는 대스타로 등극했다.

<모던 타임스>에서 채플린

1919년 30살의 나이에 스스로 '유나이티드 아티스츠 United Artists'라는 영화사를 설립하고 독점적으로 영화를 만들기 시작했다. 가난한 삼류 배우의 아들이었던 채플린은 이제 할리우드에서 당당한 영화사의 주인이 된 것이다. UA에서 만든 장편영화 〈황금광 시대〉, 〈시티 라이트〉, 〈서커스〉 등의 연이은 성공은 그를 세계 최고의 희극 배우로 자리 잡게 한다. 1936년에 만든 〈모던 타임즈〉는 또 하나의 걸작이었다. 자동화된 기계 문명 속에 말살되어 가는 인간성과 산업 사회가 가져온 인간 소외 문제를 풍자적 시각으로 다루면서 평론가들의 찬사를 받았다. 이 영화는 할리우드 최후의 무성 영화이자 채플린의 상징인 떠돌이 캐릭터가 등장한 마지막 작품으로 기록되었다. 51살이 되던 1940년에는 히틀러를 풍자하는 자신의 최초 유성 영화인 〈위대한 독재자〉를 선보였다. 이 영화는 채플린의 최고 흥행작이 되었으며 시대를 앞서간 걸작 정치 풍자극의 하나로 남았다.

이렇게 배우이자 감독으로서 영화계에서는 성공 가도를 달렸으나 사생활에서는 언론에 스캔들의 인물로 계속 등장하는 등 하루도 마음 편한 날이 없었다. 채플린은 자신의 영화에서 여주인공을 맡았던 배우 세 사람과 결혼했으나 모두 얼마 못 가 헤어지고 만다. 가정의 화목보다는 화려한 생활만을 추구하는 이들과의 결혼 생활은 원만할 수가 없었다. 이혼할 때마다 엄청난 위자료를 물어 주어야 했고, 언론은 신나게 입방아를 찧어 대었다. 여기에다가 배우가 되겠다고 찾아온 적이 있던 조안 배리라는 여자가 당신 애를 임신했으니 위자료를 내놓으라고 연일 협박 전화를 하다가 급기야는 친자 확인 소송을 낸 것이다. 나중에 혐의는 풀렸지만 채플린은 언론에 시달릴 대로 시달린 뒤였다. 신문에는 '아이를 배게 한 채플린, 경찰을 불러 여자를 집에서 내쫓다', '채플린, 여자와 돈을 다 빼앗고 내버리다'는 등 연방 그를 두들겨 댔다.

여기에다가 공산주의 혐의자라는 낙인이 찍히면서 채플린은 사면초가에 몰린다. 2차 대전 이후 미국 사회에는 공산주의에 대한 공포감이 높아졌고, 이는 매카시즘이라는 빨갱이 소탕 광풍으로 이어졌다. 할리우드도 예외가 아니었다. 그동안 여러 영화 속에서 사회적 메시지를 누구보다 적극적으로 담아온 채플린이 여기에 걸려든 것이다. 또한 제2차 세계대전 중에 독일과 싸우는 소련을 원조해 주자고 연설을 몇 번 한 것도 그가 덤터기를 뒤집어쓴 원인이 되었다. 그에 대한 비방전 뒤에는 공산주의를 극도로 혐오하는 FBI의 수장 에드가 후버가 도사리고 있었다. 후버는 공산주의자 색출을 명분으로 채플린에게도 사찰, 도청, 감청 등 여러 가지 불법적 행위를 자행했다. 채플린의 여성 편력을 부풀려서 언론에 제보하는 등 그의 평판을 악화시키려고 한 것도 그의 흉측한 의도였다.

이때 채플린에게 구원의 여인이 나타났으니, 그녀가 바로 노벨 문학상 수상자인 극작가 유진 오닐의 딸 우나 오닐이었다. 두 사람은 결혼을 약속하기에 이르렀다. 당시 오닐은 18세의 처녀요, 초혼이었지만 54세인 채플린은 네 번째 결혼이었다. 유진 오닐은 자신의 반대에도 불구하고 어린 딸이 늙은 희극 배우와 결혼하자 딸과 의절해 버리기까지 했다. 유진 오닐과 채플린의 나이는 한 살 차이에 불과했다. 거듭된 사생활 논란과 용공 분자라는 여론의 공격 속에 실의에 빠진 채플린은 5년간의 침묵 후 1952년 말년의 걸작 〈라임라이트〉를 만들고 가족과 함께 런던으로 떠났다.

그러나 채플린은 미국으로 돌아올 수가 없었다. 미국 법무성이 채플린의 재입국을 허가하지 않았던 것이다. 법무성은 그가 정치적인 이유뿐 아니라 도덕적으로 여성의 적이며 사회주의자와도 관계를 가지고 있다는 별의별 이유를 다 갖다 대었다. 그는 할 수 없이 가족들을 데리고 스위스에 정착했고 그곳에서 세계적인 많은 명사들을 만나면서 스위스에서 평온한 말년을 보낸다. 우나 오닐과의 사이에서 세 아이를 더 낳았으며, 1964년에는 자서전을 발간하기도 했다. 영화 〈홍콩의 백작부인〉을 감독하기도 했다.

미국의 아카데미가 채플린을 인정해 준 것은 그가 미국을 떠난 지 20년의 세월이 지난 1972년이었다. 특별상을 받기 위하여 머리에 백설이 하얗게 내린 채플린이 시상식장에 모습을 드러내자 약 10여 분에 걸친 뜨거운 기립 박수가 쏟아졌다. 감격에 겨운 채플린이 눈물을 흘렸다. 아카데미는 "영화를 20세기의 예술로 만든, 세계적인 천재 배우 채플린에게 특별상을 드립니다."라고 멘트를 하면서 채플린의 떠돌이 캐릭터를 나타내는 중절모와 지팡이를 선물했다. 채플린도 즉석에서 왕년의 슬랩스틱 코미디*를 선보이며 관객들의 웃음을 자아냈다. 1952년에 제작된 〈라임라이트〉도 제작된 지 약 20년 만에 미국에 소개되어 다시 빛을 볼 수 있었다. 음악상도 함께 수상했다.

1975년에는 엘리자베스 여왕으로부터 나이트 작위를 받았다. 또한 미국 《타임》지가 선정한 '20세기 가장 영향력 있는 인물' 100인, 스미소니언(미 국립교육재단) 선정 '미국 역사상 중요한 인물-대중문화 아이콘' 등에 선정되면서 명실상부하게 20세기를 빛낸 최고의 문화 예술인으로 재평가를 받았다. 채플린은 88세의 나이로 세상을 떠날 때까지 행복한 결혼 생활을 했다. 늘 헌신적이었던 아내인 우나 오닐이 곁에 있었기 때문이었다. 그는 스위스의 레만 호수가 바라다 보이는 집에서 1977년 12월 25일, 예수가 태어난 날에 파란만장한 삶을 마감했다.

"실망과 근심으로 가득한 세상에서 절망에 빠지지 않기 위해 선택할 수 있는 탈출구는 철학이나 유머에 의지하는 것이다."

"인생은 가까이서 보면 비극이지만 멀리서 보면 희극이다."

"내가 맛보았던 불행, 불운이 무엇이었든, 원래가 인간의 행운, 불운은 저 하늘에 떠다니는 구름 같아서, 결국은 바람 따라 달라지는 것에

---

* 연기와 동작이 과장되고 소란스러운 희극을 말한다. 주로 사회적인 비리나 부패를 풍자적으로 묘사한다. 1910년대 미국 영화 초기에 나타났는데 채플린이 이러한 희극 전통을 이은 대표적인 배우다.

지나지 않는다. 그렇게 생각하니까 나는 불행에도 그다지 큰 충격을
받지 않았으며, 행운에는 오히려 순수하게 놀라는 게 보통이었다. 나
에게는 인생의 설계도 없으며, 철학도 없다. 현명한 사람이든 어리석
은 사람이든, 인간이란 모두 괴로워하며 살아갈 수밖에 없는 것이다."

-찰리 채플린의 자서전 중에서-

8장

지상에서 영원으로

'밤하늘의 트럼펫'에 얽힌 이야기
지적이면서 고뇌 어린 눈빛의 몽고메리 클리프트

I. 지상에서 영원으로(1953년), From Here To Eternity

이 영화는 〈하이 눈〉의 명장 프레드 진네만과 버트 랭커스터, 몽고메리 클리프트, 데보라 카, 프랭크 시나트라, 어네스트 보그나인, 도나 리드 등 최고 수준급의 배우들이 열연해서 만든 불후의 명작이다. 1951년에 출판된 제임스 존스의 동명 소설이 원작이다. 소설은 진주만 공습 직전의 미군 실상을 담은 것으로 화제가 됐고 1952년 '전미(全美) 도서상'을 받기도 했다. 진주만 공습이 있기 직전 도덕적으로 해이해진 미군 부대 내의 속살을 날카롭게 파헤쳐서 미국 사회에 커다란 반향을 몰고 왔다.

이 작품은 미군 병영생활 속에서 빚어지는 인간관계를 심도 있게 그렸다는 호평이 뒤따르면서 1954년도 제26회 아카데미 시상식에서 무려 8개 부문(작품상·감독상·남우조연상·여우조연상·각본상·음향상·촬영상·편집상)을 수상했다. 남우조연상은 프랭크 시나트라가, 여우조연상은 도나 리드가 받았다. 국내에서는 1957년 4월에 '아카데미상 8개를 획득한 공전절후(空前絶後)의 명작'으로 선전되면서 개봉관 단성사에서 이듬해까지 상영되는 공전의 인기를 불러 모았다.

이 영화는 두 개의 사랑 이야기를 펼치면서 남자들 간의 우정, 명예욕 등을 병영이라는 배경 속에 적절히 버무려 낸 할리우드 최고의 고전 영화 중의 하나로 손꼽힌다. 태평양 전쟁 발발 직전의 여유롭고 나태하기까지 한 미군 부대의 병영 생활에 대한 적나라한 묘사와 함께 하와이의 아름다운 아열대 풍경이 볼만하다.

이 영화에서 주인공 프루잇 역을 맡은 몽고메리 클리프트에 대해서는 '전후(前後) 전 세계를 풍미했던 실존주의에 어울리는 고독한 젊은이를 상징'한다는 얘기들이 떠들썩했다. 당시 언론에서는 그를 '평소 넥타이를 매지 않고 독서광이며 재즈 음악을 즐기고 사진 찍히는 것을 싫어하며 유명인과의 데이트를 꺼리는' 지적이고 매력적인 젊은이로 소개하면서 더욱 관심을 불러 모았다.

당시 마피아와 연관되어 있다는 소문으로 가수 생명을 위협받던 프랭크 시나트라가 이 배역을 따기 위해 엄청 공을 들였다는 후문이다. 결과는 시나트라에게 아카데미 남우조연상을 안겨 주면서 그에게 재기의 길을 터 준 절묘한 작품이 되기도 했다. 아카데미 남우주연상

을 훗날 〈엘머 갠트리〉로 미뤄야 했던 버트 랭카스터는 이 영화로 뉴
욕 비평가협회 남우주연상을 받았다.

친구 마지오를 생각하며 진혼곡을 불고 있는 프루잇

친구 마지오(프랑크 시나
트라 분)가 영창에서 죽도록
얻어맞고 탈출한 후 프루잇
의 품 안에서 죽은 그날 밤,
나팔수 프루잇이 눈물을 흘
리면서 '밤하늘의 트럼펫'
을 부는 장면과 상사의 부인

인 카렌(데보라 카 분)과 사랑에 빠진 워든(버트 랭카스터 분) 두 사람이 하
와이의 한적한 해변에서 나누는 격렬한 키스 장면은 이 영화에서 가장
인상적인 장면으로 꼽힌다. 특히 이 키스 장면은 반세기가 지난 지금
까지도 '영화사상 가장 아름다운 러브 신' 중에서 항상 다섯 손가락 안
에 드는 명장면으로 일컬어지고 있다.

ː 간략한 줄거리

진주만 공습 직전 하와이 호놀룰루 스코필드 부대에 전속돼 온 이등병 프루잇은 전직
미들급 복싱 챔피언이다. 그는 과거 시합 중 상대방의 눈을 멀게 한 후에는 다시 글러브를
끼지 않겠다고 다짐한 터였다. 그러나 소속 중대장은 연대의 권투 시합에 그를 다시 링 위에
올려놓으려고 난리를 떤다. 상급자인 워든 상사는 그런 프루잇을 이해하고 있다. 한편 워든
은 중대장의 부인인 카렌과 밀회를 즐기고 있다.

한편 프루잇과 친하게 지내던 마지오는 성질이 더러운 영창 담당하사 저드슨(어네스트
보그나인 분)에게 얻어터지면서 끝에 죽고 만다. 친구의 죽음을 슬퍼하면서 진혼 트럼펫을 구

슬프게 연주한 프루잇은 친구의 복수를 하기 위해 저드슨을 꼬여 낸다. 격투 끝에 저드슨을 죽였지만 그 역시 칼을 맞고 사귀고 있는 엘머(도나 리드 분)의 집으로 피신한다. 그때 라디오에서 급하게 일본의 진주만 공습을 알린다. 프루잇은 엘머의 만류를 뿌리치고 기지로 돌아오다가 아군의 총에 맞아 전사한다.

II. '밤하늘의 트럼펫'에 얽힌 이야기

영화에서 프루잇이 억울하게 맞아 죽은 친구 마지오를 위하여 '밤하늘의 트럼펫'을 부는 장면이 관객들에게 깊은 울림을 남겨 주었다. 이 '밤하늘의 트럼펫'에 관하여 아래와 같은 안타까운 이야기가 전해 온다.

1862년 미국 남북 전쟁 당시 어느 전쟁터에 밤이 내렸다. 북군 중대장 엘리콤 대위는 숲속에서 부상당한 한 병사를 발견하고 위생병들에게 치료를 지시한다. 그러나 그 병사는 죽고 만다. 알고 보니 그는 적군인 남군의 병사였다. 그러나 중대장의 손에 든 랜턴에 비친 것은 바로 자기 아들의 얼굴이었다. 음악도였던 아들이 아버지의 허락 없이 남군에 지원 입대한 것이었다. 떨리는 손으로 엘리콤은 아들의 군복 호주머니에서 구겨진 악보를 발견하게 된다. 이튿날 아침 엘리콤은 상관의 특별 허가를 얻어 비록 적군의 신분이지만, 아들의 장례를 치르게 된다. 엘리콤은 상관에게 한 가지 더 군악대에게 그 곡을 연주하게 해달라고 청원했다. 하지만 상관은 그에게 단 한 명의 군악병만을 쓰도록 허락하였다.

엘리콤은 나팔수 한 사람을 선택해서 아들의 호주머니에서 나온 악보를 건네주며 불어 달라고 했다. 숙연한 장례식이 끝난 후 이 악보는 미국 전역으로 퍼져나갔다. 이 곡은 진혼곡으로 뿐만 아니라 취침 나팔을 통해 남군, 북군을 가리지 않고 매일 밤마다 연주되기 시작했다. 이 곡이 바로 단 한 명이 트럼펫으로 연주하는 'taps(진혼곡)'이다. 오늘날에도 병영에서 연주되는 취침 나팔곡으로 알려져 있다. 1964년 이탈리아 트럼펫 명연주자인 니니 로소가 이 곡을 재즈풍으로 연주하면서 'Il Silenzio (밤하늘의 트럼펫)'라는 명칭을 붙였다. Il Silenzio란 적막, 침묵이라는 의미인데 이 곡이 일본을 통하여 소개되면서 '밤하늘의 트럼펫'으로 알려지게 되었다.

III. 지적이면서 고뇌 어린 눈빛의 몽고메리 클리프트

몽고메리 클리프트

몽고메리 클리프트는 할리우드 50년대와 60년대에 활약했던 지적이고 고뇌에 찬 눈빛의 매력적인 미남 배우였다. 이에 걸맞게 예민한 성격의 캐릭터를 많이 연기하였다. 비슷한 느낌을 주는 말론 브랜도나 제임스 딘처럼 반항적인 역을 맡은 적은 별로 없지만, 고심에 차 있으며 한편으로는 냉담한 캐릭터를 연기했다는 점에서는 이 세 사람은 유사하다.

클리프트는 1920년 미국 네브라스카 주에서 쌍둥이 남매로 태어났다. 잘 나가던 월스트리트 증권 중개인 아버지와 귀족 태생의 어머니 사이에서 자랐다. 13살 때 연기에 대한 아들의 재능을 발견한 어머니의 지원 속에 10년이 넘게 뉴욕 극단 소속으로 연기 경험을 쌓았다. 이후 할리우드로 간 클리프트는 존 웨인과 함께 주연한 하워드 혹스 감독의 〈레드 리버〉를 통해 영화계에 데뷔했다. 이 영화는 텍사스에서 미주리까지 소 떼를 이동시키는 카우보이들의 험난한 여정을 그려 낸 작품이었다. 이 영화에서 클리프트는 대배우 존 웨인과 꿀리지 않게 맞서면서 찬사를 받았다.

영화 <레드 리버>에서 존 웨인과 클리프트

이후 3년 후인 1951년, 엘리자베스 테일러와 출연한 〈젊은이의 양지〉로 할리우드 청춘스타로 자리를 잡았다. 당시는 영화계에 클리프트가 동성애자라는 게 잘 알려지지 않았을 때라 이 두 사람은 '할리우드에서 가장 아름다운 커플'로 불리기도 했다. 엘리자베스는 클리프트의 성적 정체성을 알고 있었지만 이후부터 그가 어려운 지경에 놓일 때마다 극진히 챙겨 주었다. 그녀는 그에게 끝까지 웬만한 남정네들 저리 가라 할 정도의 의리를 보여 주었다. 클리프트는 2년 후 명화 〈지상에서 영원으로〉에 출연하면서 완전히 대스타로 인정을 받게 되면서 〈지난여름 갑자기〉, 〈나는 고백한다〉, 〈뉘른베르크의 재판〉, 〈종착역〉 등 명작 영화에 출연했다.

잘나가던 배우였지만 그는 선천적으로 약골인데다가 자주 술에 쩔어 있었고 거기다가 동성연애 성향 등으로 여러 사람들의 입방아에 오르내리곤 했다. 30대 중반이 된 1956년, 클리프트는 엘리자베스와 남북 전쟁을 배경으로 한 영화 〈레인트리 카운티〉를 찍고 있었다. 그러던 어느 날 엘리자베스의 집에서 열린 파티에 참석했다가 집으로 차를 몰고 가던 중 큰 사고를 냈다. 죽기 일보 직전에 끔찍한 소식을 들은 엘리자베스가 급히 사고 현장으로 달려왔다. 이때 엘리자베스는 몰려든 파파라치들에게 클리프트의 끔찍한 모습을 찍지 못하게 몸으로 현장을 가리면서 사진을 찍거나 배포하는 기자는 가만두지 않겠다고 암팡지게 소리치기도 했다.

사고 후 클리프트는 망가진 얼굴을 수술하고 정신적인 진료에 매우 많은 시간과 돈을 들여야 했다. 이제 그의 잘생긴 외모는 영영 되찾을 수 없었다. 1962년에는 존 휴스턴 감독의 〈프로이드〉에 출연했지만 영화는 실패했다. 가뜩이나 예민한 성격은 더욱 괴팍해졌고 연기는 둔해졌다. 이후 뉴욕으로 돌아와 자중하는 모습으로 살아가던 그는 1966년 7월 어느 날, 자신의 침실에서 심장의 멎은 채 발견되었다. 그의 나이 45살 때였다. 이를 두고 흔히들 '할리우드 역사상 가장 오래 걸린 자살the longest suicide in Hollywood history'이라고 말하기도 한다.

엘리자베스의 추천으로 〈황금 눈에 비친 모습〉이란 작품의 출연이 결정된 지 얼마 지나지 않아서였다. 그가 젊은 시절에 술을 멀리하고 자기 관리에 충실했었더라면 좀 더 오래 활동을 했었을 것이라는 뒷얘기도 있었다. 일부에서는 동성애자라는 사실을 숨겨야 하는 그의 삶이 술과 마약 중독을 부추겼다고 한다. 하지만 그의 조수이자 절친이기도 했던 로렌조 제임스는 클리프트가 자신의 성 정체성 문제로 딱히 심각한 정신적 고통에 시달린 적은 없다고 반박했다.

생전에 〈셰인〉의 앨런 래드의 배역과 〈리오 부라보〉의 딘 마틴의 배역을 거절한 적이 있다. 〈셰인〉의 경우에는 시나리오가 너무 유치하다고 생각해서 거절했다. 〈리오 부라보〉는 이전 〈레드 리버〉 촬영할 때 하워드 혹스 감독과 존 웨인이 너무 설쳐 대는 꼴에 질려 거절했다고 한다. 두 작품 모두 서부극의 고전 반열에 올라 있어 클리프트에게 있어 아쉬운 선택이었을 것이다.

로마의 휴일

〈벤허〉의 거장, 윌리엄 와일러 / 성녀(聖女) 오드리 헵번

I. 로마의 휴일(1953년), Roman Holiday

이 영화는 거장 윌리엄 와일러가 메가폰을 잡아 완성한 명작이다. 한 나라의 공주가 평범한 기자와 하루를 함께 하면서 사랑에 빠진다는 로맨틱 코미디물이다. 1954년 제26회 아카데미 시상식에서 3개의 상(여우주연상·각본상·의상상)을 받았으며 당시 신인이었던 오드리 헵번은 여우주연상을 받으면서 일약 세계적인 스타로 발돋움했다.

미국 영화 중에서는 최초로 이탈리아에서 올 로케 촬영 되었다. 파라마운트사는 처음에 할리우드에서 촬영하려고 했으나 와일러 감독의 요청으로 현지에서 모두 촬영했다. 대신 제작비가 대폭 줄어드는 바람

에 흑백 필름으로 제작되었고, 개런티 등의 이유로 여주인공도 신인으로 대체되면서 오드리 헵번이 출연하게 되었다.

애초에는 〈스미스 씨 워싱톤 가다〉를 연출한 명장 프랭크 카프라가 감독을 맡고 남자 주인공은 캐리 그랜트, 여주인공은 엘리자베스 테일러가 출연할 예정이었다. 그러나 제작사인 컬럼비아가 재정상 판권을 파라마운트에 팔았고, 감독도 윌리엄 와일러로 교체되었다. 대신 연출을 맡게 된 와일러는 빠듯한 제작비 때문에 하루 동안 두 남녀 주인공이 로마 시내를 돌아다니는 이야기로 줄이는 등으로 해서 예산 문제를 해결했다.

애초에 와일러는 내심으로 여주인공을 진 시몬즈에게 맡기고 싶었지만 사정이 생겨 불발이 되었다. 게다가 예산도 깎이는 바람에 연극배우이긴 했지만 영화계에서는 전혀 무명이었던 헵번을 최종적으로 캐스팅하게 된 것이다. 와일러는 바로 이 인지도가 거의 없는 헵번을 발탁해서 비할 데 없이 상큼하고, 멋스럽고, 로맨틱한 작품을 만든 것이다. 영화 촬영이 곧 시작될 예정이었지만 헵번이 여주인공으로 캐스팅되었다는 이야기를 들은 그랜트는 "헵번과 공연하기에 나는 너무 늙었다."고 극구 사양했고 그레고리 펙이 그 역을 맡게 되었다. 10년이 지난 후 〈샤레이드〉에서 헵번과 공연한 그랜트는 "나와 공연한 여배우들 중 최고"라고 극찬했다. 10년이 지났으면 본인은 더 늙었을 텐데 나중에 왜 헵번의 상대역을 맡았는지 알다가도 모를 일이다.

1950년대는 마릴린 먼로, 엘리자베스 테일러, 소피아 로렌 등 글래머가 여성미를 주도하던 시기였다. 와일러는 기껏해야 단역에 몇 편

출연한 것이 고작이었던 벨기에 출신의 이 깡마른 체격의 촌뜨기 아가
씨를 주연으로 발탁해서 걸작을 탄생시킨 것이다.

이 영화는 헵번의 첫 주연작이
었지만 상대역인 대배우 그레고리
펙은 촬영하면서 헵번의 뛰어난 연
기력을 알아차렸다. 그래서 그는 헵
번의 이름도 자신의 이름과 나란히
포스터 제목 위에 올라가도록 영화
사에 요청했다. 시큰둥한 영화사의
반응에 "헵번은 아카데미상을 탈 게
분명하다. 만약 그렇게 된다면 훗날

스페인 계단에서 앤과 조

나 자신이 바보가 될 수 있다."라면서 헵번의 이름을 올려 주도록 강경
하게 요청했다. 그의 예상대로 헵번은 이 영화로 아카데미 여우주연상
을 수상했다.

오래전에 작고하신 정영일 영화 평론가는 "이 영화를 보고 오드리
헵번에 빠지지 않는 남자는 사람이 아니다."라고 했을 정도로 헵번은
이 영화에서 우아하고 발랄하고 천진스러운 여성의 아름다운 모든 면
을 유감없이 보여 주었다. 영화가 개봉된 후 헵번이 보여 주었던 단발
머리와 그녀가 입었던 투피스를 흉내 내는 '헵번 룩'이 전 세계를 휩쓸
기도 했다.

이 영화에서 이안 헌터가 각본상을 수상했지만 실제 각본가는 돌
턴 트럼보였다. 헌터가 한 일은 제목을 〈공주와 평민〉에서 〈로마의 휴

일〉로 제목만 바꾼 것뿐이었다. 당시 트럼보가 매카시즘의 광풍으로 공산주의자로 낙인이 찍혀서 공식적인 활동이 금지된 상태였기 때문에 친구인 이안 맥컬런 헌터의 이름을 대신 빌린 것이었다. 트럼보가 죽고 19년이나 지난 후에야 그의 작품이라는 것이 인정되면서 그의 아들에게 오스카상이 수여되었다.

▮ 간략한 줄거리

로마를 방문한 어느 외국의 공주 앤(오드리 헵번 분)은 꽉 짜인 스케줄에 진력이 나 있었다. 공주는 기어코 남몰래 숙소를 빠져나가지만 벤치에서 깜빡 잠들고 만다. 그때 마침 그곳을 지나가던 미국인 기자 조 브래들리(그레고리 펙 분)가 앤을 자기 숙소로 옮겨 편히 자게 한다. 이튿날 존은 앤이 공주임을 알게 되지만 시치미를 떼고 같이 즐겁게 로마 시내를 관광하면서, 친구인 사진사를 시켜 몰래 사진을 찍게 한다.

하루가 지나면서 서로가 연정을 품게 되지만 공주는 숙소로 돌아간다. 존은 특종을 단념한다. 기자 회견장에서, 찍은 사진을 앤 공주에게 건네주며 작별을 고한다. 브래들리가 신문 기자임을 알게 되는 마지막 장면에서 앤은 무어라 말로 표현하기가 어려운 묘한 표정을 짓는다. 처음엔 반가움 곧 이어진 당혹감 그리고 안타까움에 가득 찬 큰 눈망울로 그를 쳐다본다. 앤이 브래들리에게 가벼운 목례를 하고 뒤돌아 간 뒤 적막한 기자 회견장을 뚜벅뚜벅 걸어 나가는 브래들리의 무거운 발걸음이 긴 여운을 남긴다.

II. 〈벤허〉의 거장, 윌리엄 와일러

윌리엄 와일러는 1902년 프랑스 뮬르즈에서 부호였던 스위스인 아버지와 독일인 어머니 사이에서 태어났다. 유니버셜 스튜디오의 창립자인 칼 라예믈의 사촌뻘 되는 그의 어머니는 1921년 그에게 어린 와일러의 장래를 부탁하며 그를 미국으로 보낸다.

유니버설 스튜디오의 뉴욕 사무실에서 주급 25달러를 받으며 허드렛일을 하던 그는 1923년 LA로 이주한 후, 유니버설 스튜디오에서 무대 청소와 세트 이동 등 잡일부터 시작했다. 이후 보조 편집자를 거쳐 연출부 스태프가 되었으며 1925년 단편 웨스턴 〈The Crook Buster〉를 연출함으로써 유니버설사의 최연소 감독이 되었다.

윌리엄 와일러

1928년 미국 시민권을 취득한 그는 〈A House Divided〉, 〈Tom Brown of Culver〉 등의 작품을 발표하며 유니버설사의 실력파 감독으로 두각을 나타내기 시작했다. 그는 더 이상 영화사가 요구하는 날림식의 제작을 거부하고 매 영화마다 지독할 정도로 공을 들이면서 찍게 된다. 무자비할 정도로 자신이 만족하는 장면이 나올 때까지 수차에 걸쳐 재촬영하는 그의 고집은 이때부터 정평이 나기 시작했다. 당연히 출연진이나 스태프들은 곤욕을 치렀다. 그러나 그 결과는 종종 상을 타거나 평론가들의 호평으로 이어지곤 했으니 어쩌랴.

1930년대 중반 유니버설 스튜디오를 떠나 MGM의 사무엘 골드윈과 새로이 영화작업을 시작했으며 1936년 〈이 세 사람〉을 첫 작품으로 하여 베티 데이비스에게 아카데미 여우주연상을 안겨준 〈지저벨〉을 감독했다. 1943년에는 그에게 첫 번째 아카데미 감독상의 영예를 안겨

불멸의 명작 영화 50선

준 〈미니버 부인〉을 감독했다. 이 영화는 1943년 15회 아카데미에서 6개 부문에서 수상했다. 2차 대전이 발발하자 유럽 전선에 참전, 소령 계급장을 달고 직접 폭격기에 올라타 두 편의 다큐멘터리 〈멤피스 벨〉, 〈선더볼트〉를 찍어 훈장을 받았다. 〈멤피스 벨〉은 1990년도에 영화로 제작되기도 했다. 전후에는 〈우리 생애 최고의 해〉를 통해 전쟁 후유증으로 시달리는 한편 사회에 적응하려고 애쓰는 제대 군인들의 삶을 심도 있게 그렸다는 찬사를 받았다. 이 작품은 1947년도 제19회 아카데미에서 7개 부문(작품상·감독상·남우주연상·남우조연상·각색상·편집상·음악상)에서 수상했다.

1953년에는 영화사에 길이 남을 로맨스 무비의 금자탑으로 손꼽히는 오드리 헵번, 그레고리 펙 주연의 〈로마의 휴일〉을 감독했다. 1956년에는 게리 쿠퍼 주연의 〈우정 어린 설복〉으로 칸 영화제에서 그랑프리를 수상했다. 이어서 1960년 제32회 아카데미에서 11개 부문(작품상·감독상·남우주연상·남우조연상·촬영상·편집상·미술상·의상상·음악상·음향믹싱상·특수효과상)을 휩쓴 불멸의 걸작 〈벤허〉를 완성하고 "오! 신이시여, 정녕 제가 이 작품을 만들었단 말입니까?"라는 너무나도 유명한 멘트를 남겼다.

이후 오드리 헵번 주연의 로맨틱 코미디 〈백만 달러의 사랑〉과 바바라 스트레이전드 주연의 뮤지컬 〈화니 걸〉을 발표했다. 1981년 LA 베벌리힐스에서 심장 마비로 숨을 거두었다. 프랑스의 저명한 영화 평론가 앙드레 바쟁은 와일러에 대하여 "그의 심도 깊은 화면들은 관객들로 하여금 스스로 관찰하고 선택하고 나름대로 자신들의 의견을 형성할 수 있도록 만들어 준다."라고 찬사를 나타내었다.

II. 성녀(聖女), 오드리 햅번

오드리 햅번은 1929년 벨기에에서 영국의 은행가인 아버지와 네덜란드 귀족의 딸인 어머니 사이에서 태어났다. 그녀는 어려서 영국에서 자랐지만 부모가 이혼을 하면서 2차 대전 중에는 어머니를 따라 외가가 있는 네델란드에서 지냈다. 아버지는 친 나치주의자여서 영국에서 왕창 찍혀 버리는 바람에 운둔 생활을 했고 딸 햅번과도 나중에야 가까스로 연락을 할 수 있었다. 햅번은 이런 연유로 10대 시절 대부분을 나치 치하의 네델란드에서 보내게 된다. 전쟁이 막바지에 치닫자 나치의 수탈은 날이 갈수록 극악해지면서 햅번과 외가 가족들은 튤립 구근을 먹고 쓰레기통까지 뒤지는 등 처절하게 살아갔다. 햅번은 이 시기에 극심한 영양실조를 겪기도 했다.

오드리 햅번

햅번은 나치 치하에서 너무나 심한 고난을 겪었기 때문에 훗날 영화 〈안네의 일기〉의 캐스팅 제안을 거절하기도 했다. 당시의 고통스러웠던 기억들이 되살아날까 봐 그랬다는 것이다. 프랑스 여배우 브리지트 바르도는 한국의 개고기 식문화에 대하여 틈만

나면 씹어 대곤 했는데 헵번은 "그래, 개고기가 어때서? 전쟁이 나면 그보다 더한 것도 먹게 된다구. 당신도 그런 경험 해 봤냐?"라고 일침을 놓았다는 일화도 전해진다.

헵번은 종전 후 암스테르담에서 발레 수업을 받으며 한편으로는 모델 활동도 했다. 1952년 헵번은 프랑스 작가 콜레트의 원작인 뮤지컬 〈지지〉에 캐스팅되면서부터 여기저기 알려지게 된다. 이후 24세가 되던 이듬해 윌리엄 와일러 감독의 영화 〈로마의 휴일〉의 여주인공인 앤 공주 역에 오디션을 거친 후 발탁되었다. 이 영화는 어마어마한 대성공을 거두면서 겨우 스물네 살의 그녀에게 아카데미 여우주연상을 안겨 주었다. 신데렐라처럼 세계적인 스타로 발돋움하게 된 것이다.

1954년 헵번은 빌리 와일더 감독의 〈사브리나〉에서 험프리 보가트, 윌리엄 홀덴 등 대배우들과 열연하면서 아카데미상 여우주연상 후보에 오르는 등 인지도를 굳혀 나갔다. 이 영화를 촬영하면서 헵번은 홀덴과 염문을 뿌리기도 했다. 1957년에는 발레리나로서의 경험과 노래 실력을 살려서 뮤지컬 〈화니 페이스〉에 출연하였다. 1959년에는 아프리카를 배경으로 하는 영화 〈파계〉에서 수녀 역으로 나왔고 1960년에는 버트 랭카스터 주연의 〈웨스턴 용서받지 못할 자〉에서 인디안 핏줄의 캐릭터로 출연했다.

화려하게 은막을 수놓던 50년대가 지난 후, 1961년에 블레이크 에드워즈 감독의 작품인 〈티파니에서 아침을〉에서 주인공을 맡아 또 한 번 세계를 들썩거리게 했다. 특히 이른 아침에 선글라스와 검은색 정장을 한 여주인공 홀리(헵번 분)가 뉴욕 5번가의 '티파니 보석상'의 쇼윈

도우 앞에서 커피를 들고 크루아상을 먹는 깜찍한 모습은 팬들에게 깊은 인상을 심어 주었다. 1964년에는 그녀의 두 번째 뮤지컬 영화 〈마이 페어 레이디〉에 출연하면서 평생 20번째의 배역에서 주연을 맡았다. 장님 역으로 출연한 영화 〈어두워질 때까지〉 이후부터는 영화 출연을 사양하다가 마지막으로 스티븐 스필버그의 1989년도에 조연 배우로 출연한 〈영혼은 그대 곁에〉를 끝으로 영화계에서 은퇴하면서 인류를 위한 봉사 활동에 나서기 시작했다.

두 번의 결혼을 했던 헵번은 사생활에서 그리 행복한 편은 못되었다. 배우 멜 페러와 닥터 안드레아 도티가 그 상대였고 그들에게서 각각 아들 한 명씩을 두었다. 첫 번째 결혼 상대자였던 배우이자 제작자 멜 페러는 헵번보다 12살이 많은 유부남이었다. 그는 자타가 공인하는 바람둥이였고 성질도 더러웠지만, 헵번을 감언이설로 구워삶으면서 결국 둘은 1954년에 결혼에 골인했다. 이 결혼은 누가 봐도 헵번이 한참 밑진다고 주위에서 수군거렸다. 페러는 헵번의 지속되는 눈부신 명성 앞에서 기가 팍 꺾였고 콤플렉스는 점점 더해갔다. 상황이 이렇게 되자 페러의 바람기가 슬슬 되살아나기 시작하면서 두 사람 사이는 점점 벌어졌다. 급기야 손찌검까지 당한 헵번은 이혼을 결심하면서 이들의 14년 결혼 생활은 끝장이 나고 말았다.

이후 심란했던 헵번의 마음을 달래 준 것은 그동안 우정 관계를 지속하고 있던 이탈리아의 정신과 의사 안드레아 도티였다. 헵번은 〈로마의 휴일〉 촬영 당시부터 "나는 헵번과 결혼식을 올리고 말 거예요."라면서 헵번을 졸졸 따라다니던 도티와 재혼한 것이다. 그러나 전성기 시절 헵번의 아름다운 모습만을 마음에 담고 있던 도티는 중년이 된 헵번을 받아들이지 못하고 바람을 피우기 시작했다. 결국 이들은 결혼 13년 만에 갈라섰다. 그래도 이 두 사람은 계속 연락하고 지냈다.

1989년 스티븐 스필버그가 영화 〈영혼은 그대 곁에〉를 준비할 때 이 영화의 주연을 맡은 리처드 드레이퓨스가 스필버그에게 "누가 천사를 연기할 거지?"라고 물었다. 그러자 스필버그가 즉석에서 "오드리 헵번"이라고 대답했고, 드레이퓨스는 "그래, 그녀 말고 누가 천사를 맡을 수 있을까!"라고 손뼉을 쳤다는 애기가 전해진다. 바로 이 천사 같은 헵번의 마음씨는 그녀의 말년을 인류를 위한 봉사 활동으로 승화시킨다.

1960년대 후반부터 헵번은 아프리카와 라틴아메리카에서 유니세프와 함께 활동했다. 그녀는 영화계 은퇴 이후 유니세프 대사로서 인권 운동과 자선 사업 활동에 참가하고 제3세계 오지 마을

아프리카에서 봉사활동 중인 헵번

에 가서 아이들을 돌보아 주었다. 봉사 활동 중에 미소 짓는 노년의 헵번이 보여 준 모습은 젊었을 때의 고왔던 이미지 못지않게 유명해졌고, 세계적인 찬사를 받았다.

특히 1992년 암 투병 중에도 불구하고 소말리아를 방문, 봉사 활동을 한 것은 유명한 일화로 남아 있다. 나중에 헵번은 제2차 세계 대전 당시 네덜란드에서의 어린 시절의 힘들었던 경험이 봉사 활동을 하는

계기가 되었다고 말했다. 자신도 한때 전쟁 난민이었기 때문에, 그들의 어려움을 외면할 수 없었던 것이다. 이렇게 은퇴 이후에도 사회 봉사가로서 아름다운 삶을 살다가 1993년 1월 20일 결장암으로 향년 63세로 이 세상을 하직했다.

셰인

미국인의 꿈을 그리고 싶었던 조지 스티븐스 감독

I. 셰인(1953년), Shane

오랜 세월 동안 할리우드에서 만든 서부 영화는 무수히 많았지만, 이 〈셰인〉만큼 남녀노소 할 것 없이 골고루 감명을 준 영화는 그리 흔치 않다. 그래서 이 영화를 서부 영화 4대 명작(〈역마차〉, 〈황야의 결투〉, 〈하이 눈〉, 〈셰인〉) 중 하나로 꼽고 있는지도 모른다. 이 영화는 서부를 무대로 소설을 주로 쓴 잭 쉐퍼의 동명의 소설이 원작이다. 영화는 설봉으로 둘러싸인 와이오밍 주의 자줏빛 감도는 그랜드 테튼 국립공원을 배경으로 했다.

〈셰인〉은 1892년 와이오밍 고원 지대에서 실제로 일어났던 어느 '울타리 전쟁range war'을 기둥 줄거리로 삼았다. 서부극에서 자주 등장하는 이 '울타리 전쟁'은 소 떼를 방목할 광활한 초원과 물을 필요로 하는 목장주들과 여기저기 작은 땅을 일구며 살아가는 농업 이주민들 사이에서, 또는 서로 더 넓은 목초지를 필요로 하는 목장주들 사이에서 자주 벌어지던 총격전을 뜻한다.

셰인과 조이

거장 조지 스티븐스 감독은 기존의 액션 위주의 서부극과는 달리 예술성을 가미한 영화를 만들었다. 그는 세밀한 색채 촬영으로 와이오밍 산맥의 광대함, 서정이 흐르는 농민들의 생활, 주인공 셰인(앨런 래드 분)과 마리안 부인(진 아서 분)와의 보이지 않는 연정, 셰인을 존경하는 소년 조이의 심정, 셰인과 총잡이와의 최후의 대결 장면 등을 솜씨 있게 그리면서 걸작 서부극을 탄생시켰다. 마지막 결투 직전에 셰인은 악당들에게 총잡이들의 시대는 이미 끝났음을 말한다. 그리고 그 자신도 결국 지나간 시대의 흔적이 되어 사라지면서 총잡이의 시대가 쓸쓸히 저무는 모습을 보여 주는 장면도 이 영화의 빼놓을 수 없는 멋진 신이다.

악당들과 힘없는 개척자들과의 대결 속에 약자인 개척자들을 도와주고 홀연히 떠나는 떠돌이 셰인 역의 앨런 래드의 실제 총 뽑는 속도는 기네스북에 오를 정도여서 화제를 낳았다. 그는 무려 0.3초 만에 총을 뽑았다고 한다. 0.3초는 인간의 시력으로는 감지가 불가능한 속도다.

소년 조이로 분장한 귀여운 브란돈 와일드도 무척 인상적인 연기를 보였다. 안타깝게도 그는 1972년에 교통사고로 30살 나이로 세상을 떠났다. 조이가 영웅처럼 우러러보면서 한없는 애정을 가지고 있는 셰인의 아스라이 멀어져 가는 모습을 물끄러미 쳐다보는 마지막 장면은 "The Call of the Far-away Hills"의 감미롭고 아름다운 멜로디와 함께 언제까지나 잊혀지지 않을 것이다. 말발굽 소리와 함께 영화 전편에 흐르는 낭만적인 주제곡은 영화 음악가 빅터 영의 솜씨다.

ː 간략한 줄거리

과거를 알 수 없는 놀라운 총잡이 셰인이 와이오밍 주의 개척민들의 마을에 나타난다. 그는 아내 마리안, 아들 조이와 함께 사는 목장주 스타레트(반 헤프린 분)의 농장에서 일을 하게 된다. 스타레트를 비롯해서 마을 사람들은 무자비한 악당 라이커에게 수시로 괴롭힘을 당한다. 어느 날 셰인은 시내로 나갔다가 라이커의 부하들과 시비가 붙으면서 그들을 제압한다. 라이커는 악명 높은 총잡이 잭 윌슨(잭 팰런스 분)을 고용한다.

기어코 윌슨과 생사를 건 결투가 벌어지고 셰인의 총성과 함께 윌슨은 쓰러진다. 나머지 라이커 일당까지 처치한다. 혈투가 끝나고 그가 떠나지 말기를 간절히 요청하는 소년 조이에게 셰인은 사람을 죽인 사람은 한곳에서 계속 머물 수가 없다고 소년에게 말한다. 그리고 조이의 머리에 손을 얹고 "어머니께 더 이상 이 마을에는 총이 필요 없다고 말씀드려라." 고 말한 뒤 마을을 떠난다. '돌아와요, 셰인'하고 소리치는 소년의 메아리를 뒤로 한 채....

Ⅱ. 미국인의 꿈을 그리고 싶었던 조지 스티븐스 감독

조지 스티븐스는 1904년 캘리포니아 주 포틀랜드에서 태어났다.

부모가 모두 배우였던 관계로 할리우드에 일찍 진출할 수 있었다. 1921년 17살 때 촬영기사로 영화 일에 뛰어들었고 1930년부터 감독으로 일하기 시작했다. 그는 할리우드의 무성 영화에서 유성 영화까지 영화의 발전시기를 모두 거친 인물이었다. 제2차 대전이 발발하자 카메라를 들고 연합군을 따라서 북아프리카 전선을 누비며 기록 영화를 찍었다. 전쟁이 끝난 1948년에 만든 〈마마의 추억〉에서 탄탄한 리얼리즘을 바탕으로 감독으로서의 명성을 얻기 시작했다.

조지 스티븐스

1951년에는 가진 것 없는 한 젊은이가 야심에 눈이 멀어 악의 길에 빠져 파멸해 가는 모습을 그린 시어도어 드라이저의 유명한 소설 『아메리카의 비극』을 영화화한 〈젊은이의 양지〉로 아카데미 감독상을 받았다. 2년 후 1953년에는 한 떠돌이 총잡이를 통해 미국의 서부가 어떻게 자리 잡아가는지를 낭만적이고 서정적으로 그린 〈셰인〉을 만들면서 그의 명성은 확고해졌다. 이후 1958년에는 광대한 텍사스 평원을 배경으로 한 청년의 미국적 성공 신화의 뒤안길을 그린 〈자이언트〉를 내놓으면서 다시 한 번 아카데미 감독상을 거머쥐면서 거장 감독으로 완전히 자리를 굳혔다. 그가 만든 이 세 편의 영화 〈젊은이의 양지〉, 〈셰인〉, 〈자이언트〉는 일명 '미국인의 꿈에 대한 삼부작'이라고도 불린다. 이 세 작품은 미국인들의 꿈·이상·추억을 모두 녹여 냈다는 평을 받는 걸작들이다.

이와 같이 50년대에 걸작 세 편을 연출한 그는 말년에 〈안네의 일기〉, 〈위대한 생애〉 등의 명작을 남겼다. 예수의 생애를 그린 〈위대한 생애〉는 역사적인 종교화에 등장하는 모든 장면을 그대로 화면에 옮기는 뛰어난 솜씨를 발휘하면서 극찬을 받기도 했다. 이 영화에는 예수 역의 막시 폰 시도우, 반 헤프린, 존 웨인, 시드니 포에티어, 호세 페러 등 기라성 같은 배우들이 총출동했는데 특히 찰턴 헤스턴이 세례 요한으로 출연해서 이채를 띠었다.

뮤지컬, 코미디, 서부극, 멜로드라마, 종교 영화 등 각종 다양한 장르를 넘나들면서 영화사에 길이 남는 명작들을 만들었던 스티븐스는 캐서린 헵번, 진 아서, 진저 로저스, 조앤 폰테인, 엘리자베스 테일러 등 많은 여배우들을 최고의 스타로 키워 낸 것으로도 유명하다.

그는 윌리엄 와일러에 뒤지지 않는 완벽주의자였다. 와일러와 마찬가지로 출연진들이나 스태프들은 그의 요구에 부응하느라 무진장 애를 먹었지만 항상 좋은 결과물을 낳곤 했다. 또한 그는 상업적인 감각이 빼어나 관객의 호기심을 자극하는 데 정평이 나 있었다. 대중적이고도 친숙한 이야기를 명확한 기승전결을 구사해서 재미있는 영화를 만들어 내곤 했다. 이 밖에도 등장인물들의 캐릭터를 생생하게 살려 내는 역량도 발군이었고 스타급 배우들을 대거 출연시켜 흥행을 일궈 내는 데도 탁월했다.

그는 1975년 3월 8일 향년 69세를 일기로 숨을 거두었다. 그의 마지막 영화 〈마을의 유일한 게임〉에서 조감독으로 참여하기도 했던 아들 조지 스티븐스 2세는 1984년 아버지의 인생을 그린 다큐멘터리 〈조지 스티븐스: 한 영화감독의 여정〉을 만들어 고인의 영정에 바쳤다.

하이 눈

명배우 제조기, 프레드 진네만 감독
세기의 명배우, 게리 쿠퍼 / 우아함의 대명사, 그레이스 켈리

I. 하이 눈(1952년), High Noon

〈지상에서 영원으로〉, 〈사계절의 사나이〉로 두 번이나 아카데미상을 받은 명장 프레드 진네만이 메가폰을 잡은 이 영화는 서부 영화의 기념비적 작품으로 간주된다. 이 영화는 주인공 케인 역을 담당한 게리 쿠퍼의 완벽한 연기, 치밀하게 짜여진 시나리오, 군더더기 없는 편집, 긴장감을 고조시키는 주제곡 등이 완벽한 조화를 이루면서 1953년 제25회 아카데미 시상식에서 4개 상(남우주연상·편집상·음악상·주제가상)을 수상했다. 이 영화는 미국의 역대 대통령들이 후임자들에게 꼭 보도록 권유했고 특히 클린턴과 아이젠하워는 재임 당시 수십 번이나 감상한 것으로도 유명

하다. 아마도 고독한 결단을 수시로 내려야 하는 백악관의 대통령 입장에서 홀로 악당들과 대결하는 영화의 주인공 케인의 절박한 심정에 공감했기 때문일 것이다.

존 커닝햄이 1947년에 발표한 소설 『The Tin Star, 깡통별』을 원작으로 하고 있다. 주인공 역의 게리 쿠퍼는 〈요크 상사〉에 이어 두 번째로 1953년 아카데미 남우주연상을 수상했다. 쿠퍼는 촬영 당시 부인과의 이혼, 신경통, 위궤양 등으로 심신이 극도로 고달픈 상태였다. 이에 따라 자연스럽게 표출된 수척한 표정이 마을 사람들의 도움 없이 혼자서 악당들과 대결해야 하는 주인공의 외로운 모습을 실감 나게 표현하는 데 도움이 되었을 것이라는 얘기도 뒤따랐다.

이 영화는 작중 시간과 상영 시간이 정확히 일치한다. 85분의 러닝 타임은 정확히 영화에서도 그대로 흘러간다. 이 영화는 10시 40분경부터 정오까지 1시간이 약간 넘는 동안 케인이 마을 사람들에게 도움을 청하러 다니는 절박한 처지를 보여 준다. 영화에서 결정적인 순간마다 등장하는 시계는 결투의 시간이 재깍재깍 다가오고 있음을 관객에게 실시간으로 알려 줌으로써 긴장과 서스펜스를 고조시키는 역할을 톡톡히 하고 있다.

〈하이 눈〉이 처음 미국에서 개봉됐을 때 비평가와 관객들은 처음에는 떨떠름해했다. 그도 그럴 것이, 이전의 서부극들이 한결같이 보여 주었던 통쾌한 총격전, 남녀 간의 낭만적인 사랑, 그리고 그림 같은 서부의 대평원의 풍광이 보이지 않았기 때문이다. 반면에 이 영화는 주인공인 보안관 케인(게리 쿠퍼 분)이 대부분의 시간을 마을 사람들의 도움을 애타게 구하러 다니는 애타는 모습을 보일 뿐이었다. 총격전은 마지막에 살짝 몇 분간 나올 뿐이다.

케인과 에이미

그러나 바로 이런 점 때문에 〈하이 눈〉은 서부극의 전통적인 모습과는 사뭇 다른 특이한 면모를 보였다. 이 영화는 주인공은 악에 맞서 고뇌하는 한 인간에 불과하다는 것을 보여 줄 따름이며 또한 악당들과의 대결이 가까워짐에 따라 약해지는 인간의 속성을 예리하게 파헤치고 있다. 그래서 이 영화는 위기의 순간에 전지전능한 영웅이 등장해서 쾌도난마(快刀亂麻)처럼 악당들을 응징하는 정통적인 서부극에 대한 성찰적인 흐름을 시도한 수정주의 서부극*의 효시로 평가받고 있다.

결국 주민들의 도움 없이 케인과 에이미 부부는 악당들을 해치운다. 케인은 대결이 끝나고 몰려든 마을 사람들을 힐끗 쳐다보고는 보안관 배지를 떼어서 땅바닥에 던져 버린다. 그리고 자신을 외면했던 비겁한 마을 사람들을 뒤로하고 케인과 에이미는 미련 없이 마차를 타고 떠난다. 자기가 사는 마을이 위험에 처해 있는데도 남의 일처럼 방관하는 마을 주민들과 달리 의무와 책임을 다하는 고독한 영웅 케인의

---

* 제2차 세계대전 후의 일부 서부 영화들은 선악을 분명히 대비시켰던 기존의 전통적 서부극의 스타일에 의문을 제기하기 시작했다. 어둡고 냉소적인 분위기로 낭만주의보다는 사실주의적인 관점을 중요시한다. 〈하이 눈〉, 〈작은 거인〉, 〈와일드 번치〉, 〈늑대와 춤을〉, 〈용서받지 못한 사〉 등이 그 대표적인 작품들이나.

모습이 대비되는 감격적인 장면이다. 이렇듯 기존의 서부극과는 사뭇 다른 모양새를 취하지만 결국은 정의가 이긴다는 고전 웨스턴의 흐름을 취한 〈하이 눈〉은 결국 비평가들과 관객들의 찬사를 이끌어 내면서 불멸의 고전이 되었다. 1991년 미국 국립 역사기록소 선정 서부 영화에서 1위를 차지했다.

이 영화와 관련해서 진네만 감독과 하워드 혹스 감독 사이에 아래와 같이 오고 간 얘기가 전해진다.

1959년 하워드 혹스는 존 웨인과 팀을 이뤄 〈하이 눈〉에 대한 일종의 비판적인 시각에서 영화 〈리오 브라보〉를 만들었다. 당시 혹스는 이렇게 말했다. "존 웨인과 나는 〈하이 눈〉을 별로 탐탁하게 생각지 않아서 〈리오 브라보〉를 만들었다. 나는 훌륭한 보안관이라면 겁쟁이처럼 마을 사람들에게 도움을 구걸하는 모습을 보이지 않아야 한다고 생각한다. 더구나 보안관의 목숨을 구해 주는 것은 그의 퀘이커 교도인 아내가 아닌가. 이러한 설정은 내가 생각하기에 좋은 서부극이 아니다." 폭력을 인정하지 않는 퀘이커 교도인 에이미가 총을 쏜 것을 비아냥거린 것이다.

이에 대해 진네만은 다음과 같이 점잖게 응수했다.

"나는 혹스 감독을 매우 존경한다. 나는 그저 그가 내 영화를 가만 내버려 두었으면 할 뿐이다. 물론 혹스가 〈리오 브라보〉를 〈하이 눈〉에 대한 일종의 비판적 시각에서 만들었다는 점을 잘 알고 있다. 그러나 훌륭한 보안관이라면 다른 이들의 도움을 구하려 하지 않을 것이라는 그의 생각은 나를 놀라게 했다. 보안관도 평범한 한 인간인 것이다.

〈하이 눈〉은 무엇보다도 한 남자의 내면적 갈등에 관한 이야기다. 서부극의 영웅에 대한 존경심이 이 영화에서 사라졌다고는 결코 생각하지 않는다."

영화가 시작할 때와 끝날 때 흘러나오는 주제가 'Do Not Forsake Me, Oh! My Darling'는 영화 음악의 거장 디미트리 티옴킨이 작곡했다. 그는 아카데미 음악상과 주제가상을 수상했다. 노래는 사운드트랙에서는 텍스 리터가 불렀으나 나중에 프랭키 레인의 곡이 대히트를 치면서 널리 사랑을 받았다.

✗ 간략한 줄거리

영화는 헤이드리빌이라는 작은 서부 마을의 일요일 오전을 보여 주는 것으로 시작한다. 인상들이 더러운 세 명의 총잡이들이 만나 마을의 기차역에서 누군가를 기다린다. 한편 마을에서는 보안관 케인이 5년간의 보안관 생활을 끝내고 에이미(그레이스 켈리 분)와 결혼식을 올리고 있었다. 그런데 결혼식이 끝나자마자 케인이 5년 전에 체포해서 감옥에 처넣었던 악당 밀러(이안 맥도날드 분)가 감옥에서 풀려나서 12시 기차로 이 마을에 올 거라는 소식이 들린다.

그는 자신을 잡아넣은 보안관 케인에게 복수를 하기 위해 오는 것이다. 마을 사람들은 자신들까지 피해를 볼까 안절부절못한다. 게다가 에이미까지도 케인이 악당들과 무모하게 맞서는 것을 반대한다. 그러나 케인은 떠날 수가 없다. 그의 손으로 5년 동안 지켜온 마을을 그냥 내팽개치고 간다는 것도 자존심이 용서하지 않기 때문이다. 설사 떠난다고 해도 놈들은 끝내 쫓아올 것이다. 밀러 일당과 정오의 햇볕이 내리쬐는 마을 한가운데서 대결이 벌어진다. 케인은 에이미의 도움으로 이들을 처치하고 보안관 배지를 마을 사람들 앞에서 던지며 에이미와 총총히 마을을 떠난다.

II. 명배우 제조기, 프레드 진네만 감독

1907년 오스트리아 비엔나에서 출생한 프레드 진네만은 처음엔 바이올리니스트를 꿈꾸다 비엔나 대학에서는 법률을 전공했다. 하지만 대학 시절에 에릭 폰 스트로하임의 〈탐욕〉과 킹 비다의 〈대행진〉을 보고 영화의 매력에 푹 빠져 버렸다. 이후 1927년 대학 졸업 후 결국 파리의 사진 영화 기술학교에서 수학했고 결국은 영화의 본바닥인 미국으로 떠난다.

프레드 진네만

그 후 진네만은 1937년부터 MGM사에서 단편 영화를 찍다가 이듬해에는 아카데미 단편영화상을 수상하기도 했다. 그 후 장편 영화에 손을 대기 시작하여 50여 년간 25편의 영화를 연출했다. 그는 특정 장르만 고집하지 않고 스릴러·서부극·필름 느와르 등 다양한 장르의 작품에 손을 대면서 아카데미 감독상을 수상한 〈지상에서 영원으로〉와 〈사계절의 사나이〉를 비롯해서, 수정주의 서부극의 물꼬를 텄다는 〈하이 눈〉과 이밖에 〈파계〉, 〈수색〉, 〈일요일의 사람〉 등의 걸작을 남겼다. 그는 영화를 좀 더 사실적으로 묘사하기 위해 스튜디오보다는 실제 장소를 사용하고 배우들과 일반인을 섞어서 찍는 것을 고집한 최초의 감독이었다. 이런저런 취향 때문에 영화계에서는 독불장군으로 불렸다.

진네만은 인물 묘사에 탁월한 재능을 갖고 있었다. 그래서 그런지 남녀 배우 할 것 없이 많은 명배우들을 발굴하고 키워 내면서 스타 제조기라고 불리기도 했다. 말론 브랜도, 로드 스타이거, 피어 앤젤리, 몽고메리 클리프트, 셜리 존스, 메릴 스트립 등 여러 스타들을 자신의 작품에서 데뷔시키면서 영화계에 소개했다. 또한 프랭크 시나트라, 몽고메리 클리프트, 오드리 헵번, 폴 스코필드, 로버트 쇼, 제이슨 로바즈, 바네사 레드그레이브, 제인 폰다, 게리 쿠퍼, 막시밀리안 셸 등 다수의 배우들을 아카데미상 후보에 올리기도 했다.

말년에 진네만은 〈자칼의 음모〉, 〈줄리아〉, 〈어느 여름의 닷새〉 세 편만을 찍었으나 이들 작품 역시 모두 거장의 숨결이 느껴지는 수작들이었다. 92년에 자서전을 출간하고 98년에 노환으로 눈을 감았다. 그의 진지한 영화 정신은 영화사에서 영원히 빛날 것이다.

III. 세기의 명배우, 게리 쿠퍼

게리 쿠퍼는 1901년 미국 몬태나 주 헬레나에서 출생했다. 쿠퍼의 부모님은 영국에서 온 이민자 출신으로 대농장을 소유하고 있는 등 부자여서 남부럽지 않게 자랐다. 아버지는 몬태나 대법원에서 판사로 복무하던 법조인이었다. 쿠퍼는 영국에서 몇 년간 학교에 다녔으며, 아이오와주 대학에서 미술을 전공했다. 그래서 그런지 훗날 피카소와 절친하게 지냈다. 졸업 후에는 잠시 신문사에서 정치 만평을 그리기도 했다. 이후 영화계에 발을 디디면서 배우의 길을 걷게 된다.

게리 쿠퍼

1926년 〈몽상의 날개〉라는 영화에 단역으로 출연했다. 이때 파라마운트 사의 임원 한 사람이 "저 친구는 구석에 서 있기만 해도 여성들의 마음을 설레게 하겠구먼."하면서 계약을 맺었을 정도로 훤칠한 키에 잘생긴 용모로 영화계에서 소문이 나기 시작했다. 1930년 영화 〈모로코〉에서 전설적인 여배우 마를레네 디트리히와 함께 출연하면서 드디어 스타덤에 오른다.

쿠퍼는 '가장 미국적인 미남'이라는 소리를 들을 정도로 할리우드를 대표하는 미남 배우였다. 특히 수줍어하는 모습의 독특한 매력이 일품이었다. 이 밖에도 부드러운 말씨와 점잖은 행동거지가 돋보였다. 점차 정직하면서도 고독한 미국인을 나타내는 표상으로 자리를 잡았다.

쿠퍼는 1933년 12살 연하의 베로니카 록키와 결혼하면서 외동딸 마리아 쿠퍼를 두었다. 미남인 쿠퍼는 많은 여배우들과 염문을 뿌리면서 록키의 속을 어지간히 썩이기도 했다. 딸 마리아도 바람둥이 아버지에 대해 여러 번 구시렁거리기도 했다. 빌리 와일더 감독에 의하면 쿠퍼는 여성을 꼬시는 데 단 세 마디면 충분했다고 한다. '설마', '정말?', '처음 듣는 말인데'였다고 한다. 요컨대 이 세 마디 말의 의미는 상대방 여성의 말을 성의껏 들어 주는 것이 중요하다는 것을 말해 주고 있다. 물론 알아주는 미남이었던 쿠퍼의 매력이 여심을 먼저 흔들어 놓았을 것이다.

　쿠퍼는 일생 동안 모두 합쳐서 115개의 영화에 출연했는데 대표 작으로는 〈요크 상사〉, 〈하이 눈〉, 〈무기여 잘 있거라〉, 〈누구를 위하여 종은 울리나〉, 〈평원아〉, 〈하오의 연정〉, 〈우정 있는 설복〉, 〈악의 화원〉, 〈베라쿠르스〉, 〈교수목〉 등 부지기수다. 이 중에서 〈요크 상사〉와 〈하이 눈〉은 쿠퍼에게 아카데미 남우주연상의 영광을 안겨 주었다. 존 웨인과 마찬가지로 쿠퍼는 서부극을 상징하는 배우였다. 실제로 총도 빠르게 뽑았다고 한다. 후에 〈셰인〉의 주인공으로 나온 앨런 래드도 속사에는 전설적인 수준이었다고 하는데 두 사람이 누가 더 빨랐는지는 알려지지 않는다.

　쿠퍼는 1960년 4월 전립선암으로 수술을 받았으나, 이미 폐와 뼈로 전이된 상황이었다. 그때 출연한 마지막 작품인 〈서부의 사나이〉를 보면 그의 처연한 모습이 완연하다. 이후 쿠퍼는 요양 생활에 들어갔으며 1961년 5월 13일 쿠퍼는 눈을 감았다. 쿠퍼가 암으로 투병 중이라는 사실은 절친이었던 제임스 스튜어트가 그를 대신해 아카데미 시상식에서 특별 공로상을 받던 중 "쿠퍼가 위중한 상태다."라고 울먹이면서 대중들에게 알려졌다.

IV. 우아함의 대명사, 그레이스 켈리

　그레이스 켈리는 1929년에 아일랜드계 미국인 아버지와 독일계 미국인 어머니의 1남 3녀 중 셋째로 태어났다. 아버지는 자수성가한 사업가이자 조정 선수였고, 어머니 앤 마거릿은 최초의 여성 체육 교사였다. 전형적인 20세기 초중반 미국의 부유한 중산층 가정이었고, 아버지는 재산 관리에 알뜰해서 켈리 가(家) 사 남매는 대공황 시기에도 부족함이 없이 유복하게 자랐다. 그레이스는 고등학교에서 춤과 연기를 배웠으며 당시 존경하는 배우로 잉그리드 버그먼을 꼽았다고 한다.

미모였던 그녀는 자라면서 패션모델로 나서기도 했고, 연극무대에서 주역을 맡기도 했다. 그녀 인생의 전환점은 대학 문턱에서였다. 수학 점수가 모자라 지망한 대학에서 떨어진 것이다. 진로를 바꾼 그녀는 배우로서 꿈을 펼치기로 결심하고 미국 연극 아카데미에 오디션을 거쳐 특별 입학 허가를 받았다. 캐서린 헵번, 로렌 바콜, 스펜서

그레이스 켈리

트레이시 등 명배우들이 수학(修學)했던 곳이다.

이후 연극에 전념하던 중 할리우드의 유명 제작자인 스탠리 크래머로부터 전보를 받는다. 대배우 게리 쿠퍼가 출연하는 〈하이 눈〉에서 상대역을 맡아 달라는 내용이었다. 그리하여 불과 22세의 햇병아리 여배우는 하루아침에 역사상 가장 유명한 서부극의 여주인공이 된 것이다. 그녀는 빛나는 미모로 단박에 관객들을 사로잡았다.

〈하이 눈〉을 촬영하면서 게리 쿠퍼와 감독인 프레드 진네만을 오

불멸의 명작 영화 50선

가며 로맨스를 벌이기도 했던 그녀의 자유분방한 남성 편력은 화려했다. 그중에는 말론 브랜도, 클라크 게이블 ,레이 밀란드, 윌리엄 홀덴 등 동료 배우는 물론, 후일 대통령이 된 존 F 케네디, 이란의 샤 왕자, 유명 패션디자이너 오레그 카시니를 비롯해 사교계의 유명 인사들과 숱한 로맨스를 이어 나갔다.

〈갈채〉와 〈상류 사회〉에서 함께 공연했던 가수이자 배우인 빙 크로스비는 결혼을 전제로 사귀던 여자가 있음에도 그녀에게 홀딱 반해 청혼까지 했다. 히치콕의 영화 〈다이얼 M을 돌려라〉에서 공연했던 레이 밀란드는 끈질기게 그녀를 유혹했다. 그레이스가 어린 시절부터 이상적인 남자로 동경했던 그는 그레이스보다 22살이나 더 많았고 아들 둘을 둔 유부남이었다. 30년이나 결혼 관계를 유지해 온 조강지처와 헤어지겠다며 쏘삭거린 그와 결혼 얘기가 퍼지면서 그녀는 할리우드에서 가정 파괴꾼이라는 별명까지 얻게 된다.

1952년 클라크 게이블과 출연한 〈모감보〉는 큰 성공을 거두었고 그녀는 골든 글로브 여우조연상을 받았다. 그녀의 눈부신 미모에 초점을 맞춘 알프렛 히치콕은 〈다이얼 M을 돌려라〉에서 그녀를 잠옷 차림으로 범인과 몸싸움을 벌이게 하면서 남성 관객들의 군침을 흘리게 했다. 1954년에는 다시 히치콕의 부름을 받아 제임스 스튜어드와 함께 〈이창〉에 출연한다. 그때 마침 〈워터프론트〉의 출연 제의가 들어왔는데 망설임 없이 거절했다. 〈워터프론트〉는 〈이창〉을 뛰어넘는 명작으로 영화사에 남는데 이에 대하여 그녀가 어떻게 생각했는지 궁금하다. 그녀가 거절한 배역은 에바 마리 세인트가 내신했고, 그녀는 아카데미 여우조연상을 받았다.

켈리는 화려한 남성 편력으로 유명했지만 미모에 기대지 않는 훌륭한 연기력을 갖춘 배우가 되기 위해 노력을 아끼지 않았다. 1954년 드디어 그녀는 〈갈채〉로 아카데미 여우주연상을 거머쥐었다. 빙 크로스비, 윌리엄 홀덴과 공연한 이 영화에서 그녀는 알코올에 절어 있는 가수의 고통 받는 아내 역으로 뛰어난 연기를 보여 주었다. 이미 연극 무대에서 이 작품과 인연이 있었던 그녀는 영화사에 "이 역을 주지 않으면 기차에서 뛰어내리겠다."라는 협박까지 서슴지 않으면서 이 역을 따냈다.

이런 와중에 그녀는 1955년 캐리 그랜트와 프랑스 리비에라 해안에서 히치콕의 〈나는 결백하다〉를 촬영하다가 그곳에서 장래의 남편이 될 모나코의 레이니에 공(公)을 만났다. 그해 겨울, 켈리를 신붓감으로 점찍은 레이니에 공은 미국을 방문해 켈리와 그녀의 부모에게 청혼을 했고, 그녀는 이를 수락한다. 그녀의 이 결혼 소식은 세계적으로 엄청난 뉴스거리가 됐다.

1956년 4월 4일 그레이스 켈리와 그 가족 그리고 들러리를 설 사람들과 그녀의 애완견과 신부의 짐을 잔뜩 실은 여객선 콘스티튜션 호가 뉴욕 항구를 떠나 모나코로 향하였다. 모나코에서는 수많은 사람들이 연도에 나와서 할리우드에서 시집오는 그레이스를 환영했다. 그녀의 결혼을 흥행에 이용하려는 영화사는 그레이스가 마지막으로 출연한 영화 〈상류사회〉의 배급을 시작했다. 이 영화가 대박을 터뜨렸음은 물론이다.

결혼식은 모나코의 니콜라스 성당에서 개최되었다. 결혼식에는 가장 친한 친구인 에바 가드너, 데이빗 니븐 등의 할리우드 배우들도 참석했다. 이 세기의 결혼식은 전 세계로 TV 방영되었으며 3천만 명 이상이 시청했다. 켈리는 레니에 3세와의 사이에서 장녀 카롤린, 외아들 알베르 2세, 차녀 스테파니를 낳아 1남 2녀를 두면서 겉으로는 다복하게 보였지만

레이니에 왕과 단란했던 한때

정작 결혼 생활은 별로 순탄한 편은 아니었다. 레니에는 까다롭고 비위 맞추기 어려운 고약한 성격인데다가 두 사람은 살아온 방식과 가치관이 너무 달라 갈등도 많았다. 레니에와 그레이스는 각자 바람났다는 소문이 나돌면서 둘은 대판 싸우기도 했다. 이후 레니에는 모나코 내에서 켈리의 영화를 상영하는 것을 금지했다. 결국 켈리는 심한 스트레스를 받았고 우울증 증세까지 보였다.

남편과의 관계도 그렇고 왕비로서 여러 가지 왕실의 법도에 묶여 살던 그녀는 할리우드의 자유로운 생활이 마냥 그리웠을 것이다. 그러던 차에 1962년에 히치콕이 영화 〈마니〉의 출연을 제의해 왔다. 그녀는 차제에 배우로 복귀하려 했으나, 영화 속에서 켈리의 역이 도벽이 있는 캐릭터였던 것이 알려지자 품위 문제로 모나코 언론과 국민들이 시끄럽게 떠들어 대는 바람에 결국 무산되었다.

세월이 흘러 1982년, 충격적인 소식이 전 세계에 타전되었다. 바로 그레이스 왕비가 교통사고로 사망하였다는 뉴스였다. 그녀는 차녀 스테파니를 조수석에 태우고 운전을 하던 중 갑작스런 뇌졸중을 일으키는 바람에 차가 그만 산비탈로 굴러떨어졌다. 같이 타고 있던 스테파니는 가벼운 부상만 입고 살아남았지만, 켈리는 치명상을 입고 의식을 회복하지 못한 채 다음날인 9월 14일, 향년 52세로 세상을 떠났다. 비록 배우로서 오랜 기간을 활동하지 못한 켈리였지만 그녀가 남긴 주옥 같은 영화들은 지금까지도 많은 팬들에게 추억되고 있다.

12장

길

천의 얼굴을 가진 배우, 안소니 퀸 / 영화 음악의 거장, 니노 로타

I. 길(1954년), La Strada

이탈리아의 거장 페데리코 펠리니가 만든 이 작품은 감독 자신의 초기 네오리얼리즘* 영화의 대표작 중 하나다. 이 영화는 배우 안소니 퀸과 펠리니의 부인 줄리에타 마시나가 각각 떠돌이 차력사 잠파노와 악기를 연주하는 순진한 처녀 젤소미나를 열연했다. 이 영화는 펠리니를 세계적인 감독의 반열에 올려놓았다.

---

* 네오리얼리즘은 실제 그대로의 현실을 사실적으로 표현하고자 하는 영화 운동이다. 네오리얼리즘 영화는 2차 세계대전 전후 이탈리아 서민들의 삶의 현장을 그대로 묘사하는 데 치중했다. 이 운동은 현실을 왜곡하거나 과장하는 할리우드적 기법을 기피한다.

펠리니의 작품 중에서 1957년도에 처음으로 아카데미 시상식에서 최우수 외국어 영화상을 받았다. 이는 그해 아카데미 최우수 외국어 영화상이 경쟁 부문으로 개설되면서 최초로 수상한 것이다. 그가 감독한 작품 가운데 무려 네 편이 아카데미 외국어 영화상을 받았으며, 이는 지금까지도 이 부문에서 전무후무한 기록으로 남아 있다.

네오리얼리즘을 추구하던 펠리니 감독이었지만 "이제 사실주의는 시(詩)가 필요하다."면서 네오리얼리즘 냄새가 듬뿍 풍기는 소재를 서정적이고 신비롭게 다룬 첫 작품이 바로 〈길〉이었다. 펠리니는 젤소미나 역에 부인인 줄리에타를 염두에 두고 시나리오를 썼다. 잠파노 역에는 안소니 퀸을 점찍었으나 당시 소피아 로렌과 〈침략자〉에 출연 중이던 퀸은 출연을 고사했다. 이후 퀸은 펠리니의 영화 〈청춘군상〉을 보고 승낙했다고 한다.

펠리니 자신이 서커스단과 유랑 극단의 세월을 보낸 적이 있었다. 이와 같은 경험이 영화에도 그대로 녹아 있다. 이 영화는 떠돌이 차력사 잠파노와 백치 여인 젤소미나의 여정을 통해 사랑을 통한 구원이라는 주제를 이야기한다. 이 두 사람 간의 슬픈 이야기를 통해 인간의 마음 한구석에 자리 잡고 있는 악이 순수한 한 영혼에 의해 구제되는 과정을 보여 준다. 너무나 뒤늦게 찾아온 진정한 사랑에 대한 회한이, 거칠고 투박한 한 사내의 마음을 흔들어 놓고 있는 것이다.

줄리에타가 아니었다면 젤소미나도 없었을 것이라는 말이 나올 정도로 영화에서의 그녀의 연기는 발군이었다. 줄리에타가 바로 젤소미나였다. 그녀의 얼굴에서 풍겨 주는 그지없이 밝고 사랑스러운 연민에

찬 표정은 이제껏 그 어느 여배우의 모습에서도 찾아 볼 수 없을 정도로 뛰어났 다. 마치 찰리 채플린의 영 화를 연상케 한다. 채플린 의 우스꽝스런 마임 연기 에서 관객들이 가슴을 저

잠파노와 젤소미나

미는 슬픔을 느끼는 것처럼 줄리에타의 연기는 바로 채플린의 연기 바로 그것이었다. 울고 웃는 삶의 애환 속에서 하루하루 살아가는 인간 사를 절절하게 표현하고 있는 것이다.

잠파노가 자신이 길가에 내버린 젤소미나가 죽었다는 소식을 듣고 바닷가에 주저앉아 짐승같이 울부짖는 이 영화의 라스트 신은 오랫동안 여운이 남는 명장면이다. 멕시코 태생의 안소니 퀸은 이 영화로 일약 세계적인 성격 배우로 인정을 받으면서 대배우의 자리에 올라섰다. 영화 음악의 대가인 니노 로타의 주제곡인 애잔한 트럼펫과 색소폰 연주는 복받쳐 오르는 슬픔을 달래며 영화의 감동을 한층 배가시키고 있다.

❚ 간략한 줄거리

천사 같은 심성을 갖고 있지만 어딘지 좀 모자라는 젤소미나는 짐승 같은 차력사 잠파노에게 팔려 가 조수가 된다. 젤소미나는 난폭한 잠파노에게 매를 맞아 가며 공연에 필요한 기술을 조금씩 터득하며 떠돌이 생활에 적응해 간다. 툭하면 손찌검을 하는 잠파노를 견디기 힘들어 탈출을 감행하기도 하지만, 결국 다시 붙잡혀 온다. 잠파노는 가슴을 칭칭 묶은 쇠사

슬을 끊는 묘기를 보이고 젤소미나는 나팔을 불고 북을 치고 춤을 춘다. 그러던 어느 날 잠파노가 친구인 곡예사 나자레노와 싸우다가 그만 그를 죽이고 만다. 이 광경을 보고 충격을 받은 젤소미나가 정신이 이상해지자 잠파노는 잠든 그녀를 버리고 도망쳐 버린다. 얼마 후 젤소미나는 병들어 죽고 이를 알게 된 잠파노는 참회의 눈물을 흘린다.

II. 천의 얼굴을 가진 배우, 안소니 퀸

안소니 퀸은 1915년 4월 21일 멕시코 북부 치와와에서 아일랜드계 아버지와 멕시코 혈통의 어머니 사이에서 태어났다. 그 유명한 판초 비야*의 혁명군에 가담해서 한가락 했던 아버지는 혁명 세력이 와해되자 가족들을 이끌고 미국 텍사스 엘파소로 이주하여 노동자로 전전하다 로스앤젤레스에 정착했다.

퀸은 10세 때 아버지가 교통사고로 사망하자 졸지에 소년 가장이 되어 구두닦이, 신문팔이 등을 전전하며 힘겨운 성장기를 보냈다. 어머니가 다른 남자와 재혼하자 화딱지가 난 그는 할머니와 동생들을 몽땅 데리고 집을 나온 뒤에는 이들을 부양하느라 더욱 힘든 생활을 했다. 그는 돈 받는 권투 스파링 파트너·공사장 심부름꾼·내기 권투 선수 등을 전전했다. 어린 나이에 하도 고생해서 남들보다 훨씬 폭삭 늙어 보이는 얼굴을 갖게 된 퀸과 거리의 다른 소년들과 구분해 주는 것은 그

---

* 19세기 말엽에 활약했던 멕시코의 혁명가다. 판초 비야는 멕시코의 의적, 농민의 친구, 멕시코 혁명의 영웅으로 불린다.

에게는 꿈이 있었다는 점이었다. 미술에 소질이 있었던 그는 건축가가 되고 싶었다. 건축물 스케치 대회에서 일등을 하기도 했다.

안소니 퀸

그가 연기자의 길에 들어선 것은 우연한 계기에서였다. 어느 날 유명한 건축가 프랭크 라이트가 퀸이 부정확한 발음을 고치고 오면 조수로써 주겠다고 제의했다. 발음을 교정하기 위해 배우 학원에 허드렛일을 해 주는 조건으로 등록한 그는 연기의 세계에 빠져 버렸다. 퀸의 재능을 알아본 여배우 매 웨스트의 추천으로 18세에 〈깨끗한 침대〉라는 연극 무대에 처음 섰다. 이 연극에서 얼굴이 늙어 보이는 퀸은 육십을 넘은 노인 역을 맡았다.

이후 주연급은 아니었지만 그는 거장 세실 B. 데밀의 〈평원아〉에 출연하게 된다. 영화의 사실성을 금과옥조처럼 여기는 데밀은 그때 샤이언 족 인디언 배우를 찾고 있었다. 아일랜드와 멕시코 원주민의 피가 섞여 있는 퀸은 데밀이 인디언을 찾고 있다는 광고를 보고 바로 달려갔다. 드밀이 "너, 인디언 맞아?"라고 묻자 그는 "저야말로 진짜배기 샤이언입니다요."라고 넉살을 떨었다. 일당 75달러였다.

막상 인디언 역을 맡은 퀸의 연기에 실망한 드밀이 그를 퇴짜 놓으려고 하자 옆에 있던 영화의 주인공인 게리 쿠퍼가 "퀸이 수더분하고 착하게 생겼는데 한번 써 봅시다."라고 거들면서 퀸은 간신히 구제를 받게 된다. 이렇게 해서 퀸은 배우의 길로 들어선다. 특히 그곳에서 데밀의 수양딸인 캐서린을 첫 번째 아내로 얻는 행운을 누리기도 했다. 그러나 데밀은 배우로서 그랬던 것처럼 사위로서의 퀸도 끝내 마음에 들어 하지 않았다. 먼 훗날 퀸은 아카데미가 수여하는 평생 공로상을 데밀에게 바쳤다.

이렇게 해서 할리우드 실력자의 사위가 된 퀸은 차츰 연기자로서의 입지를 넓혀 갔다. 퀸은 특이한 외모와 약간 쉰 목소리로 1947년까지 거의 50편 이상의 영화에 출연했다. 인도인·마피아·하와이안 족장·필리핀 자유 투사·중국 게릴라·아랍인 족장 등 안 해 본 역이 없었다. 그때부터 '천의 얼굴을 가진 배우'라는 닉네임이 붙었다. 그러나 1940년대 말 할리우드에도 빨갱이 소탕 운동인 매카시즘의 광풍이 몰아치기 시작했다. 퀸은 재빨리 동료를 빨갱이로 고발해야 살아남을 수 있는 살벌한 할리우드를 떠나 뉴욕의 연극 무대로 발길을 돌렸다.

그곳에서 명장 엘리아 카잔의 눈에 띈 그는 연극 〈욕망이라는 이름의 전차〉에서 말론 브랜도가 맡았던 스탠리 코왈스키 역을 맡아 연기력을 인정받았다. 이어서 1952년에는 카잔이 감독한 영화 〈혁명아 사파타〉에 출연하였다. 이 영화에서 사파타(말론 브랜도 분)의 동생 역을 맡아 혁명을 이끄는 형의 조력자에서 술주정뱅이로 타락하는 연기로 1953년 첫 번째 아카데미 남우조연상을 수상한다.

1954년에는 네오리얼리즘으로 세계 영화계에 새바람을 일으키고 있던 이탈리아로 건너가 페데리코 펠리니 감독의 〈길〉에서 짐승 같은 곡예사 잠파노 역으로 출연하여 세계적으로 명성을 날린다. 1956년에는 화가 고흐를 그린 〈열정의 랩소디〉에 고갱 역으로 고작 8분간 출연하면서 두 번째 아카데미 남우조연상을 받았다.

영화 〈나바론〉에서 퀸과 그레고리 펙

1964년에는 니코스 카잔차키스의 소설을 영화화한 〈희랍인 조르바〉에서 천하의 자유인이자 낙천가인 그리스인 조르바 역을 맡아 절정의 연기력을 보여 주었다. 영화 촬영이 끝난 후 그는 "내가 바로 조르바"라고 말하면서 조르바라는 인물을 평생 자신의 분신처럼 여기며 살았다. 이후 〈노트르담의 꼽추〉, 〈나바론 요새〉, 〈바라바〉, 〈아라비아의 로렌스〉, 〈노인과 바다〉, 〈25시〉, 〈사막의 라이온〉 등 150편이 넘는 영화를 통해 투박하고 선 굵은 남성적 연기를 하면서 영화사에 뚜렷한 족적을 남겼다. 그는 이렇게 말하곤 했다. "나는 모든 역할에 나 자신의 100%를 쏟는다. 그것이 B급 영화든 C급 영화든 간에…."

미술에도 일가견이 있어 노년에는 회화와 조각에 몰두, 작품성을 인정받을 정도의 솜씨를 자랑했다. 1988년 유엔의 세계인권선언 선포 40주년을 기념하는 우표에 그의 그림이 실렸으며, 1998년 말에는 조각가 아들 로렌조와 함께 방한하여 예술의 전당에서 작품전을 열기도 했다. 어렸을 때부터 퀸은 그림에 소질이 있었다. 10대 시절 동안 그는 캘리포니아에서 열린 여러 미술 대회에서 입상했고 건축 스케치 콘테스트에서 1등을 하기도 했다. 그는 "예술이 없다면 우리들 인생은 존재할 이유가 없다."라는 말도 남겼다.

세 명의 아내와 두 명의 정부(情婦)로부터 열세 명의 아이를 얻은 그는 "우글거리는 자식들은 내 자부심의 원천"이라고 공공연히 말하고 다녔다. 80세가 넘은 나이로 47세 연하의 여비서 캐시 벤빈과 결혼하여 화제가 되기도 했다. 사생활이야 어쨌든 영화사적으로 수많은 걸작과 뛰어난 연기를 보여 주었던 안소니 퀸은 2001년 3월 향년 86세의 나이로 미국 보스턴에서 눈을 감았다. 투박하고 강인한 얼굴이지만 어딘가 정겨운 이미지를 팬들에게 남겨 준 퀸이었다.

II. 영화 음악의 거장, 니노 로타

1911년 12월 31일 이탈리아 밀라노에서 태어난 니노 로타는 어려서부터 뛰어난 음악적 재능을 보였다. 밀라노 예술 학교와 산타 세실리아 아카데미를 비롯해서 미국의 커티스 음악원에서 지휘를 공부했다. 1932년 스물두 살의 나이로 영화 음악을 작곡하기도 한 로타는 이 당시 영화 음악보다는 오페라, 발레 등의 순수 음악 작곡에 더 전념을 했고 빼어난 곡들을 작곡했다.

페데리코 펠리니 감독과의 만남은 두 사람 모두에게 큰 사건이었다. 두 사람은 많은 영화에서 함께 작업을 하면서 완성도 높은 영화를

니노 로타

만들어 냈다. 이후 영화 음악가로서 불후의 명성을 얻게 된다. 영화 〈길〉에서 보여 준 애절한 트럼펫 연주는 아직도 영화 팬들의 심금을 울려 주는 명곡으로 꼽힌다. 또한 프랑코 제페넬리 감독의 〈로미오와 줄리엣〉의 주제곡도 영화 팬들의 기억 속에 선명히 남아 있다. 특히 코폴라 감독의 세기의 걸작 〈대부〉의 음악을 맡으면서 묵직하고 서정적인 음악으로 영화를 더욱 빛내 주었다. 1974년에는 〈대부2〉로 아카데미 영화음악상을 수상했다.

로타는 150여 편에 달하는 영화 음악을 작곡하고 1979년 〈에르네스토〉를 끝으로 1979년 4월 10일 이탈리아 로마에서 눈을 감았다. 1960년대부터 1979년 사망할 때까지 영화 음악가로 활동하는 가운데 파리음악원의 교장을 역임했다. 그는 평생 결혼을 하지 않았으나 피아니스트 마그다 롱가리와의 관계에서 딸 니나 로타를 낳았다.

13장

모정

할리우드의 쾌남아, 윌리엄 홀덴

I. 모정(1955년), Love Is a Many Splendored Thing

영화는 중국인 아버지와 벨기에 어머니 사이에 태어난 작가이자 의사인 한수인이 1952년에 출판, 베스트셀러가 된 자전적 소설을 원작으로 해서 만들어졌다. 명장 헨리 킹 감독이 메가폰을 잡았다. 남녀 주인공으로 당시 인기 절정의 배우였던 윌리엄 홀덴과 제니퍼 존스가 열연했는데 두 배우의 이미지가 주인공들의 캐릭터와 딱 맞으면서 탁월한 캐스팅으로 평가받았다. 원래 여주인공 역으로는 엘리자베스 테일러가 물망에 올랐었다.

주인공 제니퍼의 의상과 분장은 중국 여인이라 착각할 만큼 완벽했고 이는 결국 아카데미 의상상으로 보상을 받는다. 그 당시 이 영화를 보던 유럽 사람들은 워낙 한국이라는 나라를 몰라 남자 주인공이 죽는 한국전쟁을 제2차 세계대전으로 착각한 사람들도 있었다고 한다. 이 영화는 제작국인 미국은 물론 이탈리아, 프랑스 등 유럽에서도 흥행에 성공했지만 한국, 일본, 홍콩 등 아시아 지역에서 대단한 인기를 모았다. 특히 이 영화는 신문 기자인 남자 주인공이 한국전쟁에 종군하다 순직해서 그런지 한국 팬들은 더욱 열광했다.

킹 감독은 이 영화를 통해 세상의 구질구질한 것, 추한 것, 갈등 같은 것은 대부분 생략하고 "사랑은 이렇게 아름답고 찬란한 거야"라고 말하고 싶은 것 같다. 그래서 주인공인 마크 엘리옷(윌리엄 홀덴 분)과 한수인(제니퍼 존스 분)이 홍콩을 배경으로 애정을 가꿔 가는 장면 장면을 한 폭의 그림처럼 그려냈다. 현재 '모정의 언덕'으로 불리며 관광 코스의 하나로 되어 있는 홍콩의 빅토리아 병원 뒤 언덕은 두 연인이 자주 만나곤 하는 장소였다. 이곳에서 마크가 수인에게 손을 내밀며 "Give me your hand" 하는 장면이 무척 인상적이었다.

수영복을 입은 두 사람이 해변에서 서로 담뱃불을 붙여 주는 장면은 킹 감독이 즐겨 애용하는 장치이기도 하다. 킹 감독은 영화 〈킬리만자로의 눈〉에서도 주인공 해리(그레고리 펙

빅토리아 언덕에서의 두 사람

분)와 신시아(에바 가드너 분)가 만났을 때 담뱃불을 서로 붙여 준다. 해리가 신시아를 잃고 상심해서 센 강을 보며 담배를 입에 물자 새로운 여인(수잔 헤이워드 분)이 담배에 성냥불을 붙여 주며 두 사람은 인연을 만든다. 킹 감독에게 담배는 본격적인 사랑이 시작된다는 신호를 말해 주는 것이다.

영화 제목인 〈Love is a many splendored thing〉은 바로 한수인의 자전적 작품 제목인 『A many splendored thing』에서 따왔다. 이 'A many splendored thing'은 한수인의 애인이자 종군 기자였던 이안 모리슨의 편지의 한 구절에 나온다. 호주계 영국인인 모리슨은 영국 《타임스》의 종군 기자로써 한국 전쟁에 파견되었다. 그는 1950년 8월 12일, 낙동강 전선의 왜관에서 타고 있던 지프차가 지뢰를 밟아 사망했다. 영화에서는 비행기 폭격을 받은 것으로 묘사되어 있다. 한수인은 언론 보도를 통하여 모리슨의 사망 소식을 알았으며 이후 모리슨이 보낸 편지들이 차례대로 도착했다. 모리슨의 글은 매우 지적이고 깊이 있는 문장이었다고 한다. 모리슨은 한국 전선에서 한수인에게 20여 통의 편지를 보냈는데 그가 보낸 마지막 편지에 "우리에게는 아직 많이 빛나는 것a many splendored thing이 남아 있습니다."라는 구절이 나온다.

이 영화는 1950년대에 홍콩이라는 도시를 일약 국제적인 관광 도시로 만드는 데 일등 공신 역할을 했다. 두 연인이 함께 수영을 하던 리펄스 만과 이 병원 뒤의 언덕은 관광 명소로 자리 잡았고 많은 이들이 찾았다. 그러나 이제는 홍콩이 너무 변모해서 리펄스 만을 비롯해 당시 영화에 담겼던 홍콩의 오래된 모습들은 띄엄띄엄 남아 있을 뿐이다.

여주인공으로 나온 제니퍼 존스는 2009년 만 90세의 나이로 별세했고 한수인은 2012년 만 95세에 타계했으니 두 사람 모두 비슷하게 태어나서 비슷하게 장수한 편이다. 한수인은 영화에서처럼 한국 전쟁의 종군 기자였던 애인을 잃은 뒤 재혼했다가 스위스에서 살다가 타계했다. 한수인은 죽기 전인 91세에 모리슨을 회상하며 자신이 죽으면 화장한 유해를 한국에 뿌려 달라는 말을 남기기도 했다.

이 영화의 주제곡은 1930년대부터 100여 곡 이상의 히트 팝송을 내놓은 새미 훼인이 작곡했다. 이 노래는 포 에이시스, 냇 킹 콜, 맷 몬로, 앤디 윌리엄스 등 여러 가수들이 불렀다. 이 중에서 윌리엄스의 노래가 가장 히트를 치면서 불멸의 고전 팝송의 하나로 자리를 잡았다. 영화에서 음악을 맡은 알프레드 뉴먼은 아카데미 음악상과 주제가상을 수상함으로 생애 최고의 해를 맞이하기도 했다.

ⵥ 간략한 줄거리

1949년 홍콩, 벨기에인과 중국인 사이에서 태어난 여의사 한수인은 군인이었던 남편이 전사하고 혼자 지내고 있었다. 어느 날 파티에서 신문 기자 마크와 알게 되어 사랑에 빠진다. 그러나 마크에게는 별거 중인 아내가 있다. 한수인은 주위 사람들의 눈을 피해 마크와 밀회를 즐긴다. 마크는 아내와 정식으로 이혼하려 하지만 아내가 동의해 주지 않는다. 주위에서는 혼혈아와 유부남의 불륜이라고 비난하지만 이들은 상관하지 않는다. 그러던 중 한국 전쟁이 발발하고 마크는 종군 기자로 한국으로 떠난다. 어느 날 아침 방금 도착한 마크의 편지를 읽던 한수인은 마크가 사망했다는 신문 기사를 보게 된다. 한수인은 집을 뛰쳐나와 그들의 추억 어린 언덕으로 뛰어 올라가며 울음을 터뜨린다.

II. 할리우드의 쾌남아, 윌리엄 홀덴

윌리엄 홀덴

윌리엄 홀덴은 1918년 일리노이 주 오팰른에서 태어났으나 가족이 캘리포니아 주 패서디나로 이사하면서 그곳에서 자랐다. 사업을 하는 아버지와 교사인 어머니를 둔 그는 비교적 유복한 환경에서 자랐다. 패서디나 고등학교와 대학교를 나온 그는 아버지의 가업을 물려받기 위해 화학 공장에서 일하다 파라마운트사의 신인 배우 응모에 당선되면서 배우의 길에 접어들었다. 그의 첫 영화 데뷔 주연작은 복싱 영화 〈골든 보이〉였다. 그는 섬세한 음악도이면서 터프한 복싱 선수 역을 완벽하게 소화해 내며 단번에 할리우드 영화계의 주목을 받게 된다.

'골든 보이'라는 말의 의미는 잘생기고 멋진 청년을 뜻하는데 홀덴의 이미지는 이런 조건에 딱 맞아떨어지기도 했다. 이 데뷔작 이름이 자신의 닉네임으로 굳어졌다. 이후 제2차 대전이 발발하자 육군 항공대 중위로 참전한 그는 30대의 나이가 접어드는 1950년대부터 스타의 반열에 올라선다. 1950년에 그는 당시 할리우드에서 잘 나가던 빌리 와일더 감독의 눈에 띄어 〈선셋 대로〉에 출연, 돈을 못 버는 시나리오 작가 역을 훌륭하게 연기하면서 이름을 알리기 시작했다. 그는 이 영화에서 무성 영화 시대에 대배우로 군림했던 글로리아 스완슨과 함께 공연했다.

이후 아카데미 남우주연상을 수상한 〈제17 포로수용소〉를 비롯하여 〈갈채〉, 〈사브리나〉, 〈피크닉〉, 〈모정〉, 〈콰이강의 다리〉 등 명작에 출연하면서 인기 가도를 달렸다. 60년대에 들어와서는 화제작들이 다소 감소했지만 〈스지웡의 세계〉, 〈알바레스 켈리〉, 〈애수의 크리스마스〉 등에 출연하다가 1969년에는 폭력 미학의 거장이라는 샘 페킨파 감독의 〈와일드 번치〉에 출연을 하면서 녹슬지 않은 연기력을 과시했다. 1981년 브레이크 에드워드 감독의 〈S.O.B〉에 출연했는데, 그의 유작이 되어 버렸다.

홀덴은 여성 팬들에겐 섹스어필하는 매력으로 인기가 많았지만 남성 팬들도 상당히 많았던 배우였다. 그건 아마도 그가 영화 속에서 보여주고 있는 터프함과 배짱 그리고 유머 감각 등이 남성 관객들에게도 어필했기 때문일 것이다. 그는 배우면서도 동물 보호에 각별한 관심을 가졌던 인물이었으며 유럽과 아프리카 등지에 여러 개의 사업체를 경영하는 수완 좋은 사업가이기도 했다. 그는 평생 브랜다 마샬과 한차례 결혼을 했지만 오드리 헵번, 그레이스 켈리, 바바라 스탠윅 등 여러 여배우들과 화려한 염문을 뿌리고 다녔다.

술과 여자를 좋아하였던 홀덴은 결국 술로 인해 목숨을 잃었다. 1981년 11월 12일, 그는 캘리포니아 주 산타 모니카의 아파트에서 술에 취해 응접실 융단에서 미끄러져 옆에 있던 탁자에 부딪히면서 이마가 찢어져 과다 출혈로 숨을 거두었다. 빨리 발견됐으면 살 수 있었는데 죽은 지 3일 후에야 발견되어 많은 팬들에게 안타까움을 안겨 주었다. 비교적 63살의 젊은 나이에 세상을 떠난 홀덴은 낭만과 풍요로움이 넘치던 1950년대 미국 영화의 대표 주자로서 지금도 많은 팬들에게 기억되고 있다. 영화 속에서 보여 준 그의 멋진 미소와 카리스마는 올드 팬들의 가슴 속에 영원히 남아 있을 것이다.

불멸의 명작 영화 50선

워터프론트

할리우드의 원조 반항아, 말론 브랜도 / 영욕이 교차했던 명감독, 엘리아 카잔

I. 워터프론트(1954년), On the Waterfront

〈워터프론트〉는 스물아홉 살 청년 말론 브랜도에게 생애 첫 아카데미 남우주연상을 안겨 준 작품이다. 이 영화는 거장 엘리아 카잔의 역량이 최고도로 발휘한 나무랄 데 없는 그의 최고 작품이다. 〈워터프론트〉는 1940년대 중반, 노조를 장악하고 있는 깡패들이 좌지우지하고 있는 뉴욕의 부두를 배경으로 밀고와 폭로, 정의와 양심에 대한 이야기를 담고 있다. 이 작품은 당시 미국 사회 이면에 감추어져 있는 문제점을 고발한 사회성 짙은 드라마다.

마틴 스콜세지 감독은 그의 일생에서 가장 인상적이었던 영화 중

의 하나가 바로 〈워터프론트〉였다고 말했다. 또한 명배우 폴 뉴먼은 이 영화에 대해서 "브랜도는 내가 평생에 걸쳐 이룬 것을 그는 불과 스물아홉 살에 모두 이뤄 냈다"라며 동경과 질투 어린 감정을 드러내기도 했다. 1955년 27회 아카데미에서 8개 상(작품상·감독상·남우주연상·여우조연상·각본상·촬영상·편집상·미술상)을 휩쓸었다. 여우조연상은 에바 마리 세이트가 수상했다.

제2차 세계대전이 끝난 직후의 뉴욕항은 살인과 폭력·공갈·협잡·부정·갈취 등이 횡횡했던 그야말로 아사리 판이었다. 조직 깡패·경찰·정치인·선적회사들이 서로가 끼리끼리 얽혀 부두를 말아먹고 있었다. 이런 암울한 상황을 세상에 까발린 이가 뉴욕《선》지의 말콤 존슨 기자였다. 그는 1948년 뉴욕 부두에서 발생한 살인 사건을 취재하면서 그곳의 내막을 취재해서 특종으로 보도한 것이다. 그는 이 보도로 퓰리쳐상을 받았다.

평소 사회에서 소외되거나 낙오된 자들에 대한 관심이 많았던 카잔 감독이 이 보도 내용을 토대로 영화를 만들려고 나섰다. 작가인 버드 슐버그에게 시나리오를 부탁하고 본격적으로 영화 제작에 나서면서 할리우드 영화사들을 수소문했으나 모두 고개를 설레설레 저었다. 노동자와 노조에 관한 영화는 만들어 봤자 말썽만 생기는 골칫덩어리라는 이유에서였다.

마지막으로 그는 〈콰이강의 다리〉, 〈아라비아의 로렌스〉와 같은 명작을 만들었던 명제작자 샘 스피겔을 찾아갔다. 스피겔은 즉석에서 오케이 했고 드디어 이 영화는 촬영에 들어갔다. 카잔은 실제로 부두 노동자들에 대한 촬영을 하다가 조직 깡패들의 위협을 받기도 했는데, 이는 마치 파라마운트사가 영화 〈대부〉를 찍을 때 마피아들의 위협을 받은 것과 마찬가지 상황이었다. 이 영화는 할리우드에서 사회 문제를 다룬 영화도 제작될 수 있고 흥행도 성공할 수 있다는 가능성을 제시한 작품이었다.

영화는 겉으로는 거친 폭력이 난무하지만 한편으로는 인간적인 따스한 감성도 흐르고 있다. 특히 조폭의 하수인이자 깡패에 불과한 테리(말론 브랜도

테리와 에디

분)가 에디(에바 마리 세인트 분)에 의해 도덕적으로 깨어나는 모습이 인상적이다. 등장 배우들의 연기도 하나같이 탁월했다. 주인공 말론 브랜도를 비롯해서 리 J. 콥, 칼 말덴, 로드 스타이거, 에바 마리 세인트 등 명배우들의 연기 앙상블은 일품이었다.

이 영화의 음악은 뉴욕 필하모닉의 상임 지휘자이자 작곡가인 유명한 레너드 번스타인이 담당했다. 을씨년스러운 겨울 항구를 배경으로 계속되는 테러, 자니 일당에 쫓기는 테리와 에디, 테리와 깡패 두목 자니(리 J. 콥 분)와의 피 터지는 주먹싸움 등 여러 장면에 흐르는 중후하고도 긴박감을 고조시키는 음악은 관객들로 하여금 더욱 영화에 대한 몰입감을 높이고 있다.

⁝ 간략한 줄거리

뉴욕의 부두에서 일하는 테리는 형 찰리(로드 스타이거 분) 덕분에 부두의 깡패 두목인 자니의 똘마니가 된다. 어느 날 부두 조합의 비리를 폭로하려는 조디가 살해된다. 테리는 오빠 조디의 죽음 때문에 집으로 온 여동생 에디와 가까워진다. 깡패 테리는 에디와의 사랑을 통해 점차 양심과 자존을 되찾아간다. 동네의 베리 신부(칼 말덴 분)는 노조의 부정을 막아야 한다며 나서지만 그와 뜻을 같이하던 듀간이 살해당하면서 노동자들은 기가 팍 죽는다.

자니의 만행이 점차 악랄해지고 그들에게 맞서는 신부와 다른 노동자들이 계속 자니 일당에게 당하게 되자 테리는 자니 일당의 범죄 사실을 법정에서 낱낱이 까발린다. 테리는 일자리를 빼앗기고 부두 노동자들 사이에서조차 밀고자란 이유로 따돌림을 받는다. 하지만 테리는 끝까지 자니에 맞서 저항한다. 테리의 진심을 알게 된 노동자들은 테리를 지지하여 부두의 노동조합 운영권을 빼앗는다.

II. 할리우드의 원조 반항아, 말론 브랜도

말론 브랜도는 많은 영화인들이나 평론가들 사이에서 '20세기 최고 배우' 중의 한 사람으로 흔히 손꼽히는 인물이다. 평생 동안 수많은 명품 연기를 쏟아내며 영화 연기론의 정전(正典)을 다시 쓰게 하고도 남을 대배우였다. 그런 만큼 그가 영화사에 남긴 배우로서의 족적은 뛰어난 것이었다.

브랜도는 1924년 미국 네브라스카 주 오마하에서 출생했다 그의 가정은 그리 단란치 못했다. 바람기 많은 사업가인 아버지와 여배우이자 극장 관리자인 어머니는 주벽이 심했다. 서로가 원만하지 못했던 부모와 특히 아버지에 대한 원망으로 가득 차서 보낸 어린 시절이 후일 기성 체제에 반항적이 되어 버린 그의 성격 형성에 영향을 끼쳤을 것이다. 고등학교 진학할 때가 되자 이전에 아버지가 다녔던 미네소타에 있는 섀턱 사관학교로 보내졌다. 그곳에서 그는 연극에 뛰어난 소질을 보였지만 상관에게 불복종했다는 이유로 퇴학을 당했다.

이후 집에서 빈둥거리는 그를 보고 아버지가 좀 더 가치 있는 일을 해 보라는 충고를 하게 된다. 이것이 브랜도가 연기에 입문하게 된 동기였다고 한다. 당시 뉴욕에서 그의 누이 둘이 연극과 예술을 공부하고 있었다. 그곳에서 그는 배우 양성가로 유명한 스텔라 애들러의 지도를 받게 된다. 처음부터 브랜

말론 브랜도

도의 재능을 간파한 스텔라는 "브랜도는 따로 뭘 배울 필요도 없는 천부적인 배우"라며 "그가 연기하지 못할 인물은 없다."고 극찬했다는 얘기가 전해진다.

1946년 비평가들도 "앞으로 이 젊은이 브랜도를 주목하라."라고 이구동성으로 얘기를 했다. 그동안 조용히 브랜도를 지켜본 극작가 테네시 윌리엄스는 엘리아 카잔 감독에게 브랜도를 추천했다. 이를 계기로 브랜도는 1947년 연극 〈욕망이라는 이름의 전차〉에 출연하면서 대단한 호평을 받았다. 이때 자신의 대타 배우였던 잭 팰런스와 복싱을 하다가 코가 부러지는 바람에 그의 트레이드마크인 매부리코가 되는 사고를 당했다. 연기력이 소문난 그를 할리우드가 가만히 놔둘 리 없

었다. 그가 주역을 맡고 있던 연극 〈욕망이라는 이름의 전차〉는 안소니 퀸이 브랜도 대신 그의 역을 맡았다.

할리우드에 진출한 그는 50년대에 들어오면서 영화 〈욕망이라는 이름의 전차〉, 〈혁명아 자파타〉, 〈줄리어스 시저〉, 〈위험한 질주〉 등에 출연하면서 그의 진가를 알리기 시작했다. 엘리아 카잔의 52년 작인 멕시코 혁명을 다룬 〈혁명가 자파타〉를 통해 칸 영화제 남우주연상을 수상했고 54년에는 〈워터 프론트〉에서 주인공 테리 역으로 아카데미 남우주연상을 수상하게 된다. 특히 이 영화는 흔히 브랜도의 메소드 연기*의 서막을 알린 작품으로 평가받고 있다. 이후 〈아가씨와 건달들〉, 〈젊은 사자들〉, 〈애꾸눈 잭〉, 〈바운티호의 반란〉 등에 출연했다.

이후 브랜도는 세월이 흘러 70년대에 들어와 활동이 잠시 소강상태를 보였다. 그의 중년 시절은 은둔으로 일관했다. 연기 스타일도 많이 달라졌다. 젊은 시절 넘치는 에너지를 오토바이·술·여자로 해소하던 모습과는 달리 조용하면서도 카리스마 넘치는 연기를 보이기 시작했다. 젊은 시절과 닮은 점이라면 여전히 남의 간섭을 싫어하는 독불장군 같은 모습이었다.

드디어 1972년에 영화사에 길이 남을 브랜도 최고의 작품 〈대부〉가 탄생했다. 프란시스 포드 코폴라 감독의 걸작 〈대부〉에서 대부 콜리오네를 연기한 브랜도의 연기는 영화 백년사를 통틀어 최고였다는

---

* 그 배역에 완전히 몰입하는 극사실주의의 연기 방법을 말한다. 예를 들어 배역이 간호사라고 한다면 실제로 간호사의 발걸음부터 말투 억양까지 최대한 모방, 거의 간호사와 다름없을 정도로 사실적으로 연기하는 것을 말한다.

평가를 받는다. 그런데 당시 영화를 제작한 파라마운트 제작자 로버트 에반스는 브랜도를 캐스팅할 경우 코폴라 감독까지도 해고할 것이라며 강경하게 그의 캐스팅을 반대했다. 할리우드의 반항아로 이름난 말썽쟁이 브랜도를 머리에 떠올리기도 싫었던 것이다.

영화 <대부>에서 브랜도

그러자 코폴라 감독은 브랜도의 머리에 구두약을 칠하고 휴지를 말아서 브랜도의 양쪽 볼에 넣어 볼록하게 만든 후 테스트 촬영을 했다. 누구인지도 모르고 테스트 필름을 본 에반스는 "이 사람이 바로 주인공이야."를 외쳤다. 그제서야 코폴라는 그 배우가 바로 브랜도였다고 실토했다. 결국 브랜도는 돈 콜리오네 역으로 영화에 출연할 수 있었다. 하지만 다소 우물거리며 어눌한 말투로 연기를 해야 했던 그는 촬영 내내 마우스피스를 끼고 있어야 했다.

〈대부〉로 아카데미 남우주연상이 확정되자 그는 미국인들의 인디언에 대한 차별을 이유로, 대신 인디언 출신 여배우 새친 리틀페더를 보내 인디언 권익에 대한 연설을 하게 해 수상식장을 들썩거리게 만들었다. 꾸준히 미국 내에서 차별받는 아메리칸 인디언을 지원해 온 그가 할리우드 영화계에 보내는 반항의 메시지이기도 했다. 역시 브랜도다운 돌출 행동이었다고 수군거렸다.

그 해에 이탈리아의 거장 베르나르도 베르톨루치 감독의 〈파리에서의 마지막 탱고〉에 마리아 슈나이더와 노골적인 정사 신을 연기하면서 또 한 번 화제를 불러왔다. 이후 죽을 때까지 〈슈퍼맨〉, 〈지옥의 묵시록〉, 〈포뮬러〉 등 약간은 이상한 영화들에 출연했지만 광기에 휩쓸린 군인 등 배역들의 캐릭터는 상당히 독특하고 다채로웠다.

브랜도의 여성 편력은 다양하기로 소문났었다. 세 번 결혼한 브랜도의 상대는 영화 〈산〉에 출연한 바 있는 인도계 부인 앤나 캐쉬피가 첫 번째였고, 두 번째는 〈애꾸눈 잭〉에서 공연했던 멕시코 출신 모비타 카스테나다, 세 번째로는 영화 〈바운티호의 반란〉에서 상대역으로 나온 타히티 원주민 출신 타리타 테리피아였다. 살아생전 "백인, 혼혈인, 태평양의 폴리네시아인 등 여러 인종의 여성을 두루 경험했다."고 거들먹거리기도 했다.

첫 부인인 앤나 캐쉬피와의 사이에서 태어난 아들 크리스천은 1990년 배다른 여동생 치옌의 남자 친구를 권총으로 쏘아 죽인 혐의로 징역 10년을 선고받았고 이에 충격을 받은 치옌은 1995년 25살의 나이로 자살하는 등 브랜도 말년의 가족사는 불행으로 점철되었다. 비록 운둔자의 모습을 지속했지만 변함없는 악명, 순탄치 않은 가정사, 비만해진 모습 등 그의 말년은 여전히 세인의 관심을 끌었다. 그는 2004년에 80세의 나이로 세상을 떠났다.

브랜도는 할리우드 영화의 남자 주인공 이미지를 바꾼 인물이다. 매부리코를 한 그는 권투 선수 같은 인상에다가 매섭게 쏘아 보는 눈빛은 한마디로 제2차 세계대전 직후 세계를 제패한 미국을 상징하는 아메리칸 마초를 상징했다. 브랜도가 연기한 것은 바로 미국의 얼굴이었다. 어느 평론가는 이렇게 말했다. "인간 브랜도, 거칠고 섹시한 반항아, 무뚝뚝하고 한없이 건방진 그의 태도는 60년대를 풍미했던 위대한 예술 형식인 로큰롤을 상징했다."

III. 영욕이 교차했던 명감독 엘리아 카잔

엘리아 카잔 감독은 할리우드 50년대를 대표하는 명감독이자 메소드 연기를 도입한 선구자로 꼽힌다. 1909년 9월 카잔은 오스만 제국의 수도인 이스탄불에서 부유한 그리스인 집안에서 태어났다. 그의 가족은 제1차 세계대전 직전인 1913년 미국으로 이민을 갔다. 카잔의 아버지는 아들이 가문의 양탄자 사업을 잇기를 바랐는데, 카잔은 이를 싫어해서 일부러 예일 대학 연기

엘리아 카잔

학으로 전공을 택했다. 대학을 졸업한 뒤 브로드웨이로 진출했다. 이후 명연출자로 활동하면서 〈욕망이라는 이름의 전차〉, 〈뜨거운 양철지붕 위의 고양이〉, 〈모두가 나의 아들들〉 등의 명품 연극을 연출했다. 1947

년에는 여러 동료들과 액터스 스튜디오*를 설립, 많은 명연기자들을 배출했다.

1950년대까지 데릴 자눅이 사장으로 있던 20세기 폭스사에서 활동하면서 〈혁명아 자바타〉, 〈욕망이라는 이름의 전차〉, 〈신사협정〉, 〈에덴의 동쪽〉, 〈초원의 빛〉 등의 주옥같은 명작을 내놓기 시작했다. 한편 1950년대의 미국은 빨갱이 소탕 운동으로 불리는 매카시즘 광풍이 거세게 불어 닥치는 중이었고, 할리우드 또한 예외가 아니었다. 그런 와중에 카잔은 1952년 미국 의회 반미조사위원회에 출두해 자신이 과거 공산당원이었음을 고백하면서 옛 동료였던 8명의 공산당 활동을 밀고했다. 이 명단에는 영화배우 숀 펜의 아버지인 배우 겸 영화감독 리오 펜도 있었고, 액터스 스튜디오를 맡길 정도로 친했던 친구인 리 스트라스버그까지 포함되어 있었다. 하루아침에 밀고자로 전락한 카잔은 평생 배신의 아이콘이라는 주홍 글씨를 달고 살게 된다.

매카시 광풍은 혹독했다. 카잔과 달리 찰리 채플린, 존 휴스턴, 줄스 다신 등 재능 있는 감독들이 타국으로 떠나거나 영화계를 떠났고, 극작가 아서 밀러, 음악가 레너드 번스타인 등 부지기수의 예술가들이 고통을 겪었다. 이때 입은 인적 손실로 1950년대의 할리우드 영화계가 휘청거리기도 했다. 아무튼 매카시즘 열풍이 끝난 뒤 숨통이 트인 할리우드는 여전히 카잔의 과거 행적에 손가락질을 하는 이들이 많았다.

---

* 뉴욕의 이 스튜디오에서는 러시아의 배우이자 감독이었던 타니슬라프스키가 개발한 메소드라는 극사실주의 연기 스타일을 도입해서 연기자들을 가르쳤다. 이곳에서 말론 브랜도·로드 스타이거·제임스 딘·몽고메리 클리프트·폴 뉴먼 등의 명연기자들이 배출되었고 이들로 인해 1950년대 할리우드 영화계는 풍성한 시절을 구가했다.

불멸의 명작 영화 50선

동료들을 밀고하면서 살아남은 카잔은 1954년 그의 대표작인 〈워터프론트〉를 만들어 아카데미 8개 부문을 석권하는 쾌거를 이루었다. 영화에서 브랜도가 부두 노조의 깡패 집단을 정부에 고발하는 장면에서 "나는 내가 한 일을 후회하지 않는다."라고 외칠 때 카잔은 자신도 뜨거운 느낌이 치미는 것을 느꼈다고 말했다. 아마 동료이기도 한 깡패 노조를 밀고하는 브랜도를 자신의 입장과 동일하다고 말하고 싶었을 것이다. 그러나 이는 카잔의 자기변명에 불과하다는 시각으로 보는 이가 많았다.

오랜 세월이 흘러 1999년, 아카데미가 화해의 제스처로 그를 평생 공로상 수상자로 선정했을 때 아카데미는 시끌시끌했다. 시상식 때 으레 쳐 주는 기립 박수를 치는 사람은 절반도 안 되었다. 에드 해리스, 닉 놀테 등의 배우들은 팔짱을 낀 채 멀거니 쳐다보기만 했다. 스티븐 스필버그, 배우 짐 캐리 등은 마지못해 건성으로 박수를 쳐 주었을 뿐이었다. 시상자·수상자·객석 모두 어색함으로 가득했고 시상식장 분위기는 썰렁했다. 이로부터 5년이 지난 2004년, 많은 배우들을 발굴해서 키웠고 여러 걸작들을 남긴 명감독 카잔은 죽을 때까지 동료들을 고자질했다는 오명이 따라다니면서 영욕이 교차했던 한 많은 일생을 마쳤다.

15장

자이언트

에이즈로 숨진 미남 배우, 록 허드슨

I. 자이언트(1957년), Giant

그리스 신화에 나오는 거인 '기간테스Gigantes'에서 유래된 〈자이언트〉라는 이 영화 제목의 의미는 광활한 텍사스의 거대한 대지를 상징한다. 영화 속의 인물로 보면 거대한 대목장을 소유하고 있는 베네딕트(록 허드슨 분)와 석유 채굴을 통하여 어마어마한 부를 거머쥔 제트(제임스 딘 분)를 의미하기도 한다. 영화는 퓰리처상을 수상한 바 있는 여류 소설가 에드나 헤르버가 1952년에 쓴 동명의 책을 원작으로 하고 있다. 그녀는 텍사스의 전설적인 인물인 글렌 매카시의 일생을 소설화했다. 매카시는 유전 개발을 통해 엄청난 부를 쌓으면서 1949년 휴스턴의 샘록 호텔과 공항을 오픈할 때《타임》

지의 표지 인물에도 등장한 바 있었다.

소설이 출간된 직후부터 영화화를 준비해 온 워너 브라더스 사장 잭 워너와 조지 스티븐스 감독은 4년 동안의 작업이 끝난 1956년도에 만인의 기대 속에 이 대작을 개봉했다. 영화는 찬사를 불러일으켰다. 이 영화에서는 실제 인물인 글렌 매카시가 제2의 주인공 제트 링크(제임스 딘 분)로 나온다. 제1 주인공은 대목장주 빅 베네딕트(록 허드슨 분)이다.

감독, 시나리오 작가, 그리고 제작자로도 활동을 하던 스티븐스 감독은 이 영화를 만들면서 이전에 만들었던 〈젊은이의 양지〉, 〈셰인〉과 더불어 미국인의 꿈을 담았다는 3부작을 완성했다. 그는 4년간의 심혈을 기울인 끝에 생애 최고의 명작을 탄생시켰다는 호평을 받았다. 당시로써는 드물게 인종 및 계층 차별의 문제를 흥미롭게 다루었으며 텍사스의 광활한 풍광을 제대로 담아냈다는 얘기도 잇따랐다.

애초 이 영화를 제작한다는 소식에 주인공 베네딕트 역을 맡고자 존 웨인, 제임스 스튜어트, 헨리 폰다 등 할리우드에서 내로라하는 배

왼쪽부터 레슬리, 빅, 제트

우들이 앞 다투어 자원했지만 모두 나이가 많다는 이유로 거부되었다. 대신에 약관 록 허드슨이 캐스팅되었다. 스티븐스는 록 허드슨에게 상

대역으로 엘리자베스 테일러와 그레이스 켈리 둘 중에 누구를 택할 것이냐고 묻자 허드슨은 테일러를 택했다. 막대한 예산이 소요되는 이 영화에 주요 배역으로 20대의 젊은 세 명의 신인급 배우들(23세의 엘리자베스 테일러, 24세의 제임스 딘, 29세의 록 허드슨)을 캐스팅을 했다는 것은 대단한 모험이 아닐 수 없었다.

그러나 스티븐스의 면밀한 지도하에 이들은 20대부터 50대까지 노역을 맡으면서 뛰어난 연기를 펼쳤다. 결국 영화는 명작으로 태어났고 스티븐스의 도박은 큰 성공을 거두었다. 당초에 두 시간짜리로 하자는 잭 워너의 주장에도 불구하고 스티븐스는 끝내 3시간이 넘는 대작으로 고집하면서 1939년도의 〈바람과 함께 사라지다〉 이후 최고의 대하 서사시 영화라는 찬사와 함께 1957년도 제29회 아카데미에서 감독상을 수상했다.

당시 B급 배우였던 록 허드슨은 이 작품을 통해 미국 남성상을 대표하는 아이콘으로 떠오르면서 쟁쟁한 스타로 이름을 날리기 시작한다. 23세의 어린 나이에 벌써 두 번째로 애를 낳고 3개월도 채 되지 않아서 촬영에 임한 엘리자베스도 열연을 펼쳤다. 베네딕트의 아내인 레슬리 역을 맡은 그녀는 보수적이기로 정평이 나 있는 50년대의 텍사스주에서 억세고 당찬 여주인공 역을 훌륭히 소화해 내면서 최고의 여배우로 자리를 잡았다.

그러나 무엇보다도 맡은 역의 대부분의 촬영을 끝내고 촬영 마감 2주 전인 1955년 9월 30일, 교통사고로 목숨을 거둔 제트 역의 제임스 딘의 사망 소식은 이 영화 개봉 직전에 최고의 화제로 떠올랐다. 이 사건은 공교롭게도 촬영도 끝내기 전부터 영화를 홍보해 주는 부수적인 효과를 낳았다. 스티븐스 감독은 무슨 예감이 들었는지 포르세 승용차를 사 가지고 툭하면 과속으로 운전하는 딘을 불러다가 촬영 기간 중에는 절대로 그 차를 몰지 않겠다는 다짐을 받아 놓은 터였다.

그런데 노역(老役) 신 한 장면 촬영만을 남겨 놓고 잠깐 한눈을 판 사이에 자식과도 같은 딘이 죽은 것이었다. 스티븐스는 한동안 무척이나 슬퍼했고 끝까지 챙기지 못한 자책감에 시달렸다고 한다. 할 수 없이 베네딕트와 레슬리, 그리고 제트가 함께 노역(老役)으로 대미를 장식하는 마지막 장면에서는 제트가 나오질 않는 것으로 일부 개작을 했다. 또한 마지막 부분에 제트가 술에 만취가 되어 호텔 볼룸에서 쓰러지기 직전에 뇌까리는 대사들도 모두 대역으로 처리가 되었다.

텍사스의 광활한 풍광이 펼쳐지는 베네딕트의 거대한 목장의 있던 촬영지는 마르파라는 마을이다. 지금도 이 마을에 가면 먼지만 풀풀 나는 황량한 벌판에 고딕 양식의 베네딕트의 대저택 세트의 빛바랜 기둥들이 보전되어 있다. 이 영화의 엑스트라로 나왔던 마을 주민들은 영화에 잠깐이나마 출연하였던 것을 가문의 영광으로 생각하고 있다고 한다.

이 영화 제작 당시 23세의 나이로 아버지(조지 스티븐스 감독)와 함께 공동 참여를 한 아들 조지 스티븐스 주니어는 아버지가 제시하려는 이 영화의 주제(主題)는 대조Contrast에 있었다고 회고한다. 그에 의하면 이 영화는 3대에 걸쳐 30여 년간의 시대적 변천을 통해 빅과 제트, 빅과 레슬리, 동부와 시부, 그리고 백인과 유색 인종 간의 대조를 조명하고 있다는 것이다.

이 영화에서 제트의 실제 인물인 글렌 매카시는 미성년자 때부터 유전 노동자로 일하다가 운 좋게 텍사스 석유 부호의 딸과 결혼했다. 이후 26살 때 다들 가망 없다고 내버려 두었던 땅에서 석유가 쏟아지면서 백만장자가 됐다. 한때 그는 텍사스는 물론 외국에까지 수많은 유정과 가스정·천연가스 회사·화학 공장·제강 공장·지역 신문사·광대한 텍사스 농장을 소유했다. 그의 지인들은 영화에서 제임스 딘이 역을 맡은 제트가 실제 매카시의 씩씩한 모습을 전혀 반영하지 못했고 너무 계집애처럼 나왔다며 구시렁거리기도 했다. 매카시는 말년에 재산을 많이 말아먹었다.

ː 간략한 줄거리

방대한 텍사스 목장을 소유하고 있는 빅 베네딕트는 종마를 구입하기 위해 버지니아 주에 있는 린튼 가를 찾아온다. 그는 이곳에서 린튼의 딸인 레슬리를 만난다. 첫 만남에서부터 서로 호감을 느낀 이들은 결혼을 하고 레슬리는 빅을 따라 텍사스 목장으로 간다. 빅은 자동차로 며칠을 돌아야 할 정도로 넓은 목장을 갖고 있었다. 목장 생활을 익히려는 레슬리에게 목장의 하인인 제트가 친절하게 목장을 안내한다. 레슬리가 들어와 차츰 자신의 권위가 흔들리던 것에 마음이 불편했던 빅의 누이가 낙마하면서 숨지는 사고가 발생한다. 누이는 평소 살갑게 대해 주던 제트에게 얼마간의 땅을 남겨 준 적이 있다. 제트는 불모의 땅 대신 현금을 주겠다는 빅의 제의를 거절한다. 그 뒤 제트의 땅에서 석유가 펑펑 쏟아져 나오면서 그는 어마어마한 석유 부호가 된다.

II. 에이즈로 숨진 미남 배우, 록 허드슨

록 허드슨은 1925년 일리노이 주 위네트카에서 출생하였고 본명은 로이 해롤드 쉐러 주니어였다. 아버지는 자동차 기능공, 어머니는 전화 교환수였다. 1930년 대공황이 극성을 떨기 시작할 때 아버지가 가족을 버리고 떠났다. 그가 4살 때였다. 어머니는 일 년 뒤 재혼했으나 양아버지는 가족들에게 폭행을 일삼는 불한당이었다.

고등학교 졸업 후 우체국에서 일을 하다가 2차 대전이 발발하자 필리핀에서 항공기 기술병으로 근무했다. 전쟁이 끝난 후 이삿짐 센터 직원, 트럭 운전수 등으로 일했다. 한편으로는 잘생긴 용모에 자신감을 가지고 있었던 그는 언제나 배우가 되겠다는 꿈을 버리지 않고 있었다. 이때 허드슨의 외모와 매력을 눈여겨본 헨리 윌슨이라는 에이전트에 의해 발굴된다. 그는 윌슨으로부터 연기의 기초부터 차근차근 배우기 시작했다. 윌슨은 그에게 이름을 짧게 바꾸라면서 그는 'Rock of Gibraltar(지브롤터 암벽)'의 'Rock'와 'Hudson River'(허드슨강)'의 'Hudson'을 합쳐 록 허드슨이라는 이름을 지어 주었다.

록 허드슨

1948년 〈전투 비행대〉로 데뷔한 이후 여러 단역을 맡았지만 그냥 잘생긴 삼류 배우였을 뿐이었다. 그러다가 1954년 더글라스 서크 감독의 〈거대한 강박관념〉에서 당시 잘나가는 여배우 제인 와이먼을 상대로 매력적인 모습을 선보인 그는 서크 감독의 대표적인 작품인 〈바람에 쓴 편지〉에 출연하면서 할리우드에서 차츰 지명도를 높이기 시작했다.

1956년 조지 스티븐스 감독의 거작 〈자이언트〉에 출연해서 엘리자베스 테일러, 제임스 딘 등 당대의 청춘스타들과 매력 대결을 벌였다. 이 영화에서 아카데미 남우주연상 후보에 오르기도 했다. 〈자이언트〉 이후 허드슨은 인기 가도를 질주하기 시작하면서 1959년부터 1961년까지 골든 글로브 시상식에서 3년 연속 최고 인기상을 받기도 했다. 존 프랑켄하이머 감독의 SF 영화인 〈세컨드〉 같은 영화에 출연하는 등 나름대로 연기의 폭을 넓혀 갔다. 이후 〈무기여 잘 있거라〉, 〈토부룩 전선〉, 한국 전쟁을 배경으로 한 〈전송가〉, 〈9월이 오면〉 등에 출연하면서 주로 남성적이면서도 로맨틱한 역을 맡았다.

장신에다가 깊은 울림의 감미로운 목소리, 검은 눈빛 등 그를 할리우드 최고의 미남으로 치는 데 이견이 없었다. 그는 심한 근시였으나 영화 속에선 안경을 쓰지 않았고 사생활에서도 안경을 쓴 채로는 절대로 사진을 찍지 않았다고 한다. 1971년에는 텔레비전 시리즈 〈맥밀런과 부인〉에 출연하면서 허드슨은 주로 브라운관을 통해 팬들과 만났다. 이 시리즈의 인기는 1976년에 속편 격인 〈맥밀런〉으로 다시 부활했고, 죽기 전 〈다이너스티〉 시리즈에 출연하는 등 그는 항상 텔레비전 곁을 떠나지 않았다.

그가 동성애자라는 소문이 나돈 건 이미 1950년대부터였다. 그냥 단역 배우였을 때는 별문제가 없었지만, 스타로 떠오르던 50년대 말이 되자 상황이 달라졌다. 이를 감추고자 영화사에서는 고의적으로 여성들과의 염문설을 뿌렸다. 급기야 허드슨의 매니저는 소문을 잠재우기 위해 자신의 비서인 필리스 게이츠와 허드슨을 결혼시켰다. 하지만 애정 없는 결혼 생활이 오래갈 리가 없었고 결국 3년 만에 필리스에게 거액의 위자료를 준 다음에 이혼한다.

그가 죽을 때까지 게이임을 감출 수 있었던 것은, 소문을 단지 소문으로만 축소시켰던 영화사의 온갖 노력 덕분이었다. 또한 누구에게나 늘 밝고 친절하고 서글서글한 허드슨의 붙임성 있는 성격이 그의 친구들로 하여금 사실을 발설하지 않게 하기도 했을 것이다. 하여튼 그는 공개적으로는 완벽한 이성애자로 살아갔다. 하지만 1985년 6월, 그는 파리의 한 호텔에서 쓰러졌고, 처음에는 간암으로 발표되었지만 한 달 후 그의 매니저는 허드슨이 단지 심각한 병에만 걸렸다고 알렸는데 그 병은 바로 에이즈였다. 끔찍한 두 달여를 보낸 후 그는 1985년 10월 2일 할리우드의 베벌리힐스 자택에서 눈을 감았다.

화장된 유해는 태평양 바다 위에 뿌려졌고, 그의 유산은 '에이즈 연구 재단'의 설립 기금으로 사용되었다. 하지만 사망 후 그의 동성 연인이었던 마크 크리스천이 재산권 소송을 제기하자 평생 동안 감추어졌던 그의 동성애 성향이 구체적으로 드러나면서 팬들을 경악시켰다. 우여곡절 끝에 마크 크리스천은 록 허드슨의 재산을 상속받게 된다. 그는 에이즈로 숨을 거둔 최초의 유명 스타였으며, 아이러니하게도 그의 비극적 죽음은 에이즈에 대한 경각심을 울리는 경종이 되어 에이즈 퇴치 운동에 긍정적인 역할을 했다. 빼어나게 잘생긴 얼굴과 2미터에 가까운 큰 키, 수줍은 듯 슬그머니 내보이는 그의 매력적인 미소는 언제나 팬들의 가슴속에 남아 있을 것이다.

에덴의 동쪽

청춘의 우상, 제임스 딘

I. 에덴의 동쪽(1957년), East of Eden

영화 〈에덴의 동쪽〉은 존 스타인벡의 동명 소설 중 마지막 4부 내용만을 뚝 잘라서 영화화한 작품이다. 스타인벡은 성경의 창세기전에 나오는 카인과 아벨의 이야기를 모티브로 써서 아버지 아담 트래스크(레이먼드 매시 분)와 그의 두 아들 아론(리차드 타바로스 분)과 칼(제임스 딘 분)의 관계를 그렸다. 둘째 아들 칼과 아버지와의 긴장된 관계를 그린 이 작품의 주제는 결국 사랑받고 싶어 하는 인간의 영원한 욕망이라고 할 수 있다.

스타인벡의 고향이자 원작의 배경이 되는 캘리포니아 주의 살리나스 계곡의 아름다운 농지와 당시 시대상을 충실히 묘사했다는 비평가들의 찬사를 받았다. 특히 고뇌에 찬 둘째 아들 칼 역의 제임스 딘의 연기는 아직까지도 팬들의 입에 오르내릴 정도로 깊은 인상을 남겼다. 1955년 칸 영화제에서 최우수영화상을 수상했고 1956년 제28회 아카데미 시상식에서 줄리 해리스가 여우조연상을 받았다.

엘리아 카잔 감독은 원래 말론 브랜도를 칼로, 몽고메리 클리프트를 아론으로 점찍었으나 둘은 이미 30대를 넘어가 있어 생각을 접었다. 그다음에 물망에 오른 배우가 폴 뉴먼과 제임스 딘이었다. 카잔은 뉴먼보다는 딘에게서 그가 찾고 있던 그 무엇인가를 표현할 수 있을 것으로 생각하면서 발탁했다고 나중에 말했다. 애초에 카잔은 예민하고 버릇없는 딘을 썩 마음에 들어 하지 않았으나 그에게서 칼이 가지고 있는 반항기와 우울함, 어두운 내면을 읽어 낸 것이다.

딘이 칼을 통해 보여 준 섬세하고 뒤틀린 반항기는 그때까지 여러 영화에서 볼 수 없는 새로운 청년상이었다. 이전의 클라크 게이블이나 에롤 플린 같은 남성상들과는 달리 훨씬 민감하고 고뇌에 찬 스타일을 보여 준 것이다. 카잔은 딘이 자랄 때 불우했던 가정환경도 고려했다고 한다. 이 영화로 딘은 몽고메리 클리프트, 말론 브랜도, 폴 뉴

왼쪽부터 형 아론, 에이브라, 칼

먼과 비슷한 계보로 분류되면서 1950년대 영화계의 핵심적 아이콘으

로 떠올랐다.

딘은 교통사고로 일찍 죽는 바람에 할리우드 활동 기간은 고작 16개월이었다. 그동안 겨우 세 편의 영화(《에덴의 동쪽》, 〈이유 없는 반항〉, 〈자이언트〉)에서 주연을 맡았던 그가 살아서 유일하게 개봉을 지켜본 작품이 바로 〈에덴의 동쪽〉이었다. 〈이유 없는 반항〉과 〈자이언트〉는 그의 사후에 개봉된 영화들이다. 딘은 청소년기를 대부분 시골에서 보냈기 때문에 그가 주연한 세 편의 영화 중 〈에덴의 동쪽〉은 실제 제임스 딘의 모습이 가장 많이 투영된 작품이라고들 한다.

이 영화는 카잔 감독의 첫 번째 시네마스코프 작품으로 영화의 배경인 살리나스 골짜기의 수려한 풍광을 넓은 화면에 꽉 차게 담아냈다. 또한 레오나드 로젠만이 작곡한 현악기와 목관 악기의 달콤하고 부드러운 음색이 앙상블을 이루어 낸 메인 주제곡은 영화 음악의 고전의 반열에 들어갈 정도로 뛰어나다.

원작자 스타인벡, 영화를 감독한 엘리아 카잔, 그리고 주역인 칼 역을 맡은 딘 이 세 사람은 영화에서 칼이 처한 상황처럼 실제로도 아버지와의 관계가 소원했다. 스타인벡은 실제 아버지와의 갈등 관계를 원작에서 농밀하게 그려 냈고, 같은 경험을 가진 카잔과 딘은 원작에서 묘사된 부자 사이의 불화에 쉽게 동화될 수 있었다. 칼 역은 아버지와의 불화와 어둡고 우울한 청소년기를 보냈던 스타인벡의 경험이 그대로 반영된 것이다.

1952년에 출간된 이 원작은 미국 문단의 거장인 스타인벡의 작품이라는 화제성 때문에 나오자마자 즉시 베스트셀러에 올랐다. 할리우드 영화 관계자들은 너도나도 이 작품의 영화화에 욕심을 내기 시작했다. 그러나 평소 절친 사이였던 스타인벡과 카잔의 관계로 이 작품의 영화 판권 문제는 전혀 문제가 안 되었다. 카잔은 1952년 출간된 원작을 읽고 바로 영화화에 들어가 1954년 봄부터 여름까지 촬영을 했으니 출간과 동시에 영화화가 진행됐던 셈이다. 실제로 딘이 사망하고 난 뒤에는 영화가 소설보다 더 유명해졌다.

ː 간략한 줄거리

캘리포니아 살리나스의 농장주인 아담의 둘째 아들 칼은 아버지가 형 아론에게만 애정을 쏟고 있는 것을 몹시 힘들어한다. 한편 형의 약혼자 에이브라(줄리 해리스 분)와 친밀해진다. 아버지에게 잘 보이기 위해서 위기에 빠진 농장을 건져 본답시고 변통해 온 5천 달러 때문에 오히려 아버지로부터 꾸지람만 잔뜩 듣는다. 화가 난 칼은 형 아론에게 달려가 거리 유곽의 한 업소의 여주인이 자기들의 생모임을 폭로한다. 충격을 받은 아론은 술을 마시고 군대에 입대해 버린다. 이 소동으로 충격을 받은 아버지는 졸도하여 반신불수의 몸이 되지만 결국 칼의 심정을 이해하게 된다.

II. 청춘의 우상, 제임스 딘

청춘의 우상이라고 회자되는 제임스 딘은 교통사고로 24살의 나이로 요절하는 바람에 고작 〈에덴의 동쪽〉, 〈이유 없는 반항〉, 〈자이언트〉 등 세 편의 영화에만 출연했다. 특히 뒤의 두 편은 그의 죽음 이후에 개봉되는 바람에 정작 본인은 보지도 못했다는 영화사에 독특한 이력을 남겼다. 수려한 얼굴에 반항기가 가득 차 있으면서 우수에 젖은 딘의 모습은 당시 수많은 청춘들을 열광케 했다. 특히 젊은 여성들을 자지러지게 했다. 그는 살아 있을 때뿐만이 아니라 사후에도 수많은 팬들의 관심을 불러 모았다. 1956년 〈에덴의 동쪽〉으로 영화사 최초로 사후에 아카데미상 연기 부문 후보에 올랐고, 1957년 〈자이언트〉로 다시 한 번 후보에 올랐다. 아카데미상 남우주연상에 죽은 뒤에도 두 번이나 후보로 오른 사람은 지금까지도 딘이 유일하다.

딘은 1931년 인디애나 주 매리언에서 태어났다. 아홉 살 때 어머니를 여읜 딘은 늘 모성에 대한 갈망을 안고 살아가게 된다. 자라면서 아버지를 따라 잠깐 캘리포니아의 산타모니카에서 살았지만 그의 아버지는 딘의 양육을 책임질 생각이 없었고, 딘을 고향으로 돌려보냈다. 딘은 이후

제임스 딘

농장을 운영하는 퀘이커 교도인 고모네 집에서 자랐다.

캘리포니아 주립대학 법과에 입학했으나 흥미를 느끼지 못하고 다른 사람의 삶을 살아 볼 수 있다는 연극에 매력을 느껴 연극반에서 활동했다. 당시 청춘의 심볼로 떠오르던 말론 브랜도와 몽고메리 클리프트를 동경하고 흠모했다. 그래서 그런지 나중에 그의 섬세한 연기는 클리프트를 닮았고, 거칠고 반항적인 매력은 브랜도를 닮았다는 평을 받았다.

대학을 중퇴하고 연극반에서 닦은 실력으로 할리우드로 갔지만 주

어지는 역은 허구한 날 엑스트라나 단역뿐이었다. 그러던 중 단막 연극에 출연했던 딘에게서 될성부른 나무의 떡잎을 발견한 엘리아 카잔이 그를 자신이 설립한 뉴욕의 배우 전문 양성소 '엑터스 스튜디오'에 보냈다. 이후 딘을 유심히 지켜보던 카잔은 자신이 감독한 〈에덴의 동쪽〉에 데뷔시켰다. 딘은 이 영화로 일약 세계 젊은이들의 우상이 된다.

딘은 1955년, 〈에덴의 동쪽〉 촬영 당시 배우 폴 뉴먼의 소개로 이탈리아계 출신의 배우 피어 안젤리를 처음 만나게 된다. 항상 죽은 어머니에 대한 애착을 가슴에 안고 살던 그에게 그녀의 모습은 죽은 어머니를 떠오르게 하면서 첫눈에 반해 버렸다. 말수가 적은 편인 그는 안젤리를 처음 만

피어 안젤리와 다정했던 한때

났을 때 마치 하얀 드레스를 입은 천사가 나타난 줄 알았다고 했다. 그녀는 그에게 특별한 존재로 부각되기 시작했다.

이후 두 사람은 열렬하게 사랑에 빠져들었지만 그녀의 어머니가 딘이 카톨릭이 아니라는 이유로 딘과의 교제를 극구 반대하면서 둘은 어쩔 수 없이 헤어지게 된다. 딘과 헤어진 안젤리에게 그녀의 어머니는 가수 빅 데이먼을 소개시켜 주었고, 그녀는 마지못해 빅 데이먼과 교제를 시작하게 된다. 딘은 생전 처음으로 안젤리를 마음을 다해 사랑했던 여인이었다. 딘은 그녀와 헤어진 후 울분과 낙심으로 마음의 갈피를 잡지 못한다.

그러던 어느 날, 그는 청천벽력 같은 그녀의 결혼 소식을 들었다. 딘은 망연자실한 채로 하루하루를 보냈고, 마음에 없는 결혼을 한 안젤리 역시 딘에 대한 사랑을 잊을 수가 없었다. 이를 눈치챈 빅 데이먼은 화를 주체하지 못하고 딘이 출연하고 있는 영화 〈자이언트〉의 촬영장을 찾아 단도직입적으로 딘에게 이렇게 말했다.

　　"안젤리는 내 아내이니 제발 그녀를 잊어 주시오. 그것만이 그녀를 위하는 최선의 길일 것이오!" 그 말을 들은 딘은 데이먼에게 안젤리를 행복하게 해 달라는 말을 남기며 그 길로 소유하고 있던 포르쉐를 몰고 질주하기 시작했다. 1955년 9월 30일, 딘은 정신없이 포르쉐를 몰고 가다가 맞은편에서 좌회전을 하려던 자동차와 정면충돌하면서 현장에서 즉사하였다. 제정신이 아닌 상태로 태양을 정면으로 바라보고 달리다가 일어난 사고였다. 불과 영화 촬영장에서 나온 지 20분 만에 벌어진 비극이었다.

　　다행히 촬영 중이던 영화 〈자이언트〉는 거의 끝나 가고 있었다. 아이러니한 사실은 그가 죽기 한 달 전 과속 경고 예방을 위한 공익 광고를 찍기도 했다는 것이다. 결국 안젤리는 자책과 죄책감에 시달리다 마약 중독자가 되다시피 했다. 결국 남편과는 4년 만에 이혼했다. 이후 작곡가 아르만도 트로바졸과 재혼했으나 항상 불안정한 심리 상태에서 벗어나고자 약물에 의존하며 살아갔다. 그녀는 결국 "내가 사랑한 사람은 제임스 딘밖에 없다."라는 말을 남기고 1971년 39세의 나이에 자살하고 말았다.

17장

12명의 성난 사람들

지성파 배우, 헨리 폰다 / 미국의 배심원 제도

I. 12명의 성난 사람들(1957년), 12 Angry Men

이 작품은 미국의 배심원 제도를 그린 영화다. 유죄가 확실해 보이는 살인 혐의의 소년을 두고, 12인의 배심원들이 격렬한 토론을 통해 만장일치라는 합의를 도출해 나가는 과정을 그리고 있다. 미국 영화 연구소에서 선정한 미국 영화 Top 100에 포함되었으며 IMDb(인터넷 영화 데이터베이스) Top 250에서 무려 5위에 오르는 등, 명품 법정 드라마로 평가를 받고 있는 작품이다.

드라마 연출가 출신인 시드니 루멧 특유의 연극식 연출이 돋보이며 초반에 배심원들의 최종 결정을 위한 회의가 시작하기 전까지 그들의 대화를 쏙 비춰 주는 롱테이크 장면이 일품이다. 유죄가 확실한 게 아니면 무죄로 해야 한다는 배심원 제도의 기본 원칙을 충실하게 그려 냈다는 호평이 잇따랐다. 보리스 카우프만이 촬영을 맡고 레지날도 로즈가 각본을 맡았다.

TV 드라마 연출가로 명성이 나 있는 시드니 루멧은 이 영화로 베를린 영화제 황금곰상을 수상하며 화려하게 영화계에 데뷔했다. 원래 이 시나리오는 TV용 드라마로 쓰였으며 실제 CBS 방송국에서 드라마로 방영되기도 했다. 이 드라마가 큰 인기를 끌자 헨리 폰다와 시나리오 작가 레지날도 로즈는 영화를 만들기로 의기투합하면서 이전부터 TV 드라마에 일가견이 있던 시드니 루멧을 감독으로 기용했다. 이 작품은 법정 영화의 대표적인 걸작이자 영화사에 길이 남을 수작으로 손꼽힌다. 대중성과 작품성 모두에서 성공했다. 개봉한 지 반세기가 훨씬 지난 오늘날에도 생명력을 유지하고 있는 작품이다. 그래서 고전 영화 입문작의 하나로 자주 거론되는 작품이기도 하다.

이 영화는 배심원들 간에 제기된 사건이 합의되어 가는 과정을 예리하게 그려 내고 있다. 또한 이 과정에서 배심원들 간의 갈등을 이겨 내고, 합의를 이끌어 내는 과정이 얼마나 힘들고 지난한 일인지를 여실히 보여 주고 있다. 영화에 등장하는 인물들을 자세히 살펴보면 배심원들 12명 모두가 우리 주위에서 벌어지는 논쟁 과정에서 흔

배심원들

히 볼 수 있는 타입의 인물들이다. 치밀한 논리로 사안을 따진다든지, 그냥 큰 목소리로 상대를 압도하려 한다든지, 토론 자체에 별 관심이 없어 딴짓거리를 한다든지, 자기 줏대 없이 이쪽저쪽을 왔다 갔다 하는 인물들이 그들이다.

이 영화에서 가장 중요한 포인트는 실제 재판에 있어 '합리적 의심 reasonable doubt'에 근거한 배심원단의 판단이 얼마나 중요한가이다. 이 '합리적 의심'이란 개념은 영화 속 인물들의 대사를 통해 끊임없이 제기된다. 영화는 재판에 있어 합리적 의심이야말로 아무리 강조해도 지나치지 않다는 것을 계속 강조하고 있다.

ː 간략한 줄거리

찌는 듯이 무더운 어느 여름날, 뉴욕시의 법정의 배심원 실에 아버지를 칼로 찌른 한 소년의 살인 혐의를 두고 배심원으로 선택된 12명의 시민들이 소년의 유무죄 여부를 가리기 위해 모여 있다. 이들 배심원들에게는 만장일치의 평결이 요구되고 있다. 한편 판사는 유죄일 경우 이 소년은 사형이 불가피하다는 것을 이들에게 미리 알려 준다. 배심원 방에 모인 이들은 일단 투표를 통해 유무죄 여부를 가리기로 한다. 정황상 소년의 유죄가 명백해 보인다. 이때 8번 배심원 한 사람만(헨리 폰다 분)이 제기된 증거들에 대한 의문을 제기하며 그가 무죄일 가능성이 있다고 주장한다. 배심원들의 열띤 공방이 오고 가며 결국 8번 배심원의 주장에 모두가 동조를 하며 소년은 만장일치로 무죄 평결을 받는다.

Ⅱ. 지성파 배우, 헨리 폰다

헨리 폰다는 할리우드 역사에서 내로라하는 배우 중 한 명으로 손꼽힌다. 호리호리한 체격과 부드러운 목소리, 선량하고 정직해 보이는 이미지는 그로 하여금 이상주의적인 미국인으로 상징되기도 했다. 진보적 분위기의 할리우드에서도 더욱 진보적인 인물이었다. 이런 성향의 인물인지라 딸인 제인 폰다가 어렸을 때 자신의 앞에서 "니거nigger: 깜둥이"라는 말을 입에 올리자 따귀를 올려붙였다는 일화도 있다. 당시 미국의 분위기가 흑인 인종 차별이 극에 달했던 1950~60년대임을 감안하면 폰다의 행동은 상당히 진보적이었다고 볼 수 있다.

헨리 폰다

1905년 5월 16일 네브래스카 주 그랜드 아일랜드에서 태어난 폰다는 이듬해 오마하로 이사했다. 아버지는 인쇄업자였으며 평탄한 어린 시절을 보냈다. 미네소타 대학교에서 언론학을 전공했으나 20세 때, 폰다는 어머니의 친구이자 말론 브랜도의 어머니 도디 브랜도의 권유로 대학을 중퇴하고 오마하 연극 무대를 통해 연기에 입문했다. 이후 1929년 뉴욕 브로드웨이에서 무대 배우로 경력을 쌓기 시작했다.

이후 할리우드로 둥지를 옮긴 폰다는 1939년 존 포드 감독이 연출한 영화 〈젊은 링컨〉에 첫 출연 했고 계속해서 포드의 〈모호크족의 북소리〉, 그를 아카데미상 후보에 올려놓은 〈분노의 포도〉, 〈황야의 결투〉 등에 출연하면서 존 웨인 다음으로 포드 작품에 많이 출연했다. 폰다는 잠시 할리우드를 떠나 브로드웨이 연극 무대로 돌아갔고 제2차 세계대전 당시 미 해군 함정을 배경으로 한 연극 〈미스터 로버츠〉에 출연, 폭발적인 인기를 모았다. 1955년, 이 연극의 영화화를 맡은 포드는 폰다를 주인공으로 캐스팅했다. 이미 오랫동안 같은 역을 해서 이 작품에 대해 빠삭한 폰다는 주인공 캐릭터에 대해 포드와 의견 충돌이 번번이 있었다. 결국 어느 날 폰다가 포드에게 '웃음과 타이밍을 모르는 연출'이라고 툴툴거리자 포드가 그 자리에서 폰다의 턱을 후려갈기는 불상사가 발생했다. 두 사람 모두 한가락 하는 성격들이라 그냥 넘어가질 않았다. 이후 포드가 사과했지만 감독은 머빈 르로이로 바뀌었고, 포드와 폰다는 영원히 갈라섰다.

1957년에는 폰다는 직접 제작자로 나서면서 시드니 루멧의 〈12명의 성난 사람들〉에 출연했다. 친부 살인 혐의로 기소된 한 젊은이의 운명을 결정하는 12명의 배심원들에 대해 강렬한 이야기를 담은 이 영화는 비평가들로부터 호평을 받았다. 이어서 같은 감독의 〈핵전략 사령부〉에서도 탁월한 연기를 선보였다. 그의 영화 인생의 말년이기도 한 1979년, 뜬금없이 세르지오 레오네의 마카로니 웨스턴 〈옛날 옛적 서부에서〉에 출연했다. 평소의 선량하고 정직한 이미지와 정반대로 냉혹한 악당을 연기하면서 미국인들을 경악시키기도 했다. 그는 비록 악역이었지만 일품 연기를 보여 줬다.

진보적인 분위기의 할리우드에서도 폰다는 폴 뉴먼과 함께 둘째가라면 서러워할 진보주의자로 평가받는 인물이었다. 보수주의자로 소문난 존 웨인과 흔히 비견되기도 한다. 존 웨인은 제2차 세계대전에 참전하지 않아 겁쟁이 이미지로 낙인찍혔지만 폰다는 절친인 제임스 스튜어트와 함께 참전하면서 영웅으로 대접받았다. 제2차 세계대전이 발발했을 때에는 이미 나이 40줄에 접어들었지만, 스튜디오에서 가짜 전쟁을 하고 싶지 않다며 해군에 자원입대했다. 폰다는 처음에는 구축함에서 3년간 복무하다가 중태평양 전선에서 항공전투정보과 장교로 근무하면서 동메달과 대통령 표창을 받았다.

까칠한 성격의 폰다는 살갑지도 않은 편이어서 자식들인 딸 제인 폰다와 아들 피터 폰다와 사이가 좋지 않았다. 특히 제인 폰다와 사이가 좋지 않기로 소문났다. 결국 헨리가 제인과 피터를 낳아 준 두 번째 아내인 프란시스 포드 세이무어를 제쳐 두고 수잔 블랜차드와 바람을 피우면서 사달이 났다. 프란시스가 헨리와 이혼 후 우울증으로 자살을 하는 통에 부녀 관계는 극도로 악화되었다. 이 때문인지 헨리와 아들 피터, 딸 제인 셋이서 모인 공개적인 자리에서는 서로 어색한 모습을 연출하곤 했다.

부녀 관계가 완전히 회복된 것은 폰다가 생애 마지막으로 출연했던 1981년도의 영화 〈황금 연못〉 덕분이었다. 그 영화에서 헨리와

영화 〈황금연못〉에서 캐서린 헵번과 폰다

제인이 공교롭게도 티격태격하는 부녀지간으로 출연하는데 영화에서는 부녀가 화해하는 것으로 끝이 난다. 헨리와 제인도 영화 촬영 동안 서로 간의 앙금을 풀고 화해하기에 이른다. 폰다는 이 영화로 죽기 전

몇 달을 남겨 두고 남우주연상을 받았다. 더불어 상대역인 캐서린 헵번도 네 번째 아카데미 여우주연상을 받는 전대미문의 대기록을 수립했다.

실제로 부녀는 이 영화 이전에 화해의 조짐이 있긴 했다. 1978년 헨리가 AFI(미국영화연구소)로부터 인생 공로상을 받을 때 마지막 연설에서 자신의 딸을 비방하는 사람들을 향해 "닥쳐, 제인은 완벽하니까."라고 한 방 날리기도 했다. 아버지의 말에 감동한 제인의 눈가엔 눈물이 맺혔고, 이러한 모습은 많은 이들을 감동케 했다.

81년도에 생애 최초로 아카데미 남우주연상을 수상한 폰다는 이듬해 77세에 심장병으로 이승을 하직했다. 배우 출신인 레이건 대통령은 폰다를 "뛰어난 연기로 영화계에 헌신했던 진정한 배우였으며 진솔함으로 스크린을 빛낸 전설이었다."며 고인을 회고했다.

III. 미국의 배심원 제도

미국의 배심원 제도란 형사 사건에 있어서 법률 전문가가 아닌 일반 시민 중에서 선택된 배심원들이 평결 또는 기소에 참여하는 제도다. 미국 시민은 18세 이상 남녀를 불문하고 배심원의 의무를 이행해야 한다. 정당한 사유 없이 불참할 경우 형사처벌의 대상이 된다. 직장인의 경우, 고용주에 이를 통보해야 하고 고용주 역시 이를 승낙해야 한다. 고용주가 이를 거부할 시에도 형사처벌 된다. 배심원으로 선정되어 법원에서 호출을 받으면 지정한 법원으로 가서 배심원의 의무를 이행한다. 배심원으로 참여하면 주마다 다르지만 소액의 일당을 지급받는다.

배심원들은 살고 있는 주(州)의 납세자 명부나 선거인 명부에 실린 사람 중에서 무작위로 선택된다. 이들의 자격은 먼저 미국 시민이어야 하고, 재판이 열리는 법원의 관할 구역 내에 거주해야 하며, 영어로 읽고 쓰고 말할 능력이 있어야 하며, 중죄로 유죄 판결을 받은 이력이 없어야 한다. 다만, 군인·선거직 공무원·법관·신부·의사·변호사 등은 이 의무에서 제외된다.

미국의 배심원 제도는 크게 소배심과 대배심 두 가지 종류로 나누어진다. 영화에 자주 나오면서 우리에게 익숙한 배심원 제도는 소배심 제도이다. 소배심은 피고의 유무죄 여부를 결정한다. 평결이라고 부른다. 배심원 수는 12명이며 만장일치를 원칙으로 한다. 대배심은 피고의 기소 여부를 결정한다. 배심원 수는 16~23명이다. 다수결을 원칙으로 한다.

18장

콰이강의 다리

장대한 서사극의 거장, 데이비드 린 / 콰이강의 다리 이야기

I. 콰이강의 다리(1957년), The Bridge On The River Kwai

　이 영화는 데이비드 린 감독이 멜로 드라마와 문예물 등에서 웅장한 서사시 형태의 대작 영화로 연출 방향을 바꾼 첫 작품이었다. 이 작품 이후 대작 〈아라비아의 로렌스〉, 〈닥터 지바고〉, 〈인도로 가는 길〉 등이 잇따라 나왔다. 〈콰이강의 다리〉는 1958년 제30회 아카데미에서 작품상을 비롯해 7개 부문(작품상·남우주연상·감독상·각색상·촬영상·편집상·음악상)을 휩쓸었다. 이 영화는 린에게 첫 감독상을 안겨 주었다. 이 작품은 『혹성탈출』을 쓴 프랑스 작가 피에르 불이 일본군의

태국-미얀마 사이의 철도 건설 당시, 일본군과 영국군 포로들 간에 있었던 갈등과 마찰 등을 주제로 쓴 소설을 원작으로 하고 있다.

영화에 등장하는 콰이강의 다리는 적군인 일본군을 위해서 어쩔 수 없이 건설하고 다시 연합군에 의해 파괴되어야 하는 숙명을 지니고 있다. 영국군 포로들의 리더인 니콜슨 대령(알렉 기네스 분)은 자신이 주도해서 만든 이 다리는 연합군 입장에서 파괴되어야 할 다리였지만 애써 만든 이 다리에 대한 애착을 가지면서 파괴 직전 이를 말리는 아이러니한 인물로 등장한다. 〈콰이강의 다리〉는 자신이 건설한 다리에 지나치게 몰입된 니콜슨을 통해 전쟁은 누구를 위해 무엇을 위해 존재하는지에 대한 근본적인 질문을 던진다.

이 영화에서 영국군 포로들이 남루한 옷차림과 피골이 상접한 모습으로 휘파람을 불면서 포로수용소를 행진하는 오프닝 장면이 인상적이다. 특히 밑창이 다 떨어져 나가 너덜너덜한 군화를 신고 거지꼴을 한 포로들이 '콰이 마치'에 맞춰 제자리걸음을 하는 장면은 관객들에게 애처로움을 금치 못하게 한다. 이 곡의 명칭은 원래 '보귀 대령 행진곡Colonel Bogey March'이라고 불렀다.

이 곡은 이 영화를 위해 만들어진 것이 아니고 1910년대에 영국에서 이미 만들어진 행진곡이었다. 당시 이 행진곡에 히틀러를 조롱하는 가사를 붙인 노래Hitler Has Only Got One Ball, 히틀러의 불알은 하나뿐이네가 2차 대전 기간 중에 유행했고, 린 감독도 이 곡을 영화에 삽입하려 했으나 제작자의 만류로 휘파람으로 대신했다고 한다.

이 영화의 실제 배경이 된 곳은 태국의 '타마캄'이라는 곳으로, 당

폭파되는 다리

시 일본군은 군사용으로 미얀마와 타이를 잇는 다리를 콰이강 위에 세웠다. 실제로는 두 개의 다리를 만들었는데, 먼저 임시로 사용하는 목조 다리를 세웠고 몇 달 뒤에 강철과 콘크리트로 지은 다리가 만들어졌다. 두 개의 다리는 2년 동안 사용되었고, 1945년 연합군의 폭격에 의해 부서졌다. 콘크리트 다리는 보수 작업을 거친 뒤 지금까지 사용되고 있다. 다리가 완성되자마자 폭파된다는 영화 속 설정은 완벽한 허구인 셈이다.

주인공 니콜슨 대령의 실제 모델이 된 인물은 필립 중령이다. 하지만 영화 속 니콜슨처럼 영국군의 자긍심을 위해 다리 건설을 독려하거나 지키려는 행동은 하지 않았고, 최대한 공사를 질질 끌기 위해 불개미를 풀어 나무를 갉아먹게 한다든지, 콘크리트를 엉망으로 배합하는 등의 사보타지 행동을 했다. 정글 속 현장은 극도로 열악했고 뱀과 거머리가 득실거렸으며 배우와 스태프들은 폭염에 시달렸다. 그럼에도 워낙 꼼꼼한 린 감독은 단 하나의 장면을 위해 몇 시간, 혹은 며칠을 매달리는 집요함을 보이면서 배우들이나 스태프들의 입이 댓 발씩 나오기도 했다는 후문이다.

제2차 세계대전 중 영국군들이 태국의 밀림 속에 있는 일본군 포로수용소로 잡혀 온다. 일본군은 포로들을 이용하여 콰이강에 다리를 건설할 계획을 세운다. 그러나 이 공사의 책임자인 일본군 수용소장 사이토 대령에 대해 영국군 포로 대표인 니콜슨 대령은 반대한다. 그러나 결국 포로들의 안위를 위해 마음을 바꾸어 다리 공사를 시작한다. 그리고 기왕 할 거라면 영국인의 기개를 보여 줘야 한다고 열성적으로 다리 건설에 매진한다. 반면에 이를 그냥두고 볼 수 없는 영국군 유격대는 폭파 작전을 감행한다. 다리 개통식 날 첫 기차가 통과하는 장면을 만족스럽게 바라보는 니콜슨은 다리와 연결된 도화선을 보고 경악을 금치 못한다. 날아온 총탄에 니콜슨이 쓰러지면서 다리의 폭파 스위치를 누르게 되고 다리는 폭파되고 만다.

II. 장대한 서사극의 거장, 데이비드 린

거장 데이비드 린은 1908년 영국 크로이던에서 태어났다. 10대 시절 우연히 본 영화에 푹 빠져 무작정 영화계에 입문한다. 이후 스튜디오에서 잡역부 등으로 일하면서 1930년대에는 꽤 촉망받는 편집 기사로 영국 영화계에 이름을 알린다. 편집 기사로서 실력을 인정받은 린은 1942년 영국 최고의 극작가이자 배우인 노엘 카워드와 공동 연출로 1942년 전쟁 홍보 영화 〈토린호의 운명〉이라는 장편 영화로 데뷔를 하게 된다.

1945년 린은 영화 〈밀회〉를 감독하면서 치밀한 연출과 편집, 멋진 화면 구사 등으로 주목을 받기 시작한다. 이 영화는 기차역에서 벌어지는 러브스토리 중 몽고메리 클리프트의 〈종착역〉과 함께 영화사에 영원히 남는 걸작 중의 하나로 손꼽히고 있다. 영화 전편에 흐르는 라흐마니노프 피아노 협주곡 2번의 선율과 함께 기억되는 슬프고도 아름다운 러브스토리다. 이 작품은 린이 이후 스펙터클 대작들을 내놓기 전에 만든 가장 아름다운 영화로 알려졌다.

린은 〈밀회〉를 찍은 후 〈위대한 유산〉, 〈올리버 트위스트〉 등 찰스 디킨스의 작품을 스크린에 담아냈다. 두 작품 모두 성공하면서 린은 문학 작품을 영화로 가장 잘 만드는 감독이라는 평판을 얻게 된다. 특히 『올리버 트위스트』라는 복잡한 소설을 간결하면서도 깔끔하게 영상화하는 데 성공했다는 평을 받았다. 훗날 따라다니는 '스크린

데이비드 린

의 서사 시인'이라는 칭호는 이때부터 그 싹을 보이기 시작했다.

1950년대 중반 린은 할리우드 자본을 무기로 대작 영화를 연출하기 시작한다. 이 시기에 영화사에 길이 남을 〈콰이강의 다리〉, 〈아라비아의 로렌스〉, 〈닥터 지바고〉 세 편의 대작을 연출했다. 초기에는 영국 영화를 만들면서 아름답고 소박한 영국의 리얼리즘을 표현했던 린은 이제는 70미리의 대형 카메라로 사막과 설원의 광대함을 스크린에 담아내어 시각미의 극치를 관객들에게 선사하기 시작한 것이다. 이 영화들은 후대의 블록버스터급 영화감독들에게 지대한 영향을 주었다.

〈닥터 지바고〉의 대성공 이후 1970년에는 〈라이언의 딸〉을 내놓았다. 삼 년 이상의 제작 기간과 1,400만 달리리는 막대한 자본을 투입

한 이 영화는 비평가들로부터 뭘 얘기하려는지 도대체 모르겠다는 비아냥과 함께 '거장의 객기'라는 차가운 비판에 시달렸다. 이 영화는 세월이 흐르면서 호의적인 평가로 바뀌긴 했지만 상심이 너무 깊어서였는지 린은 14년 동안이나 침묵했다. 이후 1984년 〈인도로 가는 길〉을 만든 후 16세기 멕시코를 배경으로 한 조셉 콘라드의 작품 『노스트로모』를 준비하다가 인후암으로 1991년 83세의 나이로 세상을 떠났다.

린은 열여섯 편의 영화라는 그리 많지 않은 작품을 남겼으나 그의 영화들은 무려 26개의 아카데미 트로피를 획득하는 등 영화사에 커다란 발자국을 남겼다. 격동기를 배경으로 등장하는 인간들의 얽히고설킨 드라마를 거대한 스케일과 빈틈없는 작가적 역량으로 능숙하게 펼쳐 보였던 거장이었다. 특히 풍경 묘사에 있어서는 타의 추종을 불허하는 대가였다. 단순하면서도 중후한 촬영으로 놀라운 화면 미학을 실현했다는 절찬을 받았다. 〈닥터 지바고〉의 하얀 설원, 〈아라비아의 로렌스〉의 뜨거운 열사(熱沙), 〈라이언의 딸〉의 넓고 푸른 바다와 해변 장면 등을 익스트림 롱 샷으로 잡아낸 아름다운 영상들이 그 대표적인 신들이다.

그는 어느 인터뷰에서 "나는 우연히 카메라라는 좋은 눈을 갖게 되었다. 렌즈를 통해 보는 세상은 정말 즐거운 일이다. 진정한 감각적 기쁨을 주는 이 작업은 나는 정말로 사랑한다."라는 말을 남겼다.

Ⅲ. 콰이강의 다리 이야기

　　실제의 콰이강의 다리와 영화 속에서 나오는 콰이강의 다리는 잔혹한 환경 속에서 만들어졌다는 점과 일본군에 포로로 잡힌 영국군이 일부 투입됐다는 점만 빼놓고는 모두 다르다. 영화 속에 나오는 건축 방식이나 외관 그리고 위치는 모두 픽션이다.

지금의 콰이 강의 다리

　　실제로는 1943년 콰이강에 2개의 다리가 만들어졌다. 하나는 목재로 건설된 임시 가교였고, 몇 달 후 철과 콘크리트로 만든 다리를 만들었다. 이 다리는 태국의 농프라독과 미얀마의 탄뷰차잇을 연결하는 일본의 철도 중 일부로, 미얀마 전투에 참가 중인 일본군에게 싱가포르에서 출발한 물자를 철도로 운송하기 위해 건설됐다.

　　동남아시아 지역을 빠르게 침략해 나가고 있던 일본은 광범위한 전 지역에 대한 해상 물자 보급의 한계에 처했고, 랑군(지금의 양곤)까지 가는 항로가 영국의 잠수함들과 미국과 영국의 전투기 공격으로 인해 위험성이 커졌다. 결국 철로에 의존할 수밖에 없었다.

이 철로의 건설은 엄청난 공학 기술의 산물이었다. 420km에 이르는 철로는 세계에서 가장 위험한 지역들 중 하나인 산악 정글을 통과해야 했는데 그곳에는 말라리아·뎅기열·이질·콜레라 등의 질병이 넘쳐났다. 1942년 7월 철로 건설의 첫 번째 단계로 싱가포르의 창이에 수용되어 있던 연합군 포로 3,000여 명이 다리를 건설하기 위해 이송되었다. 최종적으로는 6만 1,000명의 호주·영국·네덜란드 포로들이 철로와 다리를 짓기 위해 투입되었다.

그 외에도 27만 명의 노동자들을 미얀마·말레이 반도·태국·인도네시아 등지에서 마구잡이로 끌고 와서 노예처럼 부려 먹었다. 최소한의 음식과 의료 지원도 없는 가운데 끔찍한 작업 환경과 거주 시설 그리고 전염병 등으로 수많은 강제 노역자들이 퍽퍽 죽어 나갔다. 일본군은 "너희는 잡석이나 마찬가지니까 죽으면 철로를 놓을 때 그 밑에 깔 것이다."라면서 이들을 개 취급 했다.

1945년 2월부터 3월 사이에 영국 공군과 미 육군 항공대가 철로와 다리에 대해 연이어 공격을 가해 다리가 일부 파괴되었다. 전쟁이 끝나기 직전 두 다리 모두 복구 작업을 했지만 일본이 필요로 했던 것만큼의 물자 수송이 이루어지지는 않았다. 뒤에 목재 다리는 철거되었고 철제 다리는 지금도 이용되고 있다.

영화 〈콰이강의 다리〉는 전쟁 포로들이 겪었던 참혹한 실상을 제대로 묘사하지 못했다는 비판이 따랐으며 또한 강제 노역에 동원됐던 사람들은 완전히 배제된 채 만들었다. 영화 속에서 일본군과의 협력하에 교량을 건설했던 니콜슨 대령은 실제 인물인 필립 중령을 모델로

했다. 그는 영화와는 달리 다리 공사에 전력을 기울이지 않았다. 영화처럼 일본의 낙후된 기술력으로 영국군의 공학 기술 전문가들의 도움이 없었다면 다리를 짓는 게 불가능했을 것이다.

19장

OK 목장의 결투

와이어트 어프 이야기 / 할리우드의 상남자, 커크 더글라스
영화 음악의 거장, 디미트리 티옴킨

I. OK 목장의 결투(1958년), Gunfight at the O.K. Corral

이른바 'OK 목장의 결투'는 미국 서부 개척 시대에 있었던 유명한 총격전이었다. 1881년 10월 26일, 애리조나 주 툼스톤 인근의 OK 목장에서 보안관 와이어트 어프와 형제들인 버질·모건 그리고 어프의 친구 존 닥 할러데이 네 명과 아이크 클랜턴·빌리 클랜턴 형제와 프랭크·톰 맥로리 형제 네 명이 총싸움을 벌였다. 이 결투는 불과 30초 동안에 후다닥 끝나 버렸다. 이 결투로 톰 맥로리와 빌리 클랜턴이 죽었고, 아이크와 프랭크는 달아났다. 그런 면에서 총싸움 장면이 신속히 끝나는 존 포드의 〈황야의 결투〉나 케빈 코스트너 주연의 〈와이어트 어프〉에서의 신이 훨씬 실제에 가까웠을

것이다. 반면에 영화 〈OK 목장의 결투〉에서는 총격전을 10여 분 정도로 끌면서 흥미롭고 긴박감 있는 장면으로 만들었다.

영화 〈OK 목장의 결투〉는 선이 굵고 힘 있는 영화를 연출하기로 정평이 나 있는 존 스터지스 감독의 '결투 3부작' 중 첫 번째 작품이다. 3부작이란 스터지스가 57년, 58년, 59년 3년간 연속으로 만든 〈OK 목장의 결투〉, 〈고스트타운의 결투〉, 〈건힐의 결투〉를 말한다.

영화에서 등장하는 닥 할러데이와 와이어트 어프는 서부 개척 시대의 전설 같은 총잡이로 알려져 왔다. 이들의 구체적인 삶에 대해서는 정확한 자료가 미비해서 여러 루머나 구전으로 퍼져 있는 이야기들이 대부분이다. 또한 같은 소재의 영화들이 여러 편 만들어지면서 많은 부분이 미화되고 가미되어 온 점도 이들을 전설적인 인물로 만드는 데 일조를 했을 것이다.

왼편 닥 할리데이와 와이어트 어프

이 영화는 캔자스주의 닷지시티에서 벌어지는 전반부의 이야기와 OK 목장의 결투가 벌어지는 애리조나 주의 툼스톤에서 벌어지는 이야기의 후반부로 크게 나누어진다. 광활한 서부가 펼쳐지는 멋진 오프닝 신은 〈하이 눈〉, 〈로하이드〉등 서부 영화 주제곡을 불러 유명한 가수 프랭키 레인의 시원스런 노래가 분위기를 고조시킨다.

와이어트로 나오는 버트 랭커스터

와 닥으로 나오는 커크 더글러스의 연기는 오랜 친구인 두 사람의 공연이었던 만큼 척척 콤비가 잘 맞아 들어갔다. 특히 폐병 환자 닥을 연기한 커크 다글러스의 호연은 영화를 잘 살려 주었다는 평을 받았다. 존 포드의 〈황야의 결투〉에서 폐병 환자인 닥의 모습을 건장한 체격의 빅터 마츄어가 연기한 것과 대조가 된다. 〈하이 눈〉과 〈리오 브라보〉 같은 서부 영화의 음악을 담당했던 디미트리 티옴킨의 아름다운 멜로디의 주제곡도 영화를 한층 살려 냈고 프랭키 레인이 부른 주제가도 크게 히트했다.

ː 간략한 줄거리

전직 치과 의사이지만 술과 도박에 빠져서 폐인처럼 살고 있는 닥 할러데이는 그는 자신을 죽이러 온 일당 중 한 명을 놀라운 칼 솜씨로 처치한다. 그 일로 위기에 몰린 닥은 우연히 이 마을에 온 닷지시티의 보안관 와이어트 어프의 도움으로 위험에서 벗어나게 된다. 이후 두 사람은 닷지시티에서 함께 지내게 되면서 진한 우정이 싹트게 된다. 그러다가 툼스톤에서 와이어트 형제들과 클랜튼 갱단들과 OK 목장의 결투가 벌어진다. 폐병에 시달리는 닥이 어프 형제의 지원에 나서면서 클랜튼 일당을 처치한다.

II. 와이어트 어프 이야기

와이어트 어프는 살롱 주인·도박사·보안관·총잡이로 일생을 보냈다. 그는 1848년 3월 19일, 일리노이 주 먼머스에서 니컬러스 어프의 8남매 중 셋째 아들로 태어났다. 형으로는 제임스·버질, 동생으로는 모건·워렌이 있었는데 형 제임스를 빼고는 4형제가 어프를 중심으로 생사고락을 오래 했다. 와이어트란 이름은 그의 아버지가 남북 전쟁 당시 부대장의 이름을 따서 지었다고 전해진다. 1864년에 부모와 함께 캘리포니아 주 샌버나디노 콜턴으로 이사했고 철도 노동자로 일했다.

와이어트 어프

1868년 가족은 일리노이 주로 다시 돌아왔다. 1870년 미주리 주로 가서 혼자 정착했던 어프는 우릴라 서덜랜드와 결혼했다. 아내가 티푸스에 걸려 죽는 바람에 잠시 방황하던 어프는 버팔로를 사냥하러 다녔다. 이때 목장주이자 사냥꾼인 존 설먼과 팻 개러트와 친분을 쌓으면서 버펄로 가죽을 벗기고 다녔다. 팻 개러트는 샘 페킨파 감독의 영화 〈관계의 종말〉에서 보안관으로 나오기도 한다. 3년 동안의 사냥꾼 시절에 총 쏘는 법을 완벽히 마스터하면서 한편으로는 성격도 거칠게 변해 갔다.

1870년 4월, 어프와 두 형이 오클라호마 인디언 보호 지역에서 말 도둑질을 하다가 체포되었으나 도주했다. 1874년 캔자스 위치타에 정착한 어프는 유곽촌의 경비원으로 일하다가 경찰관으로 직업을 바꿨다. 그 후 샌버나디노와 로스엔젤레스 사이를 오가는 웰스파고 역마차 호위대로 한동안 근무하다가 1873년 캔자스로 이주하여 경찰관이 되었다. 이 시기에 엘스워스에서 무법자로 이름 날렸던 벤 톰슨을 체포하면서 명성을 날렸다.

1875년 캔자스 주 위치타로 가서 부보안관 직을 수행했고 1년 후인 1876년에 캔자스 주 닷지시티로 이주해 보안관 보조를 맡게 되었다. 이곳에서 유명한 총잡이들인 뱃 매스터슨과 전직 치과 의사였던 닥 할러데이를 만나 교분을 쌓았는데 할러데이는 평생의 친구가 되었다. 이후 보안관으로 승진하면서 한편으로는 도박사로도 이름을 알렸다. 이 시기 카우보이 조지 호이를 죽이는 사고를 치기도 했다.

이때 앤 매티와 두 번째 결혼을 했지만 곧 이혼을 하고 1879년 애리조나 주의 신생 은광 마을인 툼스톤으로 옮겨 오리엔탈 살롱(술집 겸 도박장)을 개업하고 형제들과 친구인 존 닥 할러데이를 불러들였다. 이때 조시 새디 마거스와 세 번째이자 마지막 결혼을 한다. 1881년 10월 26일 드디어 이곳에서 클랜튼 갱단과 지역 이권을 두고 대결이 벌어졌다. 이 사건이 바로 미국에서 가장 유명한 서부 개척 시대의 사건인 이른바 'OK 목장의 결투'다. 이 대결은 OK 목장 인근의 공터에서 벌어졌다. 클랜튼 일당 4명과 닥 할러데이를 포함한 어프 삼 형제 4명, 4:4로 벌어졌는데 클랜튼 일당 2명이 숨지면서(나머지 두 명은 도주) 결판이 났다.

이듬해 1882년 동생인 모간이 당구를 치다가 클랜튼 잔당에게 등 뒤로 총을 맞고 살해당하자 분노한 어프는 형 버질과 동생 워렌과 함께 용의자를 추적하여 네 명의 용의자를 사살했다. 그 때문에 살인 혐의로 기소가 되면서 아내와 함께 그곳을 떠나게 된다. 이후 샌디에고에 가서 도박과 부동산업에 종사하던 와이어트 부부는 1887년 골드러시가 한창이던 알래스카에 골드러시가 한창일 때인 그곳 놈Nome으로 이동해 그곳에서 살롱을 운영했다. 말년에는 로스앤젤레스 근처에서 휴식을 보내며 노년을 보냈다.

1907년경에는 자신이 머물던 호텔에서 스튜어트 레이크라는 작가에게 구술하여 자서전『와이어트 어프, 서부 보안관』을 펴냈다. 후에 이 책은 와이어트를 전설적인 인물로 미화시키기 위해 허구적인 이야기를 많이 덧붙였다는 비판이 뒤따르기도 했다. 1929년 1월 13일, 로스앤젤레스에서 아내인 조시가 곁을 지키는 가운데 숨을 거두었다. 노년에는 당시 영화 산업이 흥성하던 할리우드에서 많은 서부극이 만들어졌는데, 그때 여러 번 초빙되어 나름대로 자문역을 맡기도 했다.

III. 할리우드의 상남자, 커크 더글라스

커크 더글라스는 1916년 벨라루스 (당시 제정러시아)에서 이민 온 유대 계통의 부모로부터 뉴욕 주의 암스테르담서 태어났다. 어린 시절 가사를 돌보기 위해 신문 배달·노점상 등을 하며 지냈다. 이후 세인트로렌스 대학교를 다니면서도 접시 닦기, 정원사, 경비원 등의 알바를 했다. 남보다 운동 신경이 뛰어난 더글라스는 수준급의 레슬링 선수

커크 더글라스

불멸의 명작 영화 50선

였다. 훗날 더글라스는 스턴트맨들도 꺼려하는 어려운 장면들을 직접 해내는 것으로 유명했다. 프로 레슬러였던 더글라스는 배우라는 직업에 매력을 느끼고 아카데미 드라마 아트 스쿨에서 연기를 배운 뒤 41년부터 브로드웨이 무대에 서기도 했다. 제2차 세계대전이 발발하자 해군에 입대해 복무 중 1944년에 부상으로 제대했다.

1945년 다시금 브로드웨이로 돌아와 여러 배역을 맡다가 할리우드로 진출한다. 1949년 영화 〈챔피온〉에서 뛰어난 연기를 보여 주면서 아카데미 남우주연상에 노미네이트되기도 했다. 이 영화는 〈록키〉, 〈성난 황소〉 등과 함께 최고의 복싱 영화로 회자된다. 이 영화의 성공으로 더글라스는 할리우드에서 주목할 만한 배우로 이목을 모았다. 이후 〈탐정 이야기〉, 〈율리시스〉, 〈해저 2만리〉, 〈영광의 길〉, 〈바이킹〉, 〈OK 목장의 결투〉, 〈열정의 랩소디〉 등의 화제작에 출연하면서 할리우드의 대표 배우로 자리를 잡았다. 이후 영화 제작에도 참여하기 시작한다.

드디어 더글라스 최고의 대표작인 〈스팔타커스〉에서 제작 및 주연을 맡으면서 최고의 전성기를 누린다. 그러나 감독인 스탠리 큐브릭은 영화 촬영 내내 영화 제작에 대한 권한을 행사한 실질 오너인 더글러스와 심각한 갈등을 빚기도 했다. 영화가 끝나자 "다시

영화 <스팔타커스>에서 더글라스

는 이런 바지 감독은 안 하겠다."라고 본인의 감독직에 대해 끔찍했음을 토로했다. 더글러스는 로맨스가 짙게 깔린 영웅의 일대기를 만들고 싶어 했고, 다소 냉소적인 큐브릭은 멜로드라마적 감동을 자아내는 인위적인 설정들이 영 마음에 들지 않았던 것이다. 철저히 작가주의*적이고 나름대로 카리스마 있는 명장 큐브릭과 할리우드에서 거물급인 기세등등한 더글러스와의 만남은 영화 촬영 내내 이렇게 불화를 일으켰다. 다행히 영화는 대단한 호평을 받았다.

한편 영화의 각색을 맡았던 달톤 트럼보는 매카시 선풍으로 영화계에서 쫓겨나 있던 인물이었다. 더글러스는 당시 이런 살벌한 분위기에도 아랑곳하지 않고 트럼보의 이름을 엔딩 크레딧에 올려놓으며 그에게 감사를 표시했다. 당시 트럼보는 가명으로 여러 영화의 각본을 몰래 쓰고 있던 처지였다. 그러나 더글러스는 좌고우면(左顧右眄)하지 않고 그를 실명(實名)으로 공개했다. 다시 한 번 더글러스는 할리우드에서 용기와 의리로 뭉쳐진 진짜 상남자라는 말이 오고 갔다. 그는 2011년 《뉴욕 타임스》에 이 일과 관련하여 "내 인생에서 가장 자랑스러운 선택 중 하나"라고 언급했다. 이 일화는 2015년도의 영화 〈트럼보〉에 소개되기도 했다.

1991년에는 헬기 사고를 당하면서 척추 수술을 받았고 1996년에는 뇌졸중을 앓으면서 언어 장애가 오기도 했다. 이후에도 종종 파티

---

* 영화에서 중심적인 인물은 감독이며 따라서 감독은 작가와 같은 역할을 해야 한다는 주의다. 이는 영화 제작이란 한편의 예술 작품을 창조하는 행위와 같은 것이며, 그 창조 행위의 주체는 감독에게 있다는 것이다.

에 참석해 건강한 모습을 보였다. 2020년 103세의 나이로 숨을 거두었다. 아들이자 배우인 마이클 더글라스는 아버지에 대해 "영화의 황금기를 보낸 배우이자 자신이 믿었던 대의에 헌신한 박애주의자"라고 애도를 표했다. 이어 "아버지는 좋은 인생을 살았고, 영화계에 많은 유산을 남겼으며, 평화와 대중을 위해 노력한 자선가로서도 이름을 남겼다"고 했다.

그는 세 번씩이나 아카데미 남우주연상 후보에 올랐으나 실패했다. 그러나 1987년도 59회 아카데미 시상식에서 아들 마이클이 영화 〈월스트리트〉로 아카데미 남우주연상을 수상함으로써 아쉬움을 달랬다. 더글라스는 1991년에는 미국영화연구소AFI, 1996년에는 아카데미, 1999년에는 미국영화배우조합SAG에서 평생 공로상을 수상했다. 생전에 더글라스 재단을 설립해서 세계 분쟁 지역에 학교와 공원을 세우고 모교인 세인트 로렌스 대학 등 여러 곳에 8천만 달러를 기부하기도 했다.

IV. 영화 음악의 거장, 디미트리 티옴킨

디미트리 티옴킨은 제정 러시아 말기인 1894년 우크라이나에서 의사인 아버지와 음악가인 어머니 사이에서 태어난 유대인이었다. 어린 시절 어머니에게 피아노를 배운 티옴킨은 상트 페테르부르크 음악 학원에서 작곡을 공부했다. 러시아 혁명 직후 그는 베를린으로 가서 천재 피아니스트 페루치오 부조니의 마스터 과정을 이수했다. 1922

년부터 베를린과 파리에서 피아니스트로 활약하다 1925년에는 카네기홀에서 연주회를 가진 후 미국에 정착했다. 그는 인생 전반기를 클래식 피아니스트의 길을 걸었다.

디미트리 티옴킨

30년대 초 팔꿈치에 이상이 생긴 티옴킨은 피아니스트의 활동을 더 이상 지속할 수가 없었다. 마침 MGM 영화사가 그에게 영화 음악 작곡을 의뢰하면서 영화 음악 작곡가로 변신한다. 1933년 〈이상한 나라의 앨리스〉로 영화 음악 작곡가로 활동을 시작했다. 비록 영화 음악이 대중음악 부류에 속한다고 하지만 티옴킨은 반드시 100명 이상 규모의 오케스트라의 연주로 작품을 녹음하는 고집이 있었다. 그는 당시 영화 음악의 경우 잘 알려지지 않은 현대 음악 및 몇 소절을 영화 배경 음악으로 끼워 넣던 전통을 깨고 영화 전편에 흐르는 음악을 창작곡만으로 채운 진정한 영화 음악의 선구자였다.

영화 음악가로 변신한 티옴킨은 부지기수의 많은 영화 음악을 작곡했다. 대표적으로는 〈잃어버린 지평선〉, 〈백주의 결투〉, 〈하이 눈〉, 〈다이얼 M을 돌려라〉, 〈우정 있는 설복〉, 〈자이언트〉, 〈OK 목장의 결투〉, 〈바다와 노인〉, 〈리오 브라보〉, 〈알라모〉, 〈나바론의 요새〉, 〈로마 제국의 멸망〉, 〈무장마차〉, TV 서부극 시리즈 〈로하이드〉 등 이루 헤아릴 수가 없을 정도다.

이 중 〈하이 눈〉에서 이런 일화가 있다. 이 영화를 감독한 프레드 진네만은 "영화가 흥행에 실패하지 않을까?" 하고 은근히 염려했다고 한다. 그런데 당시 인기 절정의 팝송 가수 텍스 리터가 부른 영화의 주제가인 '나를 버리지 말아 주오Do Not Forsake Me'가 영화 개봉 전부터 폭발적인 인기를 얻기 시작하면서 영화도 덩달아 성공을 거두었다고 수군거렸다. 영화 주제가가 영화의 흥행을 도운 것이다. 또한 영화 〈알라모〉가 아카데미 음악상 후보에 오르자 본인을 제외해 달라는 진풍경을 보였다. 영화의 유명한 주제가인 'The Green Leaves of Summer(여름날의 푸른 잎새)'가 우크라이나의 전통 음악에서 한 소절을 따왔기 때문이었다는 이유에서였다.

티옴킨은 러시아의 5인조 국민학파*음악가의 한 사람인 니콜라이 림스키코르사코프의 영향을 많이 받았다. 티옴킨은 서부극·로맨스·전쟁물·스릴러 등 장르를 가리지 않고 모두 78편의 영화 또는 TV 시리즈 음악을 만들었다. 이 중에서 4개의 아카데미상과 6개의 골든글로브상을 수상했다. 말년에 런던으로 이주한 그는 비행기 사고 후유증으로 투병하다 79년 향년 85세로 세상을 떠났다.

---

* 19세기 중엽 러시아의 국민 음악을 확립하기 위해 활동한 5명의 작곡가들을 지칭한다. 발라키레프, 큐이, 무소르그스키, 림스키코르사코프, 보로딘인데 이들은 모두 귀족 출신이었으며 발라키예프를 제외하고는 모두 직업을 갖고 있었던 특이한 모임이었다.

태양은 가득히

알랭 들롱과 그의 영화 인생

I. 태양은 가득히(1960년), Plein Soleil

이 영화는 미국의 여류 추리 소설가인 패트리시아 하이스미스의 리플리 시리즈를 원작으로 명장 르네 클레망이 메가폰을 잡았다. 리플리 시리즈에서 리플리 증후군*이라는 의학 용어가 파생되었다. 당시 프랑스의 영화계는 소위 누벨바그**파들이 기세를 울리던 때였는데, 이들보다

---

* 리플리 증후군은 거짓말을 하면서도 그것이 사실이라고 믿는 것을 일컫는 용어다. 거짓이 탄로 날까 봐 불안해하는 단순한 거짓말쟁이와는 달리 리플리 증후군을 보이는 사람은 자신이 한 거짓말을 완전한 진실로 믿어 버린다.

** '새로운 물결'이란 뜻으로 1950년대 말 보수적인 프랑스 사회의 권위에 도전했던 젊은 영화인들이 누벨바그를 주도했다. 누벨바그파 감독들은 기존의 보수적인 영화 풍토를 비판했고 영화적 형식의 자유분방함을 추구했다.

전 세대에 속하는 클레망 감독이 이 새로운 물결에 대항해서 보란 듯이 내놓은 작품이 바로 이 영화였다. 일설에 의하면 누벨바그 감독들에게 뒷방 늙은이 취급을 받고 있던 르네 클레망이 '그렇다면 내가 젊은 영화를 만들어 주마'하면서 작심하고 만들었다는 얘기다.

클레망의 깔끔한 연출, 폴 게고프의 치밀한 각색, 앙리 드카에의 뛰어난 촬영이 뒷받침되면서 명작을 낳았다. 더욱이 영화 막판에 절묘한 반전으로 프랑스 범죄 영화의 새 장을 열었다는 평을 받았다. 특히 주인공 톰 역을 열연한 알랭 들롱이라는 세계적인 스타가 탄생했다. 미움과 선망·질투·나르시즘 등 복합적인 여러 요소가 합쳐진 주인공 알랭 들롱을 통해 한 젊은이의 불운과 반항적인 모습을 끝없는 푸른 지중해의 바다와 하늘을 배경으로 보여 주고 있다. 흔히들 〈태양은 가득히〉를 '선탠을 한 필름 느와르'라고 부르기도 한다. 그야말로 태양 빛이 작열하는 지중해의 풍광 아래서 벌어지는 한 젊은이의 이글거리는 욕망과 음모를 가감 없이 묘사하고 있는 작품이다.

지중해와 나폴리 근교의 아름다운 풍광, 쏟아지는 태양, 이글거리는 빗나간 욕망을 타고 흐르는 니노 로타의 감미로운 음악 등이 〈태양은 가득히〉를 명작으로 만드는 데 큰 요소로 작용했다. 특히 영화의 라스트 신에서 흐르는 주제곡은 그때까지 최고조로 끌어올리던 팽팽한 긴

나폴리 시장에서 톰

장감을 아름답고 감동적으로 승화시킨다. 이 영화는 1999년 안소니 밍 겔라가 감독하고 맷 데이먼과 기네스 팰트로가 주연을 맡아 〈리플리〉 라는 이름으로 리메이크되기도 했다. 이 영화에서는 톰이 완전 범죄에 성공한다.

❘ 간략한 줄거리

톰 리플리는, 부호의 아들로 멋대로 자라나서 오만하고 방탕한 필립과 그의 약혼녀 마르쥬와 더불어 나폴리 인근의 지중해에서 사치스러운 생활에 빠져 함께 놀아난다. 필립은 틈만 나면 톰을 조롱하고 모멸감을 안겨 준다. 심지어는 보트에 톰을 실어 뜨거운 햇살 아래 그를 팽개쳐 두기도 한다. 아름다운 톰의 얼굴에는 살기가 번지기 시작한다. 결국 악에 받친 톰은 완전 범죄를 계획하고 필립과 둘만이 남은 요트에서 필립을 죽이고 그 시체를 바다에 던져 버린다. 범행은 바다 가운데에서 이루어지고 그것을 아는 것은 오로지 태양뿐이다. 범행 후 필립으로 변신한 톰은 더 큰 욕망에 불타면서 또다시 살인을 저지르게 된다. 그러나 결국 요트의 밧줄에 끌려 나오는 필립의 시체는 그의 완전 범죄가 끝장났음을 보여 준다.

II. 알랭 들롱과 그의 영화 인생

알랭 들롱은 장 폴 벨몽도, 브리지트 바르도, 카트린 드뇌브, 잔느 모로와 함께 1960년대 프랑스 영화의 전성기를 이끈 배우다. 1935년 11월 8일 프랑스 오드센주 소에서 태어났다.

알랭 들롱

4살 때 부모가 이혼했고, 재혼한 어머니와 살았으나 계부와 잦은 갈등을 빚으면서 불량기가 다분한 청소년기를 보냈다. 뒷골목을 전전하다 17세에 프랑스 해군에 입대, 인도차이나 전쟁에 파병되어 사이공 해군기지 경비 중대 무전병으로 복무했다. 제대를 한 22세의 들롱에게 둘도 없는 인생의 기회가 찾아온다. 친구들을 따라 칸 영화제를 기웃거리다가 할리우드의 저명한 제작자 셀즈닉의 눈에 띄었던 것이다.

만난 자리에서 들롱을 제2의 제임스 딘으로 점찍은 셀즈닉은 미국행을 권유했으나 마침 그때 들롱은 알레그레 감독을 만난 뒤 그의 설득으로 미국행을 포기했고, 대신 그의 영화 〈여자가 개입될 때〉로 영화계에

영화 〈지하실의 멜로디〉에서 들롱

데뷔한다. 파리의 어느 나이트클럽을 배경으로 한 이 범죄물에서 들롱은 살인 의뢰를 받은 청년의 역할이었다. 그의 연기는 다듬어지지 않은 보석처럼 거칠었지만 이 영화로 단박에 주목을 받기 시작했다. 특유의 냉기가 도는 퇴폐적인 매력을 선보인 그는 이후에는 〈지하실의 멜로디〉, 〈암흑가의 두 사람〉, 〈볼사리노〉, 〈시실리안〉 등 여러 편의 갱스터물에 출연하면서 이른바 '프렌치 느와르'의 전성시대를 열었다.

영화 〈태양은 가득히〉는 들롱의 그야말로 대표작이다. 영화 속에서 들롱의 탄탄하게 다져진 육체와 선과 악 사이를 오가는 그의 강렬하고도 매혹적인 눈빛은 전 세계를 단박에 사로잡았다. 클레망 감독

은 그가 발산하는 매력을 영화 속에 모두 쏟아부으려고 작정한 것 같았다. 이후에도 두 사람은 여러 편의 영화에서 함께하며 친밀한 관계를 유지했다. 나중에 할리우드에서 리메이크한 영화 〈리플리〉에서 나오는 리플리 역의 맷 데이먼도 독특한 매력이 돋보였지만 들롱이 보여준 '치명적 아름다움'은 그 차원이 달랐다.

들롱은 데이비드 린 감독의 대작 〈아라비아의 로렌스〉에서 오마 샤리프가 연기한 알리 역으로 거론된 적이 있었으나 사막에서 매번 콘택트렌즈를 껴야 하는 불편함 때문에 결국 포기하고 말았다는 후문이다. 이때 대신 선택한 작품이 바로 프랑스의 느와르물을 대표하는 〈지하실의 멜로디〉였다. 이 영화를 계기로 들롱은 갱스터물의 단골 배우가 된다. 이 영화에서 아버지뻘 되는 프랑스의 국민 배우 장 가방과 함께 파트너로 출연하는 영광을 누렸다.

이 영화에서 들롱이 연기한 지노는 은행 강도 혐의로 12년 동안의 복역을 끝냈지만 끝내 범죄의 유혹과 사회적 편견이 결국 그를 사형수로 만들어 버린다. 이 영화의 압권은 들롱이 형장의 이슬로 사라지는 마지막 장면이다. 죽기 직전, 절망과 공포로 가득한 들롱의 표정은 소름이 끼칠 정도다. 들롱이 출연한 영화 중에서 가장 비극적인 장면으로 얘기되곤 한다.

이 영화가 개봉되기 2년 전, 알랑 들롱에게 치명타를 입힌 이른바 마르코빅 사건이 터졌다. 들롱의 경호원인 마르코빅이 피살된 것이다. 들롱의 사주에 의해서 친구이자 갱인 마르칸토니가 마르코빅을 살해했다는 혐의가 불거졌다. 살인 혐의로 기소된 마르칸토니는 물론이고 들롱 역시 경찰의 조사를 받았다. 이 사건은 정치적인 고위층이 사건에 연관되는 등 복잡하게 얽혀 있었다. 결국 사건 당시 영화를 찍고 있었다던 들롱의 증언과 함께 결정적인 증거 부족으로 들롱은 7년 동안의 긴 공판 끝에 무죄로 판명이 났다. 그러나 대부분의 프랑스인들은 들롱의 무죄 여부에 대해서 최고 권력층이 사건을 덮어 버리면서 유야무야 끝난 것으로 냉소적으로 보고 있다.

꽃미남 들롱은 반반한 얼굴에 걸맞게 바람둥이로 많은 염문을 뿌렸다. 가장 먼저 〈크리스틴〉에서 상대역이었던 로미 슈나이더와 불같은 사랑에 빠졌다. 슈나이더는 오스트리아 출신 배우로 15살 때부터 일찌감치 연기의 길에 들어선 배우였다. 두 사람은 1964년까지 약혼 생활을 유지하다 헤어졌으나 두 사람은 계속 연락을 주고받았다. 들롱과 헤어진 슈나이더는 순탄하지 못한 결혼 생활과 알코올 중독, 아들의 죽음 등으로 굴곡을 겪다가 1982년 심장 마비로 세상을 떠났다.

들롱은 그녀의 묘비에 다음과 같은 추모의 글을 남겼다. "당신은 너무나 아름다웠습니다. 당신을 위해 몇 마디의 독일어를 배웠습니다. (독일어로) 사랑해요, 내 사랑." 들롱이 1964년부터 1969년까지의 짧지만 유일한 결혼 생활을 한 여인은 나탈리 들롱이었다. 들롱이 가장 오래 사귀었으며 가장 사랑했다고 말한 여인은 나탈리와의 이혼 후 약 15년간 관계를 지속한 미레유 다르크였다. 1982년 두 사람은 결별했다.

2019년 8월, 뇌졸중으로 입원해 수술을 받았던 그는 2022년 3월 19일 아들 앙토니 들롱에 의해 안락사를 원한다고 발표했다. 그가 기주하고 있는 스위스는 안락사를 허용하고 있다.

21장

리버티 밸런스를 쏜 사나이

영원한 카우보이, 존 웨인 / 미국 원조 국민 배우, 제임스 스츄어드

I. 리버티 밸런스를 쏜 사나이(1962), The Man Who Shot Liberty Valance

이 영화는 존 포드 감독이 메가폰을 잡은 웨스턴으로서 서부의 평화를 나름 대로 잡아가던 수단이 총에서 법으로 넘어가는 과도기에 초점을 맞춘 작품이다. 이 영화는 거칠었던 서부 개척 시대가 막끝나고 법치주의로 이동하는 시대를 배경으로 하고 있다. 변방으로 뻗어 가기 위해 동분서주하던 개척기에는 단순히 총이라는 무기를 통해 질서를 유지해 왔지만 이제는 법에 따라 심판을 받는 문명의 시대로 들어서게 됨을 이 영화는 말하고 있다:

〈리버티 밸런스를 쏜 사나이〉는 지난 세월 동안 신화화된 기존 서부극과는 안녕을 고하는 이른바 수정주의 서부극의 일종이라는 평을 받았다. 포드의 후기작을 대표하는 영화면서 그의

왼쪽부터 리버티 발란스, 랜스, 톰

페르소나이기도 한 존 웨인과 함께 한 마지막 서부극이기도 했다.

이 영화를 만들 당시에는 서부극이 저물어 가는 때여서 더욱 의미심장하다. 서부극의 전설이라고 일컬어지는 존 웨인이 톰이라는 인물로 나와 서부극이라는 장르가 저물어 가고 있음을 상징하고 있다. 이 영화가 보여 주는 정서는 새로운 시대의 도래에 대한 설렘이 아닌 기존의 것들이 사라지는 것에 대한 안타까움이다. 이제는 세월이 흘러 나이를 먹은 랜스(제임스 스튜어드 분)가 톰(존 웨인 분)의 장례식 소식을 듣고 오랜만에 신본을 찾아 과거를 회상하는 형식으로 영화가 진행하는 것도 바로 그 때문이다.

오랫동안 서부극을 연출해 온 포드 감독의 심정도 이와 마찬가지였을 것이다. 이 영화가 만들어지던 1960년대의 서부극은 이제 한물간 장르이면서 인기도 예전 같지 않았다. 실제로 〈리버티 밸런스를 쏜 사나이〉는 포드의 마지막 흑백으로 만든 서부 영화이기도 했다. 영화가 개봉할 때 이 작품의 의미와 진가를 알아본 이들이 별로 없었고 포드 사후에 재평가가 이뤄지면서 명작의 반열에 올라섰다.

포드가 서부극의 거장이라고 평가받는 이유는 고전적인 서부극으

로 시작해 수정주의 서부극에 이르기까지 그 진화 과정을 시대순으로 그대로 밟고 있기 때문이다. 초기 서부극의 정형을 확립한 1939년의 〈역마차〉부터 할리우드 서부극의 전성기를 상징하는 1948년 〈황야의 결투〉와 서부극에 대한 자기 성찰을 보여 주는 1956년의 〈수색자〉, 그리고 1962년의 〈리버티 밸런스를 쏜 사나이〉에 이르기까지, 포드의 걸작 서부극을 일별하는 것은 곧 미국 웨스턴의 역사이기도 하다.

물론 포드가 1964년에 만든 최후의 서부극 〈샤이엔의 가을〉이 있지만 〈리버티 밸런스를 쏜 사나이〉야말로 포드의 서부극에 대한 성찰이 완성에 도달한 작품인 동시에 그의 서부극의 마지막 걸작인 것이다. 이 영화는 한 마디로 서부와 사라져 가는 영웅을 그린 서부극에 대한 그의 고별사였다.

┇ 간략한 줄거리

상원 의원 랜스는 톰의 장례식에 참석하기 위해 미국 서부의 신본을 찾는다. 명망 있는 의원이 이 깡촌 마을을 찾아오자 주민들은 깜짝 놀란다. 지역 신문의 편집장과 기자가 이곳을 찾은 이유에 대해 집요하게 인터뷰를 요청한다. 이에 랜스는 톰과의 남다른 인연에 대해 이야기를 풀어 놓기 시작한다. 동부에서 법대를 갓 졸업한 랜스는 서부로 향하던 중 악당 리버티 밸런스(리 마빈 분)에게 폭행을 당하고 신본으로 옮겨진다.

식당 여주인 할리(베라 마일즈 분)의 도움으로 곧 의식을 회복하면서 밸런스에게 법으로써 책임을 물려 하지만 그의 앞에 나타난 총잡이 톰은 총이 아니고서는 밸런스를 막을 수 없다고 충고한다. 법을 신봉하는 랜스와 총이 우선이라는 톰은 사사건건 부딪힐 뿐 아니라 할리를 두고도 미묘한 삼각관계를 형성한다. 그러던 중 밸런스가 나타나 신본을 쑥대밭으로 만든다. 이에 랜스는 법으로는 도저히 해결할 수 없는 문제임을 깨닫고 결투를 벌여 밸런스를 제거하는 데 성공한다. 히지만 총을 쏘았다는 자괴감에 의원 출마를 포기하려던 순간, 톰은 밸런스를 향해 실제로 총을 쏜 건 자신이라고 고백한다.

II. 영원한 카우보이, 존 웨인

존 웨인

존 웨인은 150편에 달하는 할리우드 역사상 가장 많은 서부극에 출연했다. 느릿느릿한 말투와 떡대는 산(山)만한 남자다운 풍모로 무수한 서부극에 출연하면서 웨스턴의 아이콘이 되었다. 서부극은 역사적으로 미국인들이 가장 선호하던 전통적인 영화 장르의 하나였다. 그래서인지 웨인은 클래식한 할리우드 남자 배우들 중에서는 항상 최상위권의 인지도를 자랑하는 배우였다.

웨인은 미국 아이오와 주 윈터셋에서 태어났다. 본명은 매리언 로버트 모리슨이었다. 존 웨인이라는 이름은 1930년 〈빅 트레일〉에 출연하면서부터 사용했던 예명이다. 웨인은 듀크(공작)라는 애칭도 있었는데 원래 그의 애완견의 이름이었다. 어려서 캘리포니아 글렌데일로 이사한 그는 그곳 고등학교와 남부 캘리포니아 대학교에서 미식축구 선수 생활을 했다.

대학 졸업 후 할리우드를 기웃거리던 그는 20세기 폭스 영화사의 소품 담당 스태프로 일하다가 단역으로 영화배우 인생을 시작했다. 1930년에는 서부 영화 〈빅 트레일〉에 주연을 맡기도 했으나 잠깐이었다. 이후 10년간 계속 B급 서부 영화에 겹치기 출연하는 싸구려 배우로 지내다가 존 포드 감독의 〈역마차〉로 대박을 치면서 스타의 반열에 오르기 시작했다. 처음에 제작자 셀즈닉은 웨인의 링고 역으로 출연하는 것에 시큰둥했다. 그러나 포드는 셀즈닉에게 〈역마차〉는 그때까지 존 웨인이 출연했던 B급 영화와는 수준이 다른 서부극이 될 거라고 설득하면서 웨인의 출연을 강력히 요청했다. 웨인은 이후 포드의 웨스턴에 단골로 출연하며 할리우드 최고의 스타로 굳히게 되며 두 사람의 우정은 죽을 때까지 이어졌다.

〈역마차〉 이후 존 포드와 함께한 대표적인 서부 영화는 〈아파치 요새〉, 〈수색자〉, 〈황색 리본을 한 여자〉, 〈리오 그란데〉, 〈기병대〉 등인데 웨인은 이 중에서 〈수색자〉와 〈황색 리본을 한 여자〉는 본인 스스로 최고의 영화로 손꼽기도 했다. 비서부극으로는 마찬가지로 포드의 〈말없는 사나이('아일랜드의 연풍'이라고도 한다)〉를 자신의 최고의 작품으로 손꼽았다. 서부극에 줄창 출연하는 웨인을 두고 당시 일부 비평가들은 그의 연기를 서부극만을 위한 스테레오 타이프라고 비판하기도 했지만 절제된 동작과 연기로 확고한 캐릭터를 구축했다는 호의적인 평가도 없지 않았다.

또한 배우 그레고리 펙은 웨인이 연기를 잘하는 것은 150편에 달하는 서부극을 꾸준히 연기하면서 현실감이 흐르는 진솔한 캐릭터를 창조했기 때문이라고 두둔하기도 했다. 거의 200편에 가까운 영화에 출연하면서 말년에 이른 웨인은 1969년에 한쪽 눈에 안대를 감은 루스터 역으로 출연한 서부극 〈진정한 용기〉로 아카데미 남우주연상을 수상했다. 오랜 기간 동안의 대중적 인기에 더해 비평가들의 인정까지 받았던 셈이다.

자타가 공인하는 보수주의자인 웨인은 애국을 부르짖는 이미지와는 상반되게 병역을 기피한 인물이었다. 제2차 세계대전 당시 징병 대상이었지만 연령과 부양가족 때문에 면제를 받았다. 대중적 인기를 고려해 자원입대를 공언했지만 영화 한 편만 더 찍고 입대하겠다며 한 편씩 한 편씩 미루다가 결국 전쟁이 끝나 버렸다. 비슷한 나이에 자원입대한 헨리 폰다나 제임스 스튜어트와 비교하면 겉만 터프한 겁쟁이라고 할리우드에서 소문이 나기도 했다. 나중에 영화계의 은인이기도 한 존 포드와 영화 촬영을 하던 중, 스태프들에게 껄떡거리다가 포드가 그의 군 미필을 들먹이면서 면박을 주기도 했다. 포드는 오십에 가까운 나이로 제2차 세계대전 당시 카메라를 들고 태평양 전선을 누비며 기록사진을 찍기도 했던 열혈남이었다. 포드와 페르소나 관계의 인물이었던 웨인은 포드한테만큼은 할리우드에서 웨인이 유일하게 꼼짝 못 했던 사람이었다.

열성 공화당원인 웨인은 평생 동안 지독한 반공주의자이자 우파론자로 살았다. 그러나 나이가 들면서 정치적 견해는 약간은 온건해졌다. 흥미롭게도 1978년에는 파나마 운하 문제로 카터 대통령과 민주당을 지지하기도 했다. 그는 그 운하를 파나마 국민에게 돌려줘야 한다고 잘라 말했다.

III. 미국 원조 국민 배우, 제임스 스츄어드

제임스 스츄어드는 평생 모범적인 미국인의 전형적인 삶을 살았으며 영화에서의 역할도 거의 이와 대동소이했던 인물이었다. 약간 머뭇거리는 말투로 소박하면서도 겸손한 매력을 지닌 그는 50년의 연기 생활을 하면서 자신만만한 모습의 대부분의 할리우드 영화의 영웅상과는 거리가 먼 캐릭터를 연기했다. '세기의 스타 50인'에서는 그를 "정직과 근검, 청교도적인 미국인의 가치관과 미국식 인민주의를 대표했으며 평범한 서민들의 소박한 용기와 신념을 스크린과 실제 생활에서도 그대로 실천했다."라고 극찬했다. 지금은 톰 행크스를 미국의 국민 배우라고 말하고 있지만 스튜어트야말로 미국의 원조 국민 배우였다.

스튜어트는 1908년 펜실베이니아 주 인디애나의 조그만 마을에서 철물상을 하는 아버지와 피아니스트 어머니 사이에서 태어났다. 머리도 명민했고 모범생으로 자란 그는 장학금을 받으며 프린스턴 대학에서 건축학을 전공하였다. 대학교 시절부터 스튜어트는 자신의 연극적 재능을 발견하면서 졸업하자마자 연기를 시작했다. 브로드웨이를 거쳐 할리우드로 진출한 그는 작은 역할들을 몇 번 맡다가 프랭크 카프라 감독의 〈우리들의 낙원〉에서 첫 주요 배역을 맡게 된다. 이듬해 그는 같은 감독인 카프라의 〈스미스 씨 워싱턴에 가다〉에서 세상 물정 모르며 정의를 위해 싸우는 의로운 정치인 역을 맡아 호평을 받으며 할리우드 영화계의 주목을 받기 시작했다.

1940년에는 캐리 그랜트와 캐서린 헵번과 공연한 영화 〈필라델피

아 스토리〉에 출연하여 아카데미 남우
주연상을 받았다. 당시 가장 연소한 나
이에 받은 남우주연상이었다. 상을 받
자마자 제2차 세계대전이 발발하면서
참전하게 된다. 실전에 자원한 최초의
할리우드 스타였다. 신체검사에서 체
중 미달로 불합격을 받자 악착같이 체
중을 늘리려고 했으나 실패하자 결국
군의관에게 통사정을 해서 겨우 합격
판정을 받았다.

제임스 스츄어드

　1941년 3월 육군 항공대에서 군 복무를 시작했다. 그는 개인적
으로 항공 자격증을 취득하고 있었다. 이후 그는 비행 훈련을 마치고
1942년 1월 장교로 임관, 유럽 전선에 배치되었다. 그는 스타급 영화배
우라 하여 후방에서 사무직으로 근무하거나 위문공연을 다니지 않고,
실제로 폭격기를 몰고 포화 속을 뚫고 20회에 걸쳐 유럽 대륙으로 날
아갔다. 당시 폭격기 조종사들의 전사율이 지상에서 싸우는 육군보다
훨씬 높았던 것을 감안한다면 대단한 용기였다. 입대 후 4년 만에 대령
으로 진급한 그는 종전 후 주업인 배우 생활을 시작했다. 한편으로는
예비역으로 남아 있으면서 1959년 7월 23일 준장으로 진급하면서 완
전히 퇴역했다. 이는 아직까지 할리우드 스타들 중 가장 높은 군 계급
이다. 퇴직금은 공군사관학교에 전액 기부했다. '노블레스 오블리주'를
실천했던 보기 드문 품격의 인물이었다. 배우로 복귀한 뒤에도 아이젠

하워와 존슨 대통령 시절, 상원 의원과 캘리포니아 주지사 출마 권유를 받았으나 거절했다.

전쟁이 끝난 후 할리우드에 돌아온 그가 출연한 영화는 역시 카프라 감독의 〈멋진 인생〉이었다. 이 영화에서 그는 소도시 삶의 좌절과 실망들을 겪는 어두운 역할을 맡았다. 이후 토마스 만 감독과 〈분노의 강〉과 〈운명의 박차〉, 〈라라미에서 온 사나이〉 등을 찍으면서 서부극에도 진출했다. 이어서 히치콕의 〈로프〉에 출연하면서 캐리 그랜트와 함께 그의 단골 출연 배우가 된다. 그랜트에 비해 덜 로맨틱한 스튜어트는 그랜트보다는 멋모르고 음모에 빠져드는 시민 역을 맡아 내면적 고통에 시달리는 인물을 연기했다.

〈이창〉에서는 다리가 부러져 꼼짝 못 하는 사진가로 출연해 아파트 창문을 통해 살인 사건을 목격하는 역을 맡았고 〈나는 비밀을 알고 있다〉에서는 도리스 데이와 함께 아들을 유괴당한 아버지 역을 맡기도 했다. 히치콕의 영화 중 〈현기증〉에서 뛰어난 경찰관 역할을 맡기도 했다. 후에 포드의 영화에도 출연하면서 〈투 로드 투게더〉에서 과묵하면서도 부패한 보안관을 연기했고, 이어서 〈리버티 밸런스를 쏜 사나이〉에서는 서부의 젊은 변호사였다가 상원 의원이 되는 역을 맡기도 했다.

젊은 시절 여러 여배우들과 염문을 뿌리기도 하면서 41세까지 노총각으로 지냈다. 1949년 무척 가까웠던 게리 쿠퍼와의 식사 자리에서 함께 동석했던 글로리아와 결혼했다. 이미 두 아들을 두고 있었던 그녀와의 사이에 쌍둥이 딸을 낳았다. 1986년 그녀가 3년 먼저 세상을 떠

불멸의 명작 영화 50선

낳을 때 무척 슬퍼했다. 그는 일생 동안 아내 글로리아에게만 전념했고 성격상 할리우드의 번잡함과 화려함을 싫어했다. 스포트라이트 받는 것도 가급적 멀리한 검박한 인물이었다. 의붓아들 중의 하나는 베트남전에서 전사했다.

스튜어트는 우파적 대의들을 지지한 열성적인 공화당원이었다. 언젠가 가장 절친이자 할리우드에서 알아주는 진보 성향의 헨리 폰다와 정치적인 이슈로 주먹질까지 오고 간 적이 있었다. 두 사람은 그 일로 우정이 깨지지는 않았지만 다시는 정치에 관해 논쟁하지 않기로 약속했다. 트루먼 대통령은 스튜어트의 광팬이었는데, 딸을 하나 둔 그는 꼭 스튜어트 같은 아들이 하나 있었으면 원이 없겠다는 말을 했다.

1985년 아카데미 평생공로상 시상식에서 그는 "이 상은 여태껏 받아 본 상들 중에서 가장 훌륭한 상이다. 이 상은 기나긴 세월 동안 내가 잊혀지지 않았다는 걸 일깨워 주기 때문이다."라고 수상 소감을 밝혔다. 1989년 스튜어트는 심장 마비와 폐색전으로 눈을 감았다. 당시 대통령이던 클린턴은 "미국은 오늘 국가의 보물을 잃었습니다. 제임스 스튜어트는 위대한 배우이며 신사였고 애국자였습니다."라며 애도했다. 그는 평생을 흠잡을 데 없는 삶을 살았다. 모든 이들이 그를 존경했으며 명배우 찰턴 헤스턴은 그를 '미국인의 진수'라고 표현했다. 1999년 미국 영화 연구소에서 위대한 남자 배우 3위에 선정되었으며 지금도 미국인들은 그를 국민 배우로 여기고 있다.

22장

아라비아의 로렌스

토머스 에드워드 로렌스의 생애

Ⅰ. 아라비아의 로렌스(1962년), Lawrence of Arabia
Arabia

영화 〈아라비아의 로렌스〉는 이미 〈콰이강의 다리〉로 작품성과 흥행 면에서 재미를 톡톡히 본 제작자 샘 스피겔과 데이비드 린 감독이 다시 한 번 의기투합하여 만든 영화사에 길이 남을 걸작이다. T. E. 로렌스의 자서전『지혜의 일곱 기둥』을 바탕으로 〈사계절의 사나이〉, 〈닥터 지바고〉의 각본으로 유명한 로버트 볼트가 시나리오를 집필했다.

〈아라비아의 로렌스〉는 제1차 세계대전 당시 중동 지역의 어지러운 정치 상황과 여기에 휘말린 아름다운 몽상가인 로렌스라는 한 개인의 삶을 장쾌한 화면 속에 담아내면서 '생각하는 인간 서사시'라고 평가를 받았다. 통상적으로 한 인물의 일대기를 그린 작품과는 달리 이 영화는 주인공 로렌스를 일방적으로 영웅화하지 않는다. 비록 전쟁을 승리로 이끌지만 목 타게 바라던 아랍권의 독립이 실패로 끝나는 과정에서 정신 분열 단계에까지 이르는 로렌스의 복잡한 심리를 깊이 있게 파헤치고 있다.

이 영화의 상영 시간에 대부분 등장하는 것은 광활한 사막의 모래바람과 뜨거운 태양, 그리고 그곳에서 거주하는 베두인들이다. 요즘같이 디지털 시대의 화려한 편집이 난무하는 영화들도 발끝도 따라오지 못할 거대한

아랍인들을 이끄는 로렌스

장관을 연출했다. 영상으로 펼쳐진 방대한 사막의 풍광은 숨이 막히게 아름답다. 그야말로 관객들 스스로 사방이 모래로 덮인 사막의 여정길에 함께 동참한 듯한 착각을 불러일으키게 하고 있다. 장장 2년간 요르단에서 진행된 이 사막 촬영은 악전고투의 연속이었다.

《라이프》지는 〈아라비아의 로렌스〉를 '지금까지 만들어진 영화 중 가장 공이 많이 들어간 작품'이라고 말했다. 이 영화는 총 제작 기간이 10년이라는 긴 세월이 소요된 작품이었다. 오로지 촬영 기간만 3년이 훌쩍 넘었으며 수천 마리의 낙타가 동원되는 등 투입된 물량도 어마어마했다. 신인급인 피터 오툴, 오마 샤리프가 일약 스타덤에 올랐던 작

품이었다. 이 영화는 1963년 제35회 아카데미에서 7개 부문(작품상·감독상·남우조연상·촬영상·편집상·음악상·음향효과상)을 수상했다. 이전에 〈콰이강의 다리〉에서 메가폰을 잡은 데이비드 린은 이 영화 이후 〈닥터 지바고〉, 〈라이언의 딸〉, 〈인도로 가는 길〉 등을 연출하며 완전히 대작 전문 감독으로 자리를 잡았다.

이 영화는 조지 루카스와 스티븐 스필버그를 비롯한 수많은 거장 감독들에게 영감의 원천이 되었다. 특히 스필버그와 역시 이 영화의 열광적인 팬인 마틴 스콜세지 감독은 나중에 함께 이 작품을 원작의 길이(216분)로 복원하는 방대한 작업에 참여하기도 했다.

영화에서 휩쓸어 가는 듯한 멋진 주제곡도 이 영화를 명작으로 만드는 데 큰 기여를 했다. 프란시스 레이, 미셸 르그랑과 함께 프랑스 영화 음악 3대 거장으로 불리는 모리스 자르가 음악을 맡았다. 린과 명콤비였던 자르는 이 영화 이후에도 〈닥터 지바고〉, 〈라이언의 딸〉, 〈인도로 가는 길〉에서 음악을 담당했고 이 밖에 〈위트니스〉, 〈죽은 시인의 사회〉, 〈사랑과 영혼〉, 〈파리는 불타고 있는가〉 등 200여 편이 넘는 작품에서 음악을 맡았다. 자르는 이 영화에서 광활한 아라비아 사막을 배경으로 펼쳐지는 대서사시를 필하모닉 오케스트라가 연주하는 장쾌한 음악으로 어루만지며 생애 최초로 아카데미 음악상 수상의 영광을 안았다.

이 영화는 아카데미 7개 부분에 걸쳐 상을 받았지만 남우주연상 후보였던 피터 오툴은 아쉽게도 받지 못했다. 그의 이 탈락은 이후 8회에 걸쳐 후보에 오르지만 일생 동안 끝내 수상을 못 하는 불운의 전주

곡이기도 했다. 그해에 남우주연상은 〈앵무새 죽이기, 일명 알라바마에서 생긴 일〉의 그레고리 펙에게 돌아갔다.

처음에 오툴이 영화의 주역을 맡는다고 했을 때 많은 사람들이 의아해했다. 엄청난 제작비가 투입된 대작 영화의 주연이 알려지지 않는 무명 배우에게 돌아갔으니 그럴 만도 했다. 사실 로렌스란 인물은 연기하기가 만만치 않은 복잡한 내면을 지닌 캐릭터다. 그러나 오툴은 놀라운 연기력으로 로렌스 역할을 100% 이상으로 소화했다. 오툴이 캐스팅되기까지 말론 브랜도나 앤서니 홉킨스, 알랭 들롱 등 여러 배우들이 로렌스 역으로 물망에 올랐다. 제작자 스피겔은 오툴의 캐스팅을 극구 반대하면서 몽고메리 클리프트를 밀었다. 그러나 클리프트의 심각한 알코올 중독 문제가 거론되면서 린 감독이 적극적으로 추천한 오툴이 발탁되었다는 후문이다.

ː 간략한 줄거리

영화는 크게 두 파트로 나누어진다. 전반부가 로렌스와 아랍 부족의 승리와 영광을 그렸다면 후반부는 절정에 달했던 로렌스의 성공이 제국주의자들의 야합에 의해 망가져 가는 영웅의 좌절과 몰락의 이야기이다. 시원스럽게 전개하던 전반부에 비해 후반부는 로렌스의 복잡한 심경을 반영하듯 혼란스럽다. 전반부에서 로렌스는 영국군 장교로 터키의 지배에 반발하는 아랍 부족에 파견된다. 단순한 영국군의 일부로 아랍 부족을 편입시키려는 상관에게 반발해 파이잘 왕자(알렉 기네스 분)와 협상 끝에 알리와 베두인족을 이끌고 살인적인 더위의 네푸드 사막을 가로질러 전략적 요충지인 아카바를 점령한다. 후반부에서는 아랍 부대를 이끌고 터키군과 싸우며 중동의 중심부인 다마스커스를 점령한다. 이제 아랍의 독립을 눈앞에 두지만 결국 로렌스는 열강의 이익 놀이에 휘둘리면서 절망한다. 몽상가적 순수함을 간직한 인물인 로렌스는 쓸쓸히 본국으로 귀환 길에 오른다.

II. 토머스 에드워드 로렌스의 생애

　　로렌스는 1888년 8월 16일 웨일스의 작은 마을 트리머독에서 태어났다. 로렌스는 어린 시절부터 몽상가적 기질이 다분했다. 이 기질은 아버지로부터 물려받았다. 아버지의 원래 이름은 토마스 로버트 채프먼 경이었다. 그는 원래 아일랜드의 웨스트미트에 본부인과 네 딸을 둔 가장이었다. 그런데 그만 하녀 사라 메이든과 사랑에 빠져 버렸다. 사랑과 가정을 동시에 지킬 수도 있었으련만, 그는 가정과 나라, 이름까지도 팽개치고 사라와 함께 사랑의 도피 행각을 벌였다. 결국 바다 건너 웨일스의 트리머독에 새 보금자리를 꾸렸다.

　　새로운 둥지에서 그는 성을 로렌스로 바꾸고 5형제를 낳았다. 토마스는 둘째였다. 아버지가 본부인에게 이혼을 요청했으나 본부인이 딱 잘라 거절하는 바람에 로렌스 형제는 법적으로 사생아가 되었다. 귀족 신분이면서 사생아라는 불명예는 로렌스의 일생에 늘 어두운 그림자가 되었다. 그래선지 그는 음습한 웨일스보다는 태양이 작열하는 아랍의 광활한 사막을 동경했는지도 모른다. 아버지는 사냥이나 낚시·요트·승마 등 야외 스포츠광이었고 어머니는 캘빈 교도로 지독한 금욕주의자였다.

　　로렌스는 몽상가인 아버지와 금욕적인 어머니를 반반씩 닮았다. 그는 일생 동안 술과 담배는 일체 가까이하지 않았고, 여자는 더더욱 멀리했다. 로렌스는 말 타는 것 빼고는 아버지의 귀족적인 취미를 거의 물려받지 않았다. 로렌스는 어릴 때부터 비정상적일 정도로 자기 단련에 열중했다. 로렌스는 철이 들 무렵부터 굶기를 밥 먹듯 했다. 먹을 걸 안 먹고 물을 안 마시고 얼마나 견딜 수 있는지, 끊임없이 스스로를 극한으로 몰아넣으면서 시험해 보는 괴짜였다. 그래서 그랬을까. 그의 키는 서구인으로는 작은 편인 166cm에 불과했다.

운동 신경이 뛰어났음에도 그는 여럿이 모여 하는 경기를 멀리했다. 인

T. E. 로렌스

기 스포츠인 축구나 럭비 혹은 크리켓 따위는 구경조차 하지 않았다. 규칙이나 약속에 얽매이는 것, 많은 사람이 모이는 곳에 가는 걸 질색했다. 이는 속박 받는 것을 질색하는 그의 성격 때문이었다. 또한 사람들과의 신체적 접촉도 극도로 싫어했다. 상대방이 악수를 하려고 손을 내밀면 움찔하면서 반사적으로 두 손을 등 뒤로 숨기곤 했다. 또한 섹스를 혐오해서 결혼은 물론 여자와 교제한 기록은 아예 없다. 동성애적 기질이 있었던 것으로 추정되나 근거가 있는 것은 아니다.

어쨌든 로렌스는 친구들과 잘 어울리는 사회성이 풍부한 원만한 타입은 아니었고, 홀로 고독을 즐기며 사색을 즐기는 전형적인 외로운 몽상가의 모습을 보였다. 방학이 되면 카메라를 들고 자전거 여행을 떠났다. 영국 각지는 물론 바다 건너 프랑스에도 다녀왔다. 주로 옛 교회와 성터를 답사했다. 고등학교를 졸업할 무렵에는 중세의 고저이리는 곳은 안 가 본 데가 없을 정도였다. 역사 지식에는 발군이었다.

고등학교 시절부터 고고학 탐구에 매료되어 있었던 그는 옥스퍼드 대학의 사학과에 진학하여 수석으로 졸업한다. 이후 첩보원 신분으로 유프라테스강에서 발굴 작업을 하던 대영박물관 원정대의 일원으로 특파되었다. 1914년까지 메소포타미아·튀르키예·그리스·이집트 등지를 조사하며 다녔다. 이 기간 동안 로렌스는 아랍인들의 문화 및 언어를 배웠다. 그는 원래 이런 수순을 밟으면서 고고학자가 될 꿈을 키우고 있었다.

대학 시절 만난 옥스퍼드 대학의 박물관장 데이비드 호가스는 로렌스를 중동 지역으로 이끈 은사였다. 호가스는 로렌스에게 아랍어를 배울 것을 권했고, 그로 인해 로렌스의 아라비아에 대한 관심도가 부쩍 증가하기 시작한다. 실제로 옥스퍼드 대학은 대영 제국의 중동 정책 산실이었고, 호가드는 중동 전략 책임자였다.

로렌스의 아라비아와의 직접적인 인연은 1909년 대학에서의 마지막 여름 방학 시절이었다. 졸업 논문을 완성할 겸 메소포타미아에서 진행 중이던 고대 히타이트 문명의 발굴 사업을 견학하기 위해 아라비아 여행을 추진했다. 스승인 호가스는 여름에는 여행하기 좋지 않다며 반대했지만, 로렌스는 휴대품이라고는 카메라와 권총, 칫솔만 달랑 들고는 마치 이웃 마을에 놀러 가는 것처럼 가벼운 마음으로 길을 떠났다. 그러나 여정은 험난했다. 생사의 기로에 여러 번 마주치는 등 고생은 막심했지만 극기주의자인 그로써는 충분히 감내할만한 일이었을 것이다. 훗날 아라비아의 로렌스의 싹이 보이는 대목이다.

대학 졸업 후 로렌스는 시리아·메소포타미아·소아시아·그리스·이

집트 등을 홀로 싸다녔다. 어차피 혼자 생활하는 것을 즐겼던 그였기에 여행의 고독이, 특히 사막의 고독이 그에게는 오히려 오래 입은 옷처럼 편했다. 제1차 세계대전이 발발하자 로렌스는 정보 장교 신분으로 카이로에 있는 아랍 부서로 배치되었다. 주로 중동 지역 지도 제작에 참여했다. 1915년이 되면서 아랍 민족주의 열풍이 불기 시작하여 오스만 터키에 대한 아랍 진영의 반란의 기미가 솔솔 풍기기 시작했다. 당시 영국은 사우디 헤자즈 지역의 태수였던 샤리프(아랍의 지도자) 후세인에게 반란 여부를 타진하고 있었다. 후세인은 반란을 일으키는 대신 헤자즈·시리아·메소포타미아 지방을 포함한 아랍 영토에 대해 영국이 독립을 보장해 줄 것을 요구하였다.

10월이 되도록 영국이 꿈지럭거리면서 회답이 없자 후세인은 오스만 제국 편에 붙어 버리겠다고 공갈을 쳤다. 그렇지 않아도 갈리폴리 전투에서 똥줄이 타고 있던 영국은 결국 헨리 맥마흔 경을 통해 부랴부랴 후세인의 요구를 들어주기로 한다. 이에 따라 정보 장교 신분인 로렌스는 1916년에 아라비아 지역으로 파견되어 본격적으로 아랍 반란을 지원하기 시작한다. 영국군 수뇌부는 아랍어도 능통하고 아랍 문화에 빠삭한 로렌스에게 오스만 터키에 대항할 대표 아랍인을 찾으라는 명령을 내린다. 그 대상자가 바로 메카의 대종주(大宗主)이자 헤자즈의 태수 후세인의 셋째 아들인 파이잘 왕자였다. 이후 파이잘 왕자와 로렌스의 질긴 인연이 시작된다. 파이잘과 제휴하여 스스로 아라비아인으로 분장하고는 사막의 유목민인 베두인족의 유격대를 지휘하는 역할을 맡았다.

1917년 로렌스는 이 유격대를 이끌고 홍해 근처 요충지인 아카바 공략에 나선다. 로렌스가 이끄는 유격대는 터키군이 전혀 예상하지 못한 곳에서 공격을 가하기로 했다. 그것은 바다로부터가 아닌 사막으로부터의 공격이었다. 2개월 동안 열사(熱砂)의 네퓨드 사막을 피 말리는 행군 끝에 1917년 7월 6일 홍해의 북쪽 끝에 있는 아카바를 점령한다. 이후에도 철도와 교량 파괴 등 파상적으로 게릴라전을 전개해 나갔다. 1918년 10월 영국의 앨런비 장군의 부대와 협동 작전을 펼치면서 마침내 중동의 거점 도시인 다마스쿠스를 점령할 수 있었다. 전쟁은 끝났다. 로렌스가 약속했던 아랍의 독립이 목전에 다가온 것이다.

하지만 약속했던 아랍 민족의 독립을 논의할 시점이 다가오자 영국과 프랑스는 그동안 감추고 있던 중동의 분할 통치 음모를 드러내기 시작한다. 이들은 1916년 사이크스-피코 조약*을 통해 아랍 영토 분할을 비밀리에 체결한 바 있었다. 아랍인과 로렌스의 승리는 아랍의 독립과 해방이 아닌 제국주의 국가들인 영국과 프랑스를 위한 승리였던 것이다. 이 때문에 로렌스는 본국에 항의하고 아랍 민족에게도 단결을 호소해 보았지만 아무런 소용이 없었다.

아랍의 영웅으로 추앙받던 로렌스의 인생과 꿈은 종전과 함께 무너져 버렸다. 제국주의라는 패러다임 속에서 소수 민족의 독립과 해방,

---

* 1916년 5월 영국의 마크 사이크스와 프랑스의 조르주 피코 사이에 1차 대전이 끝나면 오스만 터키가 지배하던 중동 지역의 분할을 비밀리에 맺은 협정을 말한다. 프랑스는 시리아·레바논을, 영국은 이라크·요르단을 통치하고, 러시아에게도 터키의 동부 지방을 주며, 팔레스타인은 공동 관리로 한다는 내용이었다. 그러나 영국은 아랍 민족의 지도자 후세인에게 독립 약속을 한 뒤였으므로, 이중 외교·비밀 외교라 하여 많은 문제를 야기했다.

평화는 애초부터 불가능했던 것이다. 이상적인 결말을 꿈꾸었던 로렌스는 깊은 환멸을 느꼈다. 그는 국왕 조지 5세로부터의 훈장도 거부했다. 자신은 아랍인들에게 거짓된 희망을 불어넣었다며 아랍인들의 독립 전쟁에서의 자기 역할은 자신에게나 영국에게나 결국은 불명예스러운 것이었다고 말했다.

아랍의 독립 운동은 결국 영국과 프랑스의 중동 지역에 대한 식민지 지배로 이어지면서 그의 꿈은 물거품이 되어 버린 것이다. 이제는 세계적인 스타가 되었으나 로렌스는 실의와 좌절의 나락에 빠져 버렸다. 그는 전쟁이 끝나자 고국인 영국으로 돌아가서 세상의 관심으로부터 멀어지기 위해 군대에 입대한다. 군대로 피신하고 싶다는 그의 희망은 정부도 들어주었다. 로렌스는 1935년 2월 말까지 10년의 병역 만기를 채우고 제대했다.

이제 그를 간섭하는 일체의 요소는 없어졌다. 새로운 이름으로 개명한 로렌스는 마음껏 은둔 생활을 즐길 수 있게 되었다. 제대 후 그는 영국 도싯주의 작은 마을 웨어햄에 있는 클라우즈 힐의 오두막집에 정착하였다. 그리고 그는 자신의 회고록인 『지혜의 일곱 기둥』을 썼다. 생각해 보면 지나온 세월은 꿈과도 같은 날들이었다. 그는 오토바이의 스피드를 즐기면서 고독을 만끽했다.

영화 〈아라비아의 로렌스〉는 로렌스가 오토바이를 타고 가는 장면으로부터 시작된다. 1935년 5월 12일이었다. 친구를 초대하기 위해 오토바이를 타고 전보를 치러 갔다가 집으로 돌아오는 길이었다. 농촌의 한적한 길을 전속력으로 달리고 있는데, 앞에 자전거를 타고 가는 소년들이 보였다. 그들을 피해 핸들을 꺾는 순간 오토바이는 곤두박질 치고 오토바이로부터 분리된 로렌스의 몸은 공중으로 붕 떠올랐다가 나동그라졌다. 의식을 잃은 그는 이튿날 육군 병원으로 옮겨졌다. 머리에 치명상을 입은 이 20세기의 괴짜 영웅은 5월 19일, 이승을 하직했다. 이때가 그의 나이 45세. 그의 유해는 5월 21일 모턴 교회에 매장되었다.

"인간은 누구나 꿈을 꾼다. 그러나 그 꿈이 모두 같은 것은 아니다. 밤에 꿈을 꾸는 사람은 밝은 아침이 되면 잠에서 깨어나 그 꿈이 헛된 것이라는 사실을 이내 깨닫는다. 반면에 낮에 꿈을 꾸는 사람은 몹시 위험하다. 그런 사람은 눈을 활짝 뜬 채 자신의 꿈을 실현시키려고 행동한다. 그렇다. 나는 낮에 꿈을 꾸었다."

T. E. 로렌스의 저서 〈지혜의 일곱 기둥〉 머리말에서…

23장

싸이코

공포와 서스펜스물의 전설, 알프레드 히치콕

I. 싸이코(1962년), Psycho

스릴러와 공포물의 대가 알프레드 히치콕은 영화사적으로 뛰어난 영화들을 많이 남겼는데, 〈싸이코〉만큼 후세의 작품에 영향을 끼친 작품도 드물 것이다. 이 영화는 '극적인 반전이란 바로 이런 것이다'라고 할 정도로 반전의 정석을 보여 준 걸작이다.

이 영화는 로버트 블록이 1959년에 쓴 동명의 소설을 원작으로 해서 만들어졌다. 이 소설은 1957년 철물 가게 여주인 살인 사건의 용의자로 검거된 에드 게인의 집에서 여자의 얼굴 피부로 만든 가면들과 여성의 시신을 재료로 해서 만든 옷이 다수 발견됐다. 작가 블록은 여기에 착안을 해서 『싸이코』를 썼다.

영화 〈북북서로 진로를 돌려라〉로 흥행에 성공한 후 새로운 작품을 모색하던 히치콕은 바로 이 소설 『싸이코』에 구미가 당겼다. 이 소설은 당시 세상을 떠들썩하게 만든 다중 인격·근친상간·오이디푸스 콤플렉스 등 상당히 복잡한 인격의 연쇄 살인마 에드 기인을 모델로 쓴 책이었다. 이 악마적이고 매력적인 캐릭터에 필이 꽂힌 히치콕이 그냥 지나칠 수가 없었다. 히치콕은 원작자 블록으로부터 단돈 9천 달러에 판권을 사들였고 엔딩의 비밀을 최대한 유지하기 위해 시중에 나온 소설 『싸이코』를 눈에 보이는 대로 모조리 사들였다.

그런데 히치콕을 괴롭힌 것은 제작비 조달과 당시 엄격한 영화 검열의 통과가 문제였다. 우선 계약 관계에 있던 파라마운트사가 공포 영화를 흥행성이나 작품성이 없다는 이유로 제작비 지원을 딱 거절했다. 그러나 히치콕은 자신의 의지를 포기하지 않고 직접 제작비를 조달키로 했다. 우선 살고 있던 집을 저당을 잡히고 은행에서 80만 달러의 제작비를 융통해서 영화 제작에 들어갔다.

영화가 개봉되자 극장마다 비명 소리로 가득 찼다. 실신한 여성들이 여기저기서 발생했다. 종교계는 폭력성과 선정성이 과하다고 들고 일어났다. 극장에는 119 구급대원을 대기시키는 등 난리를 떨었다. 이런저런 노이즈 마케팅*으로 영화는 그해 최고의 흥행작이 되었다. 히치콕은 이후에도 여덟 편의 영화를 제작했지만 이보다 더 큰 흥행작은

---

* 자신들의 상품을 각종 구설수를 불러일으켜서 소비자들의 관심을 끌어 판매를 늘리려는 마케팅 기법이다. 영화 마케팅에서도 심심치 않게 사용된다.

없었다. 80만 달러의 싼 제작비를 들여서 무려 6천만 달러라는 천문학적인 수익을 올렸다.

이 영화에서 샤워실 살인 장면은 영화사에 길이 남을 충격적인 장면으로 회자된다. 히치콕은 욕실 살해 장면을 일주일 동안 무려 70여 회나 카메라 위치를 바꿔 가면서 공들여 촬영했다. 여체의 은밀한 부분은 아슬아슬하게 가리고 능숙한 몽타주로 잔인성과 에로티시즘을 실감 나게 표현했다.

45초 동안 긴박하게 묘사된 이 샤워실 살인 장면에서 실제로 칼에 찔리는 장면은 나오지 않지만 바이올린 소리의 무시무시한 배경음과 칼에 찔리는 소리가 관객들의 공포심을 극대화하는 데 큰 역할을 했다. 칼에 찔리는 소리는 멜론 찌르는 소리로 효과음을 냈다고 한다. 나중에 히치콕은 영화의 큰 성공 요인 중 하나가 음악 때문이었다면서 음악 담당 버나드 허먼에게 두 배의 돈을 선뜻 주었다.

이 영화는 절반쯤 되는 시점에 여주인공 마리온(자네트 리 분)이 살해된다. 이때까지 할리우드 영화의 주인공이 영화가 절반도 지나기 전에 그렇게 잔인하게 살해당한 적은 한 번도 없었다. 그래서 영화가 개봉됐을 당시에는 일단 영화가 시작되면 관객들을 못 들어오게 했다고 한다. 그 이유는 뒤늦게 들어온 관객들이 여주인공이 언제 나타날까 목을 빼고 기다렸기 때문이라고. 영화 전반부에는 마리온이 주인공 역할을 하지만 후반부에는 모텔 주인 노먼 베이츠(앤서니 퍼킨스 분)가 주인공 역할을 한다. 당시 관객들에겐 노먼 베이츠라는 기괴한 캐릭터 자체만으로도 큰 화제가 되었고 대단한 반향을 불러일으켰다. 이 영화로

'노먼 베이츠'라는 이름은 하나의 일반 명사가 되다시피 했다.

이후 〈사이코〉는 4편까지 제작되었으며 사이코 2편에서도 앤서니 퍼킨스가 주인공을 다시 맡았다. 사이코 3편에서는 앤서니 퍼킨스가 직접 감독을 맡았다. 영화 시작 후 약 6분이 지나서 자네트 리가 사무실에 출근하는 장면에서 창밖에 카우

노먼 베이츠

보이모자를 쓴 남자가 보이는데 바로 그가 바로 히치콕이다. 히치콕은 그의 영화에서 항상 잠깐씩 영화 초반에 카메오로 등장하는 것으로 유명하다.

2012년에 영화 〈싸이코〉의 제작 과정을 영화화한 〈히치콕〉이 만들어졌다. 이 영화에서 안소니 홉킨스가 히치콕을, 부인 엘마 레빌 역에 헬렌 미렌이, 여주인공 마리온 역에 스칼렛 요한센이 열연을 펼쳤다. 인물들의 내면과 비하인드 스토리들이 다채롭게 꾸며졌다.

ː 간략한 줄거리

마리온은 회사의 돈을 횡령해서 도주한다. 그러던 중 어느 모텔에서 마리온은 칼로 살해당한다. 마리온의 언니(베라 마일스 분)와 애인(존 게빈 분)은 실종된 마리온을 찾기 위해 사립 탐정 아보게스트(마틴 발삼 분)를 고용하지만 그 역시 같은 모텔에서 살해당한다. 두 사람은 직접 모텔로 찾아가 주인(앤서니 퍼킨스 분)을 만나고 의심스러운 구석을 눈치 채고 모텔을 뒤지기 시작한다. 결국 그들은 해골이 되어 있는 모텔 주인의 어머니를 발견한다. 모텔 주인은 마더 콤플렉스라는 정신병을 가진 다중 인격 인물이다. 모텔 주인은 정신 병원에 감금되고 마리온의 시체가 들어 있는 자동차가 늪에서 건져진다.

II. 공포와 서스펜스물의 전설, 알프레드 히치콕

알프레드 히치콕은 1899년 영국 런던에서 태어났다. 아버지는 청과물상을 하는 상인이었다. 어려서는 소심하고 겁이 많았다. 특히 희한하게도 경찰관과 달걀을 무서워했고 크면서부터는 자동차 운전을 무서워했다고 한다. 나중에 이런 소년이 관객과 비평가를 쥐락펴락하는 공포 서스펜스 영화의 거장이 됐다는 사실은 아이러니하기도 하다. 그런 어린 시절을 보냈던 때문인지 공포의 속성에 대해서 어느 누구보다 잘 알았던 것인지도 모른다. 훗날 "미국 작가 에드거 앨런 포 작가의 작품을 읽은 것이, 공포 영화를 만드는 데 큰 도움이 되었다."고 술회하기도 했다. 미술에 소질이 있었던 그는 런던대학교에서 미술을 전공했으나 중퇴했다. 이후 영국 런던의 파라마운트 지사에 취직하면서 영화계에 뛰어들었다.

알프레드 히치콕

그곳에서 그는 영화 관련 갖가지 일을 하며 한 발자국씩 계단을 밟아 올라갔다. 1925년에 첫 장편 영화를 만들기 시작하다가 1929년 그가 연출한 〈협박〉이 여러 사람들에게 주목을 받기 시작했다. 이때 히치콕의 재능을 알아본 〈바람과 함께 사라지다〉의 제작자 셀즈닉이 그를 할리우드로 불렀다. 그는 1940

년에 로렌스 올리비에와 조안 폰테인이 출연한 〈레베카〉를 감독하면서 아카데미 작품상을 받았다. 이 영화는 정작 제목의 인물인 레베카가 단 한 번도 등장하지 않으면서 여주인공 윈터를 중심으로 공포 분위기를 마음껏 자아냈다는 호평을 받았다. 감독상 후보에도 올랐지만 〈분노의 포도〉를 감독한 존 포드에게 밀렸다. 이후 그는 아카데미 감독상에 여러 번 후보로 오르고도 단 한 번도 수상하지 못했다. 기껏해야 1968년 공로상을 받았을 뿐이다. 아카데미의 굴욕이라고까지 한다. 히치콕 본인도 이를 마음에 두고 있었는지 훗날 공로상을 받을 때 "땡큐!"라고 달랑 한마디 내뱉고는 무대에서 후다닥 내려갔다. 아카데미 역사상 가장 짧은 수상 소감으로 남아 있다.

그의 대표작들은 모두 할리우드 시절에 만들었다. 〈레베카〉, 〈오명〉, 〈나는 비밀을 알고 있다〉, 〈이창〉, 〈현기증〉, 〈싸이코〉, 〈새〉, 〈북북서로 진로를 돌려라〉, 〈다이얼 M을 돌려라〉 등은 히치콕의 대표작일뿐만 아니라 할리우드와 현대 영화를 대표하는 작품들이기도 하다. 이중에서 〈이창〉은 모든 사람에게 내재되어 있는 관음증을 소재로 삼았던 독특한 작품이었고, 〈현기증〉은 훗날 마틴 스콜세지, 브라이언 드 팔마, 스티븐 스필버그 등의 거장들에게 다대한 영향을 끼친 것으로도 유명하다.

히치콕은 인간 심리를 파악하는 뛰어난 감각과 이를 재현하는 데 놀라운 역량의 소유자였다. 독특한 카메라 앵글, 치밀한 편집, 효과적인 사운드 등을 능수능란하게 동원하여 관객들을 공포 속으로 몰고 가는데 타의 추종을 불허하는 재능을 지니고 있었다. 영화 관객들은 자기도 모르게 그의 솜씨에 휘말려 들면서 재미와 공포가 뒤범벅이 된 채 영화관을 떠나야 했다. 히치콕은 스릴러 영화를 만드는 방법에 대해 수많은 효과적인 아이디어를 개발했다. 그중 하나가 그 유명한 맥거핀*이다.

히치콕의 특징 중 하나는 빠르게 진행되는 영화 촬영도 있었다. 그는 사전에 영화에 대한 콘티**를 완벽하게 준비한 다음에는 콘티와 한 치의 차이도 없이 촬영에 임했다. 때문에 현장에서는 거의 수정이 없이 아주 신속하게 촬영이 진행되었다. 이런 방식은 배우들이 철저하게 히치콕의 꼭두각시 인형이 되어야 했다. 일부 배우들은 이런 방식에 구시렁거리면서 불만을 토로하기도 했다. 그는 캐리 그랜트나 제임스 스튜어트 같은 몇몇 배우에게만 상의를 하거나 의견을 물었다.

히치콕은 여배우를 캐스팅할 때 편집증일 정도로 금발 미녀들을 선호했다. 금발인 잉그리드 버그먼을 주연으로 여러 영화를 찍었고, 청순한 이미지의 그레이스 켈리의 매력을 한껏 재현했으며, 〈현기증〉을 통해 킴 노박의 섹시미를 발굴해서 강렬한 인상을 남겼다. 후반기에 캐스팅한 티피 헤드런은 크게 성공한 케이스는 아니었지만, 〈새〉와 〈마니〉의 여주인공으로 호연했다. 〈북북서로 진로를 돌려라〉에 나온 에바 마리 세인트까지 하나같이 금발이었다.

---

* 이는 관객이 줄거리 전개에 계속 헛다리를 짚게 만드는 히치콕의 속임수 장치를 가리키는 말이다. 예를 들면 〈싸이코〉에서 여주인공이 돈을 훔쳐서 도주를 하는데, 관객들은 이 돈다발의 행방과 영화의 줄거리를 계속 연상하지만 결국 돈은 영화의 전개와는 아무런 관계가 없다.
** 영화나 텔레비전 드라마의 촬영을 위하여 각본을 바탕으로 필요한 말과 행동 등 모든 사항을 상세히 적은 것을 말한다.

그는 본인의 영화에 잠깐씩 카메오로 출연하는 버릇이 있었다. 그의 영화에서 그를 찾아보는 것도 잔재미 중의 하나이다. 애견을 데리고 가게에서 나오는 신사, 청소부, 트렁크 가방을 들고 바삐 걸어가는 세일즈맨, 경찰관, 지나가는 행인 등 갖가지 카메오로 불쑥불쑥 나온다. 카메오로 나오더라도 반드시 영화 시작 10분 이내에 나온다. 이는 관객들이 화면에서 자신을 찾는 데에 허둥거리면서 신경 쓰다가 정작 영화에 몰두하지 못하는 것을 막기 위해서였다.

히치콕은 1980년 엘리자베스 2세로부터 기사 작위를 받고 4개월 후 4월 28일 LA에서 신장 쇠약으로 눈을 감았다. 그의 유해는 유언대로 화장해서 태평양에 뿌려졌다.

24장

황야의 7인

나비처럼 살다 간 스티브 맥퀸 / 블라디보스토크 출생인 대머리 배우, 율 브린너

I. 황야의 7인(1962년), The Magnificent Seven

　　〈황야의 7인〉은 일본의 거장 아키라 구로사와의 칼부림 영화 〈7인의 사무라이〉를 리메이크한 영화이다. 시도 때도 없이 들이닥치는 산적들에게 약탈을 당하는 멕시코 깡촌 농민들을 위해 7명의 총잡이들이 의기투합하여 산적들과 혈투를 벌이는 영화이다. 감독은 〈OK 목장의 결투〉, 〈대탈주〉 등 서부극이나 전쟁 영화같이 남성적이고 스펙터클한 영화를 만드는 데 일가견이 있는 존 스타지스가 메가폰을 잡았다. 만드는 영화마다 주연 배우들을 활용하는 데 일가견이 있는 스타지스는 이 영화에서도 7명의 출연 배우들의 개성을 기막히게 살리면서 멋지고 장쾌한 서부극을 만들었다.

이 작품은 사나이들의 명예와 정의를 이야기한다는 점에서 주인공과 악당이 돈을 놓고 총질을 벌이는 추악한 싸움이나 복수로 점철된 다른 서부극과는 차이를 보인다. 총잡이들은 그들을 지켜 달라고 찾아온 순박한 농부들에게 동화되는 면까지 보이는데 이런 점이 관객들을 열광하게 하는지도 모른다.

이 영화는 율 브리너를 제외하고는 모두 무명의 신인급이었다. 스티브 맥퀸, 찰스 브론슨, 제임스 코번, 독일 출신의 홀스트 부크홀츠, 로버트 본이 그들이다. 이들은 브래드 덱스터를 제외하고는 〈황야의 7

7인의 건맨

인〉 이후 모두가 대스타가 되었다. 7명의 배우들 중에서 검은 모자에 검은 상하의를 입은 대머리 율 브리너의 카리스마 넘치는 열연은 발군이었다. 스티브 맥퀸은 극 중에서 어중간한 배역을 맡다 보니 촬영 중에 율 브리너에 대한 경쟁심을 불태우면서 분량이나 캐릭터를 가지고 계속 불만을 토로하기도 했다는 뒷얘기가 전해진다.

이 영화에서 호쾌하고 시원스럽게 흘러나오는 앨머 번스타인의 주제곡은 서부 영화 음악 중에서 손꼽히는 명곡으로 알려져 있다. 7인의 건맨이 대형 화면을 가로지르면서 말을 달리는 오프닝 크레디트 장면을 타고 흘러나오는 이 음악은 영화의 흥을 돋우는 데 일조를 했다. 이 신바람 나는 주제곡은 역대 할리우드 영화 음악 BEST 10순위 안에 속할 정도로 강렬하다.

영화가 개봉된 후 구로사와는 스터지스와 직접 만난 자리에서 〈황야의 7인〉을 보고 만족한다는 뜻으로 일본도를 선사했다. 그리고 자신의 〈7인의 사무라이〉를 '일본판 웨스턴'이라고 말했다고 한다. 이에 대해 스터지스는 본인의 경력 중에서 가장 자랑스러운 순간이었노라고 소회를 밝히기도 하였다. 스터지스는 지나칠 만큼 남성적인 영화만을 추구한 감독으로, 심지어 흥행 대작인 〈대탈주〉에서는 단 한 명의 여자 배우도 나오지 않는다. 이 때문에 여성 관객들의 눈총을 받기도 했지만 대작 영화를 요리하는 탁월한 역량과 스타들을 다루는 능란한 솜씨 그리고 당연한 결과지만 흥행이 성공으로 이어지곤 했다. 그는 할리우드의 영화사들에 짭짤한 수익을 안겨다 주는 상업적 센스가 뛰어난 감독이었다.

┃ 간략한 줄거리

미국과 멕시코의 국경 지대의 가난한 마을에 수시로 칼베라(엘라이 월락 분)가 이끄는 산적들이 나타나 양식을 수탈하는 등 횡포가 심하다. 급기야 마을 사람들은 그들과 싸우기로 결심하고 총잡이들을 구하러 도시로 온다. 대가도 너무 싸고 싸움에 승산이 없음을 알면서도 그들을 딱하게 여긴 크리스(율 브린너 분)는 여섯 명의 총잡이들을 만나 그들을 설득한다. 마침내 마을에 도착한 7인의 총잡이들은 마을 사람들에게 총 쏘는 법을 가르치고 함정을 만드는 등 칼베라 패거리들과 싸울 준비를 갖춘다. 처음엔 총잡이들이 무서워 머뭇거리던 마을 사람들도 그들을 믿고 따른다. 이어서 칼베라가 이끄는 산적들과 사투를 벌이며 승리를 차지하지만 7명의 총잡이들 중 3명만 살아남는다.

II. 나비처럼 살다 간 스티브 맥퀸

스티브 맥퀸

스티브 맥퀸은 1930년 3월 24일 미국 인디애나 주 비치 그루브에서 태어났다. 서커스단에서 스턴트맨을 하던 그의 아버지는 맥퀸이 태어난 지 6개월 만에 종적을 감춰 버렸고 어머니마저 그를 농장을 운영하는 삼촌에게 맡기고 캘리포니아로 떠나 버렸다. 맥퀸은 12살까지 그곳에서 외롭게 자랐다. 사춘기에 접어들어 어머니가 있는 LA로 온 맥퀸은 동네 깡패들과 어울리기 시작하자 그의 어머니는 그를 인근에 있는 소년원에 보내 버렸다.

그곳에서 맥퀸은 여러 번 탈출을 시도했다. 그는 매번 잡혔다가 다시 돌려보내지곤 했다. 탈출에는 이골이 나기 시작했다. 이 덕분에 나중에 영화 〈빠삐용〉이나 〈대탈주〉의 탈주 장면에서 실감 나는 연기를 했을 것이다. 훗날 대스타가 된 맥퀸은 소년원 생활이 자신을 올바른 길에 들어서게 했다고 하면서 그곳을 자주 방문하면서 거금을 내놓기도 했다. 1983년에 그를 기려 이 소년원에 스티브 맥퀸 센터라고 명명된 빌딩이 세워졌다. 건물 안 동판에는 다음과 같은 글이 쓰여 있다.

"스티브 맥퀸은 문제아로 여기 왔지만, 사나이가 되어 떠났다. 그는 나중에 영화계에서 스타 대열에 올랐지만, 이곳을 자주 방문했고 재산도 일부 기부했다. 그의 재산은 이곳 소년원생들에게 커다란 희망과 격려가 되고 있다."

18개월간의 수용소 생활을 마치고 그는 1946년 4월 어머니가 준 돈으로 뉴욕으로 가는 버스를 탈 수 있었다. 1년간 그는 뉴욕에서 상선 선원으로 일하다 해병대에 입대했다. 이후 맥퀸은 알래스카에서 근무하다 큰 사고를 쳤다. 어느 날 빙판을 건너던 전차 한 대가 얼음이 깨지면서 물속으로 곤두박질했다. 모두들 구경만 하고 발을 동동 구르는 가운데 맥퀸은 차가운 얼음물 속으로 뛰어 들어가 거의 동사 일보 직전의 전차병 다섯 명을 구출해 냈다. 맥퀸은 이 영웅적인 행동으로 대통령 트루만으로부터 무공 훈장을 받았고 대통령의 요트를 경비하는 Honor Guard의 일원으로 선발되었다. 그는 1950년 4월 제대했다.

군에서 제대한 맥퀸은 텍사스로 가서 유전에서 노동자로 일하기도 하고 캐나다에서 벌목꾼으로 노동을 하기도 했다. 그리고 다시 뉴욕으로 가서 TV 가게에서 배달 일이나 신발 가게에서의 일을 했다. 당시 맥퀸과 데이트하던 어느 여배우 지망생이 그에게 연기를 해 볼 것을 제안했고, 다행히 그는 뉴욕의 유명한 연기 학교인 액터스 스튜디오에 들어갈 수 있었다. 훗날 그는 이렇게 말했다.

"나는 다른 농땡이꾼들과는 달랐다. 열심히 공부해야 했다. 나에겐 허비할 시간이 없었다. 학비를 벌기 위해 밤에는 우체국 트럭을 몰아야 했다. 초저녁부터 새벽 2시 반까지 운전하고, 아침에는 스튜디오에 가는 생활을 반복했는데 거의 초죽음이 될 지경이었다."

맥퀸은 스튜디오를 졸업한 후 브로드웨이의 연극 무대를 거쳐 할리우드로 진출한다. 1958년 그곳에서 그가 처음 주연한 역할은 〈물방울〉에서 괴물과 싸우는 역할이었다. 점차 할리우드 생활에 적응한 맥퀸은 현대적이고 도시적인 액션물의 스타로 자리를 잡아 간다. 이전의 고전적인 스튜디오풍의 할리우드 영화 시대가 끝나면서 60년대에 들어와 빌딩, 도시, 오토바이, 자동차, 형사 등이 등장하는 도시적 스타의 이미지에 잘 어울렸기 때문이었다.

그가 스타덤에 오르고 60년대를 대표하는 최고의 인기 배우가 된 결정적인 계기는 명장 존 스타지스 감독과의 만남이었다. 스타지스 감독은 세 편의 영화에서 스티브 맥퀸을 기용했다. 1959년 프랭크 시나트라와 지나 롤로브리지다 주연의 〈전쟁과 애욕〉에 조연으로 출연하는 것을 시작으로 율 브리너가 주연한 걸작 서

〈대탈주〉에서 맥퀸

부극인 〈황야의 7인〉에 출연한 것이다. 그리고 3년 뒤인 1963년 드디어 스타지스의 영화에서 주연으로 발탁된다. 탈주 영화의 대명사가 된 〈대탈주〉가 바로 그 영화였다.

〈대탈주〉 이후의 맥퀸의 앞길은 그야말로 탄탄대로였다. 꽃미남이 아니라 땀내 나는 거친 마초 이미지의 맥퀸의 남성적 매력이 활짝 만개

불멸의 명작 영화 50선

하기 시작한 것이다. 캐리 그랜트나 존 웨인, 게리 쿠퍼 시절의 할리우드 주연 배우들은 정의롭고 신사적인 캐릭터들이었지만 60년대는 약간 삐딱하고 거칠고 아웃사이더적인 배우들이 스타로 등장하기 시작한다. 스티브 맥퀸, 말론 브랜도, 폴 뉴먼 등이 그 대표적인 배우들이다.

1968년에는 카 레이스의 전설이 된 영화인 〈불리트〉에서는 주인공 형사 불리트 역을 맡아 폭발적인 인기를 얻었다. 그가 스턴트맨 없이 직접 연기한 이 영화는 지금까지도 자동차 추격 신의 원조로 평가받고 있다. 그는 스턴트맨이었던 아버지를 닮아 운동 신경이 뛰어났으며 할리우드에서 알아주는 카 레이서였다. 이후 폭력 미학의 거장이라는 별명의 샘 페킨파 감독의 범죄 액션물인 〈겟 어웨이〉에 출연했다. 맥퀸은 〈러브 스토리〉에 출연했던 명배우 알리 맥그로우와 짝을 이루어서 인상적인 액션과 터프함을 보여 주었다. 이 두 사람은 영화가 끝난 다음 바로 결혼에 골인한다.

70년대에 들어와 출연한 〈빠삐용〉은 그의 영화 이력에서 큰 획을 긋는 작품이 되었다. 이 영화는 세계적인 히트를 쳤고, 국내에서는 재개봉관에서조차 빈 좌석이 없을 정도로 만원을 이루었다. 〈빠삐용〉에서 맥퀸이 바퀴벌레를 잡아먹던 장면은 소름이 돋을 정도로 깊은 인상을 남겨 주었다. 〈빠삐용〉 이후 출연한 존 길러민 감독의 대작 패닉물인 〈타워링〉에서 맥퀸은 톱스타인 폴 뉴먼과 공연했다. 이 영화를 촬영하면서 라이벌 의식이 강한 두 사람 간의 신경전이 팽팽했었다는 뒷말이 무성했다.

1963년 〈대탈주〉부터 1974년 〈타워링〉까지 11년간은 맥퀸의 숨

막히게 달려온 전성기였다. 그는 〈타워링〉 이후 단 3편의 영화에만 출연하였고, 6년 후인 1980년에 약관 50세의 나이로 세상을 떠났다. 그의 사망 원인은 일종의 폐암인 악성 중피종이었다. 전문가들은 그가 1940년대 해병대 복무 시절 석면 제거 작업을 하면서 종양이 생겼는데 오랜 잠복기를 거쳐 발병했다고 추정하고 있다. 한편으로는 레이싱에 대한 그의 열정 때문이었다는 얘기도 있다. 당시 레이서들이 입는 방염복의 재질이 석면이었다. 맥퀸은 영화 〈빠삐용〉의 주인공같이, 나비처럼 살다 저세상으로 갔다.

III. 블라디보스토크 출생인 대머리 배우, 율 브린너

1985년 폐암으로 사망한 배우 율 브린너는 깨끗이 면도된 대머리와 이국적인 용모의 브랜드로 유명한 배우였다. 1920년 블라디보스토크에서 태어난 브린너는 생전에 자신의 프로필에 관해서 언급을 피했었지만 1989년 그의 아들록 브린너(현재 뉴욕주 마리스트 컬리지대 교수)가 출간한 자서전에 의해 그의 자세한 과거가 알려졌다.

율 브린너

브린너는 1920년 블라디보스토크에서 태어났다. 율 브린너는 당시 일제 치하에 있던 조선 땅에서 벌목업과 숙박업을 하던 아버지를 따라 매년 여름 북한 함경도 지방에서 보내곤 했다. 록은 "아버지는 평소에 극동 러시아, 한국 등 그가 나고 자란 극동 지방에 많은 향수를 느끼셨습니다."라고 그의 자서전에서 말하고 있다. 브린너의 중조부는 러시아에서 혁명이 일어나자 재산을 압수당하는 바람에 할아버지는 중국 하얼빈으로 이사를 하게 됐다. 그 후 할아버지가 한국에서 벌목업을 하는 관계로 식구들은 매년 여름을 함경북도 주을 온천에서 보내곤 했다. 율 브린너는 친할머니가 몽골계 부랴트인*이어서 그의 얼굴에서 약간 동양적인 느낌을 풍기는 것은 이 때문이다.

그러나 할아버지의 대를 이어 벌목업을 하던 브린너의 아버지 사업은 그리 순탄치 않았다. 아버지와 헤어진 어머니와 함께 중국, 파리 등 세계 곳곳을 떠돌아다닌 탓에 정상적인 학업을 받지 못한 브린너는 파리에서 러시아인 집시들과 어울렸다. 13세 때에는 나이트클럽에서 노래를 부르기도 하면서 어린 시절을 보냈다. 이후 공중그네 곡예사로 서커스단에서 일하던 중 미국에 여행을 갔다가 뉴욕에 그냥 눌러앉았다. 그러던 중 제2차 세계대전이 발발하자 육군에 입대했다. 심리전 부대에서는 파리 시절에 습득했던 유창한 불어 실력 덕분에 대프랑스 선전 방송을 담당하기도 했다.

종전 후 브로드웨이 무대에 뛰어들어 곧장 연극배우로 데뷔한다. 몇 년이 지나 브린너는 해머슈타인의 뮤지컬에 출연하게 되었는데, 이

---

* 부랴트인은 '늑대의 민족'이라 불렸으며 세계에서 가장 호전적인 종족들 중 하나고 아직도 유목 생활을 하고 있다. 부랴트인은 러시아·몽골·중국의 접경 지역에서 살고 있다.

영화 <왕과 나>에서 브린너

때 출연한 작품이 그에게 일생일대의 부와 영광을 안겨 준 <왕과 나>였다. 이 뮤지컬에서 서양인 가정교사와 사랑에 빠지는 태국 왕을 연기한 브린너는 어마어마한 센세이션을 일으켰다. 이 뮤지컬은 무려 4,525번의 공연을 했고 토니상도 수상했다. 1956년에 영화화된 동명의 작품에 주연으로 나와 이듬해 제29회 아카데미 남우주연상을 수상하였다. 이때 <자이언트>의 제임스 딘과 <열정의 랩소디>의 커크 더글라스와 남우주연상 경합을 벌이기도 했다. 브린너는 이때 삭발한 머리가 자신의 트레이드마크가 됐다. 젊었을 때부터 탈모가 심해 겸사겸사 영화에 출연하면서 아예 삭발한 것이다.

이후 브린너는 <십계>, <대장 부리바>, <황야의 7인> 등의 대작에 출연하면서 말끔하게 면도 된 대머리와 카리스마 넘치는 눈매, 이국적인 마스크, 쫙 깔리는 저음의 매력적인 목소리로 세계적인 스타로 자리를 잡았다. 이집트 파라오에서부터 서부 총잡이까지 모두 섭렵한 셈이다. 사진에도 조예가 깊어서 한가할 때에는 부인과 자식들, 그리고 친구들을 많이 찍었다. 특히 돈독한 친구 사이였던 오드리 헵번을 찍은 사진이 많다.

하루에 1~2갑씩 담배를 피우는 지독한 골초여서 가까운 지인들이 말렸음에도 아랑곳하지 않고 피워 댔다. 결국 폐암에 걸려 1985년 10

월 10일 눈을 감았다. 그의 나이 65세였다. 브린너는 죽기 전 폐암으로 투병하며 TV에 나와 이런 광고를 하곤 했다.

"나에게는 남은 시간이 얼마 없습니다. 여러분이 무엇을 하든지 담배만은 제발 피우지 마세요. 여러분이 지금 이 광고를 보고 있을 때 저는 이미 폐암으로 죽어 있을 겁니다."

25장

바운티 호의 반란

바운티 호 선상 반란 이야기

I. 바운티 호의 반란(1962년), Mutiny on the Bounty

영화 〈바운틴 호의 반란〉은 18세기 후반, 남태평양을 항해하던 바운티 호에서 실제 벌어진 반란 사건을 그리고 있다. 오랜 항해와 가혹한 선상 생활로 인해 육체적, 정신적으로 피곤에 찌든 선원들이 선장의 권위주의적이고 독단적인 행위를 참지 못하고 일으키는 반란과 이후 벌어지는 사건을 밀도 있게 그리고 있다. 장기간 망망대해를 항해하는 선상의 질서를 책임지는 선장의 권위와 선원들의 인간적인 존엄성 중 어느 것이 더 중요한 것인가에 대해 심각한 의문을 제기했던 영화다.

주인공 역을 맡은 말론 브랜도, 조연을 맡은 선장 역의 트레버 하워드, 선장에게 체벌을 당하는 선원 역에는 젊은 날의 리처드 해리스 등 명우들이 열연을 펼치고 있다. 애초에 선장인 블라이 역에는 잭 호킨스가 물망에 올랐었고 선원인 밀스 역에는 피터 오툴을 점찍었는데 당시 〈아라비아의 로렌스〉에 출연 중이라 성사되지 못했다.

감독은 중간에 두 번 바뀌었다. 처음에는 〈제3의 사나이〉를 만든 명장 캐롤 리드 감독에 의해 시작되었는데 대본에 불만을 느껴 중간에 그만두었다. 이어서 대타로 〈서부전선 이상 없다〉를 만든 루이스 마일스톤이 투입됐는데, 그 역시 대본에 근본적 문제가 있었다고 지적하며 나머지 추가 촬영을 거부했다. 최종적으로 〈34번가의 기적〉의 조지 시튼이 마무리를 지었다.

어쩔 수 없이 반란을 주도하는 크리스천 역에 카리스마가 넘치는 젊은 날의 말론 브랜도와 맛이 간 블라이 선장역의 트레버 하워드, 선장에 반항하는 밀스 역에 리차드 해리스의 열연이 볼만하다. 크리스

크리스천(가운데)과 블라이(왼편)

천은 처음엔 선원들과 거리를 두면서 다소 능글맞게 처신하지만 정작 반란의 주모자가 된 후에는 고뇌하는 모습을 보인다. 그는 비록 선장을 쫓아냈지만 이미 정통성을 상실하여 군사 재판이 기다리는 고국으로 마음 편히 돌아가지 못하는 딱한 입장에 놓인 것이다. 바다 위를 정처 없이 떠돌아야 하는 자신의 기막힌 신세를 비관하며 점차 신경질적

으로 변해 간다. 결국 선원들이 몰래 배를 불살라 버리자 배를 구해 보려고 동분서주하다가 끝내 목숨을 잃는 모습이 애처로우면서도 처절하다.

〈바운티 호의 반란〉은 여러 번 영화화되었는데, 오리지널은 1935년 프랭크 로이드 연출로 찰스 로튼과 클라크 게이블이 주연을 맡았고 아카데미 작품상을 받았다. 그다음이 1962년도에 만들어진 이 영화였다. 이후 1984년에 멜 깁슨, 안소니 홉킨스가 주연을 맡은 영화가 나왔는데 등장인물들의 캐릭터를 새롭게 조명했다는 평을 받았다.

영화에서 선장 블라이는 걸핏하면 선원들을 채찍질로 다스리는 난폭한 인물로 나온다. 그러나 실제로 블라이는 당시의 체벌 수준으로는 과하지는 않았다고 전해진다. 문제는 사관들에 대한 그의 태도였다. 그는 선원들이 보는 앞에서 밑의 사관들에게 심한 욕설을 퍼붓고 채찍질까지 하는 등 포악함을 드러내곤 했다. 결국 인격적으로 모멸감을 당하던 사관들이 반란을 일으키는 데 빌미를 제공한 것이다. 바운티 호의 상세한 선상 반란 이야기는 당시 승선하고 있던 식물학자 데이비드 넬슨의 기록에 의해 후에 밝혀진 것이다. 그는 귀국하는 항해 도중에 사망했다.

⁝ 간략한 줄거리

18세기 말 서인도 제도 노예들의 대체 식량으로 빵나무의 묘목을 서인도 제도로 싣고 가기 위해 남태평양의 타히티 섬을 향하여 바운티 호가 출범을 한다. 블라이 선장과 크리스천 일등 항해사 그리고 40여 명의 선원들은 지구의 반을 돌아야 하는 대장정을 시작한다. 항상 매질로 선원들을 다스리는 독재적이고 위압적인 블라이 선장에게 선원들은 불만이 가득

차 있다. 선장은 사사건건 부하들을 다스리는 문제에서 일등 항해사인 크리스천과 부딪친다. 목적지인 타히티 섬을 떠난 후 불만에 가득 찬 선원들과 크리스천은 선상 반란을 일으키게 된다. 크리스천은 선장과 일부 선원들을 보트에 태워 망망대해에 내려놓는다. 크리스천과 선원들은 다시 타히티 섬으로 가지만 고국으로의 귀환을 생각하는 크리스천과 그곳에서 머물기로 한 선원들과의 마찰이 심해지고 결국은 선원들은 배를 불태우고 만다. 결국 크리스천은 불에 타 죽는다.

II. 바운티 호 선상 반란 이야기

바운티 호는 애초엔 군함이 아니었다. 1784년 건조돼 민간 상선으로 쓰이던 선박을 영국 해군이 1787년 매입해서 뜯어고쳤다. 개조의 주안점은 화물칸의 확대였다. 선장실조차 식물이 자랄 수 있는 온실로 바꿨다. 직사광선이 앞으로 실을 화물에 좋지 않은 영향을 줄 수 있다며 유리도 불투명한 간유리로 바꿔 끼웠다. 화물칸의 습도를 유지하기 위해 원시적 장치까지 해 넣었다. 도대체 당국에서는 무엇을 실으려고 배를 뜯어고쳤을까.

답은 빵나무였다. 항해의 목적은 남태평양 특산물인 '빵나무 breadfruit' 묘목의 운송에 있었다. 조리하면 빵과 비슷한 맛을 내는 열매를 맺는 빵나무였다. 묘목의 행선지는 서인도 제도였다. 설탕의 원료인 사탕수수 농장에서 일하는 노예들에게 비싼 곡물 대신 빵나무를 먹여 수익을 늘리겠다는 속셈이었다. 독립 전쟁에서 승리한 미국으로부터 식량 공급이 어려워진 것이다. 사탕수수 재배를 하는 플랜테이션 주인들과 무역업자들이 짝짜꿍이 돼서 해군 수뇌부를 움직였다. '베시아'라는 상선을 사들여 묘목 운반선으로 개조키로 한 것이다.

영국 해군은 개조된 상선의 이름을 바운티 호로 바꾸고 선장에 윌리엄 블라이를 앉혔다. 블라이는 누가 보더라도 적임자로 보였다. 제임스 쿡* 선장 밑에서 세계를 일주한 경험이 있었다. 블라이도 얼씨구나 하고 반겼다. 블라이는 미국과의 전쟁이 끝나고 단행된 군비 축소의 일환으로 신분이 예비역으로 바뀌어 급여가 절반 이상 깎인 뒤 무역선에서 근무하고 있었다. 그는 현역 복귀는 물론 특별 상여금까지 약속받았다.

그러나 선원들에게 바운티 호의 근무 환경은 열악했다. 이런저런 기구를 많이 싣는 통에 선원들의 주거 공간이 좁아지고 장기간의 항해로 스트레스가 점차 쌓여 갔다. 더욱이 민간인 생물학자 2명을 포함해 모두 46명인 선원 중에는 질서를 담당하는 해병이 한 명도 없었다. 당시 해병은 선상에서 질서를 유지하는 일종의 경찰 노릇을 했다. 선장이 직접 규율을 잡기 전에 해병이 먼저 나서서 질서를 잡아야 했다.

함선의 단독 지휘는 생전 처음이었던 블라이는 경험 많은 항해사가 필요했는데 일등 항해사 프라이어를 못 미더워했다. 그래서 자신과 두 번 항해를 같이 하기도 한 크리스천을 부항해사로 임명하여 태웠다. 크리스천은 보수도 받지 않고 기꺼이 승선할 정도로 두 사람은 무

---

* 영국의 탐험가며, 대항해가다. '캡틴 쿡'으로도 불린다. 뉴질랜드, 오스트레일리아 탐험에 이어 북태평양 탐험을 떠나 베링 해협을 지나 북빙양에도 도달했다. 그의 탐험으로 태평양의 많은 섬들이 알려졌고 이름도 정해졌다. 그에 의해 현재와 거의 유사한 태평양 지도가 만들어졌다. 1779년 2월 14일 하와이 섬에서 원주민들에게 살해당했다. 향년 50세였다.

척 친밀한 사이였다.

영국에서 타히티로 가는 항로는 남아프리카의 희망봉을 돌아서 동쪽으로 가는 길이 조금 멀지만 안정적이기 때문에 일반적으로 채택되는 항로였다. 하지만 블라이는 세계 일주를 해 보겠다는 개인적인 야심 때문에 거칠기로 유명한 남아메리카 최남단의 마젤란 해협으로 가는 항로를 선택했다.

두 항해사와 선원들이 반대했지만 블라이가 밀어붙이는 바람에 악천후 속에 결국에는 고생은 고생대로 하면서 한 달이라는 시간만 허비하고 남아프리카 항로로 선박을 되돌린다. 이때 프라이어가 남아메리카 항로에 결사적으로 반대하기도 해서 그를 해임하고 대신에 크리스천을 일등 항해사로 임명했다.

선원들 사이에서는 불만이 가득했다. 블라이는 성격이 위압적이고 난폭해서 선원들을 가혹하게 취급했다. 툭하면 채찍으로 때리기 일쑤였다. 그동안 선원들과 어느 정도 거리를 두고 있었던 크리스천도 블라이의 가혹한 선원들 통솔 방법에 점차 반감을 갖게 되면서 사사건건 그와 마찰을 일으키기 시작했다.

천신만고 끝에 도착한 타히티 섬은 선원들에게 비할 데 없는 천국이었다. 대대로 서구인들에게 친절히 대해온 섬 주민들은 블라이 일행도 변함없이 열렬히 환영하며 거의 매일 축제를 열어 주었다. 요구하는 빵나무 묘목도 주었다. 날씨는 온화했고 짙푸른 해변과 야자열매 등 먹을 것은 넘쳐나는 데다가 원주민 여자들도 친절했다.

반년 가까이 머물면서 원주민 여자들과 가까워진 선원들이 딴마음을 먹는 것은 당연했다. 여자들과 연애를 하는 선원들이 늘어났다. 특히 크리스천이 원주민 추장의 딸과 사랑에 빠져 해롱거리자 블라이는 야단을 치며 난리 법석을 떨었다. 이때를 계기로 크리스천이 블라이와 완전히 등을 돌리게 된다.

쫓겨나는 블라이 선장 일행(상상화)

상당수의 선원들이 마음속으로 타히티를 떠나기 싫어했지만 군율은 지엄한 법이다. 탈영한 선원 몇 명을 채찍질로 본때를 보인 후에야 바운티호는 간신히 본국으로 출발할 수 있었다. 그 후에도 블라이의 무자비한 통솔 방식은 바뀌지 않았다. 결국 출발한 지 20여 일 만인 1789년 4월 28일, 크리스천의 주도하에 선상 반란이 일어난다. 크리스천과 반란 선원들은 블라이와 그의 편에 선 선원 18명을 구명보트에 태워 망망대해로 떠나보내고 자신들은 바운티 호를 몰아 타히티로 돌아갔다.

블라이와 그의 부하들은 40여 일간 태평양 바다 위를 무려

불멸의 명작 영화 50선

6,000km를 죽을힘을 다해 항해한 끝에 피지 섬에 도착했다. 그들은 그곳 원주민들한테 도움을 받기도 하는 등 다시 우여곡절 끝에 1789년 6월 14일, 티모르의 네덜란드령 항구인 쿠팡에 도착했다. 그 즉시 블라이는 네덜란드 관청에 반란 사건에 대해 보고했고 이 소식은 영국 본국에 전해졌다. 멀고 험한 항해로 체력이 쇠약해진 생존자들은 약 2개월 동안은 쿠팡에 머무르면서 몸을 추슬렀다. 이후 다시 항해에 나선 블라이 일행은 1790년 3월 14일 영국에 도착했다.

1년여 동안 군사 재판을 받았는데, 블라이는 무죄를 선고받았다. 이후 블라이는 태평양에 한 번 더 갔다 와서 기어이 빵나무를 서인도 제도에 운반하는 데 성공한다. 하지만 빵나무는 그곳 원주민들에게 외면을 받으면서 식목에 실패하고 만다. 나중에 블라이는 호주 뉴사우스웨일즈 총독을 지내지만 제 버릇 개 못 준다고 또다시 통솔력에 문제가 생겨 사달이 났다. 달달 볶아 대는 블라이에 대해서 사관들이 반란을 일으키는 불상사가 벌어진 것이다. 그는 결국 본국에 소환되었다.

영국은 해상 무역이 국가의 근본이었고 그래서 제해권이 가장 우선시되는 해양 국가였다. 이런 이유로 선상 반란에 대해서는 추호도 용납을 하지 않았다. 때문에 반란자들은 지구 끝까지 쫓아가서라도 잡아낸다는 철칙이 있었다. 영국 해군성은 에드워드 선장이 지휘하는 군함 판도라 호를 파견해 반란자 색출에 나섰다. 반란자들의 말로는 불을 보듯 뻔했다. 언젠가는 반드시 붙잡힐 운명이었다.

크리스천을 포함한 반란자들은 일단 타히티로 향했다. 그곳에서 일부는 멍청하게도 타히티에 눌러앉았고, 다른 일부는 영국 해군이 찾을 수 없는 오른편 방향에 있는 무인도인 핏케언 섬에 도착한 다음 바운티 호에 불을 질러 침몰시키고 그곳에 주저앉았다. 1791년 3월 21일, 판도라 호가 타히티에 도착했다. 승조원들과 해병대가 한 달여간에 걸쳐 섬을 토끼몰이 하듯 샅샅이 수색해서 14명의 반란자들을 잡아들였다.

판도라 호는 나머지 반란자들을 잡으려고 사모아·통가 등 남태평양의 섬들을 이 잡듯이 뒤지기 시작했다. 그런데 당시 핏케언 섬은 해도에 안 나타나 있는 무인도에 불과했기 때문에 수색 대상이 아니었다. 판도라 호는 나머지 반란자 색출을 포기하고 본국으로 돌아갔다. 최종적으로 영국에 도착한 10명의 죄수는 군사 재판을 받았는데 4명은 무죄, 6명은 유죄 판결을 받았지만, 최종적으로 교수형을 당한 건 3명이었다.

핏케언 섬에 정착한 자들은 오손도손 잘 사나 싶었지만, 같이 간 원주민들을 노예처럼 마구 부려 먹다가 이들이 폭동을 일으키면서 대부분은 죽임을 당했다. 이때 크리스천도 죽은 것으로 추정된다. 1808년 미국 포경선 토파즈 호가 이들을 발견했을 때는 존 아담스라는 이름의 성인 남자 1명과 여자 8명, 어린이 19명만 생존해 있었다.

사상 최대의 작전

상륙 작전– Overload(대군주) / 기만 작전– Fortitude(불굴의 용기) / 작전 개시

I. 사상 최대의 작전(1962년), The Longest Day

이 영화는 1962년 20세기 폭스사가 제작하고, 영국의 켄 아나킨, 미국의 데릴 F 자눅, 앤드류 마턴, 제드 오스왈드, 독일의 베른하르트 비키가 공동으로 감독했다. 존 웨인, 로버트 미첨, 헨리 폰다, 리처드 버튼, 숀 코네리 등의 대배우들을 비롯해서 43명의 국제적인 배우들이 총출동했다. 미국 자본으로 제작된 영화이지만, 출연진은 미국·

영국·독일·프랑스에 걸쳐 있었으며, 이들 배우들은 각자 출신국의 배역을 맡았다. 즉, 미국 배우는 미국 측 인물을, 독일 배우는 독일 측 인물을 맡은 식이었다. 감독 또한 미국·영국·독일 감독이 자국 장면을 담당하여 나누어서 촬영했다.

폭스사를 세운 전설적인 프로듀서인 데릴 F. 자눅이 총제작을 맡아 그의 집념과 능력을 쏟아 부어 완성한 대작이었다. 제작 당시 〈클레오파트라〉 다음으로 많은 제작비가 들어 폭스사가 휘청거릴 정도였지만 다행히 〈클레오파트라〉와는 달리 흥행과 비평 면에서 좋은 성과를 거두었다. 우리나라에서는 1965년 대한극장을 비롯해서 전국 6개 도시에서 절찬리에 상영되었다.

영화는 당시 노르망디 상륙 작전의 종군 기자였던 아일랜드 출신의 코넬리어스 라이언이 쓴 동명의 다큐멘터리 소설 『The Longest Day, 가장 긴 날』을 원작으로 해서 만들었다. 로메인 게리 등이 각색하였고 저자인 라이언도 이 작업에 참여하기도 했다. '가장 긴 날'이라는 제목은 연합군의 유럽 침공 작전에 대비하던 독일군의 롬멜 원수가 상륙 개시 24시간이 승패를 좌우할 것이라고 예상하면서 그날이 연합군과 독일군 모두에게 가장 긴 날이 될 것이라고 언급한 데서 따왔다.

이 영화는 당시로서는 엄청난 제작비인 1,200만 달러를 투입, 부지기수의 엑스트라들과 항공기, 선박을 동원하면서 만들어졌다. 그야말로 연합군의 사상 최대의 상륙 작전이 재현되었다. 전쟁 세미다큐멘터리 영화의 원조라고도 일컬어진다. 방대한 스케일에 걸맞게 유명 배우들이 다수 등장하지만 이 영화에서 배우들이 차지하는 몫은 크지 않다. 이 영화의 진정한 주인

영국군 공수부대

공은 상륙작전 자체인 것이다. 영화는 작전이 펼쳐진 처음 몇 시간을 재현하는 데 주력하였다. 실제 격전지에서 열 달가량 촬영했다.

전반적인 음악은 〈아라비아의 로렌스〉, 〈닥터 지바고〉 등으로 유명한 영화 음악의 거장 모리스 자르가 맡았다. 가장 인상적인 주제곡은 가수 폴 앵커가 작곡했고 직접 부르기도 했으며 영화에도 잠깐 출연하기도 했다. 흑백으로 제작되었으나 노르망디 상륙 작전 50주년을 기념하여 미국과 프랑스가 공동으로 1,200만 달러를 들여 6개월이 넘는 작업 끝에 컬러로 복원하기도 했다. 1963년 제35회 아카데미상에서 흑백 촬영상과 특수효과상을 받았으며, 골든글로브상 흑백 촬영상을 받았다.

제2차 세계대전 당시 병역을 미필했다고 천하가 다 아는 존 웨인은 엔딩 크레딧에 자신의 이름을 가장 먼저 올려 줄 것을 제작진에게 요구했다가 비웃음만 샀다. 실제 그의 이름은 맨 마지막에 나온다. 그래서 그랬는지 존 웨인이 연기한 공수 부대 연대장인 벤자민 밴더부트 중령은 존 웨인이 자신을 연기하는 것을 싫어했다고 한다. 영화에서 유타 해안 상륙 작전을 지휘한 시어도어 루스벨트 3세*(준장) 역의 헨리 폰다와 오마하 해안 상륙 작전을 지휘한 노먼 코터(준장) 역의 로버트 미첨은 모두 실제 제2차 세계대전에 참전했었다.

---

* 시어도어 루스벨트 미국 제26대 대통령의 장남이다. 양차 세계 대전에 모두 참전했다. 해군성 차관, 필리핀과 푸에르토리코 총독을 역임한 거물급 정치가였다. 제2차 세계대전에 대령으로 참전, 북아프리카와 시칠리아 전투를 거치며 준장으로 진급했다. 상륙 33일 만에 심장 마비로 사망했다.

제2차 세계대전이 말기에 접어들면서 연합군은 독일과의 전쟁을 끝내기 위하여 북프랑스의 해안인 노르망디에 극비의 상륙 작전을 계획한다. 한편으로 독일군의 시선을 혼란시키기 위해 칼레 지역에 상륙하는 척하는 기만 작전도 병행한다. 연합군의 침공 작전에 대비하는 독일군은 노르망디 지역의 경계를 강화하여 검문 검색을 철저히 하는 한편, 전력을 해안에 집중시킨다. 독일군의 경계 태세를 혼란에 빠뜨리기 위한 레지스탕트의 활약도 시작된다. 마침내 1944년 6월 6일 새벽에 연합군의 육해공군 전력을 총동원한 사상 최대 규모의 상륙 작전이 펼쳐지고 길고 긴 하루가 시작된다.

II. 상륙 작전- Overload(대군주)

인류 역사상 전무후무한 어마어마한 스케일의 노르망디 상륙 작전 계획인 오버로드는 1943년 4월로 런던 세인트 제임스 광장에 위치한 육군성의 작은 부속 건물 노포크 하우스에서 탄생했다. 제2차 세계대전이 터지자 일명 전격전이라고 부르는 독일의 전광석화 같은 공격이 서부 전선을 유린하던 1940년 5월, 영국군과 연합군은 독일군들에게 풍비박산 나면서 지리멸렬 쫓기고 있었다. 간신히 덩케르크로부터 철수한 연합군은 그날부터 "우리는 반드시 유럽 대륙으로 돌아간다."라는 각오를 한시도 잊은 적이 없었다. 이후 절치부심하면서 연합군은 프레데릭 모건 중장을 우두머리로 하는 영미 합동 참모 본부인 '코삭 COSSAC'이 설치되면서 유럽 침공 계획이 입안되기 시작했다.

시칠리아 상륙 작전도 수립한 적이 있는 모건은 유럽 대륙 상륙 계획은 결코 호락호락하지 않다는 사실을 단번에 알아차렸다. 이것은 수백만 명의 병사들과 천문학적인 분량의 물자를 적의 필사적인 저항을 뚫고 바다 건너로 운반해야 하는 극도로 어렵고도 지난한 작전이었다. 인류사에 없었던 전대미문의, 말 그대로 사상 최대의 작전이었던 것이다. 모건과 코삭의 참모들은 1943년 한 해 동안 꼬박 이 작전 수립에 매진했다. 무엇보다도 가장 급선무는 상륙 지점과 상륙 날짜를 결정하는 일이었다.

작전의 성공을 담보하기 위하여는 맨 먼저 항공기의 지원이 절대적이고 또한 항공기가 작전 지역에서 활약할 수 있는 시간을 최대한 확보하려면 영국에서 가까워야 한다. 그리고 수백 만 명의 대병력을 유럽 대륙에 쏟아붓고 나서부터는 그 이후가 진짜 골치였다. 대부대에게 필요한 물량을 지속적으로 하역할 만한 마땅한 항구를 찾아내야 하는데 이 또한 여간 어려운 일이 아니었다.

또한 상륙 지점과 연결된 내륙의 제반 여건도 고려해야 한다. 일단 최초 상륙 부대가 교두보를 마련했더라도 빠르게 내륙으로 진출, 해안을 비워 주어서 후속 부대가 계속 상륙할 수 있도록 해야 하기 때문이다. 그러자면 사통팔달의 도로망이 구비되어 있어야 하는 것이다. 이와 같은 여러 난제들을 끌어안고 고심에 고심을 거듭하다가 드디어 문제 해결의 실마리가 어렴풋이 보이기 시작했다.

프랑스의 칼레 해안과 노르망디 해안, 두 군데가 최적의 후보로 떠오른 것이다. 둘 중에서 칼레는 영국과의 근접성 등 여러 가지 면에서 노르망디보다는 훨씬 안성맞춤의 상륙지였다. 그러나 독일군도 바보가 아니어서 이렇게 생각하고 있는 것은 마찬가지였다. 그래서 그런지 이미 칼레 지역은 독일군이 건설한 대서양 방벽의 모든 구간 중에서도 가장 철통같이 방어벽이 구축되어 있었다. 난공불락이자 철옹성이 따로 없었다.

요리조리 고심한 끝에 결국 최종 상륙 지점이 결정되었다. 9세기와 10세기에 걸쳐 멀리 북쪽 스칸디나비아 반도에서 내려온 바이킹의 후손들이 살고 있는 땅 노르망디가 바로 그곳이었다. 상륙 지점이 결정되자 작전 개시일D-데이도 결정되어야 했다. 먼저 사시사철 수시로 바뀌는 종잡을 수 없는 바람과 해류의 흐름을 고려해야 했다. 또한 거칠기 짝이 없는 영불 해협의 파도가 잔잔해야 하고 항공기들이 마음껏 설칠 수 있는 맑고 화창한 날이어야 했다. 지난 10년간의 통계로 볼 때 1년 중 그런 날들은 6월의 첫째 주고 그중에서도 6월 5일이 가장 최적의 날짜라는 정답이 나왔다.

III. 기만 작전- Fortitude(불굴의 용기)

노르망디 상륙 작전을 성공시킨 요인 중에 독일군들을 끝까지 속인 포티튜드 작전을 빼놓을 수가 없다. 상륙 지점과 날짜를 결정한 코삭의 참모들에게 이제 곧 연합군이 유럽 대륙에 상륙할 것이라는 사실을 누구보다도 잘 알고 있을 독일군을 귀신같이 속여야 한다는 문제에 봉착했다. 문제의 해결은 한 가지 방법밖에 없었다. 즉, 상륙 작전이 딴 곳에서 진행될 것처럼 해서 독일군을 쥐도 새도 모르게 기만하는 일이었다. 바로 이런 배경에서 오버로드 작전이 저리 가라 할 정도로 방대한 규모의 포티튜드 작전이 수립되고 개시되기 시작했다.

포티튜드 작전이 시작되자 독일군의 첩보망은 정신을 못 차릴 정도로 갑자기 정보량이 폭발적으로 늘어나기 시작했다. 여기저기에서 지금까지 한 번도 듣도 보도 못한 새로운 부대가 나타났다 싶으면 곧 사라지기도 하는 일이 지속적으로 반복되었다. 그런데 이 중에서 어느 한 부대의 움직임을 죽어라 하고 추적해 보니까 영국의 동남부 해안에 떡 하니 집결 중에 있었다. 잉글랜드 동남부 해안이라면 바로 칼레 해안의 건너편이었다.

독일군 참모들은 무릎을 탁 치면서 "역시 추측대로 적은 칼레를 노리고 있다."라고 확신했다. 얼마나 감쪽같았는지 실제로 연합군이 노르망디 해안에 상륙한 후에도 한참 동안 연합군의 주력은 칼레로 본격적으로 상륙할 것으로 철석같이 믿고 있었다. 기만 작전을 담당하고 있는 포티튜드 작전 담당 부서에서는 가짜 무선 전화와 거짓 작전 계획서의 유출을 병행하면서 유언비어를 여기저기 퍼뜨리고 독일군의 이중 첩자를 이용하는 등 별별 수단을 총동원하여 진실과 허위가 마구 뒤섞인 가짜 정보를 무수히 쏟아냈다.

특히 맹랑한 것은 시칠리아 전투 당시 병사의 뺨을 때렸다는 이유로 지휘권을 빼앗긴 패튼 장군을 명목뿐인 제3군의 사령관으로 임명한 것이다. 이어서 그로 하여금 영국 이곳저곳을 왔다 갔다 하도록 하면서, 그가 바로 유럽 대륙 침공군을 이끄는 최고 사령관으로 계속 연막작전을 폈다. 연합군 장성들 중 패튼을 최고의 전사로 알고 있는 독일군은 당연히 이를 곧이곧대로 믿었다. 애초부터 3성 장군이 졸병의 따귀를 때렸다고 직위를 해제시켰다는 것은 독일군의 정서로는 도저히 이해가 안 되는 일이기도 했다. 독일군은 노르망디 상륙 작전이 완료된 뒤에도 패튼이 이끄는 제3군이 칼레로 상륙하는 것으로 굳게 확신하고 있었다. 실제로 제3군은 패튼의 지휘 하에 상륙작전 한 달이 경과한 후에 칼레가 아닌 노르망디 반도 아래쪽을 관통하여 파죽지세로 독일 진영을 유린하기 시작한다.

연합군은 이런 기만 작전을 그럴듯하게 보이기 위해 실제로 상당한 인원과 물자를 동원했다. 영국 동남부 지역에는 각종 물자가 산처럼 쌓이기 시작했고 해안에는 각종 선박들이 가득히 메워지고 있었다. 그러나 이 모두는 빈 짐짝들이었고 항구를 가득 채운 배들도 노후하기 짝이 없는 폐선에 가까운 어선들이었다. 독일군 첩자들은 끝내 이를 눈치 채지 못했다.

1944년 5월의 마지막 주, 독일군 참모부의 정세 분석 보고서는 이렇게 판단을 내리고 있었다. "한 주일 동안 이상한 징후가 보이지 않음. 연합군의 포티튜드 작전은 7월 중에 칼레를 목표로 반드시 실시될 것으로 판단됨." 독일군은 연합군에 기만 작전에 완전히 놀아나고 있었다.

IV. 작전 개시

5월 13일까지 18만 5천 명의 대병력이 승선을 완료했다. 이제 상륙 날짜만 기다리면 되었다. 그런데 연합군 지휘부는 아주 난감한 상태에 빠졌다. 기상 관측에 의하면 영불 해협은 6월 17일까지 비바람을 동반한 강풍이 불고 하늘은 짙은 구름이 낄 것으로 예보했다. 구름도 해상 150m 정도로 낮게 깔릴 예정이어서 이런 악천후에는 정찰 비행은 물론 낙하산 부대 투하는 엄두도 낼 수 없었다. 시계가 확보되지 않은 상황에서 상륙 작전에 필수적인 함포 사격과 공중 폭격도 불가능할 것이 뻔했다.

그리고 상륙 작전 날짜를 며칠이라도 미룬다면 이 작전의 성공은 장담을 할 수가 없는 위험한 지경에 놓이게 된다. 먼저 기밀의 누설을 방지할 수가 없게 된다. 또한 간조시의 수위·달빛·구름·바람 등 제반 날씨 여건도 확신할 수 없게 된다. 더구나 몰아치는 파도와 뱃멀미에 시달리고 있는 이미 승선한 장병들을 당장 하선시킬 수도 없다. 그들이 떠나고 난 빈 막사에는 이미 제2진으로 들어온 병사들이 꽉 차게 들어와 있었다. 또한 이미 배에 실은 막대한 양의 장비와 물자를 모두 하역하고 제자리에 되돌려 놓는다는 것도 끔찍한 일이었다.

공수부대를 격려하는 아이젠하워

연합군 총사령관 아이젠하워의 입술이 바짝바짝 타기 시작했다. 6월 4일 밤 9시, 기상 관측의 총책임자인 스태그 대령이 연합군 수뇌들이 앉아 있는 회의실로 들어왔다.

그리고 희망적인 한마디를 던졌다. 6월 5일부터 6월 6일까지의 악천후 가운데 잠깐 동안 괜찮은 날씨가 반짝 선보일 것이라는 것이었다. 회의실은 한동안 침묵에 빠졌다. 설사 잠시의 순간을 이용해서 병력 1진을 노르망디 해안에 상륙시킨다 하더라도 악천후가 다시 지속된다면 후속 부대를 계속 투입할 수 없을 것이 확실한 것이다. 그러면 최초의 상륙 부대는 해안에서 통째로 독일군의 대포와 기관총의 밥이 되어 버릴 것이라는 생각에 모두들 오싹했기 때문이었다.

그러나 이 상태에서 또 미루면 7월까지는 공격이 어려울 것이고, 그때가 되면 독일군의 방어 태세는 더욱 강고해질 것은 불을 보듯 뻔한 일이었다. 하지만 무리한 상륙은 18만 명의 병력을 개죽음시킬 수도 있는 엄청난 중요한 사안이었다. 일단 회의를 연기한 뒤 6월 5일 새벽 4시 15분 다시 회의가 개최되었다. 모두들 스태그 대령의 입술을 뚫어지게 쳐다보았다.

"지난밤에는 큰 변화는 없었습니다. 단지 영국과 해협 전역을 덮고 있던 폭풍우가 멈출 것이 거의 확실해졌습니다." 모두의 얼굴에 안도의 미소가 번져 나갔다. 잠시 있다가 아이젠하워 총사령관이 단호한 목소리로 외쳤다. "오케이! 작전을 개시한다. 렛츠 고우!"

1944년 6월 초, 롬멜 원수가 이끄는 서부 전선의 독일군은 대서양 방벽 건설 공사에 전력을 기울이고 있었다. 제공권과 제해권을 완전히 장악하고 있는 연합군이 곧 전면적인 상륙에 임할 것은 삼척동자라도 알 만한 사실이었다. 롬멜은 견고한 해안 방어 체계를 완성하여 연합군의 상륙을 첫 24시간 내에 내륙이 아닌 해안에서 반드시 막아야만

한다고 판단하고 있었다.

연합군의 상륙이 곧 시작될 것이라는 증거는 도처에서 나타났다. 독일군 정보부는 연합군이 프랑스 내의 레지스탕스들에게 전하는 암호문을 탐지, 24시간 내에 연합군의 상륙이 있을 것이라고 상부에 보고했다. 하지만 오래전부터 유사한 내용의 암호가 거듭 입수되는 데다가 시속 50km의 강풍을 동반한 악천후 때문에 독일군 지휘부는 그 정보를 깔아뭉개 버렸다.

대서양 방벽 건설 공사를 독려하던 롬멜 원수조차도 아내의 생일을 축하한다면서 선물을 사 들고 6월 5일 독일 본토로 휴가를 떠나 버릴 정도였다. 하지만 연합군 사령관인 아이젠하워 장군은 6월 6일 아침에 잠시 기상이 쾌청해질 거라는 기상 관측대의 보고에 따라 역사적인 상륙 명령을 내렸다.

주력 부대의 상륙에 앞서 적 후방을 교란하기 위해 미군 제82공수사단과 제101공수사단, 영국군 제6공수사단이 한발 앞서 프랑스로 출격하고 아울러 독일군을 혼란에 빠뜨리기 위해 자동으로 총을 쏘아 대는 가짜 공수 부대 인형 '루퍼트'까지 강하시킬 예정이었다.

이윽고 6일 0시 11분 영국군 공수 부대는 독일군과의 격전 끝에 캉 다리를 점령하고 생 메르 에글리스에도 미군 공수 부대가 강하하고, 잇달아 1시 7분에는 캉에도 가짜 공수 부대가 투입되었다. 한편 노르망디 인근 지역에서 암약하던 레지스탕스들도 전화선과 철도를 폭파하는 등 일제히 활동을 개시했다. 상황이 이렇게 긴급히 돌아가고 있었지만 독일군은 연합군의 정확한 상륙 지점이 정확히 어디인지 알지 못한 채 우왕좌왕하고 있었다. 그들은 칼레에 연합군이 침공할 거라고 굳게 믿고 있었고, 노르망디에 상륙하리라고는 아무도 예상치 못하고 있었다.

이때 독일군 최고 군 통수권자인 히틀러 총통은 깊은 잠 속에 빠져 있었다. 상황이 급박하게 돌아가고 있어도 천하의 독재자인 그의 잠을 깨울 강심장의 인물은 아무도 없었다. 아무튼 히틀러의 명령이 있어야만 출격할 수 있는 후방에 대기하고 있던 독일군 전차들은 모조리 발이 꽁꽁 묶여 있었다.

오마하 해변 상륙 장면

마침내 6일 새벽 6시 32분, 드디어 오마하 해안에 미군이 상륙하는 것을 시작으로 유타·골드·주노·스워드 다섯 개 해안에 연합군의 상륙이 시작되었다. 예상대로 독일 지상군의 반격은 격렬했고, 특히 오마하 해안에 상륙한 미군 부대는 괴멸에 가까운 타격을 입었다. 낮게 깔린 구름 때문에 독일군 진지에 대한 항공기들의 폭격이 여의치 않았고 함포 사격도 효율적이지 못했기 때문이었다. 그러나 다른 지역에서의 상륙은 순조롭게 진행되었고 시간이 지나면서 오마하에서도 돌파구가 마련되면서 상륙 작전은 성공리에 진행되었다.

연합군의 상륙을 저지할 독일 공군의 반격은 요제프 프릴러 소령과 그의 부하 조종사가 몰고 온 전투기 2대가 해안에서 벌인 기총 소사

뿐이었다. 노르망디 상공은 온통 연합군의 항공기들만이 설치고 날아다니고 있었다. 연합군의 맹폭격으로 후방에서 해안으로 이동하던 독일군의 증원 부대는 지리멸렬한 상태에 빠졌다.

이 상륙 작전으로 연합군은 다소 희생을 치렀지만 롬멜의 철통같은 대서양 방벽을 뚫고 유럽 대륙에 발을 내딛는 데 성공했다. 그러나 노르망디 상륙이 성공적으로 이루어진 이후 연합군은 독일군의 필사적인 저항으로 간신히 노르망디 반도를 빠져나와 프랑스 내륙으로 진공을 시작한 것은 거의 두 달이 지나서부터였다.

27장

빅 컨츄리

최고의 사극 배우, 찰턴 헤스턴 / 완벽한 신사, 그레고리 펙

I. 빅 컨츄리(1963년), Big Country

영화 〈빅 컨츄리〉는 1953년도에 명작 〈로마의 휴일〉에서 감독과 주연 배우로 만난 적이 있는 윌리엄 와일러와 그레고리 펙이 공동 제작자로 다시 만나 제작한 명작 서부극이다. 재기가 넘치는 거장 윌리엄 와일러의 연출하에 그레고리 펙, 찰턴 헤스턴, 진 시몬즈, 캐롤 베이커 등 할리우드의 명배우들이 열연을 보이고 있다.

이 영화는 상영 시간도 길지만 화면에 꽉 채워진 풍광의 규모도 압도적이다. 제목 〈빅 컨츄리〉에 걸 만큼 화면에 펼쳐지는 서부의 대평원은 그야말로 바다를 방불케 할 정도로 광활하다. 여기에 제롬 모로스의 다이내믹하고 장쾌한 주제곡도 이런 분위기를 한층 북돋우고 있

다. 도날드 해밀턴의 소설을 기반으로 만든 이 영화는 웅대한 서부의 새로운 여명을 알리는 격조 높은 작품으로 손꼽히고 있다.

영화는 신사적이고 지성적인 그레고리 펙을 대표로 하는 동부의 정신과 거칠고 야성적인 찰턴 헤스턴을 대표로 하는 서부의 혼 사이의 대립을 묘사하고 있다. 한편으로는 풍부한 물을 보유한 목초지인 '빅 머디'를 둘러싼 테릴과 해네시 두 가문의 메워지지 않는 심각한 갈등과 대립을 그리고 있다. 이 두 가문의 적대적 갈등은 서부 개척 시대에 흔히 있었던 전형적인 '울타리 전쟁 range war'의 하나다. '울타리 전쟁'이란 소 떼를 방목할 광활한 초원과 물을 필요로 하는 목장주들 사이에서 자주 벌어지던 총격전을 뜻한다.

일반적으로 서부극에서는 속사의 총잡이가 주인공으로 나와 전광석화처럼 악을 응징하는 역을 맡고 있지만 이 영화의 주인공인 멕케이(그레고리 펙

목장에서의 멕케이

분)는 결코 그런 류의 총잡이가 아니다. 그는 동부에서 온 선장 출신이다. 동부인을 대표하는 멕케이는 자신을 모욕하는 이들에게도 신사적인 태도로 일관하고 있다. 마지막 순간에 그야말로 필요할 때만 자신의 진정한 실력을 보여 주는 인물이다. 와일러는 멕케이를 통해 아무 때나 주먹을 휘두르거나 총을 쏴 대는 것이 남자의 진정한 용기가 아니라는 것을 보여 준다. 정말로 위기일 때 대의를 위해서 목숨을 내놓

는 사람만이 진정한 용기 있는 인물이라고 말하고 있는 것이다.

ː 간략한 줄거리

영화는 풍부한 물을 품고 있는 토지인 '빅 머디'를 두고 분쟁하는 해너시 가문과 케릴 소령 가문의 대결을 주축으로 전개된다. 사실 땅이란 서부 개척 시대의 최상의 가치였다. 동부에서 온 선장이자 신사인 멕케이는 테릴 소령의 딸인 패트리샤(캐롤 베이커 분)와 결혼하기 위해 서부에 도착하나 해너시 가의 망나니 아들로부터 시달림을 받는다. 패트리샤를 짝사랑하고 있는 테릴 소령 가의 목동 장인 리치(찰턴 헤스턴 분)도 멕케이를 경계한다. 멕케이는 이 땅의 주인인 줄리 마라곤(진 시몬즈 분)으로부터 땅을 사들여 양가의 분쟁을 해결하려고 시도한다. 그러나 해너시 가와 테릴 가의 관계는 점점 더 악화되면서 양측은 전 목동들이 집합하면서 일촉즉발의 위기가 감돈다. 그러자 해너시가 테릴에게 일대일 결투를 제안하고 결국 둘다 죽게 된다.

II. 최고의 사극 배우, 찰턴 헤스턴

190cm의 장신에 굵은 선의 이목구비, 근육질의 탄탄한 골격을 갖춘 찰턴 헤스턴은 영화사에 남을 만한 기념비적인 몇 편의 사극 대작에 출연하면서 최고의 사극 배우라는 트레이드마크를 달게 된 배우였다. 〈십계〉의 모세, 〈벤허〉의 유다 벤허, 〈엘 시드〉의 엘 시드, 〈고통과 황홀경〉에서의 미켈란젤로, 〈위대한 생애〉에서의 세례 요한이 그것이다. 특히 〈십계〉와 〈벤허〉는 기독교인들은 물론 일반인들도 끊임없이 다시 보기를 하는 전설적인 대작물이다.

60여 년 동안 100여 편의 영화에 출연한 헤스턴은 1923년 10월 4

찰턴 헤스턴

일 미국 일리노이 주 노맨즈랜드에서 출생했다. 잉글랜드와 스코틀랜드 혈통이었던 아버지는 목재소를 운영했다. 헤스턴은 부모가 이혼한 뒤 어머니를 따라 시카고로 가면서 그곳에서 고등학교를 다녔다. 그때부터 연기를 좋아해 노스웨스턴 대학 드라마 스쿨에 장학금을 받고 다니다가 제2차 세계대전 말인 1944년 육군 항공대에 입대해 2년간 복무했다. 제대 후 뉴욕으로 진출한 헤스턴은 브로드웨이 무대와 TV 드라마에 출연하면서 연기력을 쌓아 나갔다. 이따금씩 영화에 출연하던 1952년 거장 세실 B. 드밀의 아카데미 작품상 수상작인 〈지상최대의 쇼〉에 출연하면서 각광을 받기 시작했다.

1956년 같은 드밀 감독의 〈십계〉에서 모세로 출연한 그는 대작에 나오는 성인(聖人) 모습에 딱 어울리는 배우로 관객들의 시선을 사로잡았다. 큰 키에 인상적인 목소리를 갖춘 그는 강인함과 독실함을 지닌 종교적이고 역사적인 인물의 전형이라고 할 정도로 카리스마가 넘쳐났다. 기독교의 나라 미국인들에게 깊은 인상을 심어 준 것이다. 이와 같은 서사적인 배우로서의 모습은 윌리엄 와일러 감독의 대작 영화 〈벤허〉에서 절정에 달했다. 이 영화는 헤스턴에게 아카데미 남우주연상을 안겨 주었다.

이 밖에 헤스턴은 스페인의 레콩키스타* 시절의 역사적 인물을 조명한 〈엘 시드〉, 르네상스가 낳은 인류 최고의 예술가 미켈란젤로의 생애를 그린 〈고통과 황홀경〉, 로마가 제국으로 바뀌던 시대의 풍운아였던 안토니우스 역으로 나오는 〈줄리어스 시저〉 등을 통해 사극 영화를 대표하는 배우로 입지를 굳히게 된다.

영화 <벤허>에서 헤스턴

한편 서사적 인물로 이미지가 굳혀지는 것은 그에게 별로 달갑지 않을 수도 있었다. 매너리즘에 빠질 수도 있었기 때문이었다. 이 시점에서 그가 돌파구로 삼은 영화가 40대에 출연한 〈혹성탈출〉이었다. 50대에 들어서도 〈대지진〉, 〈에어포트〉, 〈미드웨이〉 등에 출연하면서 여전히 중후한 연기를 선보였다.

많은 이들은 그를 골수 보수주의자로 여겨왔다. 하지만 그는 1960년대 초반까지만 해도 진보적 사고를 가진 인물이었다. 헤스턴은 1960년대 민권 운동 당시 적극적으로 참여하기도 했으며 1963년의 유명한 워싱턴 행진에서 마틴 루터 킹 목사와 함께 행동했다. 여기에는 할리우드의 대표적인 진보주의자인 폴 뉴먼도 참가했었다. 이후 점차 보수주의자로 굳어 가는 헤스턴과 뉴먼은 점차 사이가 멀어져 갔다.

---

* 레콩키스타는 '재정복'을 뜻하는 스페인어로, 이베리아 반도에서 가톨릭 왕국들이 이슬람 세력을 축출하기 위해 거의 8백 년에 가까운 벌인 전쟁을 말한다. 레콩키스타는 역사에 기록된 전쟁 중 가장 오랫동안 지속된 전쟁이었다.

헤스턴의 전미 총기 협회장으로써의 행보는 여러 사람들의 구설수에 오르곤 했다. 그가 눈총을 받고 비난받는 이유는 총기 협회 회장 자리에 앉아 있어서가 아니었다. 그는 총기 사고가 일어날 때마다 빠지지 않고 사건 발생 지역으로 달려가서 총기 찬성 집회와 연설을 해 댔기 때문이었다. 이런 헤스턴의 골 때리는 행보가 총기 규제를 외치는 많은 미국인들의 비판의 대상이 되기도 했다.

한편으로는 개인의 자유와 권리를 중시하는 미국인들의 정서를 대변하는 것에 불과한 것 아니냐는 우호적인 의견도 없지는 않았다. 그는 보수주의자였지만 인종 차별 철폐를 지지하기도 하는 등 대중의 지지와 비판에 흔들림 없이 자신의 의지를 굳게 지키려고 한 것 같았다. 나이가 들어 전립선암과 치매 등으로 고생하다가 캘리포니아 주 베벌리힐스에서 84세의 나이로 눈을 감았다.

III. 완벽한 신사, 그레고리 펙

훤칠한 장신, 숯 검댕이 같은 검은 눈썹, 잘생긴 용모, 정감 어린 눈빛으로 세계 여성들을 사로잡았던 그레고리 펙은 1916년 4월 5일 미국 캘리포니아 주 라졸라에서 약사의 아들로 태어났다. 5살 때 부모가 이혼하면서 외할머니의 손에서 자랐다. 샌디에이고 고등학교 졸업 후 명문 UC 버클리 의대에 진학했지만, 연극에 푹 빠져 전공을 문학과 연극으로 바꾸게 된다.

그레고리 펙

펙은 1939년 대학 졸업 후 뉴욕으로 건너가 네이버 후드 플레이하우스 연기 학교에 입학해 전설적인 연기 지도자 샌퍼드 마이너스에게 수학했으며, 1942년 연극 〈더 모닝 스타〉의 주연으로 발탁되어 브로드웨이 무대에 처음으로 섰다. 브로드웨이에서 재능을 인정받은 그는 할리우드로 진출하여 1944년 영화 〈영광의 나날들〉로 영화에 데뷔를 했다. 첫 데뷔작에서는 별로 주목을 받지 못했지만, A. J. 크로닌의 소설을 영화화한 두 번째 작품 〈천국의 열쇠〉에서 사려심 깊은 신부 역을 맡아 열연하며 아카데미 남우주연상 후보에 올랐다.

펙은 이후 〈가장 특별한 선물〉, 〈신사협정〉, 〈정오의 출격〉으로 아카데미 남우주연상 후보에 올랐다. 드디어 펙은 〈앵무새 죽이기: 앨라바마에서 생긴 일〉에서 자상하고 민주적인 아버지이자, 백인 여성을 성폭행한 혐의로 억울하게 투옥된 흑인 청년을 변호하는 데 앞장서는 정의로운 변호사 애티커스 핀치 역을 맡아 1963년 제35회 아카데미에서 남우주연상을 수상했다.

펙은 2000년 자신의 인생을 정리하는 고별 무대인 '그레고리 펙과의 대화'에 나와서 "내가 영화에 출연한 수많은 역 중

영화 〈앵무새 죽이기〉에서 펙

애티커스 핀치가 나와 가장 닮은 인물이었다. 그때가 내 연기 인생의 절정이기도 했다."고 회고했다. 인종 차별에 맞서 싸우는 정의로운 변호사 애티커스 핀치는, 미국영화연구소가 선정한 '100년 영화사상 100인의 영웅' 중에서 최고의 인물로 선정되기도 했다.

1953년 오드리 헵번과 호흡을 맞추면서 연기한 〈로마의 휴일〉도 펙의 영화 이력 중에서 많이 언급되는 명작이다. 펙은 이 영화에서 신문 기자 조 브래들리 역을 맡아 전 세계 영화 팬들의 마음을 사로잡았다. 1993년 타계한 오드리 헵번은 펙을 가리켜 "위대한 남자의 단순함, 단순한 남자의 위대함을 보여 준 배우"라며 "우리 시대의 진정한 남자였다."라고 극찬했다. 펙은 상대 배우의 명연기를 끌어낼 줄 아는 배우였다. 〈로마의 휴일〉을 찍을 당시 신참 배우이기도 했던 헵번의 명연기도 펙이 없었다면 불가능했을지도 모른다.

펙은 60여 편의 영화에 출연하면서 폭넓은 역을 맡았지만, 주로 도덕적이고 정의감 있는 인물로 많이 나왔다. 그는 실제의 사생활에서도 영화 속에서의 도덕적이고 성실한 모습을 그대로를 보여 주어 많은 칭송을 받았다. 1942년에 결혼한 첫 아내와 이혼 후, 1955년 프랑스 여기자 베로니크 파사니와 재혼해 평생을 함께했다. 다른 배우들처럼 스캔들이 있을 법도 했지만 영화에서의 성실한 이미지처럼 일상에서도 아무런 구설수 없이 모범적인 가정생활을 꾸려 갔다.

펙은 배우 활동 외에도 미국영화연구소 초대 의장, 미국 암 협회 회장, 미국 아카데미상을 주관하는 미국 영화예술과학협회 회장, 미국 영화 TV 구호 재단 이사장 등 사회 활동도 적극적이었다. 그리고 각종 자선 단체 활동도 마다하지 않는 등 왕성한 사회 활동을 벌였다. 잠깐 민주당의 캘리포니아 주지사 후보로 거론되기도 했다.

월남전에 아들이 참전했던 펙이었지만 한편으로는 반전 시위에 앞장서기도 했다. "국민의 도리는 해야 하지만 잘못한 일은 지적해야 한다."는 것이 그의 평소 소신이기도 했다. 1972년에는 월남전을 비판하는 영화를 제작했으며, 1987년에는 고르바쵸프 치하의 소련에 가서 "핵 없는 세상과 인류의 생존을 위하여"라는 취지의 회의에 참석하기도 했다.

펙은 말년에도 미국 각지를 돌아다니며 자신의 삶에 대해서 강연을 펼쳤다. 2000년 고별 무대에서 했다는 아래와 같은 말은 펙의 훌륭한 인생관을 엿볼 수 있다.

"나는 언제나 완벽한 영화를 만드는 꿈을 지녔었고 모든 일에 최선을 다하면 반드시 기회가 오리라고 믿어 왔다. 이제 나이를 먹는다는 것에 구애를 받지 않으며 죽음도 생각하지 않는다. 진정으로 즐기는 일들을 할 뿐이다."

살아 있을 때에도 '살아 있는 할리우드의 전설'로 불렸던 펙은 2003년 6월 12일 새벽 4시 향년 87세로 48년 동안 해로해 온 사랑하는 아내 베로니크의 손을 꼭 잡은 채 평온하게 이승을 떠났다. 별세 소식이 전해진 후, 스티븐 스필버그는 '배우들의 위엄 있는 아버지', 원로 배우 커크 더글라스는 '성실과 정직의 상징', 그리고 원로 배우 폴리 버건은 '완벽한 신사였다'면서 그를 애도했다.

펙이 세상을 떠난 지 20년이 넘어가지만 '영원한 할리우드의 전설'로 언제나 세계인들의 존경과 사랑을 받고 있다. 펙은 시대의 진정한 스타(별)였으며, 그 별은 영원히 저 하늘에서도 빛날 것이다. 그가 후세에 남긴 모범적인 모습과 훌륭한 인간성은 이 세상 사람들에게 커다란 귀감으로 남을 것이다.

28장

황야의 무법자

마카로니 웨스턴의 창시자, 세르지오 레오네

I. 황야의 무법자(1964년), A Fistful of Dallars

영화 〈황야의 무법자〉는 배경만 미국 서부지 사실 유럽 자본으로 유럽에서 만들어진 이탈리아 영화다. 그래서 '스파게티 웨스턴' 혹은 '마카로니 웨스턴'이라고 불리며 이후 쏟아져 나오는 유사한 종류의 서부극들의 효시 격인 작품이다. 이 영화는 구로사와 아키라 감독의 일본 영화 〈요짐보(用心棒)〉의 기본 골격을 그대로 따와서 만들었다. 일본 전국 시대에 돈 몇 푼에 사람을 마구 죽이던 일본 사무라이 얘기를 칼에서 총으로 바꾸어서 만든 것이다. 그래서 이 영화의 원제목도 '달러 한 뭉치A Fistful of dollars'이다.

이 영화를 만든 세르지오 레오네는 이 영화가 스파게티 웨스턴의 시발점이 될 정도의 화제작이 되리라곤 꿈도 꾸지 않았다. 그저 일본 전국 시대의 황폐한 풍경을, 남북 전쟁 후의 미국의 황량한 서부로 옮겼을 뿐이었다고 밝혔다. 이 영화는 미국 서부가 무대지만 빠듯한 예산으로 대부분 스페인에서 촬영했다. 주인공으로 나오는 클린트 이스트우드는 당시 인기 드라마 〈로하이드〉로 주가를 올리던 때였는데 이 영화는 주연으로써 그의 첫 번째 영화 출연작이었다. 이 영화는 감독의 나라 이탈리아에서 어마어마한 성공을 거두었다. 당시 이탈리아 영화계 역사상 가장 많은 수익을 기록했다. 이후 레오네는 이스트우드와 함께 이어지는 마카로니 웨스턴인 〈석양의 건맨〉, 〈석양의 무법자〉를 찍었다.

처음 이 영화를 기획할 때 레오네는 헨리 폰다와 찰스 브론슨에게 출연 의사를 슬쩍 타진해 보았지만 이들은 거들떠보지도 않았다. 출연료가 택도 없이 작기도 했지만 유럽에서 웨스턴을 찍는다는 것 자체가 어불성설이었던 것이다. 결국 이들은 4년 후인 1968년도에 레오네의 〈옛날 옛적 서부에서〉에 동반 출연하게 된다. 이밖에 제임스 코번, 리처드 해리스 등 할리우드의 여러 배우들을 기웃거렸으나 역시 퇴짜당했다. 그런데 해리스가 이 제안을 거절하는 대신 TV 드라마 〈로하이드〉에 출연 중인 이스트우드를 추천하면서 성사되었다.

이 영화는 분명히 전통적인 서부극들과는 완연히 달랐다. 주인공으로 나온 이스트우드는 누더기 같은 멕시칸 판쵸를 걸치고, 입에는 시가 꽁초를 물고 주름이 깊게 패일 정도로 찡그린 그의 인상은 기존의 서부극 주인공들의 표정과는 완연히 차이가 났다. 또한 돈만 주면 이편저편 가릴 것 없이 양다리를

조와 마을 주민

걸치는 행동을 마다하지 않고, 갱들에게 죽을 정도로 흠씬 얻어터지고 린치를 당하는 모습은 과거 웨스턴의 주인공들에게는 찾아볼 수 없는 독특한 캐릭터였다.

이 영화는 출연 배우들의 얼굴 표정과 눈동자 등을 극도로 클로즈업시키는 레오네 감독의 독특한 촬영 기법이 선보이면서 관객들에게 놀라운 충격을 안겨 주었다. 그러나 무엇보다도 레오네의 절친이기도 한 엔니오 모리코네의 파격적인 방식의 영화 음악이야말로 마카로니 웨스턴의 매력을 한층 돋보이게 했다. 특히 주제곡 '방랑의 휘파람'은 전자 기타·트럼펫·휘파람·종·채찍 소리를 배합한 독특한 연주 방식이었는데 영화 음악사의 한 페이지를 장식할 정도로 강렬한 인상을 남겼다.

✗ 간략한 줄거리

'조'라는 이름의 한 총잡이가 멕시코 국경 근처의 산 미겔이라는 마을에 온다. 이 마을은 부패한 보안관 백스터 일당과 멕시코 갱 라몬 일당이 날이면 날마다 총질을 하며 싸움을 벌이고 있었다. 조는 이들 사이를 왔다 갔다 하면서 돈을 챙긴다. 이런 와중에 라몬 패거리에 납치당한 마리솔이란 여인을 알게 된다. 이 여인은 남편과 아이가 있는 유부녀였으나 뛰어난 미모로 인해 라몬에게 잡혀 있다. 주인공은 그녀를 탈출시킨다. 하지만 그 후 라몬에게 그만 덜미가 잡히면서 묵사발이 되도록 얻어터지고 간신히 탈출한다. 라몬은 보안관 패거리가 주인공을 숨겨 주고 있다고 생각하고 그들을 몰살시킨다. 결국 조는 라몬 일당들과의 마지막 결투에서 승리하고 유유히 마을을 떠난다.

II. 마카로니 웨스턴의 창시자, 세르지오 레오네

세르지오 레오네

마카로니 웨스턴의 창시자 세르지오 레오네 감독은 1929년 이탈리아 로마에서 무성 영화감독인 아버지와 영화배우인 어머니 사이에서 태어나면서 어려서부터 영화와 깊은 관심을 갖게 된다. 대학에서 법학을 전공했으나 영화계와 친분이 있는 부모덕에 영화계를 기웃거린다. 이때 유명한 네오리얼리즘 영화 〈자전거 도둑〉에서 단역으로 나온 적도 있다. 그 후 이탈리아에서 〈쿼바디스〉를 찍던 머빈 르로이, 〈벤허〉와 〈로마의 휴일〉을 촬영하던 윌리엄 와일러 등 할리우드 거장들 밑에서 허드렛일을 하면서 영화의 기본을 익히는 한편, 시나리오 습작을 하기도 했다.

레오네가 처음 연출한 작품은 1961년에 만든 〈오드의 투기장〉이었다. 로마 공화정 시대가 배경이 되는 작품이었으나 반응은 그저 그랬다. 그리고 3년 뒤 그는 밥 로버트슨이라는 가명으로 마카로니 영화의 효시라고 불리는 역사적인 〈황야의 무법자〉를 만들었다. 이 영화는 전통적인 웨스턴에서 흔히 볼 수 있는 선을 대변하는 주인공이 악을 처단하는 도식적인 구도가 아니다. 이 영화에 등장하는 서부란 정의란 찾아볼 수 없는 복마전에 다름 아니며 주인공 또한 도덕성과는 거리가 멀고 오직 악당들 사이에서 편을 바꾸며 돈을 뜯어내는 사기꾼에 불과하다.

이와 같은 정통적인 서부 영화를 대하는 그의 비딱한 시각과 스타일은 주목을 받기도 했다. 그러나 대부분의 비평가들은 이 작품을 이탈리아산 싸구려 서부극이라고 매도하면서 '마카로니 웨스턴' 혹은 '스파게티 웨스턴'이라고 비아냥거렸다. 그는 이에 아랑곳하지 않고 계속해서 현상금 사냥꾼들을 주인공으로 하는 〈석양의 건맨〉과 〈석양의 무법자〉를 내놓았다. 이 세 작품은 '달러 삼부작', 또는 '무명의 사나이 삼부작The Man with No Name Trilogy'이라고 부르기도 한다. 이 작품들은 부정적인 평론과는 무관하게 유럽을 비롯해서 서부극의 본고장 미국에서도 대히트를 쳤다.

이런 방식의 그의 마카로니 웨스턴은 1968년에는 미국을 대표하는 배우 헨리 폰다를 비열한 악당으로 묘사한 영화 〈옛날 옛적 서부에서〉에서 그 절정을 보여 준다. 이 작품은 이스트우드가 나오는 이전의 마카로니 삼부작과는 살짝 결을 달리하면서 서사물의 성격을 강화시켰다. 느린 호흡의 전개와 우아함이 돋보였다는 다소 호의적인 평을 받기도 했다. 후속작으로 로드 스타이거와 제임스 코번을 주인공으로 하여 〈석양의 갱들〉을 내놓았다. 20세기 초 멕시코 혁명을 배경으로 두 사내의 이야기가 펼쳐지는 이 영화는 서부 영화의 지평을 넓혔다는 평을 받았다.

이후 약 13년의 공백기를 거쳐 1984년에 〈원스 어폰 어 타임 인 아메리카〉를 내놓았다. 그가 줄곧 만들어 온 마카로니 웨스턴이 아닌 갱스터 느와르물이었다. 유대인 갱스터들의 우정과 아메리칸 드림을 그린 작품이다. 레오네의 유작이자 그의 최고 걸작으로 일컬어진다. 같은 부류의 걸작 대부 시리즈에 필적하는 작품으로까지 평가받기도 한다. 이 작품은 〈옛날 옛적 서부에서〉, 〈석양의 갱들〉과 함께 "옛날 옛적 삼부작Once Upon A Time Trilogy"이라 불리기도 한다. 그는 이후 러시아 혁명에 관한 대하 서사시를 만들고자 했으나, 1989년 세상을 떠나 뜻을 이루지 못했다.

그의 영화 음악을 전담하다시피 한 영화 음악의 거장 엔니오 모리코네는 레오네와 학창 시절 절친이었다. 그는 레오네의 데뷔작을 제외한 모든 작품에 참여했다. 그의 음악은 〈황야의 무법자〉의 유명한 '방랑의 휘파람'에서 시작하여, 영화 〈미션〉, 〈시네마 천국〉, 〈시티 오브 조이〉, 〈러브 어페어〉로 이어지며 명성을 날렸다. 영화계 일각에서는 모리코네의 음악적 재능이 화룡점정을 찍은 영화는 1984년도의 〈원스 어폰 어 타임 인 아메리카〉라고도 말하고 있다.

페드라

그리스의 여신 멜리나 메르쿠리

I. 페드라(1967년), Phaedra

이 영화는 1940~50년대 할리우드에서 필름 느와르의 새로운 지평을 열었던 줄스 닷신 감독이 메가폰을 들었다. 〈페드라〉는 빨갱이 소탕 운동인 매카시 열풍의 희생양이 된 그가 미국에서 쫓겨나 유럽을 떠돌다가 10년 만에 할리우드에 돌아와 에우리피데스*의 고대 그리스 비극인 〈히폴리

---

* 에우리피데스는 그리스 3대 비극 작가(아이스킬러스, 소포클레스, 에우리피데스) 중 한 명이다. 그의 주된 관심은 신보다는 인간들끼리의 갈등이었다. 그의 작품은 고뇌하는 인간을 묘사하지만 교훈과 위안을 시도하지 않는다는 특징을 갖고 있다.

투스[*]〉를 현대적으로 각색해서 만든 작품이다. 이 영화는 금지된 사랑을 주제로 해서 비장한 음악과 배우들의 절규가 인상적인 도발적인 멜로드라마다. 닷신은 이 비극적인 신화를 흑백 영상을 통해 현대적으로 깔끔하게 재현했다는 호평을 들었다. 국내에서는 1967년 〈죽어도 좋아〉라는 제목으로 개봉됐다.

당시 계모와 의붓아들 간의 불륜이라는 소재로 화제를 불러일으킨 이 영화의 일등 공신은 아마도 여주인공 멜리나 메르쿠리와 음악을 맡은 그리스의 국민 음악가로 불리는 미키스 테오도라키스일 것이다. 금지된 사랑의 처참한 종말을 강렬하게 묘사한 엔딩 신은 한마디로 충격적이었다. 폭풍처럼 질주하는 자동차 안의 알렉시스(앤서니 퍼킨스 분)가 절망의 나락에서 낭떠러지에 떨어지기 직전 절규하는 장면에서 흘러나오는 음악이 바로 바흐의 '토카타와 푸가 D 단조'이다. 이 곡은 오르간 연주의 대가였던 바흐가 작곡한 오르간 곡 중에서 가장 높은 평가를 받는 명곡 중 하나이기도 하다.

테오도라키스는 이 음악을 영화의 엔딩 장면에서 절묘하게 사용함으로써 이 음악을 많은 사람들의 기억에 뚜렷하게 각인시켰다. 1967년 국내 개봉

페드라와 알렉시스

---

[*] 크레타 섬의 왕인 미노스는 정략적인 이유로 딸 페드라를 아테네 왕인 테세우스의 후처로 시집을 보낸다. 그러나 기구하게도 페드라는 전처의 아들 히폴리투스와 사랑에 빠지고 만다. 하지만 히폴리투스는 왕비의 불타오르는 정욕을 단칼에 거절한다. 그러자 페드라는 앙심을 먹고 못된 음모를 꾸민다. 그녀는 끝내 히폴리투스를 죽음으로 내몰고 자신도 목숨을 끊는다는 이야기다.

될 때 근친상간 부분이 문제가 되어 삭제되었다가 이후 TV에서 처음으로 무삭제 방영되기도 했다. 극장에서 삭제된 채로 개봉을 해서인지 도대체 왜 앤서니 퍼킨스가 자살하는지, 관객들은 영문을 몰라 그저 어리둥절했다. 그래서 국내에선 영화 내용보다는 강렬한 인상을 남긴 테오도라키스의 음악 쪽에 더욱 화제를 집중하기도 했다.

✕ 간략한 줄거리

30대의 성숙한 아름다움이 무르익는 페드라(멜리나 메르쿠리 분)와 풋풋한 24살 청년 알렉시스, 계모와 의붓아들 사이인 두 사람은 런던에서 운명적으로 만나면서 사랑에 빠져든다. 페드라의 알렉시스에 대한 사랑은 더욱 걷잡을 수 없이 치닫지만 알렉시스는 죄책감 때문에 페드라에게서 벗어나려고 한다. 반면에 페드라는 알렉시스에게 점점 더 집착하게 되고 이윽고 사랑과 질투로 이성을 잃어버린 페드라는 남편 타노스에게 아들과의 관계를 고백한다. 타노스(라프 바로네 분)는 분노로 치를 떨며 알렉시스를 두들겨 팬 다음에 집에서 쫓아내 버린다. 아버지가 사 준 스포츠카를 타고 질주하는 알렉시스, 그 유명한 음악과 함께 그의 차가 하얀 절벽 아래로 떨어져 내리는 순간, 페드라는 수면제를 복용하고 세상과 작별할 준비를 한다.

II. 그리스의 여신, 멜리나 메르쿠리

여배우였던 멜리나 메르쿠리는 행동하는 정치가이기도 했다. 지칠 줄 모르는 열정과 빛나는 매력을 지녔으며 카리스마 넘치는 추진력을 지녔던 당대의 여걸이었다. 그리스의 마지막 여신이었으며 그리스 정신의 전형이었다. 그녀는 그리스 인민과 그리스 문화에 대한 자부심이 대단했다. 죽음 앞에서도 꿈쩍하지 않는 용기를 지닌 여인이었다.

멜리나 메르쿠리

메르쿠리는 아테네의 명망 있는 정치가 집안에서 태어났다. 할아버지 스피로스 메르쿠리는 아테네 시장이었고, 아버지 스타마티스 메르쿠리 또한 그리스 민주좌파당 대표이자 장관을 지냈다. 그녀는 국립 연극 학교를 졸업한 후 1944년부터 무대에 데뷔해, 유진 오닐의 〈상복의 일렉트라〉의 일렉트라, 테네시 윌리엄스의 〈욕망이라는 이름의 전차〉의 블랑쉬 등 돋보이는 주연 자리를 꿰차며 연극배우로 활동했다.

그러다 1955년 35세의 늦은 나이로 과감하게 영화계로 뛰어들어 영화 〈스텔라〉에 출연했으며 1960년에는 훗날 남편이 된 줄스 닷신이 감독과 각본을 맡은 〈일요일은 참으세요〉에서 여주인공으로 나왔다. 이 영화는 그리스 피레우스 항구에 사는 일리아라는 창녀와 미국 관광객 호머의 이야기인데 아카데미 주제가상을 받았다. 주연을 맡은 그녀는 칸 영화제에서 최우수여우주연상을 수상했다. 이후 〈페드라〉, 〈토카피〉 등에 출연하면서 세계적인 명성을 쌓아 나갔다.

1967년 브로드웨이에서 공연 중이던 메르쿠리는 고국에서 파파도풀로스가 쿠데타로 군사 독재 정권을 수립했다는 소식을 접했다. 그러자 그녀는 바로 군사 독재 정권을 규탄하는 성명문을 발표했다. 이어서 각종 인터뷰와 단식 투쟁 등을 통해 군사 정권에 대한 반대 운동을 펼쳐 나갔다. 결국 그리스 군부는 눈엣가시였던 그녀의 국적을 박탈하고 재산을 몰수해 버렸다. 고국에 대한 입국이 막힌 그녀는 프랑스에 잠시 정착해서 샹송 가수로 활동하기도 했다. 당시 여러 국가들을 전전하던 그녀는 "사람답게 살기 위해서 정치가 필요하다."라고 외치며 그리스 민주화 운동을 벌여 나갔다.

1974년 마침내 독재 정권이 무너지고 민주주의가 회복되자 고국으로 돌아간 메르쿠리는 배우로서의 활동뿐 아니라 정치 활동과 여성 운동에 본격적으로 참여한다. 1977년 하원 의원으로 당선되고, 1981년에는 당시 총리였던 안드레아스 파판드레우에 의해 그리스의 문화부 장관으로 임명되어, 두 번이나 장관직을 수행하였다. 88올림픽 당시 우리나라를 방문하기도 했다. 장관이 된 후 그녀가 제일 먼저 착수한 일은 영국이 약탈해 대영 박물관에 전시하고 있는 고대 그리스의 파르테논 신전 조각품 반환을 위한 이른바 '엘긴 마블스 반환 운동'이었다.

19세기 말 튀르키에 주재 영국 대사였던 토머스 엘긴 경은 튀르키에 지배하에 있던 그리스의 파르테논 신전의 대리석을 조각으로 떼어서 27년 동안 33회에 걸쳐 영국으로 쉴 새 없이 퍼 날랐다. 본래 자신의 저택에 치장할 생각으로 이런 짓을 했으나 나중에 영국 정부에 몽땅 팔아먹었다. 영국 정부는 이 유물들을 대영 박물관에 떡 허니 전시했다. 현재 대영 박물관 파르테논 갤러리를 차지하고 있는 바로 이 유물들에 대하여 메르쿠리가 약탈 문화재의 반환에 대한 목소리를 드높임으로써 세계적 관심을 모은 것이다.

오늘날에는 과거 제국주의 국가들이 식민지 국가들로부터 수백만 점의 문화재를 약탈해서 자국의 박물관에 버젓이 전시되고 있는 것이

현실이기도 하다. 그러나 메르쿠리는 파르테논 신전의 경우 아크로폴리스 꼭대기의 건물 조각들을 몰상식하게 무자비하게 떼어 내서 실어 내갔다는 점에서 차원이 다르다는 점을 강조했다. 그녀는 영국 정부에 대해서 이렇게 일갈했다.

"당신들은 파르테논 대리석 작품들이 우리에게 의미하는 바를 이해해야 합니다. 그것들은 우리의 자부심입니다. 그것들은 우리의 희생입니다. 그것들은 우리의 탁월함에 대한 고귀한 상징입니다. 그것들은 민주주의 철학에 대한 찬사입니다. 그것들은 우리의 열정이자 그리스인의 정수입니다."

영국은 끝내 이를 거부했다. 대리석 반환 공식 요청 후 10년 뒤 메르쿠리는 1994년에 폐암으로 사망했다. '엘긴이즘Elginism'이란 단어는 문화재 약탈을 뜻하는 대명사로 통한다.

★ 30장 ★

겨울의 라이언

전설의 여배우, 캐서린 헵번 / 아카데미상 최다 수상 실패의 피터 오툴

I. 겨울의 라이온(1968년), The Lion in Winter

이 영화는 브로드웨이에서 토니 상을 받은 제임스 골드먼의 동명 희곡을 각색해서 안토니 하비 감독이 메가폰을 잡은 영국 영화다. 영화의 대본이 희곡인지라 한 편의 연극을 보는 느낌을 준다. 영화의 대부분은 헨리 2세*(피터 오툴 분)의 성안에서 이루어지고 있고 많은 분량의 대사를 읊어대는 배우들의 연기에 의존하고 있다. 왕권을 향한 부모 자식들 간의 치열한 다툼 속에 미운 정(情)도 사랑일 수

---

* 이 영화에서는 헨리 2세는 아들 셋을 둔 것으로 나오지만 실제로는 왕비 엘레오노르 사이에 아들 다섯과 딸 셋을 두었다. 첫째와 둘째는 병으로 비교적 일찍 죽었고 리처드, 제프리, 존·존 셋만 남게 된 것이다. 딸들은 무난한 삶을 살았다.

있음을 보여 준다. 이들의 애증에 얽힌 이야기가 두 시간의 러닝 타임 동안 쉴 새 없이 휘몰아치고 있다.

이 작품에서 엘레오노르*역으로 아카데미 여우주연상을 받은 캐서린 햅번은 사상 최초로 여우주연상을 3회 수상한 최초의 여배우가 되었다. 이 밖에도 이 영화는 아카데미에서 각색상과 음악상을 수상했다. 당시의 배경에 충실한 묘사와 수준 높고 위트 있는 각본, 실력파 주연 배우들의 연기, 극 중 분위기를 이끌어 나가는 음악 등이 어우러지면서 평론가들의 찬사를 받았다.

역사적으로 명민하다고 일컬어지는 영국왕 헨리 2세와 엘레오노르 왕비, 훗날의 사자심왕으로 불리는 첫째 아들 리처드 (안소니 홉킨스 분), 둘째 아들 제프리 (존 캐슬 분), 역시나 훗날 왕이

헨리 2세와 엘레오노르 왕비

되는 막내 존(나이젤 테리 분) 간의 지지고 볶고 하는 가족사가 그 줄거리이다. 어떠한 주제나 메시지를 가지고 끌고 가는 영화가 아니라 이 별난 가족들 간의 사랑과 증오와 욕망이 한바탕 얽히면서 얘기가 전개된다. 한마디로 이 영화는 '야망과 애증의 롤러코스터이자 막장에 가까운 가족 드라마'다.

---

* 흔히 '아키텐의 엘레오노르'라고도 불린다. 아키텐은 프랑스 남서부의 드넓은 지역을 말한다. 당시 프랑스 왕의 영지보다 넓었다. 엘레오노르는 아키텐 공작 윌리엄 10세의 상속녀였다. 프랑스 왕 루이 7세와 잉글랜드의 헨리 2세의 왕비였으며 잉글랜드 왕 리처드 1세와 존의 어머니였다. 당시 유럽에서 가장 영향력 있는 여성이었다.

그런 만큼 이 영화의 볼거리는 배우들의 연기다. 개성이 강한 인물들이 권력을 앞에 놓고 얽히고설킨 감정들을 쏟아내는 배우들의 화려한 연기가 펼쳐진다. 이 중에서 헨리 역의 피터 오툴과 엘레오노르 역의 캐서린 헵번 두 명배우가 벌이는 치열한 권력 쟁탈전과 불꽃 튀는 기이하기 짝이 없는 애증의 공방이 가장 압권이다.

노회하지만 여전히 권력을 쥐고 놓지 않으려는 아버지 헨리, 아버지에게 인정받고 사랑받고 싶은 욕망과 어머니에 대한 애정으로 뒤얽힌 아들들 중에서 칼을 빼 들고 아버지에게 대드는 첫째 리처드, 아버지에게 무시당하는 둘째 제프리, 얼뜨기 소년 같은 막내 존, 권력을 탐하는 왕비이자 아들들에게 지대한 영향력을 행사하는 어머니, 그녀는 무엇보다도 헨리에 대한 애증으로 몸부림친다. 헨리에 대한 사랑, 그에 대한 미련, 동시에 자신을 떠난 그를 보복하고 상처를 주려고 하는 증오 등이 마치 광기처럼 폭발한다.

ː 간략한 줄거리

때는 12세기 잉글랜드, 점점 나이 들어가는 헨리 2세는 후계자 결정을 위해 관련된 인물들을 모두 불러 모은다. 참석한 사람들은 헨리 2세에게 버림받아 감금 상태에 있는 왕비 아키텐의 엘레오노르, 첫째 리처드와 둘째 제프리, 헨리 2세가 후계자로 밀고 있는 막내 존, 헨리 2세의 정부(情婦)이자 프랑스 왕 필립 2세의 누이인 알레(제인 메로우 분), 그리고 프랑스 왕 필립 2세(티모시 달튼 분) 등이다. 책략가 필립 2세는 후계자로 지목될 왕자와 누이 알레의 결혼을 요구한다. 이에 헨리 2세는 감금돼 있던 왕비에게 아키텐을 존에게 넘기는 대가로 자유를 주겠다고 약속하고, 리처드와 알레를 거짓으로 혼인시키려 한다.

그러나 내막을 알게 된 리처드는 결혼식을 거부한다. 한편, 아버지 헨리 2세가 믿고 있는 막내 존은 필립과 손잡고 아버지의 뒤통수를 치려고 한다. 이 사실을 안 헨리 2세는 격노

해 세 아들을 모두 감옥에 처넣는다. 그리고 알레와 함께 새로운 후계자를 낳을 계획을 세운다. 알레는 왕자들을 모두 제거해야 한다고 주장하지만, 헨리 2세는 차마 자식들을 죽이지 못하고 모두 풀어 준다. 왕비 엘레오노르는 훗날을 도모하면서 감옥으로 돌아갈 채비를 한다.

II. 전설의 여배우, 캐서린 헵번

　　대배우 캐서린 헵번은 60년 동안의 배우 생활에서 주로 의지가 강한 여성 캐릭터를 연기했다. 아카데미에서 주연상만 남녀 통틀어 유일하게 4번 수상한 배우이자 AFI 선정 가장 위대한 여배우 1위에 뽑히기도 했다. 대학 시절부터 무대에 서기 시작한 그녀는 브로드웨이에 진출하면서 두각을 나타냈다. 소문을 듣고 할리우드 스카우터들이 몰려왔다. 영화에 데뷔한 후 세 번째 작품인 〈아침의 영광〉으로 아카데미상을 수상했다. 탁월한 연기력이 빛을 발하면서 그녀만의 독특한 자리를 구축해 나갔다.

　　그녀가 남긴 명작들은 많았다. 험프리 보가트와 공연한 존 휴스턴 감독의 〈아프리카의 여왕〉, 리즈 테일러, 몽고메리 클리프트와 공연한 맨키위츠 감독의 〈지난여름 갑자기〉, 스펜서 트레이시, 시드니 포이티어와 공연한 스탠리 크레이머 감독의 〈초대받지 않은 손

캐서린 헵번

님〉, 피터 오툴과 공연한 안소니 하비 감독의 〈겨울의 라이온〉 등이 그
것들이다. 영화마다 장르가 달랐지만, 그녀가 보여 준 연기는 한결같이
일품이었다. 노익장은 여전했다. 1982년 제54회 아카데미 시상식에서
헨리 폰다와 공연한 〈황금 연못〉으로 여우주연상 4번 수상이라는 전
무후무한 대기록을 세웠다.

그녀는 당시 할리우드가 여배우들에게 요구하던 기대에 부응하기
를 거부했다. 당찬 기질의 소유자였다. 노골적으로 발언하고, 맨얼굴을
자주 내보였고, 여성의 바지 착용을 괴상하게 보던 시절에도 늘 바지
를 입고 다녔다. 피임약과 낙태를 대놓고 옹호했다. 그녀의 이와 같은
행동은 20세기 미국 여성의 인식을 변화시키는 데 큰 영향을 끼쳤다.
그녀는 'First Lady of Cinema'로 통했다.

그녀와 공연한 가장 대표적인 배우는 스펜서 트레이시였다. 두 사
람은 어떤 영화를 찍어도 호흡이 척척 맞았다. 트레이시와의 파트너십
은 25년 동안 이어졌다. 영화에서 명콤비였던 두 사람은 사생활에서도
깊은 관계를 맺기 시작한다. 독실한 가톨릭 신자였던 트레이시는 아내
를 존경하고 아이들을 사랑하는 좋은 남편, 좋은 아버지 역할을 포기
하지 않았다. 두 사람의 관계는 언론의 귀에도 들리고 할리우드에서는
공공연한 비밀이었지만 둘 다 배우로서 존경받기도 해서 언론은 알아
서 두 사람 관계에 대해서는 쉬쉬했다. 나중에 《라이프》지에서 거론될
때까지 이 두 사람의 스캔들은 일체 보도되지 않았다.

헵번은 그런 트레이시와의 26년 동안 사귀는 동안 한 번도 트레이
시를 독점하려 하지 않았다. 1967년에 트레이시가 심장 마비로 쓰러졌

을 때 누구보다 먼저 발견한 것은 헵번이었다. 그녀는 트레이시의 시신 옆에 혼자 10분 정도 있다가 바로 방을 나갔다.

몇 분 후면, 트레이시 부인과 아이들이 도착할 예정이었다. 미사에도 묘지 장례식에도 헵번은 얼굴을 비치지 않았다. 그리고 장례식 48시간 후에야 헵번은 트레이시 부인에게 조의를 표하러 갔다. 헵번은 2003년 96세의 나이로 장수를 누린 뒤 삶을 마감했다.

III. 아카데미상 최다 수상 실패의 피터 오툴

영화 〈아라비아의 로렌스〉의 명배우 피터 오툴은 1932년 출판업자 아버지와 간호사 어머니 사이에서 아일랜드에서 났다. 이후 영국으로 가족이 옮겨 가서 어린 시절을 리즈에서 보내게 된다. 아버지가 인쇄업에 종사했기 때문에 자연스럽게 책을 가까이했던 그의 어렸을 때 꿈은 저널리스트였다. 《요크서 이브닝 뉴스》라는 신문사의 기자로 잠시 활동하기도 했던 그는 열일곱 살 때 연기자로 진로를 바꾸었다. 이후 왕립 연극 아카데미에 입학, 장학금을 받을 정도로 뛰어난 재능을 보여 주었다.

1955년 셰익스피어의 〈햄릿〉에 출연, 평단의 호평을 받으며 연극계에 데뷔하게 되었고, 1960년에 영화 〈납치〉에 첫 출연 했다. 이때 데이비드 린 감독의 눈에 띄면서 영화에 출연했는데, 그것이 바로 〈아라비아의 로렌스〉였다. "하룻밤 자고 깨어나 보니 스타가 되어 있더라."라

피터 오툴

는 말이 바로 오툴에게 해당되는 말이었다. 홀쭉한 체격에 새하얀 아랍 의상을 걸치고 낙타 위에 올라앉아 아랍 전사들을 이끌고 사막을 질주하는 그의 연기에 세계 영화계는 화들짝 놀랐다. 한때 아랍인들의 스타가 되었다가 배신당하고 실의에 고통받는 한 인간의 모습을 절절하게 보여준 그의 연기는 발군이었다. 모두들 아카데미 남우주연상은 따 놓은 당상이라고들 했지만 〈앵무새 죽이기〉의 주연을 맡았던 그레고리 펙에 고배를 마시고 말았다. 이후 아카데미상은 평생을 손에 잡힐 듯 말 듯 하면서 그로부터 멀어져갔다.

세계적인 스타로 발돋움한 그는 이후 오드리 헵번과 공연한 〈백만 달러의 사랑〉을 비롯해서 〈베켓〉, 〈겨울의 라이온〉, 〈굿바이 미스터 칩스〉, 〈바르샤바의 밤〉 등에 출연했다. 그는 〈맨 오브 라만차〉 동키오테 역이나 〈아라비아의 로렌스〉에서 로렌스처럼 광기 어린 역할도 소화했으나 주로 왕이나 귀족 등 품격 있는 역할을 맡는 등 폭넓은 연기로 주목을 받았다. 〈마지막 황제〉에서 청나라 황제 푸이의 영국인 사부(師父)인 레지널드 존스턴 역을 맡기도 했고 2004년에는 〈트로이〉에서 프리아모스 왕으로 출연, 자식을 잃은 아버지의 비통함을 처절하게 연기하면서 찬사를 받았다.

한때 도박에 빠져 가산을 탕진하기도 했고, 알코올 중독으로 고생하기도 했다. 그는 말도 못 할 음주가로 유명했다. 배우 마이클 케인과 리처드 해리스에 의하면 그는 영국의 연극계에서 알아주는 술꾼이었다고 한다. 영화 〈아라비아의 로렌스〉를 찍을 때에는 오마 샤리프와 술에 쩔어 살았다는 풍문도 나돌았다. 결국은 1975년 건강 때문에 술을 끊었다.

영화 <트로이>에서 프리아모스 왕

오툴은 1962년 출세작 〈아라비아의 로렌스〉로 처음 아카데미상 남우주연상 후보로 지명된 이래 2006년 〈비너스〉까지 여덟 번이나 추천을 받았으나 끝내 수상에는 실패했다. 그는 수상에 8번 실패하고 난 뒤 2003년 공로상을 수상하면서 "세상에! 주인공은 못 되고 늘 들러리만 섰네요."라며 진한 아쉬움을 표했다고 한다.

당시 71세였던 오툴은 이 상을 받기 전 "그 멋진 녀석(남우주연상)을 정정당당히 따낼 시간이 더 있었으면 좋겠다. 아직 활동 중이니 80세가 될 때까지만 공로상을 미뤄 달라."며 아카데미 남우주연상에 대한 미련을 표시했다. 이는 사실상 수상을 거절하는 의사였으나 주최 측의 간곡한 요청에 결국 상을 받았다. 오툴이 〈아라비아의 로렌스〉로 남우주연상을 받지 못한 것은 '아카데미의 큰 실수 중 하나'로 꼽히기도 한다.

오툴에게는 '아카데미상 최다 수상 실패 배우'라는 꼬리표가 따라다녔으나 네 차례의 골든글로브상과 한 차례의 에미상을 받았다.

〈아라비아의 로렌스〉로 영원히 기억에 남을 위대한 배우 오툴은 2013년 12월 14일 토요일 런던에 있는 웰링턴 병원에서 81세의 나이로 세상을 하직하였다.

로미오와 줄리엣

다양한 재능의 프랑코 제피렐리 감독

I. 로미오와 줄리엣(1968년), Romeo and Juliet

프랑코 제피렐리 감독의 〈로미오와 줄리엣〉은 셰익스피어의 고전을 충실하게 스크린으로 옮긴 영화다. 이 작품은 수차례에 걸쳐 영화화되었다. 그중 1936년 조지 큐거가 감독하고 레슬리 하워드가 주연한 작품과 레오나르도 디카프리오가 주연한 1996년 작품이 유명하나 가장 대중적인 사랑과 지지를 많이 받은 작품은 제피렐리 감독의 〈로미오와 줄리엣〉이다.

이 영화는 셰익스피어의 원작답게 대부분의 대사가 "내 목숨은 원수의 빚이로다."와 같은 알쏭달쏭한 은유법으로 이루어져 있는 것이 특징이다. 그래서 이런 연극적 싯귀로 된 대사에 익숙하지 않은 관객들

에게 낯선 느낌을 주기도 한
다. 이 영화는 셰익스피어 원
작 중 등장인물의 나이에 가
까운 배우를 기용한 최초의
영화라는 면에서 큰 화제를
모았다. 이 영화의 남녀 배우
두 사람은 촬영 당시 15살, 16

로미오와 줄리엣

살인 미성년자로, 지금까지 나온 〈로미오와 줄리엣〉 영화 중 가장 원
작의 나이에 가깝다.

엇갈린 운명으로 인한 두 젊은 남녀의 비극적인 사랑을 그린 이 작
품은 많은 사람들이 셰익스피어의 4대 비극의 하나로 알고 있지만, 정
작 4대 비극은 〈햄릿〉, 〈리어왕〉, 〈맥베스〉, 〈오셀로〉이다. 이는 작품성
면에서 〈로미오와 줄리엣〉이 4대 비극에 못 미친다는 반증이기도 하
다. 확실히 〈로미오와 줄리엣〉은 등장인물들의 고뇌와 고통 따위를 파
헤치기보다는 흥미를 불러일으키는 통속 멜로드라마와 같은 느낌을
많이 풍기고 있기는 하다. 그러나 대중적인 인기 면에서는 셰익스피어
의 희곡 중에서 이 작품을 따라올 작품은 없을 것이다. 햄릿이나 오셀
로의 줄거리는 잘 몰라도 이 작품의 줄거리는 많은 사람들이 훤히 꿰
고 있는 것이다.

주인공들이 미성년자임에도 전신 베드 신이 등장한다. 1970년대
국내에서 개봉할 때는 베드 신이 통째로 삭제되었다. 나중에 무삭제로
나온 비디오테이프나 DVD를 보고서야 사람들이 깜짝 놀라기도 했다.

이 누드 신과 관련해서 2023년 1월 두 배우는 제작사인 파라마운트사를 상대로 미성년자 나체 장면에 대한 성 착취 및 아동 학대 혐의로 5억 달러의 배상액을 청구하는 소송을 제기하면서 화제가 되었다. 영화를 찍을 때 제피렐리 감독(2019년 별세)이 사전에 누드 촬영은 없을 것이라고 다짐했으나 촬영 마지막 날 간곡한 요구로 과도한 노출 신을 찍었다는 것이다. 그리고 찍기 전에는 영화상의 공개는 없을 것이라는 설득에 어린 나이의 두 주인공이 깜박 속아 넘어갔다는 것이 소송의 전말이다.

영화의 이야기는 닷새에 걸쳐 일어난다. 그 닷새 사이에 서로 죽자 살자 하면서 반해서 하룻밤을 보내고 결혼식을 올리고 동반 자살까지 했으니 그야말로 두 사람의 관계는 번갯불에 콩 구워 먹듯 초스피드로 진행된 것이다. 10대 중반의 청소년들이 우연히 만난 상대방을 만나 첫눈에 반하고 주변 여건이 두 남녀의 결합을 용납하지 않는 바람에 순식간에 운명이 꼬이면서 죽어 버린다는 그런 이야기인 것이다. 이걸 셰익스피어의 말을 빌리면 이렇다.

"말리면 말릴수록 불타는 것이 사랑이다. 졸졸 흐르는 시냇물도 막으면 막을수록 거세게 흐르는 법이다."

이 영화는 85만 달러를 들여 무려 3,890만 달러를 벌어들이면서 대성공을 거두었다. 하지만 정작 두 주인공은 이후 별 성공작이 없다. 그나마 줄리엣 역의 올리비아 핫세는 띄엄띄엄 영화에 출연하면서 꾸준히 작품 활동을 했지만 남자 주인공 레오나드 위팅은 완전히 묻혀 버렸다. 오히려 줄리엣의 사촌인 티볼트 역으로 나온 마이클 요크가 이후 훨씬 더 유명해졌다. 〈길〉, 〈대부〉, 〈태양은 가득히〉, 〈해바라기〉와 같은 주옥같은 영화 음악을 남긴 거장 니노 로타의 음악은 이 영화에서도 뛰어나다. 이 영화의 주제곡인 캐플릿 가의 축제에서 가수가 부르는 노래 'What is a youth'는 팝송으로 'A time for us'라는 제목으로 많이 알려졌다.

❕ 간략한 줄거리

몬태규 가의 로미오는 원수 집안인 캐플릿 가의 가장 무도회에 몰래 잠입해 들어갔다가 줄리엣을 본다. 그녀에게 첫눈에 홀딱 반한 로미오는 줄리엣이 바로 원수 캐플릿 가의 딸이란 사실을 알고는 더욱 놀란다. 하지만 그녀에게 끌리는 감정을 도저히 막을 수 없었다. 그는 야밤에 담장을 넘어 창가에서 그녀를 만난다. 줄리엣 또한 로미오를 보고 사랑에 빠지고 이튿날 두 사람은 신부님의 주례로 몰래 결혼식을 치르고 첫날밤까지 치른다. 두 사람의 로맨스는 일사천리로 진행된다. 그러나 친구 머큐쇼와 싸움에 휘말린 로미오가 줄리엣의 사촌 오빠인 티볼트를 죽이게 되면서 로미오는 쫓기는 몸이 된다. 그리고 이 둘의 운명은 비극으로 치닫는다.

II. 다양한 재능의 프랑코 제피렐리 감독

프랑코 제피렐리는 1967년에 리처드 버튼과 엘리자베스 테일러 주연의 데뷔작 〈말괄량이 길들이기〉와 이어서 사춘기 나이의 젊은 올리비아 핫세와 레오나드 위팅을 발탁해 만든 〈로미오와 줄리엣〉으로 세계적인 감독으로 떠오른다. 이후 1990년에는 액션 배우로 한창 전성기를 구가하던 멜 깁슨을 기용해 만든 〈햄릿〉도 모두 셰익스피어 작품들이다.

이탈리아 감독이 왜 이렇게 셰익스피어 작품의 영화화에 집착했을까. 그의 성장 과정이 이를 말해 준다. 제피렐리는 여섯 살 때 폐렴으로 어머니가 죽고 피렌체의 생부의 사촌 집에서 군식구로

프랑코 제피렐리

살면서 이 지역에 있는 영국인 공동 커뮤니티에 들락거리면서 성장했다. 이때 그에게 영어를 가르쳐 준 영국인 메리 오닐을 만났다. 오닐은 그에게 셰익스피어 작품의 참맛을 알게 해 주었고 한편으로는 영국식 자유민주주의 가치관도 불어넣었다.

이와 같은 배경 때문에 제피렐리는 독재자 무솔리니 집권 당시 공산주의자 게릴라들과 함께 무솔리니 파시스트 군대에 맞서 싸우게 된다. 피렌체 대학 건축학과에 입학하고 얼마 안 있어 제2차 세계대전이 발발하자 그는 학업을 중단한 채 공산주의자들과 함께 게릴라 활동을 벌였다. 이 와중에 그는 파시스트에게 체포됐다. 총살 위기에 몰렸던 그를 심문한 사람이 마침 배다른 형이었기 때문에 간신히 살아남을 수 있었다.

제2차 세계대전이 끝난 후 그는 독실한 가톨릭 신자로 교황청의

총애를 받았다. 그래서 그런지 기독교 영화도 줄줄이 만들었다. 〈성 프란치스코〉와 TV 시리즈물로 제작된 〈나사렛 예수〉가 그 대표적인 작품이다. 〈나사렛 예수〉에서는 〈로미오와 줄리엣〉에 출연했던 올리비아 핫세가 마리아로 출연했다. 한때 무신론자들인 공산주의자들 편에서 싸우던 그가 기독교 성인을 감동적으로 그려 낸 영화를 만들었다는 것은 자못 역설적이다. 이외에도 그는 할리우드의 전형적인 멜로드라마인 〈챔프〉와 〈끝없는 사랑〉 등을 감독하기도 했다.

그러나 뭐니 뭐니 해도 제피렐리의 재능이 가장 돋보이는 분야는 그의 탁월한 무대 디자인 솜씨가 빛을 발하는 오페라 무대였다. 〈라 트라비아타〉, 〈오셀로〉 등의 오페라 영화를 만들기도 했던 제피렐리는 1952년부터 밀라노 '라 스칼라 극장'의 오페라 연출을 맡아 자신만의 독특한 스타일을 확립해 나갔다. 1960년대 이후로는 〈아이다〉, 〈토스카〉 등 풍성하고 화려하며 스펙터클한 무대 연출을 통하여 뛰어난 오페라 감독이라는 명성을 누렸다. 그의 오페라 연출은 섬세함으로 정평이 나 있었다. 그는 오페라란 한마디로 '재미와 환상과 여자'라고 말하기도 했다.

고상한 셰익스피어 작품을 만들고 한편으로는 멜로드라마 영화를 감독하면서 대작 오페라를 줄줄이 연출하는 제피렐리의 하이브리드적인 다양한 재능은 그의 가족사를 살펴보면 어느 정도 감이 잡힌다. 그는 유부남과 유부녀였던 부모 사이에서 태어났다. 그의 아버지는 피렌체 근방인 빈치에서 양모, 비단을 파는 상인이었고, 어머니는 피렌체의 패션디자이너였다. 르네상스 시절 빈치에서 사생아로 태어난 다재다능했던 천재 레오나르도 다빈치의 출생과 별반 다르지 않다. 그렇지 않아도 제피렐리는 레오나르도의 혈통을 이어받았다는 연구 결과가 발표되기도 했다. 제피렐리는 2019년 6월 15일 향년 96세로 눈을 감았다.

공군 대전략

영국을 구한 다우딩 대장

I. 공군 대전략(1969년), **Battle of Britain**

영화 〈공군 대전략〉은 원제 'Battle of Britain'에서 알 수 있듯이 제2차 세계대전 초기 영국 본토에서 벌어진 독일 공군과 영국 공군 간의 공중전을 그리고 있다. 영화는 전쟁 초기 영국군의 덩케르크 철수 이후의 이야기를 담고 있으며 전력 면에서 독일군에 열세에 있었던 당시 필사적인 사투를 벌이면서 본토 방어에 임하는 영국 공군의 감투 정신을 잘 보여 주고 있다.

원래 제목은 〈Battle of Britain〉, 그러니까 〈영국 전투〉 혹은 풀어써서 〈영국 본토 항공전〉이 맞을 텐데 〈공군 대전략〉이란 제목이 조금은 생뚱맞기도 하다. 007 시리즈를 네 편이나 만든, 파리에서 영국인 부모에게서 태어난 가이 해밀턴이 메가폰을 잡은 이 영화는 개봉 당시 영국 영화의 자부심으로 평가받았다. 영국 출신의 유명 스타들과 독일의 유명 배우들이 총출동한 야심 찬 프로젝트였다.

30년대와 40년대를 거치면서 최고의 스타 중의 한 사람이었던 로렌스 올리비에와 〈줄루〉, 〈입크립스 파일〉로 명성을 날린 마이클 케인, 이밖에 로버트 쇼, 크리스토퍼 플러머, 트레버 하워드, 스잔나 요크와 같은 영국의 기라성 같은 인기 배우들과 〈상과 하〉에서 나온 쿨트 율겐스와 같은 독일의 저명한 배우도 참여하여 명작을 만들었다.

영화는 1941년 7월부터 10월까지의 3개월간에 걸친 독일 공군의 영국 본토 공격과 여기에 대처하는 영국 공군의 결사적인 저항을 담고 있다. 영화는 별도의 주인공을 두고 그들을 중심으로 이끌어 나가기보다는 다양한 캐릭터들을 등장시켜 진행해 나가는 다큐멘터리적인 느낌이 물씬 난다. 이러한 다중 캐릭터를 활용한 다큐멘터리적 제작 방식은 60년대에 한창 유행했던 방식이었다. 〈사상 최대의 작전〉, 〈머나먼 다리〉, 〈도라! 도라! 도라!〉, 〈파리는 불타고 있는가〉 등의 작품들이 그것이다.

영화를 찍기 위해서 촬영 팀은 영국에 보존되어 있던 스핏파이어와 허리케인, 그리고 스페인과 포르투갈 공군에서 보관하고 있던 독일 전투기 매서슈

대기 중인 스핏파이어 전투기들

미트와 폭격기 하인켈, 그리고 슈투카 폭격기 등을 빌리거나 구매하기도 했다. 전투 장면 대부분을 실제 비행기에서 공포탄을 쏘면서 촬영하는 등 실전을 방불케 하는 공중전을 묘사했다는 찬사를 받았다. 당시 양국을 대표하는 최고의 전투 기종인 스핏파이어와 매서슈미트*를 공중에 쌩쌩 날리면서 관객들의 눈을 즐겁게 해 주었다.

2차 대전 당시 독일의 에이스였던 아돌프 갈란트를 비롯한 독일, 영국 쌍방의 에이스들이 자문을 맡아 당시 영국과 독일 공군이 구사했던 전술을 치밀하게 재현했다. 특히 영국 전투기 사령부를 지휘하는 휴 다우딩이나 독일 공군을 지휘하는 헤르만 괴링의 캐릭터와 양군 공군 지휘부의 전술과 세세한 움직임을 실감 나게 묘사했다는 호평이 잇따랐다.

▎간략한 줄거리

제2차 세계대전이 발발하고 얼마 후인 1940년 6월, 마침내 독일은 프랑스를 점령한다. 히틀러는 영국이 독일의 유럽의 지배권을 받아들인다면 영국을 침공하지 않겠다며 휴전을 제의한다. 그러나 처칠은 이를 단호히 거부하고 '영국 본토 공방전'이 시작됐음을 국민에게 알린다. 다행히 영국은 독일군이 갖지 못한 레이더와 650대의 전투기를 갖추고 전쟁을 대비했다. 드디어 영국 공군력 괴멸 작전 개시일인 '독수리의 날'에 독일 공군은 영국 남부의 주요 공군 기지에 무차별 타격을 가한다. 그러나 레이더의 도움과 다우딩 사령관의 치밀한 방어 전략이 의외로 성과를 내면서 독일의 파상적인 공격은 멈칫한다.

하지만 '다우딩의 병아리들'이라고 불리는 젊은 전투기 조종사들의 숫자가 달랑달랑해져 가고 있었다. 그러나 기적이 일어난다. 독일군 폭격기 한 대가 실수로 런던에 폭탄을 떨어

---

* 영국의 스핏파이어와 독일의 매서슈미트는 당시 양국이 자랑하는 최고 수준의 전투기였다. 선회 능력에서는 스핏파이어가, 급강하 능력에서는 매서슈미트가 조금 앞서기는 했지만 화력과 기동력 등 전반적으로는 막상막하였다. 결국 승패는 전적으로 조종사들의 능력에 의해 갈렸다.

뜨린다. 처칠은 베를린 폭격 명령을 내리고 이에 뿔이 잔뜩 난 히틀러는 공격력을 런던으로 집중시킨다. 그 덕분에 한숨을 돌린 영국 공군은 1940년 9월 15일, 모든 전력을 동원하여 런던을 공격하는 독일 공군에게 괴멸적인 타격을 입힌다. 히틀러는 마침내 영국 본토 상륙 계획을 무기한 연기한다.

영국 본토 항공전이 끝나자 처칠은 이렇게 말했다.

'인류의 분쟁의 영역에서 이토록 많은 사람들이 이토록 적은 사람들에게 이토록 큰 도움을 받은 적이 없다(Never in the field of human conflict have so many owed so much to so few).'

II. 영국을 구한 다우딩 대장

영국 본토 항공전은 전투기 사령부의 지휘관인 다우딩이 아니었으면 이길 수 없었다는 것이 전문가들의 일치된 의견이다. 그는 까다롭고 고집스럽기가 말도 못 했다. 일단 인상부터가 꼬장꼬장하게 생겼고, 실제로도 그러했다. 자기가 믿는 것에는 좌고우면(左顧右眄)하지 않고 뚝심으로 밀어붙였다. 그의 사전에는 적당이라는 말과 타협이란 말은 있을 수 없었다.

다우딩 대장

그래서 주변 사람들이 애증을 실어서 붙여 준 별명이 꼰대 영감이었다. 1930년대 영국 공군의 상층부를 지배했던 폭격기 무적론(無敵論)*에 정면으로 반기를 든 인물이었다. 그는 모두들 나 몰라라 하는 전투기의 중요성을 일찍이 간파하여 상관인 공군 참모 총장 뉴월 원수에게 전투기 사령부 조직을 강력히 건의, 초대 사령관에 취임하게 된다.

영국 본토 항공전 당시 대활약한 전투기 허리케인과 명품 스핏파이어 개발을 주도한 것도 그였다. 오죽했으면 독일 공군의 에이스였던 갈란트는 공군 원수 괴링의 면전에서 우리에게도 스핏파이어가 필요하다고 구시렁거리기도 했다. 또한 영국 전역에 레이더 기지를 촘촘하게 설치하면서 영국의 방공망을 완벽하게 만들어 놓았다. 당시 사람들은 막 개발된 레이더의 가치에 대하여 반신반의했다. 심지어 적외선이 더 효과적이지 않은가 하는 의견도 나올 지경이었다. 결국 그의 고집으로 유럽 대륙 쪽을 향한 영국 해안가에 레이더들을 빼곡하게 세우고야 말았다.

그리고 중앙 통제실을 구축하여 효과적으로 전투 상황을 통제했다. 당시 공중전의 경우 지상에서 브리핑을 받은 후에는 공중에서의 전투는 조종사들이 알아서 하는 식이었다. 그걸 다우딩이 악착같이 상부에 대들어서 중앙 통제 시스템을 구축한 것이다. 그 결과 레이더 기지에서 적기를 파악한 다음 중앙 통제실에서 실시간으로 적기 현황을

---

* 폭격기 무적론은 제1차 세계대전과 제2차 세계대전 사이에 각국의 공군 전략의 대세를 이루던 이론이었다. 폭격기 만능주의라고도 부르며 결국 착각으로 결론이 난 이론이다. 요약하면 고공으로 날아가는 폭격기들은 찾지 못할 뿐더러 설사 찾아낸다고 하더라도 요격기들은 요격 고도로 올라오지 못한다. 꾸역꾸역 올라오더라도 폭격기에 기관총을 다수 탑재하고 때로 몰려다니면서 쏘아 대면 요격기는 절대 건드릴 수 없다는 이론이다. 이 이론에 근거하여 전투기 무용론까지 등장했다.

파악한 다음, 통신으로 각 전투 비행단에게 작전을 지시해서 조종사들이 실전에 임한다는 효율적인 체제가 완성된 것이다.

1940년 5월 독일군의 전격전에 휘말려 꽁지 빠지게 쫓기던 프랑스는 다급하게 처칠 수상에게 항공기 추가 지원을 요청했다. 그러나 다우딩은 "이미 끝장이 나서 별 볼 일 없는 프랑스에 전투기를 보낸다면 결국 우리의 하늘을 지킬 전투기가 바닥날 겁니다."라고 답변을 하면서 완강하게 영국 전투기들을 지켜 냈다. 물론 처칠의 심사가 편할 리는 없었다.

또한 의회에서 예산을 이유로 전투기 조종석에 방호판을 도입하지 않으려 하자 "시카고의 갱단들조차도 자기네 차에 방탄유리를 설치하는 마당에 우리 공군 조종사들이 돈이 모자란다는 이유로 방호판을 못 가진다는 게 말이나 됩니까?" 하고 강하게 들이받으면서 전투기에 방호판을 설치하기도 했다. 이러한 일화에서도 알 수 있듯이, 그는 부하들을 무척 아끼는 사람이었다. 윗사람들에게는 까다롭고 성가신 인물이었지만 부하들에게 진심 어린 존경을 받았다.

결국 최고 성능의 전투기 도입, 레이다 기지 설치, 중앙 통제실 운영 등 그의 여러 선견지명은 제대로 들어맞아서 영국 공군은 수적, 질적 우위에 있던 독일 공군의 파상적인 공격을 끝끝내 막아 냈다. 결국 독일군의 숙원이었던 영국 침공을 원천적으로 봉쇄한 결과를 낳은 것이다. 다우딩은 이렇게 영국 본토 항공전을 승리로 이끌었으나 워낙 고집스럽고 고분고분하지 못한 성격으로 당시 영국 공군 상층부 사람들과 번번이 부딪치며 비위를 건드렸다. 결국 본토 항공전이 일단 한

숨을 돌리자 한직으로 좌천당했고 별다른 임무를 수행하지 못하고 퇴역했다.

1942년 여름, 다우딩이 제대할 때 그의 지지자들은 그가 원수의 계급으로 진급하지 못한 것에 대해 볼멘소리를 늘어놓은 적이 있었다. 그러나 당시 영국 공군의 전통으로는 공군 참모총장을 지내지 못한 사람은 원수가 될 수가 없었다. 대신 처칠의 천거로 벤틀리 프라이어리 남작 작위를 받았고 왕이 직접 수여하는 빅토리아 대십자 훈장도 받았다. 그는 말년에 심령술에 흠뻑 빠져 지냈고 재혼한 부인과 행복한 말년을 보냈다. 1970년 세상을 떠났고, 시신은 웨스트민스터 대성당에 안치되었다.

33장

옛날 옛적 서부에서

영화 음악의 대가, 엔니오 모리코네 / 할리우드의 마초, 찰스 브론슨

I. 옛날 옛적 서부에서(1970년), Once Upon a Time in the West

영화 〈옛날 옛적 서부에서〉는 대부분의 서부극들이 소홀히 했던 미국 서부 개척사에서 일어났던 '폭력의 역사'를 날 것으로 그리고 있다. "미국 서부의 역사는 그냥 단순하고 불한당 같은 폭력적인 남자들에 의해 만들어진 것"이라는 것이 이 영화를 만든 감독이자 마카로니 웨스턴의 창시자 세르지오 레오네의 확고한 믿음이었다. 이를 영화화한 것이 바로 이 작품이었다. 그는 이 영화에서 정형화된 미국 웨스턴의 틀을 깬다. 선과 악의 경계선이 모호하고 정의감에 바탕을 둔

영웅 같은 주인공은 등장하지 않는다. 자신의 이익이나 복수를 위해 싸우는 총잡이들만 득실거린다.

이 영화는 서부란 애당초 낭만과는 거리가 멀며 미국 서부의 역사는 그저 단순하고 폭력적인 남자들에 의해 만들어진 것을 은연중에 암시하고 있다. 그래서 레오네는 "그게 아니야, 이 바보야! 서부의 실제 모습은 이랬어…" 하면서 기존 서부 영화에 똥침을 날리고 있다. 서부 신화화 작업은 왜곡과 윤색으로 떡칠한 역사와 다를 바가 없다. 피로 얼룩진 인디언 학살의 기억은 백인들의 프로티어 정신으로 미화되었고 결국 서부 시대의 개척자들에 의한 폭력과 착취는 자본의 근본적 목적 과정과 정확히 일치한다는 것을 이 영화에서 보여 주고 있다.

영화 초반 결투 장면

정통 서부 영화에서 열등 인종으로 묘사되던 멕시코인이 주인공 (찰스 브론슨 분)으로 나오고 링컨이나 와이어트 어프 역을 맡았던 정직하고 선한 미국인의 아이콘이었던 헨리 폰다가 푸른 눈동자의 냉혹한 악당 프랭크 역으로 나오자 미국인들은 경악했다. 정작 폰다는 "원래 이런저런 역을 가리지 않고 하는 게 배우다."라고 가볍게 흘러 넘기긴 했지만. 이런 역할 바꾸기를 통해서도 레오네는 미국 역사를 비틀면서 조롱과 야유를 보내고 있다. 전작 〈석양의 무법자〉에서부터 조짐은 보였지만 이 영화 〈옛날 옛적 서부에서〉에서도 레오네는 미국 근대사의 비열함과 폭력성에 대한 그의 시각을 은연중에 드러내고 있었음을 보여 준다.

원래 레오네는 〈석양의 무법자〉를 끝으로 서부극은 더 이상 안 만들려고 했으나 파라마운트사에서 레오네가 제일 좋아하는 배우인 헨리 폰다와 푸짐한 예산을 제안하며 레오네를 유혹하면서 제작에 착수하게 되었다. 또 찰스 브론슨이 연기하는 '하모니카' 역은 원래 당시 마카로니 웨스턴에서 인기 절정을 이루고 있던 클린트 이스트우드를 점찍었으나 본인이 고사했다.

전작 마카로니 서부극들이 달랑달랑한 자금 때문에 스페인 로케를 통해서 어설픈 미국 서부를 재현해 냈다면, 이 영화에서 넉넉한 예산을 확보한 레오네는 이 영화에서 서부극의 거장인 포드의 서부극에서 자주 등장하는 장엄한 풍광의 애리조나주의 모뉴먼트 밸리를 배경으로 등장시켰다. 매춘부 질(클라우디아 카르디날레 분)이 마차를 타고 모뉴먼트 밸리를 거쳐 목적지 스위트워터로 향하는 장면에서 흘러나오는 모리코네의 수려한 메인 테마와 영화 전반에 흐르는 그의 음악은 이 영화를 더욱 빛깔 나게 해 주고 있다.

그러나 이 영화는 음악뿐만 아니라 모든 '소리'에 관객들의 귀를 쫑긋하게 만든다. 이는 오프닝 장면만 보아도 알 수 있다. 땀에 찌들어 있는 세 총잡이의 얼굴이 화면에 번갈아 교차되면서 황량한 벌판에는 삐

걱거리는 풍차 소리, 한 방울씩 떨어지는 물방울과 모래바람 소리만 들려올 뿐이다. 이러한 소리로 인해 화면의 긴장감은 차곡차곡 쌓여 간다. 곧이어 하모니카 소리와 함께 여러 발의 총소리가 난무하면서 결국 임계점에 도달한 긴장감은 폭발하고야 만다. 이 장면에서 등장인 물들은 눈빛과 걸음걸이로만 보여 줄 뿐이다. 대사는 아예 없고 소리 만 들린다. 이 영화는 '듣는다'는 것이 어떤 것인지를 말해 주고 있다.

이 영화는 음악이 영화보다 먼저 만들어졌다. 일반적으로 영화 음 악을 만드는 작업은 영화 최종 단계에 이루어지는 게 보통인데, 이 영 화에서는 이와는 정반대로 작업이 이루어졌다. 모리코네가 영상을 보 면서 음악을 만드는 것이 아니라, 촬영 전에 각본을 읽고 레오네와 이 야기를 나눈 다음, 음악을 완성한다는 것이다. 그리고 촬영장에서 위장 으로 가려 놓은 거대한 스피커를 통해 음악을 크게 틀어 놓고 마치 오 페라 무대 연출을 하듯이 사운드트랙을 들으면서 배우들이 연기를 했 다. 이와 같은 영화 음악 작업 방식은 레오네의 유작인 〈원스 어폰 어 타임 인 아메리카〉에서도 이어졌다.

폰다의 악역 때문이었는지 북미 흥행은 실패했다. 그러나 프랑스 나 독일에서는 엄청난 흥행 대박을 기록했다. 아마도 이는 서부 시대 를 개척자 정신이 충만한 낭만적인 시절로 생각하는 미국인들과는 달 리 서부 시절이란 야만적이며 돈에 눈먼 사람들만 득실거렸던 시대라 는 레오네와 같은 시각의 유럽인들과의 차이에서 비롯되는지도 모른 다. 시간이 지나면서 미국에서도 이 영화의 뛰어난 작품성에 감탄하고 극찬하기 시작했다. 《타임》지에서는 역사상 가장 위대한 영화 100편에 수록하기도 했고, 《엠파이어》지에서는 역대 최고의 영화 14위에 꼽았다. 2009년엔 미국 의회 도서관 의미 국립 영화 등기부에 영구 수록됐으며, 2013년 《더 가디언》지는 서부극 사상 최고의 영화로까지 꼽았다.

✗ 간략한 줄거리

장애인인 악덕 자본가 모튼은 악당 프랭크(헨리 폰다 분)를 시켜 황무지에 스위트워터라는 이름을 붙이고 이를 개척하던 맥베인과 그 가족을 몰살시킨다. 뉴올리언스의 매춘부였던 질은 스위트워터에 새로운 삶을 찾아서 맥베인을 찾아오지만 졸지에 과부 신세가 되고 만다. 프랭크는 질을 위협하면서 스위트워터의 땅을 넘기라고 종용한다. 이곳에는 물이 나오기 때문에 기차역이 생기면 엄청난 이익이 예상되는 곳이다. 하지만 갑자기 하모니카(찰스 브론슨 분)라는 미지의 인물이 나타나 기지를 발휘하며 경매로 나온 스위터워터 땅을 차지하고 질에게 넘긴다. 그는 자신의 형을 살해한 프랭크에게 복수하겠다는 일념으로 이곳을 찾아온 것이다. 결국 하모니카는 프랭크를 처치한다.

II. 영화 음악의 대가, 엔니오 모리코네

모리코네는 1960년대부터 반세기가 넘는 세월 동안 수많은 유럽 영화 음악과 할리우드 영화 음악들을 작곡하면서 세계적인 명성을 날렸다. 그는 거의 평생을 외국에 나가지 않고 고향인 로마에 살면서 400여 편이 넘는 영화 및 드라마 음악과 100여 곡에 이르는 클래식 음악을 남겼다. 그는 영화 음악의 신이자 영화 음악 그 자체였다.

모리코네는 1928년 11월 10일 로마에서 태어났다. 모리코네가 태어나던 날은 이탈리아가 무솔리니의 파시스트 정권의 통치하에 들어

엔니오 모리코네

가던 날이기도 했다. 모리코네는 여섯 살에 처음 곡을 쓰기 시작하고, 아홉 살에 이미 산타 체칠리아 국립음악원에서 개인적으로 트럼펫 레슨을 받을 정도로 음악적 재능이 뛰어났다. 그는 나이트클럽과 댄스 클럽을 오고 가며 활동하던 트럼펫 연주자였던 아버지 덕분에 일찍이 트럼펫을 비롯한 여러 악기를 접할 수 있었다. 아버지의 연주가 유일한 수입원이어서 아프거나 하면 종종 어린 모리코네가 대신 나가서 연주를 했다.

음악원에서 트럼펫과 음악이론을 수료한 그는 클래식 음악 작곡을 하는 외에 라디오 쇼를 위해 미국식 스타일로 음악을 편곡해 줄 수 있냐는 의뢰를 받고 처음 미디어와 인연을 맺었다. 이후 이탈리아 국영방송에서 연주자 겸 편곡자로 일했다. 하지만 그의 관심사는 여전히 작곡이었고, 트로바졸리, 나스침베네, 사비나 등과 같은 이탈리아 거장들 밑에서 가명으로 영화음악에 발을 디뎠다. 1961년 처음 자신의 이름을 걸고 데뷔한 모리코네는 초등학교 시절 친구였던 세르지오 레오네 감독과 만나면서 본격적으로 이름을 알리기 시작한다.

레오네와 함께 작업한 마카로니 웨스턴 삼부작인 〈황야의 무법자〉, 〈석양의 건맨〉, 〈석양의 무법자〉에서 휘파람과 허밍, 종과 채찍과 같은 파격적인 도구를 동원하고 낭창낭창한 일렉기타에 전통적인 오케스트레이션을 결합한 영화 음악을 선보이면서 전 세계 영화 팬들을 놀라게 했다. 70년대에 들어서 잠시 잠잠하던 그는 80년대에 전성기를 맞이한다. 〈원스 어폰 어 타임 인 아메리카〉, 〈미션〉을 시작으로 〈시네마 천국〉, 〈피아니스트의 전설〉, 〈시티 오브 조이〉, 〈러브 어페어〉 등에서 주옥같은 영화 음악을 만들면서 영화 음악 거장의 반열에 오른다.

그는 〈천국의 나날들〉, 〈미션〉, 〈언터쳐블〉, 〈벅시〉, 〈말레나〉에서 다섯 차례나 아카데미 음악상 후보에 올랐지만 수상하지 못하다가, 2016년 88세의 나이로 쿠엔틴 타란티노 감독의 〈더 헤이트풀8〉로 결국 음악상을 수상했다. 이는 아카데미 경쟁 부문 역사상 최연장자 수상이라는 기록이었다. 이에 앞서 2007년에는 아카데미 평생공로상을 수상했으며, 2008년에는 프랑스 레지옹 도뇌르 훈장을 수상하기도 했다.

모리코네는 영화 음악 데뷔 50주년을 기념해 세계 각국을 돌면서 200회가 넘는 공연을 펼친 후 모든 연주 활동에서 물러난 그는 2020년 7월 6일 91세의 일기로 숨을 거두었다. 며칠 전 자택에서 낙상으로 인한 대퇴부 골절을 입고 병원에서 치료를 받던 중이었다. 다작(多作)과 다양성의 측면에서 영화 음악의 세계를 다채롭게 장식해 온 그의 공헌은 영원히 기억될 것이다.

III. 할리우드의 마초, 찰스 브론슨

수려한 용모도 아니고 큰 키도 아니었지만 자신만의 독특한 개성을 풍기며 영화판을 주름 잡았던 배우가 바로 찰스 브론슨이었다. 그는 1921년 펜실베이니아 주 에렌펠드에서 리투아니아 출신 광부의 아들로 태어났다. 고등학교를 졸업한 뒤 탄광의 광부로 일하면서 감옥에 투옥되기도 하는 등 험난한 청소년기를 보낸 뒤, 공군에 입대해 제2차 세계대전에 참전하였다. 당시 B29 폭격기의 후방 기관총 사수로 복무했다.

찰스 브론슨

전쟁이 끝난 후 여러 잡일을 하며 힘들게 생활하다가 영화계에 발을 디뎠다. 그러나 시원치 않은 마스크의 그에게 주어진 역은 거의 단역뿐이었다. 세월이 흘러 다행히 존 스터지스 감독의 〈황야의 7인〉과 〈대탈주〉에 출연하면서 이름이 알려진다. 이후 세르지오 레오네 감독의 〈옛날 옛적 서부에서〉에서 주연 배우로 나와 하모니카를 음산하게 불면서 과묵한 총잡이 역할을 하면서 스타 배우로 급부상하게 된다. 특히 이 영화는 유럽에서 엄청난 흥행몰이를 하는 바람에 유럽 감독들의 선호하는 배우로 각광을 받으면서 〈빗속의 방문객〉, 〈아듀 라미〉, 〈레드선〉 등에 출연한다.

이 무렵 그는 콧수염을 기르기 시작했다. 이어서 독특한 카리스마를 장착하고 자신만의 터프한 매력을 발산하면서 유럽의 영화 팬들을 열광시켰다. 광부 출신답게 스스로 '다이너마이트로 부서진 채석장'이라고 표현했던 험상궂은 얼굴에 유럽인들이 매료된 것이다. 그는 프랑스에서는 '성스런 괴물le sacred monstre', 이태리에서는 '추남Il Brutto'이라

불멸의 명작 영화 50선

는 애칭으로 불리는 등 유럽에서 인기가 높았다. 유럽에서는 알랭 들롱과 친하게 지냈는데 이는 〈아듀 라미〉와 서부극 〈레드선〉에서 함께 연기한 것이 계기가 되었다. 이후 유럽에서의 인기가 미국에까지 전달되면서 그는 1971년에는 '세계에서 가장 인기 있는 배우'로 선정되기도 했다.

조각 같은 외모의 배우들을 선호하는 시대에서 개성을 중요시하는 70년대로 넘어오면서 당시 스티브 맥퀸, 제임스 코번 등과 함께 대표적인 터프 가이 배우 계열에 속했다. 브론슨은 정의감에 넘치는 터프 가이 역으로 〈마제스틱〉, 〈매카닉〉, 〈세인트 오브 아이브스〉 등 메이저 영화사의 대작에 출연하며 1971년 미국 최고의 인기 배우 및 1970년대 미국 흥행 배우 BEST 10위 안에 랭크될 만큼 최고의 전성기를 누리기도 했다.

브론슨 하면 절대 빠질 수 없는 영화가 바로 〈데드 위시〉일 것이다. 이 영화는 부인을 살해한 악당들을 복수의 화신으로 변신해서 화끈하게 앙갚음을 하는 작품인데, 이 작품은 다섯 편의 시리즈로 만들어질 만큼 큰 인기를 끌었다. 1980년대 말까지 〈데스 위시〉 시리즈로 꾸준

영화 〈데스 위시〉에서 브론슨

하게 활동을 한 브론슨은 1990년대로 접어들면서 나이와 건강상의 문제로 서서히 영화계에서 사라져 갔다. 그는 치매와 폐렴 등으로 2003년

83살의 나이로 눈을 감았다.

브론슨과 두 번째 부인이었던 질 아일랜드는 잉꼬부부로 할리우드에서 소문이 났었다. 브론슨은 당시 유부녀였던 여배우 아일랜드와 사랑에 빠졌을 때 남편이자 〈0011 나폴레옹 솔로〉로 잘 알려진 배우 데이비드 맥컬럼을 찾아가 "당신의 아내와 결혼하겠다."며 퉁명스럽게 통보한 일화는 유명하다. 두 사람은 〈대탈주〉를 촬영하면서 친해진 사이였는데 사실 아일랜드와의 관계는 맥컬럼이 바빠서 브론슨에게 임신한 아내를 자기 대신 방문해 달라고 부탁한 것이 계기가 되었다. 이후 이일랜드는 맥컬럼이 바람을 피우면서 이혼하고 브론슨과 결혼했다.

후일 맥컬럼은 자기 자식을 차별하지 않고 잘 키워준 브론슨에게 고마움을 표시했고 집안일이 있으면 서로가 왔다 갔다 할 만큼 브론슨 부부와 친하게 지냈다. 브론슨은 아일랜드와 20여 편의 영화에 함께 출연하는 등 부부 금실이 남들이 질시할 만큼 끔찍이 좋았다. 1990년 아일랜드가 유방암으로 사망한 후 77세에 세 번째 결혼했는데 브론슨은 이전 두 번의 결혼에서 자녀 넷을 두었다.

브론슨은 가난한 어린 시절과 불우한 과거를 딛고 40대 후반의 늦은 나이에 늦깎이로 할리우드 정상에 올랐다. 그는 대부분 여배우들과의 뜨거운 키스 장면으로 마무리되는 다른 배우들과는 달리 씩 웃는 묘한 웃음과 터프한 손짓 하나만으로 영원히 기억되는 할리우드의 마초풍 배우였다.

스팅

풍부한 인간성의 지성인, 폴 뉴먼

I. 스팅(1973년), Sting

이 영화는 미국의 대공황 시절인 1936년 시카고 암흑기를 무대로 상대방을 속이는 사기꾼들의 활약을 그린 유쾌한 범죄 코미디물이다. 1960년대부터 할리우드에서 유럽 영화들의 영향을 받아 사기나 도둑 등 범죄자를 낭만적으로 묘사하는 영화들이 생겨났는데, 〈스팅〉도 그런 종류의 작품이다. '스팅'이란 말은 교묘한 사기란 뜻으로 카지노 용어로 불법적인 속임수 혹은 부정행위 하는 사람을 뜻하기도 한다.

이 영화는 1970년에 히트를 친 〈내일을 향해 쏴라〉에서 만난 조지 로이 힐 감독과 폴 뉴먼, 로버트 레드포드 세 사람이 다시 뭉쳐 멋진 명작을 만들었다. 오늘날까지도 인기를 끌고 있는 고전이다. 1974년 제 46회 아카데미에서 작품상·감독상·편집상·미술상·의상상·음악스코어링상 등 6개 부문에서 수상하면서 기염을 토했다.

　이 영화는 호화 출연진들의 뛰어난 연기는 물론 풍성한 재미가 질펀하게 깔려 있는 매력적인 작품이다. 치밀한 구성과 화술, 스피디한 전개 속에 허를 찌르는 반전, 그리고 마빈 햄리시의 경쾌한 음악이 한층 흥을 더욱 돋우고 있다. 햄리시는 이 영화로 아카데미 최우수 음악스코어링상을 수상했다. 스콧 조플린*의 피아노 곡 '엔터테이너The Entertainer'를 편곡하여 주제곡으로 사용하였는데, 영화 흥행과 더불어 이 곡이 1974년 빌보드 차트 3위에 오를 정도로 인기를 끌었다. 이 곡은 로이힐 감독이 어느 날 조카가 조플린의 이 피아노곡을 치는 것을 듣고 영화에 삽입토록 했다는 이야기가 전해진다.

후커(왼편)와 콘돌프(오른편)

　　　전작에 이어 이 영화에서도 뉴먼과 레드포드가 멋진 앙상블을 이루면서 '버디 무비'를 탄생시켰다. 이와 같이 두 명의 남자가 등장해 진한 우정을 나누는 스토리의 영화가 '버디 무비'인데, 버디Buddy는 동료·단짝·형제·친구의 의미를 지닌 단어다. 또한 이 영화를 '케이

---

* 19세기 하반기에 미국에서 활동한 흑인 래그타임Ragtime 작곡가이자 피아니스트이다. '단풍잎 래그', '디 엔터테이너' 등이 그의 대표작으로서 유명하다. 래그타임이란 재즈의 원조 격이 되는 춤곡을 말한다.

퍼Caper: 범죄 혹은 도둑질이라는 뜻 무비'의 원조라고도 불린다.

케이퍼 무비란 누가 봐도 거의 실현 불가능한 목표물을 세우고, 최고의 꾼들이 각자의 기술을 발휘해서, 기상천외의 작전을 세우고 목적을 달성한 뒤 귀신같이 사라지는 스타일의 영화를 통칭한다. 외화로는 〈오션스〉 시리즈가 대표적이며, 우리나라 영화로는 〈도둑들〉이 대표적 케이퍼 무비라고 할 수 있다. 마피아 두목인 로네건으로 나오는 로버트 쇼는 촬영 며칠 전 부상을 당해 영화 내내 다리를 절룩거렸다. 여기저기 뒤뚱거리면서 돌아다니는 희극적인 악당의 모습은 묘하게 영화의 분위기를 살리는 부수적인 효과를 낳았다.

⁚ 간략한 줄거리

미국 대공황이 한창인 1936년, 시카고의 졸리에트 거리에서 도박의 명수인 후커(로버트 레드포드 분)는 곤돌프(폴 뉴먼 분)와 손잡고 거물 마피아 두목인 로네건(로버트 쇼 분)을 사기 쳐 돈을 빼앗을 계획을 세운다. 곤돌프와 후커는 로네건의 주변을 조사해 그가 경마광임을 알고 이를 이용하기로 한다. 곤돌프와 후커는 그들의 뒤를 쫓고 있는 악덕 형사 스나이더까지도 계획에 끌어들여 써먹기로 한다. 결국 두 사람은 이 사기 작전을 멋지게 성공시키면서 로네건으로부터 왕창 돈을 우려먹는다. 나쁜 놈이 더 나쁜 놈을 속이는 한탕 사기극이 성공한 것이다.

Ⅱ. 풍부한 인간성의 지성인, 폴 뉴먼

폴 뉴먼은 말론 브랜도, 제임스 딘과 함께 50년대 미국의 청년 문화를 상징하던 배우였다. 뉴먼은 이 둘과는 달리 도시인의 냄새가 폴

폴 뉴먼

폴 나는 냉소적이고 이지적인 반항아의 이미지를 표출했다. 뉴먼은 오하이오 주 셰이커 하이츠에서 태어나 1943년 오하이오 대학교에 입학했지만 제2차 세계대전이 발발하자 학교를 그만두고 군에 입대했다. 태평양 전쟁에 참전해서 뇌격기* 후방 사수로 근무했다.

제대 후 예일대학교 드라마 스쿨을 이수하고 뉴욕 액터스 스튜디오에서 리 스트라스버그**에게 사사했다. 연극 〈피크닉〉을 통해 배우로서 데뷔했다. 이후 영화에 출연하면서 1956년 로버트 와이즈 감독의 복싱 영화 〈상처뿐인 영광〉에서 가난한 무명 복서 그라지아노 역으로 처음 알려지기 시작했다. 이후 엘리자베스 테일러와 공동 주연의 테네시 윌리엄스 원작 〈뜨거운 양철지붕 위의 고양이〉로 할리우드 톱스타로 자리 잡는다. 〈길고 긴 여름날〉로 칸 영화제 남우주연상을 거머쥐며 할리우드의 정상급 배우로 성장했다.

출중한 연기력에 비해서는 상복이 없는 편이어서, 1958년 〈뜨거운 양철지붕 위의 고양이〉로 아카데미 남우주연상 후보에 올랐다가 물을

---

* 태평양 전쟁 당시 미군과 일본군은 뇌격기와 급강하 폭격기를 동원해서 해전을 벌였다. 양 기종 모두 조종사와 기관총 사수가 탑승했다. 뇌격기는 어뢰로 적의 함선을 공격했고 급강하 폭격기는 고공에서 내리꽂으면서 적 함선에 폭탄을 투하했다. 1인이 조종하는 전투기들은 이들 폭격기들을 호위하면서 공중전을 담당했다.

** 미국의 저명한 연극지도자이며 연출가였다. 뉴욕에 배우 학교 액터스 스튜디오를 설립하여 메소드 기법을 가르쳤다. 말론 브랜도, 제임스 딘, 폴 뉴먼, 알 파치노, 로버트 드 니로 등 이름난 연기자들을 줄줄이 양성했다. 1975년에는 영화 〈대부 2〉에서 유대인 마피아 하이몬 로스로 출연하기도 했다.

먹은 것을 시작으로 〈허슬러〉, 〈허드〉, 〈폭력탈옥〉, 〈선택〉, 〈심판〉, 〈추억〉 등의 작품으로 아카데미 남우주연상에 여덟 차례 노미네이트되었지만 모두 탈락되었다. 결국 62세가 된 1987년, 마틴 스코세이지 감독이 〈허슬러〉의 속편으로 만든 〈컬러 오브 머니〉로 남우주연상을 수상했다. 그는 "이번에도 보나 마나 안 줄 게 뻔할 텐데 뭘" 하면서 시상식에도 불참했다. 특히 전년도에 아카데미로부터 평생공로상을 수상했었기에 남우주연상은 거의 물 건너간 것으로 생각하고 있었다. 사실 25년 전에 제작된 〈허슬러〉로 수상했어야 됐다는 평가가 많았기에 그 속편인 〈컬러 오브 머니〉로 주연상을 받은 것은 아카데미가 뒤늦게 인정했다는 평이었다.

영화 〈내일을 향해 쏴라〉에서 뉴먼

뉴먼은 영화 〈영광의 탈출〉에 나왔다는 이유 때문에 튀르키예를 제외한 아랍권에선 평생 입국 금지를 당했다. 〈영광의 탈출〉은 제2차 세계대전 직후 팔레스타인 지역에서 독립국을 세우려는 유대인들의 이야기라서 아랍인들에게는 도저히 용납이 안 되는 영화였다. 뉴먼은 이슬람 국가인 튀르키예는 여러 번 방문하기도 했다. 그는 유대인이었으나 유대교를 믿지 않았고 유대인 단체들의 기부 요구에 대하여도 외면해 왔다. 그래서인지 이스라엘에서도 그를 별로 탐탁해하지 않았다.

할리우드에서는 보기 드문 인간성이 풍부한 지성인으로 알려져 왔다. 무명 시절 잠깐 결혼했다가 이혼한 적이 있으나 1958년 두 번째 부인인 조앤 우드워드와 결혼한 이래 사망할 때까지 50년 동안 스캔들 한 번 없이 금슬 좋은 부부 관계를 유지했다. 평생 할리우드의 허영과 사치를 혐오해서 유명해진 뒤에는 아예 할리우드와 멀리 떨어진 동부의 코네티컷에서 평생을 살았다. 카 레이서로서 뉴먼을 빼놓을 수 없을 것이다. 그는 레이싱이야말로 할리우드의 스트레스에서 벗어날 수 있는 최고의 방법이라고 말하곤 했다. 몇 개 레이스 대회에서 상위에 랭크될 정도로 실력도 뛰어났다.

1980년 크리스마스 무렵, 창고에서 직접 샐러드드레싱을 만들던 뉴먼은『파파 헤밍웨이』를 쓴 작가이자 친구인 허츠너가 찾아오자 회사를 만들자는 얘기를 나누었다. 의기투합한 두 사람은 100% 무방부제 천연재료를 사용한 샐러드드레싱 제조 회사를 설립, 크게 성공했다. 이후 이 회사를 비영리 식품회사 Newman's own로 전환하면서 의료 연구·교육·환경운동·난치병 어린이를 위한 사업 등 현재까지 가난한 사람들을 위하여 2억 달러 이상을 기부해 왔다.

정치적으로는 헨리 폰다, 〈쇼생크 탈출〉로 유명한 팀 로빈스와 함께 할리우드의 가장 진보적 지성인으로 꼽혀 왔다. 60년대에는 FBI의 사찰 대상이기도 했으며. 50년 동안 절대 권력을 휘둘렀던 FBI 후버 국장이 가장 싫어하는 배우 중 한 사람이었다고 한다. 실제로 워터게이트 사건 당시 상원 청문회에서 공개된 '닉슨의 주적(主敵) 명단Nixon's Enemies List 20명' 중 한 사람으로 밝혀졌다. 이 명단에는 노조 간부, 진보적 지식인과 언론인들이 올라 있었다. 뉴먼은 나중에 이것이야말로 자신이 이룬 최고의 업적이었다고 비아냥거렸다. 가끔 정계 진출설도 나돌았지만 그럴 때마다 "나는 그만한 인내심도 없고 자격도 없다."라며 극구 사양했다.

그는 워런 버핏*과 테드 터너**와 함께 '책임지는 부자'라는 단체를 만들어 부자들의 사회적 책임을 실천해 왔다. 뉴먼은 "우리는 지금도 충분히 사치스럽게 살고 있기에 우리처럼 부유층에 대한 감세는 범죄와 다름없다. 나는 운이 무척 좋았기 때문에 행운을 타고난 사람들은 그들보다 불운한 사람들을 도와야 한다."라는 말을 남겼다. 그는 할리우드에서 보기 드문 진정한 상식인이자 지성인이었다. 2008년 83세를 일기로 폐암으로 사망하자 그가 살던 웨스트포트 마을의 주민들은 배우가 아닌 '훌륭한 동네 이웃'으로서 그의 죽음을 슬퍼했으며 마을의 주요 건물이 모두 그를 추모하는 조기를 게양했다.

---

* 역사상 최고의 투자가로 불리는 투자의 귀재다. 억만장자이면서도 검소한 생활 태도를 지니고 있으며, 재산의 85%를 사회에 환원하기로 공표하면서 적극적인 자선 활동을 펼치고 있다. '오마하의 현인'으로 불리기도 한다.

** 세계 최초로 24시간 뉴스 채널 CNN을 개국해 일대 파란을 일으켰다. 그는 UN에 10억 달러를 기부하는 등 자선 사업은 물론, 세계 환경 및 평화, 비핵화 문제 등에 앞장서서 활동하고 있다. 현재 각종 자선 사업 등을 관리하는 터너 엔터프라이즈TEI의 대표로 있다.

35장

대부 2

살아 있는 전설, 알 파치노 / 또 한 사람의 전설, 로버트 드 니로

I. 대부 2(1974년), Godfather2

　　대부 삼부작의 두 번째 작품인 〈대부 2〉는 전편의 감독인 프랜시스 포드 코폴라가 같은 원작자인 마리오 푸조와 공동 각본을 쓰고 또다시 메가폰을 잡았다. 전편이 나온 지 5년여 만에 나온 이 영화는 말론 브랜도의 출연 거부로 신예 로버트 드 니로를 젊은 날의 비토 콜레오네 역으로 캐스팅했다. 20대 후반의 한창 때인 드 니로의 뛰어난 연기와 허스키한 목소리가 어우러져 말론 브랜도의 캐스팅 불발에도 좋은 결과를 낳았다. 드 니로는 브랜도의 목소리를 재현하기 위해 피나는 노력을 했다고 한다. 드 니로는 이 작품에서의 열연으로 아카데미 남우조연상을 수상했다.

또한 전편에서 비토 콜레오네 역을 맡았던 브랜도의 연기가 하도 강렬해서 〈대부 2〉의 주인공인 젊은 알 파치노가 과연 브랜도를 뛰어 넘을 수 있을까 걱정도 했는데 그와는 다른 결의 대부 캐릭터를 창조해 내는 성공을 거두었다. 사실 이 영화가 개봉되었을 때에는 영화가 지나치게 느리고 구성이 복잡하다는 구설수가 따랐다. 사실 3시간 20분이라는 긴 상영 시간과 느린 전개는 보는 사람을 지루하게 할 수도 있었겠지만 시간이 지남에 따라 풍부한 색감과 뛰어난 영화적 장치는 점차 코폴라의 뛰어난 또 하나의 걸작이 되었다.

〈대부 2〉는 1975년 제47회 아카데미에서 6개 부문(작품상·감독상·남우조연상·각색상·미술상·음악상)에서 수상하였다. 이 영화는 속편이 작품상을 수상한 최초의 기록을 남겼다. 1,300만 달러의 제작비로 북미에서 4,800만 달러, 전 세계적으로 9,300만 달러의 수익을 거두며 흥행에서도 큰 성공을 거두었다.

왼편 아버지 비토 콜리오네, 오른편 아들 마이클 콜리오네

영화는 크게 〈대부 1〉에서 빠진 이야기인 비토 콜레오네의 젊은 시절과 마이클 콜레오네가 가업을 이어받은 이후의 이야기로 진행된다. 의리 있고 인간미 넘치는 아버지 비토와는 달리 냉혹한 아들 마이클이 극명하게 대비된다. 어린 시절 미국으로 건너와 맨주먹으로 패밀리를 조직해 대부에 오르는 비토(로버트 드 니로 분)의 이야기와 패밀리의 수성과 확장에 임하는 아들 마이클(알 파치노 분)의 이야기가 나란히 전개된다. 두 이야기의 차별을 두기 위하여 아버지 비토의 이야기는 흑갈색 톤으로 화면이 펼쳐진다.

전편과 마찬가지로 이 영화도 네바다 주의 호숫가에서 벌어지는 콜리오네 패밀리의 질펀한 잔치를 시작으로 뉴욕의 이탈리아인들의 거리 축제와 카스트로의 쿠바 혁명 등 명장면으로 가득 채워져 있다. 대를 이어 대부가 된 마이클은 패밀리를 유지하기 위해 안간힘을 쓰면서 비정한 결정을 내리곤 한다. 그러나 그때마다 아내와 아이들, 그리고 형제와 심복들을 차례로 잃어 가는 애처로우면서도 비장한 그의 모습이 인상적이다. 그러나 무엇보다도 가장 잊혀지지 않는 장면은 형 살해라는 천륜을 어긴 죄를 지은 마이클의 섬뜩하면서도 고독한 모습의 마지막 신일 것이다. "친구는 가까이, 적은 더 가까이"라는 마이클의 멋진 대사도 그의 마지막 장면과 함께 오랫동안 기억 속에서 지워지지 않을 것 같다.

로버트 듀발과 다이안 키튼 역시 전편과 같은 캐릭터로 출연하고 있다. 마이클을 제거하려는 유대인 하이먼 로스 역에 리 스트라스버그가 출연해서 이채를 띠었다. 그는 연기자 양성 학교인 액터스 스튜디오를 설립한 인물이다. 말론 브랜도, 몽고메리 클리프트, 제임스 딘, 폴 뉴먼 등 명배우들은 모두 스트라스버그의 제자들이다. 스트라스버그는 이 영화에 71세의 나이로 생애 첫 번째로 출연했다.

대부 시리즈는 20세기를 살아온 사람들에게는 추억이며 진한 향수로 남아 있다. 각종 영화 관련 단체에서 선정한 위대한 영화 목록에 〈대부2〉는 전작과 함께 항상 상위에 랭크되고 있다. 특히 이 작품은 일부에서 전편을 앞선다고 평가받는 몇 안 되는 속편이기도 하다. 이 영화는 1993년 "문화적, 역사적으로 또는 미학적으로 중요한 것"으로 간주 되어 미국 의회 도서관의 국립 영화 등기부에 보존 대상으로 선정됐다. 또한 미국 영화 연구소는 1997년 이 작품을 미국 영화 역사상 가장 위대한 영화 32위로 선정했다.

ⅹ 간략한 줄거리

새로운 대부가 된 마이클은 변화된 시대에 맞추어 기존의 사업을 합법적인 사업으로 전환하려고 노력한다. 한편으로 아버지 비토 콜레오네의 과거 행적이 펼쳐진다. 시칠리아의 콜레오네라는 작은 마을에서 살고 있던 비토는 어린 시절 자신의 아버지가 그 마을의 마피아 두목을 모욕했다는 이유로 아버지와 형, 어머니를 모두 잃고 혼자 미국 땅으로 건너온다. 미국으로 건너온 뒤, 비토는 타고난 배짱으로 같은 이탈리아 이민자들을 등쳐먹던 깡패 두목을 처치하고 사업을 확장해 간다. 아버지 비토의 사업을 이어받아 대부가 된 마이클은 쿠바까지 사업을 확장하려 하지만, 쿠바에서 일어난 혁명으로 간신히 미국으로 돌아온다. 미국으로 돌아온 뒤, 다른 패밀리의 배반으로 청문회까지 서는 등 곤욕을 치르나 결국 문제가 되는 적들을 모두 제거한다.

II. 살아있는 전설, 알 파치노

알 파치노

할리우드를 대표하는 명배우 중 한 명으로 살아있는 전설이라고도 불린다. 〈대부 시리즈〉, 〈스카페이스〉, 〈여인의 향기〉, 〈칼리토〉, 〈히트〉, 〈형사 서피코〉, 〈아이리시 맨〉 등 여러 명작들에 출연했다. 20세기가 낳은 최고의 배우 중의 하나라는 평을 받을 정도로 연기력은 타의 추종을 불허한다. 영화계뿐만 아니라 브로드웨이로 대표되는 연극계에서도 최정상급의 성공을 거둔 보기 드문 커리어의 소유자다.

파치노는 1940년 4월 25일 뉴욕 이스트할렘의 빈민가에서 태어났다. 시칠리아 출신 부모에게서 태어난 그는 어렸을 때 아버지가 집을 나가자 어머니와 둘이 브롱크스의 단칸방에서 살았다. 조부모는 모두 시칠리아의 콜레오네 마을 출신이어서 〈대부〉에서 콜레오네 가문의 대부로 나오는 파치노와는 무슨 운명처럼 느껴진다. 10대 시절에는 뉴욕의 뒷골목에서 거칠고 험한 성장기를 보냈다. "어린 시절 어머니와 함께 영화를 보고 나면 집에서 혼자 연기하는 걸 흉내 내곤 했다."는 그는 1년간 청각 장애를 가진 두 이모와 지내면서 대화 대신 몸을 쓰는 연습을 하기도 했다. 아마 그때부터 연기의 달인이 됐는지도 모른다.

이후 연기를 가르치는 고등학교에 다니다가 1년 만에 쫓겨난 파치노는 그때부터 스스로 벌어먹고 살아야 했다. 구두닦이·가구 운반·사무실 비서·과일 광택 작업자·신문 배달원·슈퍼마켓 점원·경비원 등 안 해 본 일이 없었다. 본격적인 연기자의 길을 밟기 시작한 곳은 말론 브랜도와 제임스 딘 등을 키웠던 유명한 연기 학교 액터스 스튜디오에 들어가고서부터였다. 그곳에서 최고의 연기력을 가르치는 전설적인 리 스트라스버그를 만나 사사했다. 스트라스버그는 영화 〈대부2〉에서 파치노의 숙적으로 나오기도 한다. 2000년부터 '액터스 스튜디오'의 공통 대표직을 맡게 된 파치노는 현재까지 액터스의 대표직을 유지하고 있다.

파치노의 영화 데뷔작은 제리 샤츠버그 감독의 〈백색의 공포〉였다. 그는 2년 뒤 제리 샤츠버그 감독과 〈허수아비〉에서 다시 만나는데 진 해크먼과 함께 출연한 이 영화는 그해 칸 영화제에서 황금종려상을 받았다. 하지만 파치노에게 진정한 영화 인생의 길을 열어 준 것은 1972년도의 〈대부 1〉이었다. 라이언 오닐, 워런 비티, 잭 니콜슨, 알랭 들롱 등 쟁쟁한 배우들이 마이클 콜레오네 역의 후보로 거론되었지만 코폴라 감독은 영화사 간부들의 강력한 반대를 물리치고 끝내 파치노를 발탁했다.

어느 인터뷰에서 파치노는 "누군가 내게 〈대부〉는 당신이 아니었어도 훌륭한 영화였을 거라고 말했는데 그건 사실이다. 난 그저 그때 그 자리에 있었을 뿐이다."라고 겸손하게 당시를 회고하기도 했다. 70년대에 〈대부 1〉, 〈대부 2〉를 끝내면서 파치노는 할리우드에서 더 이상 오를 곳이 없는 최고의 위치에 오르자 극심한 허탈감에 시달린다.

정작 본인은 그 시기를 회상해 보지만 항상 우울함과 술에 취해 있어 아무것도 기억이 나지 않는다고 술회했다.

〈칼리토〉에서 파치노

침체기에 빠져 있던 파치노는 이후 엘 렌 바킨과 공연한 형사물 〈사랑의 파도〉와 〈딕 트레이시〉, 〈프랭키와 쟈니〉에 출연하면서 점차 명성을 되찾기 시작했다. 드디어 1993년에는 〈여인의 향기〉의 프랭크 슬레이드 역으로 마침내 숙원이었던 아카데미 남우주연상을 거머쥐면서 완전히 재기했다. 그러나 영화사적으로 좀 더 의미 있는 작품은 〈칼리토〉였다. 〈칼리토〉는 〈대부〉에서 시작된 파치노의 느와르 갱스터 연대기에서 하나의 정점을 찍었다.

1996년 작 〈뉴욕광시곡〉은 알 파치노가 직접 연출하고 출연한 작품으로 호평을 받았다. 2019년에는 〈아이리시맨〉에서 로버트 드 니로, 조 페시와 함께 출연하여 녹슬지 않은 명연기를 보여 주었다. 80대를 바라보는 지금도 틈틈이 영화에 출연하면서 변함없이 노익장을 과시하고 있다. 파치노는 오랫동안 영화에 집중했지만, "나는 내가 연극배우로 인식되기를 바란다. 나는 무비 스타가 되고자 한 적은 한 번도 없다."라고 할 정도로 연극은 여전히 그의 첫사랑으로 남아 있다.

파치노는 카리스마 있는 연기와 달리, 내향적이고 수줍음을 많이 타는 성격의 소유자다. 섬세하고 따뜻한 면모도 있고 의리도 있어 동료 배우들을 잘 챙겨주는 편이다. 파치노의 전기물인 〈알 파치노와 로렌스 글로벨의 대화〉라는 책을 쓴 글로벨은 파치노가 뉴욕 아파트에서 무척 검소한 생활을 하는 것을 보고 큰 감명을 받았노라고 말한 적이 있다. 〈대부〉 시리즈에서 마이클의 부인인 케이 역으로 나오는 다이앤 키튼은 파치노와 오랜 연인 사이였다. 그녀는 그와 결혼까지 생각했었지만 파치노의 플레이보이 기질 때문에 결국 헤어졌다고 한다. 자연인 파치노는 한 번도 결혼한 적 없는 남자로도 유명하다. 지금도 여러 여자들과 사귀고는 있지만 결혼은 생각이 없는 것 같다. 슬하에 1남 2녀를 두고 있다.

III. 또 한 사람의 전설, 로버트 드 니로

로버트 드 니로

알 파치노처럼 로버트 드 니로도 할리우드를 대표하는 명배우 중 한 명이다. 〈택시 드라이버〉, 〈비열한 거리〉를 통해 연기파로 자리를 잡았고, 〈분노의 주먹〉, 〈대부 2〉로 아카데미 남우주연상과 남우조연상을 거머쥐었다. 영화 속 캐릭터와 자신을 일치시키는 이른바 메소드 연기는 가히 발군이다. 연기를 시작하거나 배우로서 성공을 원하는 모든 이들에게 '드 니로식 메소드 연기'는 신화가 되고 있다. 흔히 이를 '드니로 어프로치'라고 부르기도 한다.

모두 이탈리아계인 마틴 스콜세지와 프란시스 코폴라 감독과는 드 니로에게 있어 평생을 같이하는 영화 동지들이기도 하다. 특히 그는 스콜세지 감독의 페르소나로도 유명하다. 스콜세지를 언급하지 않고 드 니로의 배우 인생을 이야기할 수 없을 정도다. 배우 생활 초창기에 이탈리아계 젊은이들의 뒷골목 인생을 그린 〈비열한 거리〉로 스콜세지와 드 니로의 이름이 널리 알려졌다. 이후 그와 함께 〈택시 드라이버〉, 〈분노의 주먹〉, 〈좋은 친구들〉, 〈케이프 피어〉, 〈카지노〉, 〈아이리쉬맨〉 등의 걸작들을 만들었다.

이 밖에 그가 출연한 명작들로는 세르지오 레오네 감독의 마피아 영화 〈원스 어폰 어 타임 인 아메리카〉, 월남 전쟁의 아픔을 그린 〈디어 헌터〉,

영화 〈디어 헌터〉에서 드 니로

백인 침략자들의 원주민 학살에 맞서 싸우는 선교사의 모습을 그린 〈미션〉, 비토 콜레오네의 젊은 시절을 그린 코폴라 감독의 〈대부 2〉 등이 있다. 지금까지 70여 편의 영화에 출연했으며, 자신이 설립한 영화 제작사 '트리베카 필름센터'를 통해 10여 편의 영화를 제작했다.

드 니로는 1943년 미국 뉴욕에서 태어났다. 예술가를 부모로 둔 그는 배우로서의 자질을 부모에게 듬뿍 받았다. 아버지인 로버트 드 니로 시니어는 추상 화가였다. 그는 아버지를 예술가로서 자신에게 많은 영향을 끼친 사람으로 꼽았고 아버지가 살던 뉴욕 소호의 아파트에서

불멸의 명작 영화 50선

지금도 살고 있다. 시인인 어머니 또한 드 니로가 자유로운 분위기 속에서 자랄 수 있도록 많은 신경을 써 주었다.

고등학교를 중퇴한 그는 뉴욕 뒷골목의 건달들과 어울려 다녔다. 이후 알 파치노 등을 배출한 액터스 스튜디오에 입학하면서 본격적으로 연기자의 길로 들어선다. 배우 초창기 시절부터 과묵하기로 유명했으며 사적인 이야기는 철저히 함구하는 편이다. 배우 초년병 시절 오디션에 계속 낙방한 연기자 지망생 친구에게 "모든 걸 까발리지 말라. 감출수록 더 유혹적인 법이다."라고 점잖게 훈수를 두기도 했다고 한다.

이따금씩 광기를 내뿜는 연기를 하는 모습과는 달리 성격은 수줍은 편이다. 배우 다니엘 데이 루이스와 같이 영화 외에는 달리 자신을 표현할 것이 없다고 생각할 정도로 연기에만 몰두하는 배우로 소문나 있다. 젊은 시절에는 강인하고 터프한 역할을 주로 맡았지만 나이가 들면서 푸근한 이미지의 노땅 역을 많이 맡고 있다. 젊은 세대에게는 팔팔했던 젊은 날의 드 니로를 떠올리기가 낯설 정도로 요즘에는 그의 역이 많이 변했다는 것을 보여 주고 있다.

그가 좋아하는 것들은 신비, 침묵, 파리 센 강, 시, 요리 등이라고 한다. 뉴욕에 'Tribeca Grill'이라는 레스토랑을 운영하고 있다. 맛은 좋은데 가격은 약간 비싸다고 알려져 있다. 흑인 여성들을 좋아하며 두 번 결혼했는데 모두 흑인이었다. 사귀었던 연인들도 나오미 캠벨 같은 흑인 여성들이었다. 슬하에 4남 2녀를 두었다.

36장

특전 U보트

독일 잠수함 함대 사령관, 카를 되니츠 제독

I. 특전 U보트(1981년), The Boat

이 영화는 〈사선에서〉, 〈아웃브레이크〉, 〈에어 포스 원〉, 〈트로이〉 등 할리우드의 여러 흥행작들을 내놓은 볼프강 페터센 감독이 미국에 건너오기 전인 1981년, 독일 본토에서 연출한 작품이다. 반전 메시지와 휴머니즘을 짙게 담고 있는 작품이다. 이전에 할리우드에서 제작된 대부분의 2차 대전 영화와는 달리 독일군의 시각으로 만들었지만 경이로운 흥행 성적을 기록했다. 독일 영화로는 드물게 1982년 아카데미 최우수감독상 등 6개 부문 후보에 오르기도 했다.

페터젠 감독은 처음 미국에서 시사회를 열 때 영화 첫 장면에서 '4

만 명의 독일 U보트 승조원 중 3만 명은 살아 돌아오지 못했다'는 자막이 뜨자 미국 관객들이 환호성을 올리는 모습을 보고 뜨악했다고 한다. 영화가 진행되면서 관객석이 점점 가라앉기 시작했고 영화가 끝나고 페터젠이 무대에 오르자 기립 박수가 한동안 이어졌다. 제2차 세계대전의 적이었던 독일이 만든 독일군에 관한 영화이니 편견이 남아 있었을 것이다. 미국 관객의 처음과 마지막의 반응이 달라진 것은 이 영화가 제시하는 인간의 보편적인 가치와 반전의 메시지에 공감했기 때문이었다.

영화는 제2차 세계대전 당시 독일군 잠수함인 U보트에 승선했던 43명의 승조원들의 출항과 임무, 귀항의 악전고투 과정을 그린다. 격렬한 전투나 영웅담보다는 좁아터진 잠수함 안에서 지내야 하는 승조원들의 눅눅한 일상을 주로 보여 준다. 그런데도 3시간 반(감독판)이나 되는 상영 시간이 훌쩍 지나갈 정도이니 페터젠 감독이 할리우드에 스카우트된 이유를 알 만하다. 할리우드 〈람보〉식의 과장 없이 전쟁의 의미를 진지하게 묻고 있는 걸작이라는 호평을 받았다. 요즘의 그 흔한 CG 하나 쓰지 않고도 당시의 투박한 특수 효과 기술만 가지고 사실감이 넘치는 수작을 만들었다.

본격적인 잠수함 영화의 전형이라고 할 수 있을 정도로 이 분야에서 고전의 반열에 오른 작품이다. 잠수함 영화에서 거의 빠지지 않고 나오는 "퐁! 퐁!(영어로는 Ping! Ping!)" 하는 소나(청음기) 소리의 원조가 바로 이 작품이다. 사실 현대 잠수함의 소나 소리는 더 이상 그런 식으로 들리지 않는데도 이 효과음은 이대로 굳어져 버렸다. 원래 5시간 53분

함내에서 위급상황

짜리 6부작 TV 미니시리즈로 제작되어 방영되었는데 호평이 이어지자 2시간 30분짜리로 편집하여 세상에 공개했다.

요즘에는 일부 편집된 장면을 되살린 3시간 30분짜리 감독판이 나와 있다. 당시 독일에서 제작된 영화들 중 가장 많은 제작비 1,850만 불이 들어갔다. 개봉 이후 본전은 홀쩍 뽑고도 남았다. 원작자인 로타 귄터 부흐하임이 실제로 이 영화의 배경이 된 U-96(함장: 하인리히 레만 빌렌브로크, U보트 에이스 중 한사람)을 타고 숭선한 경험을 1973년도에 발표했다. 베스트셀러가 된 그 책을 영화로 옮겼다. 영화에서 나오는 정훈 장교 베르너 소위가 바로 로타-귄터 부흐하임이다.

U보트를 완벽에 가까울 정도로 묘사한 뛰어난 사실감은 자타가 인정할 정도였다. 나사, 볼트 등 부품 하나하나와 휘어지고 비틀어진 녹이 슨 파이프 배관에 이르기까지 신경을 쓴 흔적이 역력히 엿보인다. 폐쇄된 공간인 함 내에서의 시간이 흐를수록 승조원들의 안색은 피를 쏟아낸 것처럼 핼쑥하게 변해 가고 수염이 얼굴을 덮어 가는 배우들의 모습을 보면 벨프강 감독의 사실적인 표현에 대한 집념을 짐작케 한다. 1년 가까운 영화 촬영은 독일인들답게 각본에 쓰여진 순서대로 철저하게 진행되었다. 앵글 때문에 어쩔 수 없이 잠수함 세트의 벽 일부를 치우고 촬영한 장면이 있지만 현장감 있는 촬영을 위해 촬영 감독

은 스테디 캠을 개조하여 카메라를 직접 몸에 달고 부상 방지용 보호 장구를 착용하고 통로를 뛰어다니면서 촬영했다고 한다.

실제 U-96의 함장이었던 빌렌브로크가 영화의 감수자로서 직접 참여했다. 그러나 정작 빌렌브로크는 영화가 만들어진 다음에 "우리 U보트 승조원들은 영화에서처럼 패배주의에 찌들어 있지 않았다."며 격렬히 항의하면서 이 문제로 원작자와 말다툼을 벌이기도 했다. 또한 당시 생존 U보트 에이스들 중 일부는 빌렌브로크의 견해에 동조하기도 했고, 또 다른 U보트 에이스는 전적으로 원작자의 견해에 동조한다는 견해를 밝히는 등 U보트 에이스들끼리도 옥신각신하기도 했다.

이 같은 문제는 1980년대 중반까지도 독일이 완전한 반성을 이루지 못한 채 히틀러와 나치에게 전쟁에 대한 책임을 전가하면서 모든 것은 나치의 잘못이라는 식으로 어정쩡하게 넘어간 시대적 배경에서 비롯된다. 생존자들 중 특히 전쟁 영웅들 사이에서 그런 경향이 심했다. 더구나 전쟁 당시 전원 지원자만으로 구성된 잠수함 승조원들의 경우 징집병들로 구성된 육군과는 달리 국가 의식이 유별났다는 점도 일부 에이스들의 항의를 불러일으킨 원인이 되었다.

영화의 최고의 명장면이자 이 영화가 반전 영화임을 가장 여실히 보여 주는 부분은 마지막 부분일 것이다. 구축함과 항공기의 공격, 심지어 해저에서 생매장당할 위기에서도 살아남은 U보트의 승조원들이 천신만고 끝에 기지에 도착했지만 벙커 안으로 진입하기 직전 연합군 폭격기의 공습에 직면한다. 베르너 소위를 제외한 승조원들이 모두가 전사하면서 U보트도 함께 침몰한다. 죽어 가면서 이를 지켜보는 함장의 허망한 눈빛이 애처롭기가 그지없다. 패전의 나락으로 굴러떨어지는 독일을 상징하는 명장면이다.

영화는 군데군데 반전 메시지를 담고 있으나 그것을 전면에 내세우지 않고 시종일관 담담하게 이야기를 풀어 갈 뿐이다. 페터센 감독은 이 영화로 실력을 인정받아 할리우드로 건너오게 된다. 이후 여러 다양한 블록버스터물을 내놓으며 미국에 진출한 가장 성공한 독일 감독으로 명성을 날렸다. 2022년 8월 12일 췌장암으로 눈을 감았다.

： 간략한 줄거리

본격적으로 제2차 세계대전이 전개되는 1941년, 젊은 신참 병사들이 승선한 잠수함 U-96은 대서양으로 출항한다. 그러나 시간이 흐를수록 잠수함이라는 밀폐된 공간에서 오는 답답함과 우울함이 이들을 엄습하기 시작한다. 그러던 어느 날 수송 선단을 호위하는 영국 구축함과 맞닥뜨리게 된다. 치열한 추적을 따돌리고 간신히 살아남은 이들은 비로소 전쟁의 진실에 직면하면서 공포에 사로잡힌다. 크리스마스가 다가올 무렵 그들에게 또 하나의 지시가 떨어진다. 그들로서는 도저히 불가능할 것만 같은 영국군이 철통같이 지키고 있는 지브롤터 해협을 통과하라는 것이다. 자살 명령이나 다름없는 작전을 수행하기 위해 적지 한 가운데를 뚫고 지나간다. 공중에서 폭탄 세례를 맞으면서 U-96은 크게 파손되고 망가지면서 심해 깊은 곳으로 처박힌다. 악전고투 끝에 간신히 살아서 기지로 귀환한 U보트는 연합군 폭격기의 공격을 받아 침몰하고 정훈 장교 베르너를 뺀 나머지 함장과 모든 승조원들은 전사한다.

II. 독일 잠수함 함대 사령관, 카를 되니츠 제독

훗날 윈스턴 처칠로 하여금 "2차 대전 중 나를 가장 두렵게 한 것은

U보트였다."라고 할 만큼 그를 떨게 한 독일 U-보트 함대를 지휘한 인물은 카를 되니츠였다. 전사(戰史)는 그를 잠수함의 파괴력과 전술적 중요성을 상징하는 인물로 기록하고 있다.

카를 되니츠

되니츠는 히틀러 집권 후 잠수함대를 재건하는 임무를 맡으며 잠수함대 사령관이 됐다. 이때 되니츠는 히틀러에게 "우리가 300척의 U보트만 있으면 이 전쟁을 승리로 이끌 수 있다."고 호언장담했다. 이는 100척은 작전에 투입하고 100척은 유지 보수를 하면서 대기하고 나머지 100척은 훈련을 받는다는 맹랑한 생각이었다. 이 말은 씨도 안 먹혔다. 히틀러의 관심은 여전히 육군과 공군에 머물러 있었고 해군은 제3 제국에서 서자 취급을 받고 있었다.

먼저 U보트의 가격이 만만치도 않았다. 한 척당 약 300만 달러의 U보트 가격은 중형 전차 60대에 맞먹는 금액이었다. 300척의 가격이면 전차 18,000대를 만들 수 있었다. 육군 출신인 히틀러에게 얼토당토 않은 제언이었다. 게다가 개전 초기에는 히틀러가 영국에 대한 유화정책을 펼치고 있어서 훗날 벌어지는 대서양 전투는 전혀 관심의 대상이 아니었다. 이에 따라 해군에 투자하는 비용 자체가 육군과 공군에 비교하면 현저하게 적었고 늘릴 생각도 없었다.

되니츠는 제1차 세계대전 때 U보트 함장으로 실전을 경험한 베테랑이었다. 1차 대전 당시에도 상대적으로 생산비가 낮으면서 은밀성이 높은 잠수함이 해군의 주력이 될 것으로 내다

U보트

봤다. 전쟁이 터지자 수적으로 부족한 잠수함 수를 만회하고자 가급적 많은 수를 동시에 투입하는 방법을 고안했다. 이런 생각에서 그는 U보트 한 척이 연합국 선단을 발견하면 인근의 다른 U보트를 불러 모아 떼로 공격하는 '이리떼 전술'을 개발했다. 대전 초기 이 전술에 연합군은 혼쭐이 났다. 그러나 연합국은 독일 에니그마 암호를 해독하고 B-24 같은 장거리 초계기와 광대역 레이더 등 대응 무기를 개발하는 등 독일군의 이리떼 전술에 필사적으로 대항하면서 견뎌 나갔다. 연합군의 U보트 척결 작전이 본격적으로 펼쳐지는 1942년 말에 이르자 그렇게도 설치던 U보트의 운명은 절망의 구렁텅이로 빠져 버렸다.

1945년 4월 히틀러는 자살하기 직전 유언으로 자신의 직위인 총통직을 둘로 나누어 대통령과 총리로 분리시킨 후 되니츠를 차기 대통령 겸 국방군 총사령관으로 지명했다. 총리로는 심복인 괴벨스를 지명했으나 괴벨스는 히틀러를 뒤따라 자살하는 바람에 사실상 되니츠가 나치 정부를 대표하는 인물이 되었다. 되니츠는 독일이 항복한 후 뉘른베르크 전범 재판에서 10년형을 선고받고 복역하다 형기를 모두 채우고 1956년 석방되었다. 재판 당시 "나보고 그 임무를 다시 수행하라면

다시 할 것이다."라고 발언해서 구설수에 오르기도 했다. 이 발언은 군인으로서의 신념으로 보는 긍정적인 시각과 전범 사실을 반성하지 않았다는 부정적인 시각이 동시에 공존했다.

되니츠는 감옥에서 출소한 지 2년 후 1958년 『10년 20일』이라는 회고록을 집필했다. 제목인 '10년 20일'이란 히틀러 밑에서의 10년, 그리고 히틀러 사후 대통령으로서 보낸 20일을 말한다. 석방 이후 서독 해군 장교들 사이에서 원로 대선배에 가까운 예우를 받으며 조용히 지내다 90세의 나이로 1980년 크리스마스이브에 심장 마비로 세상을 떠났다.

그의 자서전에 의하면, 되니츠는 특별한 인연이 없는 히틀러가 본인을 후계자로 지목된 것에 대해 매우 의아스럽게 생각했다고 한다. 프로이센 출신의 귀족들이 우글거리는 육군은 예전부터 하사 출신 히틀러를 우습게 아는 분위기여서 서로가 껄끄러운 관계였다. 더욱이 히틀러는 스탈린그라드 전투*에서의 패전과 본인의 암살 사건(1944.7.20.) 이후 독일 국방군 수뇌부에 대해서 극도의 불신을 갖게 되면서 육군에서 후계자를 지명한다는 것은 애당초 있을 수 없는 일이었다.

공군은 히틀러의 알랑쇠로 유명한 괴링이 공군 원수이자 제국 원수라는 직함을 가지고 거들먹거려 왔다. 나치 제2인자의 직함을 갖고 있던 그는 허풍을 떨면서 계속 삽질을 하는 바람에 총통의 눈 밖에 난 지 오래되었다. 삽질 중에서 특히 영국 본토 항공전에서 영국 공군에

---

* 제2차 세계대전 때 1942년 7월부터 6개월 동안 소련의 스탈린그라드(현, 볼고그라드)에서 독일군과 소련군이 사투를 벌여 약 200만 명의 사상자가 발생했으며, 독일군이 참패했다.

죽을 쑤고 스탈린그라드 전투 막판에 큰소리 뻥뻥 치던 공군의 보급이 그의 특징이기도 한 허풍으로 끝난 것이다. 또한 유대인 학살을 총지휘하던 히틀러 직속 똘마니이자 친위 대장인 힘러는 전쟁 막판에 히틀러 몰래 연합군에 손을 내미는 등의 배신행위로 히틀러에게 단단히 찍혀 버린 후였다. 가장 심복이던 선전상 괴벨스는 이미 가족들과 지하 벙커에서 히틀러를 따라 자살한 후였다. 반면에 해군은 육군·공군·친위대에 비해 정치적인 힘이 미약했고, 해군 수뇌부 사이에서도 군이 정치에 크게 개입하는 것을 옳지 않다고 생각하고 있었다. 이런 연유로 전쟁 말기에 히틀러가 군 세력 중 가장 믿을 수 있는 조직이라고 생각하면서 자연스럽게 되니츠가 후계자로 지목된 것이다.

이리떼 전술

이리떼 전술이란 지상에 있는 지휘소가 미리 잠수함들을 연합군 호송선단이 지나갈 것으로 대충 예상되는 수역(水域)에 분산해서 배치한다. 이후 이들 잠수함 중 한 척이 호송선단을 발견하고 무선으로 지휘소에 알린다. 그러면 지휘소는 해당 수역에 갈 수 있는 모든 잠수함들에게 알려 호송선단을 떼로 몰려들게 해서 공격하는 방식이다. 이리떼 전술이 극성을 떨자 영국은 극심한 물자 부족으로 전쟁 수행에 막대한 지장을 초래하게 된다. 당시 사태가 얼마나 심각했던지 처칠이 "전쟁 기간 중 가장 두려운 적은 U보트였다."라고 회고했던 시점이 바로 이때였다.

이 전술 때문에 연합군은 1941년과 1942년에 U보트의 공격으로 700척이 넘는 선박을 잃었다. 대서양 보급선이 위기에 봉착하면서 영국은 이제 굶어 죽을 지경에까지 이르게 된 것이다. 코너에 몰린 영국과 미국은 수백 척의 구축함과 장거리 정찰기, 레이더와 음파탐지기sonar, 대량의 폭뢰를 총동원하여 U보트에 결사적으로 맞섰다. 연합군의 대잠수함 기술이 나날이 발전할수록 U보트의 피해도 심각해졌다. 되니츠 사령관은 히틀러에게 신형 잠수함의 증산을 요구했지만 잠수함의 증산 속도는 한없이 더디기만 했다. 만약 되니츠의 요구대로 신형 U보트 증산이 전쟁 중반에만 이루어졌더라면 전쟁 양상은 사뭇 달라졌을 것이다.

★ 37장 ★

와일드 번치

폭력 미학의 거장, 샘 페킨파

I. 와일드 번치(1981년), The Wild Bunch

영화 〈와일드 번치〉는 자동차와 기관총이 출현하는 서부 시대의 끝자락에 등장하는 무장 강도들의 이야기다. '와일드 번치'란 거친 떼거리란 의미다. 20세기 초 은행 강도 파이크 일당의 파격적인 행각을 다루고 있는 이 영화는 인간의 폭력성이라는 데 초점을 맞춘 영화이다. '폭력 미학의 거장'이라고까지 불리는 샘 페킨파는 이 작품뿐만 아니라 그의 전 작품을 통해 폭력의 이면에 숨겨진 인간 본성에 대한 탐구를 지속해 온 감독이다.

〈와일드 번치〉는 페킨파가 만든 영화 중 가장 흥행에 성공했으며 당시까지 나온 수정주의 서부 영화 중 최고로 꼽히고 있는 작품이다.

이 영화는 개봉 당시 지나친 폭력 장면들 때문에 비평가들과 대중들 사이에 엄청난 논란을 불러일으켰다. 서부 영화 가운데 이 영화처럼 비난과 찬사를 동시에 받은 영화는 없었다. 폭력의 한계를 바꾸어 놓았다는 얘기도 뒤따랐다. 명장 마틴 스콜세지는 이 영화를 '잔혹한 시'라고 한마디로 표현했다.

이 영화는 첫 장면부터 예사롭지가 않다. 아이들이 개미 떼 속에 전갈을 던지며 노는 장면이 그것이다. 그것도 모자라 불까지 지르는 아이들은 그토록 잔인한 상황을 오히려 즐기고 있다. 아마도 인간의 사악한 근성을 보여 주고자 하는 페킨파의 의도가 아닌가 싶다. 막판 무장 강도들의 처절한 죽음을 상징할 수도 있다. 이렇게 끔찍한 장면으로 시작한 영화는 시종일관 냉철하고 대담하며 직설적이고 폭력적으로 진행된다. 마지막에서 슬로 모션으로 전개되는 유혈 낭자한 총격전 장면은 이 영화가 왜 폭력 영화라는 논란에 휩싸였는가를 여실히 말해 준다.

페킨파는 이 영화 한 편으로 서부 영화의 모든 것을 바꿔 놓았다. 지나간 서부 개척 시대의 총잡이들이 충성심·명예·의리·영웅주의와 같은 낡고 닳아빠진 신념을 위해 마지막 피의 향연을 벌이며 장렬히 산화한다. 마치 '변화된 시대에 변하지 않는 삶을 사는 사람들'이 벌이는 최후의 항거를 이야기하는 것 같다. 마초들의 낭만을 응집시킨 작품이다. 이 영화로 페킨파는 비로소 자기 스타일을 완성시켰다는 평을 받았다.

페킨파가 보여 온 폭력 미학의 대표적인 편집 기법이 바로 슬로 모

마지막 혈투장으로 향하는 파이크 일당

선이다. 총탄이 날고 다이너마이트가 터지며 파괴와 죽음이 난무할 때 그의 영화는 어김없이 슬로 모션으로 화면이 바뀐다. 이를 통해 잔인의 극치여야 할 장면들이 아름답게 느낄 정도로 탈바꿈한다. 폭력 장면이 등장할 때마다 한결같이 슬로 모션을 구사하는 기법은 페킨파의 트레이드마크이기도 하다. 장면마다 여섯 대의 카메라를 설치하고 다양한 각도와 속도로 촬영한 총잡이들의 처절하게 죽어 가는 마지막 순간의 느린 동작은 어처구니없게도 서정적인 분위기를 풍기고 있다. 역겹지만 낭만적이기까지 하다.

주인공으로 등장하는 윌리엄 홀덴은 할리우드의 고전 영화에서 중후한 신사나 로맨스 영화의 주인공이라는 이미지로 굳어 있었는데, 이 영화에서 한물간 무법자로 나오면서 파격적으로 변신하는 모습을 보여 주었다. 그의 역에 리 마빈, 버트 랭카스터, 찰턴 헤스턴, 로버트 미첨 등이 물망에 오르기도 했다. 이밖에 어네스트 보그나인, 벤 존슨, 로버트 라이언 등 베테랑 배우들이 몸으로 부딪히는 묵직한 연기를 펼치고 있다. 서부 영화 시대의 황혼이 찾아들던 시기와 인생의 황혼기에 접어들던 배우들을 절묘하게 조합시켰다는 평을 받았다.

Ⅰ 간략한 줄거리

시대적 배경은 서부 개척 시대가 황혼으로 접어드는 20세기 초, 미 연방군으로 위장한 파이크(윌리엄 홀덴 분) 일당은 텍사스 서부 변방의 철도 사무소의 은을 털러 오지만 치열한 총격전 끝에 일당들의 반수 이상을 잃으면서 가까스로 멕시코로 도망친다. 파이크의 부하 앙헬(하이메 산체스 분)은 일행을 데리고 자신이 살던 마을에 도착하지만 그곳은 독재자 마파치가 이끄는 정부군에게 쑥대밭이 되어 있었다. 어쩔 수 없이 마파치의 아지트로 찾아가자 마파치는 미군 수송 열차를 털어 무기를 가져오면 금을 주겠다는 제안을 한다. 파이크 일행은 이 제안을 받아들여 가까스로 열차의 무기들을 탈취한다. 민병대에게 총을 준 사실이 들통 난 앙헬은 마파치에게 붙잡혀 잔혹한 고문을 받게 되고, 4명만이 남은 파이크 일행은 자신들의 동료를 구하기 위해 마파치의 소굴로 쳐들어가서 처절한 사투 끝에 모두 산화한다.

Ⅱ. 폭력 미학의 거장, 샘 페킨파

샘 페킨파는 '폭력 미학의 거장' 혹은 '폭력의 피카소'라고 불리는 감독이다. 상당히 독특한 별칭들이다. 한편으로는 '블라디 Bloody 샘(피의 샘)'이라는 아름답지 못한 별명도 붙어 있었다. 그는 영화에서 폭력을 미학으로 승화시킨 할리우드의 최초의 인물이었다. 폭력을 화면 속에 밥 먹듯이 구사하는 쿠엔틴 타란티노, 오우삼 등 여러 감독들이 그를 사부로 떠받들고 있기도 하다. 그는 성격상 유명세에 도통 관심이 없었고 언론과는 아예 접촉을 꺼려했다. 영화를 찍을 때에는 늘 영화사와 충돌했고 영화가 나온 다음에는 구설수에 오르면서 여러모로 마음고생이 심했던 사람이었다.

페킨파는 1925년 2월 21일 미국 캘리포니아 주 프레즈노에서 태어

샘 페킨파

났다. 제2차 세계대전 당시 해병대로 참전했다. 태평양 전쟁 중에 페킨파는 생과 사의 경계 속에서 폭력에 노출된 인간들의 모습에 강렬한 충격을 받았다. 이후 중국에 파병되어서 중일 전쟁에서 일본군이 저지른 천인공노할 끔찍한 만행을 목격하고 태평양 전쟁 이후 다시 한번 몸서리를 쳤다. 이 때문에 인간 본성에 대한 기본적인 불신들이 생겼고 이런 경험들이 후일 페킨파의 영화들에 큰 영향을 끼친 것으로 보고 있다. 제대 후 49년 남부 캘리포니아 대학에서 연극으로 학위를 받고 돈 시겔 감독의 조감독으로 할리우드 영화계에 입문했다.

그의 경력은 〈건스모크〉, 〈서부인〉, 〈라이플맨〉 같은 TV 서부극의 대본 집필과 감독으로 시작해서 첫 번째 영화 데뷔작인 〈지독한 동료〉를 선보였다. 이후에 〈오후의 총잡이〉를 만들었고 세 번째 작인 〈던디 소령〉에서 사달이 나기 시작했다. 페킨파의 야심만만한 웨스턴이었지만, 하지만 무슨 이유인지 영화 제작에 어려움이 많았다. 페킨파는 걸핏하면 술에 취해 촬영장에 나타났고, 주연 배우인 찰턴 헤스턴은 끝까지 주인공인 던디 소령의 캐릭터에 대해서 헷갈려하면서 페킨파의 짜증을 샀다. 결국 제작사인 콜럼비아사는 페킨파에게서 최종 편집권을 빼앗아 마음대로 편집해 버렸다. 영화가 촬영 중 잡음이 많으면 당연히 안 좋은 결과가 따르는 법이어서 영화는 결국 대실패로 이어졌다.

화가 치민 페킨파는 할리우드를 떠나 잠적해 버렸다. 그런 그에게 재기를 알린 작품이 바로 〈와일드 번치〉였다. 자동차가 막 등장하던 무렵의 서부 시대의 황혼기, 과거 총잡이들과 무법자들이 설쳐 대던 서부가 해체되던 시기를 그린 영화였다. 의리, 명예, 사나이다움과 같은 한물간 마초들의 윤리를 위해 싸우는 총잡이들의 모습을 장렬하게 묘사한 이 서부극은 페킨파를 일약 폭력 미학의 대가의 반열에 올려놓았다. 이 영화는 할리우드 수정주의 서부극의 최고봉으로 등극했다.

페킨파의 영화는 세상의 주류 질서를 삐딱하게 보는 시선과 함께 폭력 미학이라는 묘한 매력을 선사한다. 페킨파는 미국 현대사와 할리우드의 절대적 권위에 도전했던 작가주의 감독이었다. 페킨파는 어떤 소재를 다루든 거친 남자들 집단의 공포와 미덕을 표현하는 데는 탁월한 능력을 보여 주었다. 그의 영화는 관객들에게 불편하지만 한편으로는 황홀한 감동을 동시에 안겨주는 독특한 마력을 지니고 있다.

페킨파는 성격이 상당히 마초적이고 괴팍하기로 유명했다. 촬영을 하면서 제작사나 스태프들과 틈만 나면 부딪쳤다. 그 개차반 같은 성격이 영화에 그대로 투영되어 있다는 평도 따랐다. 본인 영화에 대한 페킨파의 신경질적인 면은 여러 가지에서 기인했겠지만 무엇보다도 편집권을 많이 빼앗겼던 것이 주된 요인이었다. 단순히 자신의 영화를 가리켜 폭력을 숭배한다느니 어쩌니 하는 비난들을 참기 힘들어했다. 하여튼 '폭력만이 난무하는 서부극 감독'이라는 비판을 받기도 했으나, 영화 속의 폭력을 통한 그의 독특한 인간성에 대한 탐구 방식은 발군이었다.

그는 멕시코를 사랑했고 그곳을 배경으로 여러 편의 영화도 찍었다. 영화를 찍지 않을 때에는 멕시코로 넘어가 술독에 빠져 살았다. 늘 술에 쩔어 살았던 이 알콜 중독자는 할리우드의 이단아였고 아웃사이더였으며 타협을 모르는 운둔자였다. 알콜과 약물에 빠져 살던 그는 1984년 60세가 못 되는 59세의 나이로 심장 발작으로 사망했다. 3번의 결혼을 통해 1남 3녀를 두었다. 제작사들과의 갈등이 번번이 빚어지면서 다른 감독들에 비해 14편이라는 많지 않은 영화를 남겼다. 〈와일드 번치〉, 〈던디 소령〉, 〈가르시아의 목을 가져와라〉, 〈철십자 훈장〉, 〈관계의 종말〉 등이 그의 대표작이다.

38장

킬링 필드

인간 백정, 폴 포트

I. 킬링 필드(1985년), The Killing Fields

영화 〈킬링 필드〉는 〈멤피스 벨〉, 〈미션〉의 제작자 데이비드 퍼트넘이 제작하였으며, 〈미션〉, 〈주홍글씨〉 등으로 잘 알려진 롤랑 조페가 감독했다. 이 영화는 1980년 퓰리처상을 수상한 시드니 션버그 기자가 쓴 『디스 프란의 생과 사: 한 캄보디아인의 이야기』를 각색한 작품으로, 캄보디아 내란을 취재하던 미국인 기자와 현지인의 우정을 감동적으로 그렸다.

월남전이 한창이던 때 캄보디아에서 1975년 론놀의 우익(右翼) 정권을 밀어내고 정권 장악에 성공한 크메르 루주*가 4년간의 통치 기간 동안 저지른 극악무도한 비인간적 야만과 무자비한 살상을 자행한 역사적 사건을 다루고 있다. '킬링 필드'란 당시 크메르 루주의 대학살로 인해 생긴 학살 현장을 말한다.

1985년 제57회 아카데미 시상식에서 남우조연상·촬영상·편집상을 수상했다. 디스 프란 역을 맡은 행 응오가 남우조연상을 수상했다. 주연배우였음에도 조연상을 수상하여 인종 차별이라는 논란을 불러일으킨 바 있다. 행 응오는 살아생전 캄보디아 난민들을 위해 기부를 많이 했고 이 작품 이후 간간이 베트남이나 캄보디아인으로 출연하는 영화의 출연료를 기부하기도 했다.

그는 1996년 2월 25일, LA 아파트에서 시체로 발견되었는데, 검사 측 주장으로 크메르 루주의 보복성 암살이 아니냐는 추측이 나와 당시 화제가 되었다. 그러나 수사 결과 뒷골목의 아시

왼편 프란과 시드니

아계 불량배 양아치들이 돈을 노리고 벌인 단순한 강도 행각이었음이 드러났다. 그리고 이때는 크메르 루주도 서북부 산간 지방인 멘쩨이에서 숨을 헐떡거리면서 근근이 생존하고 있던 때라 머나먼 미국까지 가

---

* '쿠메르 루즈'란 붉은 크메르Khmer Rouge란 뜻이다. '크메르'라는 단어는 캄보디아의 16백만 인구의 주류를 구성하고 있는 크메르족에서 유래한다. 이들이 건설한 크메르 제국은 9세기부터 15세기 동안 캄보디아의 역사상 최고의 전성기를 누렸다. 이 제국은 '앙코르 와트'라는 위대한 유적을 남겼다.

서 보복 암살을 벌일 여유는 전혀 없었다.

〈킬링 필드〉가 우리나라에서 개봉한 1985년, 반공 영화라는 선전 효과 때문인지 각 학교의 단체 관람이 성시를 이루면서 엄청난 흥행 돌풍을 일으켰다. 그렇게 밀어 준 덕분에 그 해 개봉한 〈인디아나 존스〉라는 흥행작을 밀어내고 국내 흥행 1위를 차지할 수 있었다. 초·중·고 학생들의 단체 관람이 줄을 이어지며 전국적으로 200만 명 정도가 관람했을 것으로 추산되고 있다.

당시 〈킬링 필드〉가 이루어낸 흥행은 단관 개봉 시대였던 80년대에는 일어나기 어려운 엄청난 기록이었고, 어지간한 오락 대작들이 기록한 흥행 기록들을 훨씬 넘어섰다. 당시 이 영화에 대하여 반공을 강조한 우리나라와는 달리 감독 롤랑 조페는 영화 〈킬링 필드〉는 우정이 중요한 주제고 정치는 그 뒷전이라고 스스로 말했다. 이 영화 자체의 핵심 포인트는 이데올로기가 아닌 인종이 다른 동서 간의 두 남자의 깊은 신뢰와 우정이라는 것이었다.

ː 간략한 줄거리

베트남 전쟁이 한창이던 1970년대, 베트남에서 시작된 전쟁은 어느덧 국경을 넘어 중립국 캄보디아까지 번진다. 미국의 지원을 받은 캄보디아 정부군과 혁명을 원하는 쿠메르 루즈 게릴라 군의 대립이 극심하던 때 《뉴욕 타임스》의 기자 시드니 쉔버그는 프놈펜에서 전쟁을 취재하고 있었다. 이때 현지 통역가 겸 기자인 디스 프란은 시드니를 열성적으로 보좌한다. 그러나 미국의 무차별 캄보디아 폭격 후 정부군은 수세에 몰린다. 쿠메르 루즈가 기세등등하게 프놈펜까지 입성하자 각국의 기자들은 프랑스 대사관으로 피신한다. 하지만 프랑스 대사관 역시 쿠메르 루즈의 압력에 굴복한다.

시드니를 비롯한 기자들은 외국인 기자를 제외한 캄보디아인 전원을 대사관에서 내보내라는 쿠메르 루즈의 요구로부터 프란을 지키려 하지만 결국 실패한다. 홀로 뉴욕으로 돌아온 시드니는 전쟁 보도로 엄청난 주목을 받지만 프란을 두고 온 데 대한 자책감에 시달린다. 그동안 프란은 혁명이라는 미명하에 국민들이 집단학살을 당하는 것을 두 눈으로 생생하게 목격한다. 그는 기자 신분을 드러내지 않고 숨죽인 채 기회를 기다리다가 결국 팻이라는 쿠메르 루즈 일원의 도움을 받아 태국까지 탈출하고 시드니와 재회한다.

II. 인간 백정, 폴 포트

"자본주의자들은 죽어 주는 것만이 인민을 돕는 일이다." 이는 캄보디아를 킬링 필드의 지옥으로 만든 쿠메르 루즈의 두목인 폴 포트가 한 말이다. 폴 포트가 이끈 크메르 루주 정권하에서 170만 명의 캄보디아인들이 잔인하게 학살당했다.

폴 포트는 캄보디아가 프랑스의 지배를 받던 1925년에 프놈펜의 유복한 가정에서 태어났다. 그는 여섯 살 때 왕립 수도원에 들어가서 약 1년 동안 교육을 받았고, 이후 6년 동안 가톨릭 계열의 학교에 다녔다. 스무 살이 되던 해에 폴 포트는 전기 공학을 전공하기 위해 파리로 유학을 떠났다. 그곳에서 그는 공산주의 사상에 흠뻑 빠져 스탈린과 마오쩌둥의 열렬한 신봉자가 되었다.

1967년에 귀국한 폴 포트는 프랑스에서 만난 이엥 사리, 손 센, 키우 삼판 등과 함께 크메르 루주를 결성했다. 크메르 루주는 노로돔 시

폴 포트

아누크*가 1970년 론놀의 군사쿠데타로 전복되자 농촌 지역을 기반으로 세력 확장을 꾀하다가 1975년 4월 17일 론 놀 정권을 무너뜨리고 프놈펜을 점령했다. 크메르 루주가 집권한 1975년 4월부터 1979년까지 3년 8개월 동안 캄보디아 국민의 4분의 1인 170만 명이 집단 학살로 사라졌다.

폴 포트가 이끄는 쿠메르 루주가 프놈펜을 점령한 후 중앙은행을 폭파하는 것을 시작으로 대대적인 지식인들에 대한 숙청이 일어났다. 의사, 약사, 교수, 전문직 종사자, 영어를 구사하는 지식 분자, 심지어 안경을 쓰거나 손이 곱다는 이유로 처형당하거나 숙청당했다. 문화예술인들도 가차 없었다. 얼마 안 있어 프놈펜의 200만 시민은 2만 5천 명으로 푹 줄어들었다. 프놈펜은 유령의 도시로 변했다. 급진적인 공산주의 이상향 건설이라는 목표에 집착한 그릇된 가치관·역사관·편협함으로 가득 찬 폴 포트의 과대망상증은 지구상의 어느 좌파 정권도 비교할 수 없는, 상상을 초월하는 극악무도한 만행을 저질렀다.

폴 포트는 "지금까지의 교육은 미 제국주의만 가르쳐 왔으므로 당신들은 지금부터 논밭에서 배워야 한다."라고 말하면서 맨 먼저 도시민

---

* 캄보디아의 국왕을 지냈으며 파란만장한 삶을 살았다. 쿠데타로 론 놀에게 쫓겨난 다음에 악명을 떨치던 크메르 루주를 지원하기도 했다. 시아누크는 빼앗긴 왕권을 되찾기 위해 군대가 필요했고 쿠메르 루주는 그들의 정당성을 확보하기 위해 그의 권위가 필요했던 것이다.

들을 시골 지역으로 쫓아내기 시작했다. 이상적인 농촌 공산 사회를 건설한다는 미명하에서였다. 프놈펜 점령 이후 두 달 동안 전국적으로 200만~300만 명이 시골로 추방되었다. 이동 행군 중 노약자와 환자와 어린이들은 물론 많은 사람들이 잔인하게 죽어 나갔다. 추방 길을 인솔한 가난한 하층민들로 구성된 쿠메르 루즈는 착취 계급에 대한 증오를 키워 왔던 사람들이었다. 이제부터 본격적으로 캄보디아 전역은 '킬링 필드(죽음의 벌판)'로 변모해 버렸다.

강제 노동수용소

크메르 루주는 농촌으로 몰아낸 국민들을 "살고자 하면 반드시 죽고, 죽고자 하면 반드시 산다."라는 슬로건을 내걸고 무자비한 강제 노역을 밀어붙였다. 노동할 힘과 의지가 없는 사람은 그 자리에서 총살했다. 누구를 죽이건 살인 방식은 그 유례를 찾기 힘들 정도로 잔인했다. 고압선을 이용한 전기 충격과 물고문은 물론 사람을 고문 침대에 뉘어 놓고 쇳덩어리로 머리를 깨 버리는 방법까지 사용했다. 또한 반동분자들이 과거 정권에 협조했다고 불지 않을 때는 도끼로 손을 자르거나 유방이나 성기 등 인체의 예민한 부분을 예리한 칼 등으로 도려내기도 했다.

또한 반동 분자를 산속 나무에 묶어 우글거리는 무시무시한 열대 붉은 왕개미들로 하여금 살을 파먹도록 하기도 했다. 사람을 죽이는 가장 흔한 방법은 눈을 가린 뒤 팔을 뒤로 묶고 몽둥이로 때려서 죽이는 것이었다. 반동으로 낙인찍힌 사람들로 하여금 스스로 묻힐 구덩이를 파게하고 밖으로 나와 가장자리에 서게 한 뒤 몽둥이로 뒤통수를 쳐서 구덩이로 밀어 넣어 죽였다.

게다가 크메르 루주는 반동 분자들의 씨를 말린다면서 잡힌 사람의 3대까지 없애 버렸다. 죽이는 방식도 잔인하기 짝이 없는데, 갓난아이들을 마치 개구리를 잡아 길바닥에 패대기쳐 죽이듯 팔이나 다리를 잡고 몸뚱이를 바위나 시멘트 바닥 또는 통나무 등에 내리쳐 죽였다. 심지어는 마을에 스피커를 달아서 온 마을 사람들이 희생자가 죽어 갈 때 비명 소리를 듣게 했다. 또한 갓난아이를 공중으로 던져서 사격 연습용으로 이용하기도 했다.

이어서 남부 캄보디아에서 발원한 크메르족만이 순수한 민족이라고 생각한 폴 포트는 크메르족에 의한 캄보디아 건설을 이상으로 삼아 상상을 초월하는 '인종 청소'를 저질렀다. 캄보디아 내 중국인과 베트남인이 그 청소 대상이었다. "베트남 놈들을 정글 속 원숭이들처럼 깩깩거리며 죽게 하라."고 민족주의적 감성에 불을 지르며 증오심을 더욱 고조시켰다. 이렇게 베트남계 캄보디아인들 수십만 명이 학살당했다.

이로 인해 폴 포트는 당시 베트남 전쟁에서 승리하고 기세등등하던 베트남의 엄청난 분노를 자아내었다. 결국 1978년 12월 25일, 베트남군은 크메르 루주 장교였다가 베트남에 망명한 헹 삼린을 내세워 폴 포트 타도를 기치로 캄보디아에 침공했다. 초대강국인 미국마저 혼쭐을 내 준 나라가 베트남인데 잘못 건드려도 크게 잘못 건드린 것이다.

베트남의 침공으로 폴 포트와 크메르 루주는 폭삭 망하면서 쪽박을 차고 북부 밀림으로 쫓겨났다. 그곳에서 근근이 게릴라 활동을 전개하던 폴 포트는 직속 똘마니였던 따목이 1997년 7월 25일 그를 인민재판에 회부하여 종신형을 선고했다. 종신형을 선고받은 폴 포트는 산중턱의 허접한 헛간에 구금되었다. 폴 포트의 젊은 아내인 미아스와 경호원 그리고 키우 삼판의 아내가 폴 포트의 시중을 들고 있었지만, 폴 포트는 이미 심각한 심장병과 고혈압을 앓고 있는 데다 암에 걸린 상태였다.

그러나 그는 마지막까지도 자신의 죄를 뉘우치지 않았고 죽기 직전의 인터뷰에서조차 자신은 잘못한 것이 없다고 뻔뻔스럽게 주장했다. 그는 "나는 투쟁을 수행했을 뿐 사람을 살해한 것이 아니다."라며 "나를 보라, 내가 야만인으로 보이는가. 아직 나의 정신은 말짱하다. 75~78년의 통치 기간 중 우리의 운동이 실수를 저지르긴 했어도 이는 캄보디아를 구하기 위한 것이었다."고 게거품을 물었다.

인간 백정 폴 포트는 드디어 1998년 4월 15일, 심장 마비로 사망했다. 많은 크메르 루주 간부들은 폴 포트가 죽었다는 소식을 듣고도 옛 두목과 연루될까 두려워 모른 체했다. 옛 부하들은 폴 포트의 시체를 폐타이어, 쓰레기와 함께 화장시켜 버렸다. 폴 포트의 사망 이후 키우 삼판 등을 비롯한 크메르 루주들은 체포되어 지금까지도 재판을 받고 있다.

★ 39장 ★

아웃 오브 아프리카

연기의 신, 메릴 스트립

I. 아웃 오브 아프리카(1986년), Out of Africa

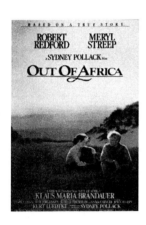

영화 〈아웃 오브 아프리카〉는 덴마크 여성 소설가 카렌 블릭센이 이자크 디네센이라는 필명으로 집필한 동명의 자전적 소설을 각색하여 만든 대하 멜로드라마다. 영화 제목인 '아웃 오브 아프리카'란 '아프리카를 떠나며'를 의미하며 작가가 아프리카에서 18년간 살았던 이야기를 담고 있다. 1986년도 58회 아카데미 시상식에서 7

개 부문(작품상·감독상·각색상·촬영상·미술상·음악상·음향믹싱상[*])에서 수상했

---

[*] 아카데미 음향상은 음향믹싱상과 음향편집상으로 구분된다. 음향믹싱상은 음량을 조절하고, 균형을 맞추는 믹싱 작업을 훌륭하게 해낸 음향 믹서에게 수여하고 음향편집상은 현장에서 발생하는 음향을 수집하거나 창조해 내는 작업을 훌륭하게 해낸 음향편집자에게 수여한다.

다. 〈007 시리즈〉와 〈늑대와 춤〉의 음악을 담당한 존 배리의 음악도 탁월하다. 메인 주제곡도 인상적이지만 모차르트의 클라리넷 협주곡 2악장*이 영화 전편에 흘러나오면서 관객들의 가슴을 촉촉이 적셔 주고 있다.

복엽 비행기를 타고 사파리를 가로지르면서 보여 주는 야생 동물들의 떼 지어 다니는 모습, 하늘을 나는 엄청난 숫자의 홍학 무리 등 아프리카를 상징하는 자연 풍경이 압도적이다. 아카데미 촬영상으로 보답을 받았지만 외경심을 불러일으킬 정도로, 화면에 장쾌하게 펼쳐지는 풍광은 숨을 막히게 한다. 영화는 광활한 초원과 붉게 물드는 노을이 장엄하게 펼쳐지는 아프리카를 배경으로 자유로운 영혼을 가진 남자와 외로움에 지친 한 여자의 운명적인 사랑과 모험을 담담하게 그렸다.

카렌과 데니스

---

* 모차르트의 클라리넷 협주곡은 그가 죽기 두 달 전에 작곡한 그의 유일한 클라리넷 협주곡이자 마지막 협주곡이다. 이 협주곡은 모차르트가 세상에 남긴 마지막 메시지이자 그의 음악적 유언이다. 이 곡을 쓰면서 그는 자신의 삶이 얼마 남지 않았다는 것을 예감했었는지 2악장은 애잔하기 짝이 없다.

일부에서는 영화 속에서 백인들의 아프리카 현지인들에 대한 우월주의적인 색채가 은연중에 풍기고 있다고 이러쿵저러쿵 뒷말이 있었다. 그러나 당시 제국주의가 세계를 풍미하고 있었다는 점을 고려한다면 크게 흠을 잡을 필요는 없을 것 같다. 이런 시각에서 이 영화는 단순히 백인들이 가진 아프리카에 대한 환상을 그려 냈다는 평도 있지만 한편으로는 유럽의 식민지로서 당대의 사회상과 생활상을 엿볼 수 있는 가치가 있는 영화이기도 하다.

카렌 블릭센의 원작인 『아웃 오브 아프리카』는 아슬아슬하게 노벨 문학상을 놓쳤다. 이 작품은 케냐의 커피 농장에서 보낸 세월의 회상이면서 동시에 소멸해 가는 유럽 제국주의의 종말을 생생하게 묘사했다는 평을 들었다. 그녀는 결국 농장을 잃고 고국으로 돌아갔지만 18년 동안 살았던 아프리카를 평생 동안 제2의 고향으로 생각했다. 이 소설은 아프리카에 대한 가장 위대한 전원적 비가(悲歌)로 평가받고 있다.

원작에서 카렌(메릴 스트립 분)이 데니스(로버트 레드퍼드 분)와 가까워진 건 무엇보다도 그가 카렌의 문학적 소질을 알아본 것 때문이었다. 영화에서도 잠깐씩 비치지만 그는 밤새도록 그녀의 이야기를 들어준다. 데니스가 남편과 달리 소박한 남자였고 더구나 자신의 재능을 알아본 남자라는 것은 그녀가 마음을 의지하기에 충분한 조건이었을 것이다.

ː 간략한 줄거리

1910년대 덴마크 여성인 카렌 블릭센은 아프리카 케냐에 있는 자신의 커피 농장으로 가던 중 모험가이자 자유로운 영혼의 소유자 데니스를 만난다. 먼저 커피 농장에 가 있던 약혼자 브로(클라우스 브란다우어 분)를 만나 결혼식을 치르지만 카렌은 사냥을 떠나 며칠씩 돌아오지 않는 남편을 기다리는 일에 지쳐 버린다. 남편과 점점 멀어져 가던 카렌은 데니스와 다시 만나게 된다.

두 사람은 함께 사파리를 떠나기도 한다. 카렌은 남편이 옮아온 매독에 걸려 덴마크로 요양을 떠났다가 다시 아프리카로 돌아오지만, 남편과는 이혼을 한다. 카렌은 자유롭고 싶어 하는 데니스와의 결혼을 어렵사리 약속한다. 둘은 이제 다시 시작하기로 했으나 데니스는 비행기 추락 사고로 죽는다. 살아 있을 때 데니스는 카렌에게 "우리는 아무것도 소유하지 못한다. 그저 스쳐 지나갈 뿐이다."라는 말을 남겼다. 카렌은 그것을 데니스가 세상을 떠난 후에야 비로소 깨닫게 된다.

II. 연기의 신, 메릴 스트립

메릴 스트립

메릴 스트립은 할리우드 역사상 가장 위대한 배우 중 한 명으로 손꼽히고 있다. 거의 동네 마실 가듯 매년 개최되는 각종 시상식 후보에 오르는 것은 물론 상까지 받아 간다는 소문이 자자하게 나 있는 배우다. 스트립은 칸 영화제 여우주연상과 아카데미 여우주연상 2회(소피의 선택, 철의 여인), 여우조연상 1회를 수상했다. 아카데미상은 노미네이트 21회라는 대기록을 세우고 있는 명실상부한 할리우드를 대표하는 여배우다. 미국 영화 역사를 통틀어 그녀에 비견될 만한 커리어를 쌓은 사람은 할리우드 초반기와 중반기의 전설적 배우였던 캐서린 헵번이 유일하다. 캐서린 헵번은 아카데미에 12번 노미네이트되어 여우주연상을 4회 수상했다.

스트립은 1949년 미국 뉴저지 주에서 제약회사 임원인 아버지와 프리랜서 일러스트레이터인 어머니 사이에서 출생했다. 어려서부터 성악 트레이닝을 받았지만 본인은 성악가로서의 꿈을 일찍이 접었다. 그녀는 여자 명문 대학인 바사 칼리지를 졸업하고 예일 대학교 연극대학원에서 수학했다. 이때부터 학교에서는 이미 연기 천재로 소문이 자자했다.

예일을 졸업하자마자 스트립은 뉴욕 브로드웨이에 진출했다. 졸업 직후에 무려 6주 동안 5개 연극의 주연을 맡았는데 하나같이 관객들의 찬사를 받았다. 연극 무대에서 그녀를 눈여겨본 배우 로버트 드 니로의 추천에 의해 1979년 데뷔작인 영화 〈디어 헌터〉에 출연하게 된다. 1981년, 〈프랑스 중위의 여자〉로 골든 글로브 여우주연상을 수상하고 그 이듬해 〈소피의 선택〉으로 생애 첫 아카데미 여우주연상을 수상하였다. 〈소피의 선택〉에서의 그녀의 연기는 영화 역사상 최고의 연기 중 하나로 손꼽히고 있다.

1986년에는 〈아웃 오브 아프리카〉에 출연하여 로버트 레드포드와 앙상블을 이루면서 두 사람은 영원히 남을 명작을 탄생시켰다. 이 영화는 그때까지 메릴이 출연한 영화 중 가장 많은 관객 수를 기록하기도 했다. 스트립은 이 영화에서 뛰어난 연기를 보여 주면서 세계적으로도 많은 팬을 확보하는 계기가 되었다.

　스트립은 현 남편인 돈 검머와 결혼하기 전 영화 〈대부 1〉, 〈대부 2〉에서 알 파치노(마이클 콜리오네 역)의 형 프레도 역으로 나오는 배우존 카제일과 연인 사이였다. 1978년 3월에 카제일이 폐암으로 사망할 때까지 3년 동안 함께 살았다. 카제일이 사망한 지 6개월 후인 1978년 조각가 돈 검머와 결혼식을 올렸고 이들 부부는 40년 넘게 해로하며 4명의 자식을 키웠다. 그녀는 영화 시사회나 시상식을 거의 가족 행사로 만드는 것으로 유명하다. 그의 남편이자 조각가 돈 검머를 비롯해 음악가로 활동 중인 아들 헨리 검머, 엄마를 따라 배우 생활 중인 마미 검머, 그레이스 검머와 모델 루이자 검머까지 가족들은 늘 그녀의 행사에 참석했고 화목한 모습을 보여 주었다.

영화 〈더 포스트〉에서 스트립

　이혼과 스캔들을 밥 먹듯 하는 할리우드 세계에서 보기 드문 모범적인 사례 중의 하나로 손꼽힌다. 사회 활동 등에서도 적극적이라는 평을 받고 있다. 이 시대의 많은 여배우들은 그녀를 자신들의 롤 모델로 꼽고 있기도 하다. 그녀는 가정사에 대해 이렇게 말했다.

　"가정을 꾸려 가는 일에 절대적인 법칙은 없어요. 항상 엄청난 타협의 연속이에요. 하지만 저는 제 일과 가족 간의 끈끈한 유대감과 사랑, 그 두 가지에 대한 욕구가 모두 충족되어야 하는 사람이에요. 둘 중 하나라도 없는 삶은 상상할 수가 없어요."

대표작으로는 〈디어 헌터〉, 〈프랑스 중위의 여자〉, 〈소피의 선택〉,
〈아웃 오브 아프리카〉, 〈메디슨 카운티의 다리〉, 〈악마는 프라다를 입
는다〉, 〈다우트〉, 〈맘마미아〉, 〈더 포스트〉 외에도 부지기수다.

드라이빙 미스 데이지

중후한 매력의 영원한 조연, 모건 프리먼

I. 드라이빙 미스 데이지(1989년), Driving Miss Daisy

영화 〈드라이빙 미 데이지〉는 미국 남부 조지아 주의 애틀랜타에서 노마님과 그녀를 모시는 흑인 운전수 간의 25년간의 관계를 잔잔하게 그린 이야기다. 1950년대를 배경으로 한 이 영화는 극심한 흑인 인종 차별의 시대에 전직 교사 출신의 노년의 중산층 백인 여성과 흑인 남성이 어떻게 우정을 쌓아 가는지를 감동적으로 묘사하고 있다.

이 영화는 호주 출신 브루스 베레스포드 감독이 메가폰을 잡았다. 1990년 제62회 아카데미 시상식에서 4개 부문

(작품상·여우주연상·분장상·각색상)에서 수상했다. 여주인공 데이지 역의 제시카 탠디는 여우주연상을 받았다. 당시 81세로 최고령 여우주연상 수상자로 기록되었으며 영화 개봉 5년 뒤 눈을 감았다. 이 영화는 바로 이 영화의 각본가이기도 한 알프레드 어리의 1987년 동명의 연극이다. 그래서 각본상이 아닌 각색상이 주어졌다. 어리는 이 연극으로 퓰리처상을 수상했다.

450만 달러라는 비교적 적은 예산으로 만들어서 전 세계적으로 1억 4,500만 달러의 수익을 올리면서 대박을 터뜨렸다. 그만큼 이 영화는 전 세계인들의 공감을 얻었다는 반증이 될 것이다. 〈드라이빙 미스 데이지〉는 영화 음악의 귀재 한스 짐머가 음악 감독을 맡아서 영화의 잔잔한 분위기를 띄우는 데 큰 몫을 하고 있다. 특히 어느 봄날 오후, 데이지가 창가에 앉아 뜨개질을 하고 있는데 이때 라디오에서 노래가 흘러나온다. 바로 드보르작의 오페라 '루살카'에 나오는 아리아 '달에게 부치는 노래'다. 그렇게 감미로울 수가 없다.

깐깐하고 예민한 데이지 역의 제시카 탠디와 털털한 성격의 흑인 운전사 호크 역에 모건 프리먼이 열연하고 있다. 이와 같이 대조되는 성격의 두 인물이 어떻게 관계를 맺어 가는지, 특히 데이지가 호크를 대하는 방식과 그 인식이 어떻게 변화되어 가는지를 보는 재미가 쏠

왼편 호크와 데이지

쏠하다. 가난했던 시절을 생각하며 부자가 된 현재의 모습을 뽐내길 싫어하고, 자신도 유대인으로 차별을 당하면서 흑인에 대한 나쁜 선입견을 품고 있는 까탈스럽고 꼬장꼬장한 유대인 70대 할머니 데이지는 품성이 넉넉하고 유들유들한 호크에 의해 점차 바뀌어 가는 것이다. 한편 데이지 역시 일자무식인 호크에게 글자를 깨우쳐 주기도 한다.

𝕀 간략한 줄거리

데이지는 어느 날 차를 몰고 나가려다가 실수를 하고, 노모의 운전이 불안해진 아들 불리(댄 애크로이드 분)가 데이지의 운전기사로 호크를 고용하게 된다. 하지만 데이지는 호크를 받아들이기를 꺼리는데, 그의 넉살스러움 덕분에 데이지는 결국 호크가 운전하는 차를 타게 된다. 데이지는 스스로 자신을 차별하지 않는 사람이라고 생각하지만, 평소 호크를 대하는 것을 보면 데이지 자신도 모르게 호크를 아래 사람으로 대하고 있음을 보여 주고 있다. 그러나 데이지는 호크로 인해 알게 모르게 자신도 변하고 있다.

이렇게 25년의 세월이 흐른다. 이미 완전히 노년의 나이에 접어든 데이지는 치매에 걸려 요양원에서 지내고 운전사 호크도 손녀딸이 태워 주는 차에 타고 다니게 될 정도로 나이를 먹었다. 시중들던 흑인 하녀 아이델라는 세상을 떠났고, 아들도 늙고 바빠 어머니를 잘 챙기지 못한다. 그녀에게 남은 이는 호크밖에 없다. 한순간 정신이 돌아온 데이지는 호크에게 진심을 전한다. "자네는 내 친구야, 가장 친한 친구." 그리고 영화는 호크가 데이지에게 파이를 떠먹여 주는 장면으로 끝난다.

II. 중후한 매력의 영원한 조연, 모건 프리먼

모건 프리먼은 명작 〈쇼생크 탈출〉로부터 시작해서 아카데미 조연

모건 프리먼

상을 받은 〈밀리언 달러 베이비〉를 거쳐 오늘날에 이르기까지 명배우의 이미지를 아직도 간직하고 있는 탁월한 흑인 연기자 중의 한 사람이다. 80세가 넘은 지금까지 그는 117편에 이를 정도로 엄청난 수의 작품에 출연해 온 것도 그의 중후하면서도 다정다감한 독특한 매력이 뒷받침했기 때문이다. 그는 미국 남부인 테네시 주의 멤피스에서 출생했다. LA 커뮤니티 칼리지에서 수학하였고 1955년에는 공군에서 복무하였다. 제대 후 브로드웨이 연극인 〈니거 러버〉에 출연하면서 연기를 시작했던 그는 1964년 시드니 루멧의 〈전당포〉를 통해 영화계에 처음으로 데뷔했다.

이후 스릴러물인 〈블레이드〉를 비롯하여 〈줄리어스 시저〉, 암살당한 전설적인 흑인 운동가 말콤 X의 마지막 하루를 그린 〈예언자의 죽음〉 등의 영화에 출연했다. 1989년에는 남부 노부인의 운전기사 역을 연기한 〈드라이빙 미스 데이지〉로 두 번째 아카데미 후보에 올랐고, 이 영화에서 골든글로브상, 베를린영화제 은곰상을 수상했다. 누명을 쓰고 수감된 은행가 팀 로빈스의 감방 동료 역할로 나온 〈쇼생크 탈출〉로 세 번째 아카데미 후보에 오른 그는 드디어 클린트 이스트우드 감독의 〈밀리언 달러 베이비〉로 2005년 아카데미 남우조연상을 수상했다. 대표작으로는 〈세븐〉, 〈영광의 깃발〉, 〈세븐〉, 〈용서받지 못한

자〉, 〈베트맨 비긴즈〉, 〈다크 나이
트〉, 〈백악관 최후의 날〉, 〈버킷 리
스트〉, 넬슨 만델라로 나오는 〈우
리가 꿈꾸는 기적: 인빅터스〉 등
셀 수가 없을 정도다.

영화 〈쇼생크 탈출〉에서 프리먼

80세가 넘은 지금까지 출연한
영화 속에서 모건의 역할은 대부
분 주인공을 돕는 2인자, 혹은 조
연자였으며 자신이 직접 앞에 나서지 않고 뒤에서 주연을 든든히 받쳐
주는 역할을 주로 맡아 왔다. 그는 묵직하면서도 차분한 목소리로도
유명해서 가만히 앉아서 아무거나 읽기만 해도 사람들에게 깊은 울림
을 준다. 실제로 〈쇼생크 탈출〉에서 그의 내레이션은 영화 역사상 최
고 중 하나로 손꼽힌다. 젊은 시절부터 연극을 하면서도 다른 일로 전
향할까 봐 아르바이트조차 삼갔다는 집념의 인물이다.

2008년 교통사고로 왼팔을 심하게 다쳐서 왼팔과 왼손의 신경을
다시 잇는 수술을 받았다. 이후 왼손을 쓰지 못하는데, 2008년 이후 출
연한 영화를 보면 교묘하게 살짝 왼손을 숨기는 걸 알 수 있다. 두 번의
결혼으로 네 명의 자녀를 두었다. 키가 1미터 89센티나 되는 장신이다.
살아오면서 약간의 잡음은 있었지만 큰 스캔들은 없는 편이다. 그가
배우 생활 중 가장 소중하게 간직하고 있는 단어는 '고요함'이다. "고요
함은 내가 함께 일한 명배우들에게서 배운 것입니다. 하지만 가장 어
려운 일이기도 합니다."라고 말한다.

41장

멤피스 벨

최초로 25회의 임무 비행을 마친 폭격기 '멤피스 벨'

I. 멤피스 벨(1991년), Memphis Belle

제2차 세계대전 중 유럽의 하늘에서 사라져 간 젊은 조종사 및 승무원이 연합군, 독일군 합쳐 무려 20여만 명이나 되었다. 영화 〈멤피스 벨〉의 시작 부분에 나오는 자막은 이렇다. "이 영화는 1943년 여름, 유럽에서 있었던 치열한 공중전에 관한 이야기다. 적지 후방 깊숙이 출격하는 공군 장병들은 매일 수백 명씩 죽음에 직면하고 있었다. 살아서 돌아오는 자는 자꾸만 줄어들었다."라고 영화의 배경을 설명하고 있다.

영화 〈멤피스 벨〉을 이해하기 위해서는 제2차 세계대전 항공전에서 죽어 간 수많은 젊은 조종사와 승무원들을 염두에 두어야 할 것이다. 세계대전이 발발하자 독일은 전격전으로 유럽 대륙을 장악하고 도버 해협을 사이에 두고 영국과 대치하고 있었다. 독일은 공중전으로 제공권을 확보하고 도버 해협을 건너 영국에 상륙한 후 유럽을 완전히 제패할 계획을 세운다. 그러나 영국 공군의 강력한 저항으로 독일의 영국 공격 계획은 좌절되고 말았다. 더욱이 미국의 본격적인 제2차 세계대전 참전으로 항공전 전세는 역전되어 독일 본토가 영국과 미국의 폭격기로 뒤덮여 버렸다.

영화 〈멤피스 벨〉은 바로 이런 배경하의 영국에 주둔하던 미 제8공군의 실제 전투를 다루고 있다. 전쟁을 소재로 한 많은 영화들이 만들어졌고 그중에서도 항공전을 테마로 하는 영화 또한 적지 않게 나왔다. 그러나 〈멤피스 벨〉만큼 사실감이 충만한 영화도 드물 것이다. 그렇기 때문에 이 영화는 지금까지도 항공전 마니아들이 열광하고 있는 작품이다.

'멤피스 벨'이란 이름은 B-17F 기종으로 유럽 전선에서 1942년 11월 7일에서 1943년 5월 17일까지 25회의 임무 비행을 최초로 끝낸 폭격기의 별칭이었다. 당시 미군 폭격기들은 각기

출연 배우들과 실제 멤피스 벨 승무원들

별칭이 있었는데 '멤피스 벨'이란 이 폭격기의 기장인 모건 대위의 애인이 미국 멤피스에서 살고 있기 때문에 승무원들이 붙여 준 애칭이었

다. 이 영화의 제작자 캐서린 와일러의 부친인 거장 윌리엄 와일러는 실제로 '멤피스 벨'을 타고 5회나 독일 공습에 참여하며 전쟁 기록 영화를 촬영했다. 실제로 그가 촬영한 전시 기록 필름들은 영화 사이사이에 삽입되어 있다. 스코틀랜드 출신 마이클 케이트 존스 감독은 이 작품을 윌리엄 와일러에게 헌정했다.

이 영화는 출격 전야부터 출격 당일의 격전까지 이틀 동안 폭격기 맴피스 벨 대원들의 불안한 심리와 전우애 등을 화면 가득히 담아냈다. 실화를 각색한 영화답게 폭격기 내에서 일어나는 시시각각 일어나는 상황을 과장되지 않게, 실감 나게 표현한 리얼리티는 압권이다. 또한 전투를 앞두고 느끼는 불안과 공포, 날아오는 독일군 전투기들의 굉음과 기총소사, 그리고 추락하는 아군 폭격기, 사방에서 불꽃놀이처럼 터지는 대공포탄 등은 관객들로 하여금 손에 땀을 쥐게 한다. 처절하도록 아름다운 창공에서 20대 전 후반의 싱싱한 청년들이 생사를 걸고 펼치는 이야기를 담은 이 영화는 명품 항공 영화로서 반열에 오를 만하다.

이 영화의 특색 중의 하나는 대부분의 다큐멘터리 스타일의 영화들과 마찬가지로 따로 주인공이 없이 대원들 모두가 주인공임을 내세운 점이다. 영화 촬영을 위해 제2차 세계대전 당시와 똑같은 공군 기지 세트를 만들었고 전 세계에 남아 있는 B-17 기종 5대를 동원해서 실제로 하늘에 띄웠다. 20세 전 후반 나이의 젊은 배우들을 그 당시 군인들로 만들기 위해 영국군에 의탁해서 특수 훈련을 시키면서 강인한 전사를 만들었다는 후문이다.

몇 군데 영화가 사실과 상이한 부분이 있다. 먼저 멤피스 벨의 마지막 폭격은 프랑스였는데 영화에선 독일이었다는 점이다. 그리고 영화에서는 부상자가 발생하고 가까스로 귀환하는 것으로 묘사되고 있으나 실제로는 말짱하게 귀환했다. 또한 음주 비행으로 인한 사고를 막기 위해 비행 12시간 전부터는 무조건 금주를 시키는데도 영화에서는 승무원들이 출격 전날에 술을 왕창 마시고 비행하는 것으로 나온다.

✕ 간략한 줄거리

제2차 세계대전이 중반에 접어들 무렵 영국에 기지를 둔 미군 폭격기들은 쉴 새 없이 출격한다. 그중 '멤피스 벨'은 24차례 출격했고 이제 한 번만 더 임무를 완수하면 대원들은 영웅이 되어 고국으로 돌아간다. 그러나 이들의 마지막 임무는 여태까지와는 달리 저항이 만만치 않은 독일 본토 출격이다. 1943년 5월 17일, 10명의 대원들은 두려움과 긴장 속에서 마지막 출격에 나선다. 이윽고 폭격기들이 독일 상공에 진입하자 적기들이 벌 떼처럼 나타난다. 선두기가 추락하고 옆에서 날고 있는 폭격기는 추락하는 적기에 의해 두 동강이 나면서 맴피스 벨이 할 수 없이 선두에 나선다. 적의 대공 포화가 폭죽처럼 사방에서 터지는 가운데 멤피스 벨은 목표지점 상공에 도착하자 구름 때문에 목표물이 보이지 않는다.

대원들이 아무 데나 폭탄을 떨어뜨리고 가지고 재촉하자 기장 데니스는 우리가 목표물을 제대로 폭격하지 못하면 누군가 또 와야 한다고 끝까지 목표물을 찾는다. 마침내 목표물을 찾아 폭탄을 투하하고 귀환 길에 오르지만 적기들이 또 내습한다. 적탄에 한쪽 날개가 불이 붙고 대니는 중상을 입는다. 급강하해서 간신히 날개의 불을 끄자 이번에는 엔진 하나가 고장을 일으키면서 한 개의 엔진으로 가까스로 기지 상공에 이르자 이번에는 한쪽 바퀴가 나오질 않는다. 수작업으로 랜딩 기어를 돌리면서 아슬아슬한 착륙을 시도한다. 전 대원이 모두 숨을 죽이면서 지켜보는 가운데 멤피스 벨은 한번 튕기면서 무사히 착륙한다. 대원들은 대니를 부축하면서 내려온다. 몰려나온 대원들이 환호를 하는 가운데 '오 대니 보이'가 울려 퍼진다. 천신만고 끝에 25회의 출격을 마친 것이다.

II. 최초로 25회의 임무 비행을 마친 폭격기 '멤피스 벨'

폭격기 〈멤피스 벨〉은 B-17F 기종으로 유럽 전선에서 1942년 11
월 7일에서 1943년 5월 17일까지 25회의 임무 비행을 최초로 끝낸 폭
격기였다. 운이 좋았던 기체이기도 해서 이 폭격기에 탑승했던 승무원
중 한 사람도 죽지 않았다. 당시 영국군이나 독일군에서는 그들 수준
으로 볼 때 이 폭격기의 무장이 얼마나 무지막지했는지 이 기종을 '하
늘의 요새Flying Fortress'라는 별칭으로 부를 정도였다.

제2차 세계대전 당시
B-17 기종은 대략 3,400대 정
도가 만들어졌었고 멤피스 벨
도 그중 한 대였다. B-17은 등
장 당시만 해도 유례없는 폭
격기로 그만한 고도에서 그만

하늘의 요새 B-17

한 성능을 보여 준 폭격기가 거의 없었다. B-17을 노획해서 확인한 독
일군 전문가들은 일단 "와! 크다!"라고 탄성부터 질렀다. 이어서 고슴
도치 같이 촘촘한 기관총들이 무장되어 있고 고공에서의 성능, 직관적
인 계기 배치, 쉽게 조종할 수 있는 등 대단한 기종이라고 벌어진 입을
다물지 못했다.

미군이 제2차 세계대전 중 떨어뜨린 폭탄 중 40%가량을 B-17이 투
하했고, 주렁주렁 매단 13개의 기관총 무장으로 수많은 적기를 격추했
다. 무엇보다 튼튼한 장갑과 생존 성능으로 엔진 2개가 꺼지고 오른쪽

날개 끝이 3/4 정도 날아가도 무사히 귀환했다는 놀라운 기록도 가지고 있었다.

전쟁 초기에 미군은 기관총으로 중무장한 B-17 폭격기가 멀건 대낮에 적의 방공망 속으로 뚫고 들어가 노던 폭격 조준기*로 정확하게 폭격하고 무사히 돌아올 것이라 철저히 믿었다. 그러나 독일의 촘촘한 방공망은 생각처럼 호락호락하지 않았다. 실전에서 수많은 B-17들이 격추되었고 막대한 손상을 입은 채 간신히 귀환했다. 특히 1943년 중반, 베어링 생산 공장이 있는 슈바인푸르트 1차 폭격과 2차 폭격에서 무려 120대의 B-17이 격추되는 참사가 발생했다.

결과적으로 폭격기들의 피해 중 가장 많은 수를 차지하는 것은 폭격기 승무원들이었다. 25회의 임무 비행을 마치고 미국으로 귀환하는 것이 결코 쉽지 않았다. 여하튼 1943년 중반까지 보여 준 큰 희생은 전투기의 호위를 받지 못한 대낮의 폭격이 얼마나 참담한 결과를 가져오는지 알려 주는 계기가 되었다. 참고로 무장이 미국 폭격기에 비해 허약했던 영국 폭격기들은 대부분 야간 폭격에 집중했다.

1943년 11월 새로운 장거리 전투기인 무스탕P51이 등장하면서 폭격기의 생존 확률이 엄청나게 높아졌다. 그래서 1945년에는 임무 비행이 30회로 늘었다. 롤스로이스 멀린 엔진을 탑재한 무스탕은 2차 대전 말기 최고의 항속 거리와 최상의 성능을 가진 무적의 전투기였다. 6.25 당시 한국 공군의 주축 전투기로 활약했다.

---

* 제2차 세계대전부터 한국전쟁을 거쳐서 베트남전까지 사용된 노든 폭격 조준기는 칼 노든라라는 엔지니어에 의해서 개발되었다. 당시의 조준기로는 놀라운 성능을 가지고 있어서 테스트 시에는 6,400m의 고도에서 오차가 18.2m에 불과했다. 변수가 많은 실전에서는 평균 370m의 오차를 보였다.

〈멤피스 벨〉은 기록상 25회의 임무 비행 중 8대의 적기를 격추했고 10대 이상에 손상을 입혔다. 작전 중 꼬리 부분이 완파되기도 하는 등 위험에 처하기도 했으나 승무원 중 누구도 죽지 않았다. 결국 그들은 모두 살아서 고국에 돌아왔고 멤피스 벨 역시 무사히 귀국했다. 전후 테네시 주의 멤피스 시는 멤피스 벨을 350달러에 사들여 전시했다 최근에 기금을 조성해 새로운 전시관에서 전시 중에 있다.

이 비행기의 기장이었던 모건 대위는 유럽에서의 임무가 끝난 후 태평양 전쟁 말기에는 B29 폭격기를 몰고 일본을 폭격했다. 모건이 조종하는 B29에서도 누구도 죽지 않았다. 모건 대위는 월남전까지 공군에 복무하며 중령으로 제대했고, 아직 생존 중이고 비행에 관련된 일을 하고 있다고 한다. 놀라운 건 당시 멤피스 벨에 탔던 사람 중 대부분이 2000년까지 생존했었다는 점이다. 멤피스 벨은 행운을 몰고 다니는 폭격기였다.

폭격기 승무원들의 출격 직전 일과

출격 날 아침 승무원들은 마스크가 잘 달라붙게 깨끗하게 면도를 끝내고 식당으로 향한다. 최후의 만찬이 될지도 모르는 아침 식사였다. 식사 후 승무원들이 출격 준비를 하면서 군목에게서 기도를 받거나 행운의 마스코트를 만지작거리는 동안 조종사, 부조종사, 폭격수, 항법사는 브리핑 룸으로 향한다.

커튼을 벗기면 유럽을 그린 커다란 지도가 펼쳐져 있고 그 지도에는 목표와 경로, 목표 주변의 날씨, 폭격기가 뚫고 나가야 할 방어망이 그려져 있었다. 무엇보다 승무원들을 괴롭게 하는 건 바로 방어망을 그린 붉은색 원이었다. 그날 목표로 가는 길에 붉은색 원과 화살표가 많을수록, 정보 참모의 방어망에 대한 조언이 많을수록 그만큼 한숨 소리도 커진다. 기상 장교로부터 기상 상황을 받고 나면 브리핑은 일단 끝났다.

출격 직전, 승무원들은 엄청난 두께의 옷을 껴입었다. 속옷·내복(고공은 매우 춥다)·비행복 상하·전쟁 중반 이후로는 전열복(기내의 플러그에 연결하여 전기를 공급받았다)·가죽과 양모 등으로 만든 두터운 방한복, 방한 장갑(맨손으로 뭔가 만지면 피부가 벗겨진다), 방한화, 구명조끼, 낙하산, 비상 주머니(지도·나이프와 줄톱·나침반·비상식량·작전 지역의 화폐 등등)를 착용했고 1943년부터는 파편으로부터 몸을 지켜 줄 방탄복도 추가로 입어야 했다. 각자 마스크를 휴대하고 흔히 얼어붙어서 탈이 날 경우를 대비해 마스크 1개를 더 휴대했다. 마이크도 얼어붙을 것을 대비해 콘돔으로 덮어씌웠다.

42장

용서받지 못한 자

팔방미인이자 노익장, 클린트 이스트우드

I. 용서받지 못한 자(1992년), Unforgiven

　　클린트 이스트우드가 감독한 영화 〈용서받지 못한 자〉는 평론가들의 대단한 호평 속에 1993년 제65회 아카데미 시상식에서 작품상을 비롯해서 4개 상(작품상·감독상·남우조연상·편집상)을 수상하는 영광을 누렸다. 서부극이 한물갔다고 생각되던 시기에 웨스턴으로서는 보기 드문 쾌거가 아닐 수 없었다. 더 나아가 AFIAmerican Film Institute가 2000년에 선정한 지난 〈100년간의 최고 필름 100〉에도 당당하게 선정이 되기도 했다.

　　이 영화는 흥행 면에서도 전 세계적으로 1억 5천만 달러의 높은 수익을 올렸다. 이스트우드는 처음 이 작품을 제작할 때 흥행은 별로 기대하지 않았다. 단지 자신의 가치관과 윤리관이 고스란히 담겨 있는 작품을 만들겠다는 의지를 밀어붙이면서 만들었다. 결국 그의 고집스런 소신은 비평과 흥행 두 마리 토끼를 모두 잡는 데 성공했다. 이스트우드는 프랜시스 코폴라 감독에게 판권을 구매한 뒤 이 작품을 영화화하기까지 10년을 기다렸다. 명작의 탄생은 그동안 배우나 제작자로서 혹은 감독으로서 한층 높아진 안목과 이전 20년간의 영화계의 경험이 고스란히 축적된 결과물이 아닐 수 없었다.

엔딩 크레딧에 이탈리아 명감독인 세르조 레오네에게 경의를 바친다는 자막이 나온다. TV 연속극인 〈로하이드〉에서 두각을 나타내다가 레오네에 의해 창시된 마카로니 웨스턴인 〈황야의 무법자〉의 주인공으로 픽업된 이후, 그와 함께 계속 만든 '무법자 삼부작'으로 월드스타가 된 이스트우드이다. 형만 한 아우가 없고 스승만 한 제자가 없다는 말이 있지만 이스트우드는 여기에 해당되지 않는 케이스다. 그와 첫 인연을 맺은 지 30년이 되는 시점에서 만든 서부극 〈용서받지 못한 자〉는 스승인 레오네를 뛰어넘는 대성공을 거둔 것이다. 이 영화는 이스트우드가 과거 자신의 여러 마카로니 웨스턴에서 보여 준 무자비한 총질에 대한 성찰하는 모습도 살짝 엿볼 수 있다.

이 영화는 수정주의 서부극의 완결판이라는 평을 받았다. 정통 웨스턴에 등장하는 호쾌한 총격 장면과 정의의 화신인 총잡이는 아예 보이지 않는다. 주인공은 왕년에 살인을 밥 먹듯 하던 무법자였으며 오랫동안 안 타기도 했지만 말에 오르다 굴러떨어지는 지지리 가난한 돼지치기일 뿐이다. 드넓은 평원을 배경으로 폼생폼사의 멋진 주인공이

마지막 적을 처단하는 윌리엄 머니

등장하는 기존의 서부극에 익숙한 관객들은 경악했다. 수정주의 서부극은 60년대에서 70년대로 넘어오면서 선과 악의 대결이라는 판에 박힌 기존 서부극의 이분법적인 구도에 반기를 들면서 나타난 웨스턴의 새로운 흐름이었다. 〈용서받지 못한 자〉는 수정주의 서부극이 만들어지던 시대보다 훨씬 뒤인 1990년대의 작품이지만, 수정주의 서부극에 또 한 번의 수정을 가하면서 이 계통의 맥을 잇고 있다고 할 수 있다.

이 영화는 캐나다 앨버타에 농장 및 마을 건물들을 세우고 촬영을 시작했다. 엑스트라들은 모두 현지 카우보이들을 캐스팅해서 사실감을 높였다. 이 영화로 아카데미 남우조연상을 수상한 진 해크먼은 처음 이스트우드가 판권을 사면서 출연 요청을 했는데 거절했다가 후에 출연하기로 결정했다. 이 작품의 영화 음악 역시 매우 훌륭하다. 특히 이 영화의 메인 주제곡인 '클라우디아의 테마'는 10대 때부터의 음악이 꿈이었다는 이스트우드가 실제로 직접 작곡했다. 기타가 주 멜로디를 리드하고 잔잔하면서 관현악과 합쳐져 가는 이 주제곡의 성공은 이스트우드로 하여금 이후 본격적으로 영화 음악에 손을 대는 계기를 만들어 주었다.

Ⅰ 간략한 줄거리

1880년 와이오밍의 어느 마을에 한때 무자비한 무법자였던 윌리엄 머니가 죽은 아내를 대신해 돼지를 기르면서 두 아이를 데리고 근근이 살아가고 있다. 한편 멀지 않은 빅 위스키라는 곳에서 카우보이 두 명이 자신을 비웃었다는 이유로 한 창녀의 얼굴을 칼로 난도질을 하는 끔찍한 사건이 발생한다. 이에 대해 마을에서 왕초 노릇하는 사악한 보안관 리틀 빌 대거트(진 해크먼 분)는 말 몇 필의 가벼운 벌금형으로 카우보이들을 방면한다. 이에 화가 잔뜩 치민 창녀들이 들고 일어나면서 범인들에 대하여 1천 달러의 현상금을 내건다.

이 소식을 들은 초짜 총잡이 스코필드 키드(제임스 울베트 분)가 머니를 찾아와 함께 현상금을 타러 범인들을 죽이러 가자고 제안한다. 윌리엄은 다시 살인을 해야 한다는 사실에 멈칫하지만 아이들을 부양하려면 돈이 절실했기에 키드의 제안을 받아들이고 과거 총잡이 시절의 단짝인 네드 로건(모건 프리먼 분)과 함께 길을 나선다. 마을에 도착했지만 무소불위의 보안관 대거트에게 붙잡혀 묵사발이 되도록 얻어맞고 간신히 풀려난다. 그러나 로건은 무참하게 살해당한다. 친구의 참혹한 죽음을 본 머니는 과거의 무법자로 되돌아가 보안관 일당들을 척결한다.

Ⅱ. 팔방미인이자 노익장, 클리트 이스트우드

클린트 이스트우드는 배우면 배우, 감독이면 감독, 게다가 자신이 만든 영화의 음악 작곡까지, 영화에 관한 이만한 팔방미인도 거의 없을 것이다. 영화계에 60년 이상 몸담으며 출연한 작품만 60편이 넘으며, 본인이 직접 감독한 작품은 40편이나 된다. 90세를 넘는 지금까지 배우와 감독 활동을 지치지 않고 지속하고 있는 이스트우드는 이제 할리우드의 전설이 되어 가고 있다.

이스트우드는 미국 공황기의 어려웠던 시절에 떠돌이 노동자 생활을 하던 부모 밑에서 자랐다. 캘리포니아에서 어린 시절을 보냈는데, 공부는 애초부터 관심 밖이었고 운동이나 노는 데 더 정신이 팔려 있었다. 20대 초반에 군에 징집되었지만 당시 한창이던 한국전쟁에는 참전하지 않았다. 대신 샌프란시스코 인근 부대에서 2년 가까이 복무하면서 인명 구조 강사 노릇을 했다. 제대 후 LA 시티대학교에서 경영학을 공부하다가 유니버설 인터내셔널 스쿨의 탤런트 양성 프로그램에 등록해 연기자의 꿈을 키웠다. 이후 B급 영화에 출연하기도 하고 TV 드라마에도 얼굴을 내밀다가 TV 시리즈물 〈로하이드〉에 출연하면서 성공의 발판을 마련한다.

　TV 연속극 〈로하이드〉로 이름을 알리긴 했지만, 스타덤에 오른 계기는 34세 때 이탈리아의 세르지오 레오네의 마카로니 서부극 〈황야의 무법자〉였다. 그리고 41세 때 첫 번째 감독 작인 〈어둠 속에 벨이 울릴 때〉를 내놓았다. 〈용서받지 못한 자〉로 작품상과 감독상을 수상했을 땐 63세였다. 그리고 74세에 힐러리 스웽크가 아카데미

클린트 이스트우드

여우주연상을 수상하는 〈밀리언 달러 베이비〉에서 감독과 주연을 동시에 맡았다. 이처럼 이스트우드처럼 꾸준히 자신의 비전을 넓혀 갔던 배우나 감독은 없을 것 같다. 이스트우드는 영화 인생을 살면서 한 번도 조급해한 적이 없었다.

　〈로하이드〉의 카우보이 역으로 시작한 그의 연기 인생은 레오네

감독의 무법자 시절, 돈 시겔 감독의 막가파 형사 시절을 거쳐 본격적으로 감독으로 나서는 시절로 구분되는 그의 영화 인생은 스펙트럼이 넓고도 깊다. 먼저 무법자 시절을 살펴보자. 원래 〈황야의 무법자〉 주인공 역으로 여러 할리우드 배우들에 대해서 간을 보긴 했지만 빡빡한 예산으로 레오네 감독은 1만5천 달러의 개런티로 간신히 이스트우드를 확보할 수 있었다. 당시 레오네는 이스트우드의 무표정했던 얼굴이 기분이 나빠지면 갑자기 양미간을 찌푸릴 때의 고양이 같은 느낌이 마음에 쏙 들었다고 한다.

아마도 이탈리아어를 몰라서였기도 했겠지만 그는 말보다는 몸으로 연기했고, 표현을 절제했다. 역동적인 무기력함을 보이면서 표정을 아끼면서 일반적인 주인공들과는 다른 독특한 캐릭터를 보여 주었다. 그것이 그의 트레이드마크가 되었고 관객들은 환호했다. 그가 이탈리아에서 찍었던 영화들에 대해 정작 고향인 미국에서의 비평가들은 하나같이 변방의 스파게티 웨스턴에 불과하다고 비아냥거렸다. 그러나 그의 무법자 영화들에 대해서 관객들은 열광했고, 흥행도 하나같이 성공했다.

무법자 시리즈도 한물갈 무렵, 미국은 새로운 시대를 대표할 수 있는 영웅의 탄생을 기다리고 있었다. 이스트우드는 돈 시겔의 〈더티 해리〉에서 강력계 형사의 캐릭터로 변신한다. 〈더티 해리〉 시리즈를 통해서 그는 마초적 이미지를 더욱 강렬하게 부각시켰다. 남근을 연상시키는 큼지막한 권총인 매그넘으로 범인들을 무차별 척결하는 거친 형사 해리를, 관객들은 박수를 보내면서 카타르시스를 만끽했다. 〈더티 해리〉 시리즈는 선풍적인 인기를 끌어 총 5편이 만들어졌다. 이스트우드는 〈더티 하리〉 시리즈를 찍으면서 시겔로부터 감독의 권유를 받는다. 그는 1971년 맬파소 프로덕션이라는 제작사를 차려 1973년 스릴러물인 〈어둠 속에 벨이 울릴 때〉로 감독으로 데뷔했다.

그는 일생 동안 항상 배우는 자세였다. 25세에 비교적 늦깎이 배우로 시작해서 B급 영화를 전전하던 초짜 배우 시절도 이스트우드는 긍정적으로 회고한다. "배울 게 많은 시절이었다. 많은 배우와 아이디어와 감독을 접했다. 그러면서 배웠다. 이 사람처럼 해야겠다 혹은 이 사람처럼 하지 말아야겠다."라고. 감독으로서는 레오네나 시겔에게서 많은 것을 배웠다. 특히 이들로부터 절제된 연기 스타일을 배웠고, 이는 그의 영화에도 깊게 녹아 있다. 바로 이 절제된 스타일로 만든 작품이 바로 〈용서받지 못한 자〉였다. 이 영화는 서부 영화를 총결산하는 작품이라는 찬사를 받기도 했다.

그는 1986년부터 2년간 캘리포니아 주 카멜시의 시장 직을 지내는 등 잠시 외도를 하기도 했다. 이후 〈사선에서〉, 〈퍼펙트 월드〉, 〈매디슨 카운티의 다리〉, 〈앱솔루트 파워〉에서 배우와 감독으로 겹치기로 나섰지만 흥행은 연속해서 대박이었다. 이어서 〈밀리언 달러 베이비〉, 〈미스틱 리버〉, 〈아버지의 깃발〉, 〈체인질링〉, 〈그랜 토리노〉, 〈내 인생의 마지막 변화구〉, 〈설리: 허드슨 강의 기적〉 등 걸작들을 연달아 내놓았고 80대에 접어들어서도 〈아메리칸 스나이퍼〉, 〈라스트 미션〉, 〈리차드 쥬얼〉, 〈크라이 마초〉 등의 문제작들을 연달아 발표했다. 올해 93세인 그는 새 영화 〈2번 배심원〉 제작을 준비한다고 하는데 끝을 모르는 그의 노익장은 그저 놀라울 따름이다.

게다가 그는 영화 음악에도 뛰어난 자질을 유감없이 발휘하고 있다. 10대 때부터 꿈이었을 정도로 음악가로서의 재능을 지니고 있는 이스트우드는 그동안 틈틈이 자기가 만

영화 <그랜 토리노>에서 이스트우드

든 영화의 메인 테마곡을 작곡하기도 했다. 영화 〈용서받지 못한 자〉에서의 주제곡인 "클라우디아 테마"가 그 대표적인 곡이다. 이 작품 이전에도 그는 이미 두 개의 영화 음악을 만든 적이 있지만, 이 영화의 성공 이후, 그는 오랫동안 그토록 사랑하는 재즈에 기반을 둔 실력으로 〈메디슨 카운티의 다리〉에서 만만치 않은 음악적인 재능을 과시를 하였고, 〈아버지의 깃발〉과 〈그랜 토리노〉에서도 멋진 메인 테마곡을 작곡하기도 했다.

그는 보수주의자로서 열성적인 공화당 지지자로 유명하다. 할리우드 등 미국 영화계 인사들이 대부분 민주당 지지자인 점을 감안하면 특이한 경우다. 하지만 완전 골통 보수주의자는 아니며 사안마다 열린 태도를 보이고 있다. 이라크 전쟁을 반대하기도 했고 낙태의 합법화, 총기 규제 강화, 동성 결혼, 미투 운동을 지지하기도 했다. 사생활에서는 화려한 여성 편력으로도 유명하다. 그래서인지 보수주의자로서 사생활은 좀 조신해야 하지 않겠냐는 얘기도 듣지만 정작 본인은 마이동

풍(馬耳東風) 격이다. 결혼은 2번 했지만 여기저기서 사귀던 여인으로부
터 낳은 7명의 자녀가 있다.

43장

델마와 루이스

최고의 비주얼리스트, 리들리 스콧 감독

I. 델마와 루이스(1993년), Thelma & Louise

1992년도 칸 영화제 폐막작으로 공개된 영화 〈델마와 루이스〉는 명장 리들리 스콧이 메가폰을 잡은 영화다. 여성 주인공들이 펼치는 전형적인 로드 무비이다. 석양이 지는 가운데 외로이 질주하는 자동차, 광활하게 펼쳐지는 미국 서부의 풍광, 컨트리 음악이 흐르는 이 영화는 〈내일을 향해 쏴라〉나 〈우리에게 내일은 없다〉와 같은 걸작 로드 무비들에 손색이 없는 멋진 로드 무비다. 한편으로 여성들 주역의 현대판 서부극이기도 하다. 서부극은 원래 남성의 장르이며 결코 여성의 장르가 아니다. 서부극의 남성 주인공은 대개 여성을 구원하는 역을 맡고 있으나 이 영화는 여성들을 주인공이 되어 말 대신 오픈카를 타고 거꾸로 남성들을 혼내 주는 전복적(顚覆的)인 서부극인 것이다.

무엇보다도 이 영화는 주체적인 여성 캐릭터를 앞세운 페미니즘의 걸작이다. 영화는 폭군적인 남편과 바람피우는 남편으로부터 탈출하는 델마(지나 데이비스 분)와 루이스(수잔 서랜든 분)의 여행으로부터 시작된다. 두 여인은 서부를 횡단하는 자동차 여정을 통해 남성들의 폭력에 저항하면서 여성이라는 정체성을 찾아가는 과정을 밟고 있다. 끝으로 갈수록 두 사람은 도전을 두려워하지 않는 용감한 카우보이들로 변한다. 두 여인은 편의점을 털고 고압적인 태도의 경찰을 경찰차 트렁크에 가둬 놓고 그녀들에게 성희롱을 일삼는 유조차 운전사를 차에서 내리게 한 다음 유조차를 폭파시키는 등 무법 행위를 지속한다. 그리고 그러한 저항의 과정을 통해 그들은 비로소 깨달음을 얻게 된다. 델마는 고속도로에서 운전하는 루이스에게 묻는다. "루이스, 너 깨어났니?", "응, 난 눈을 떴어." 델마도 이렇게 대답한다. "난 변했어, 루이스."

마지막 장면, 계곡으로 날아가는 두 여인

여행을 통해 주체성이라는 것에 새롭게 눈을 뜬 두 여인은 이제 더 이상 예전의 남성들의 억압적인 굴레로 되돌아갈 수 없다. 그래서 남성 사회의 폭력적 위협에 굴복하는 대신 그랜드 캐니언의 거대한 골짜기 속으로 떨어져 내린다. 가속기를 밟는 루이스에게 델마는 "계속 가! Keep going!"을 외친다. 이 마지막 장면이야말로 남성 사회에 대한 두 여인의 강렬한 저항을 나타내는 몸부림일 것이다.

이 영화가 개봉한 1990년대 초 당시만 해도 미국에서 페미니즘 논의가 활발하지 않았다. 그 시절에는 이런 스타일의 여성 중심 영화라는 개념 자체가 아예 없었기 때문에 이 작품은 미국 사회에 신선한 충격을 던져 주었다. 이 영화가 개봉된 이후 미국 사회에서 여성 억압에 대한 논의가 활발해졌다. 두 주인공이 범죄자가 된 것은 남성 우월적 행위가 근본적 원인이라는 분석이 나오면서 여성들에 대한 열린 시각이 필요하다는 여론이 일기 시작한 것이다.

뛰어난 연기를 보여 준 두 주인공 수잔 서랜든과 지나 데이비스는 1992년 제64회 아카데미 시상식에서 모두 여우주연상 후보에 올랐으나 〈양들의 침묵〉의 조디 포스터에 밀려 수상하지 못했다. 여성 각본가인 칼리 쿠리만이 각본상을 수상하는 데 그쳤다. 무명 시절의 풋풋한 젊은 브래드 피트가 출연했다. 당시 피트는 무명 배우였는데 두 주연 여배우들이 그를 가장 섹시한 남배우라고 지목하면서 캐스팅되었다.

마지막 장면인 자동차가 절벽으로 떨어지기 직전 루이스가 델마를 차 밖으로 밀어내는 식의 엔딩을 계획하기도 했다는 후문이다. 영화사에서는 두 여인이 경찰에 잡혀 처벌을 받거나 잘못을 뉘우치거나 델마가 남편과 화해하는 등의 이야기로 바꾸려는 움직임이 있었으나 주인공 역의 서랜든이 두 주인공이 경찰에 잡히지 않는다는 것을 약속하기 전에는 절대로 촬영에 임하지 않겠다고 엄포를 놓기도 했다.

▮ 간략한 줄거리

절친 사이인 평범한 주부 델마와 독신의 웨이트리스 루이스는 어느 날 주말 여행을 떠나기로 하고, 델마는 남편의 허락 없이 루이스의 차에 오른다. 델마는 루이스와 함께 여행을 떠나면서 가사와 폭군적인 남편으로부터의 모처럼 만의 해방감을 만끽한다. 그러나 여행 중에 들른 작은 마을의 술집에서 동네 건달이 델마를 주차장으로 끌고 나가 성폭행하려고 한다. 이를 목격한 루이스가 권총으로 그를 쏴 죽이면서 이제 그들의 여정은 단순한 여행이 아니라 도주 행각으로 바뀐다.

둘은 멕시코로 도주를 결심하고 편의점을 털기도 하고, 거만한 태도로 과속 단속 하는 경찰을 경찰차 트렁크에 가둬 놓기도 하고, 성희롱을 일삼는 트럭 운전사를 차에서 내리게 하고, 그의 차를 폭파시키는 등 무법 행위를 지속한다. 경찰의 수사망은 점점 좁혀져 오고, 결국 절벽을 앞에 두고 무수히 추격하는 경찰차들에 쫓긴다. 투항을 권고하는 방송을 무시하고 두 여인은 서로 손을 꼭 잡은 채 깎아지른 절벽을 향해서 그대로 돌진한다.

II. 최고의 비주얼리스트, 리들리 스콧 감독

리들리 스콧은 CF 감독 출신으로 안 찍어 본 장르가 없을 정도로 스펙트럼이 넓은 감독이다. 다양한 시대를 배경으로 한 여러 명작들을 만들어낸 거장 감독이다. 할리우드에서 최고 수준의 영상미를 자랑하는 감독들에게 붙이는 별명인 '비주얼리스트'의 원조 격인 그는 영화의

불멸의 명작 영화 50선

시각적인 부분에 있어서는 탁월한 역량의 소유자다. 디자인을 전공하고 CF 업계에서 단련된 덕분에 비주얼은 할리우드 최고 수준이라는 평을 받고 있다.

스콧은 영화를 효율적으로 만들어 내는 데 정평이 나 있다. 영화를 완성하는 데 비교적 시간과 돈을 적게 쓰는 소문이 나도는, 이른바 가성비가 높은 감독이다. 다작인 편인 그는 무슨 과제물 처리하듯이 뚝딱 영화를 만드는 느낌을 주기도 한다. 그런데 정작 완성된 작품을 보면 놀랄 정도다. 비주얼리스트답게 영상미는 발군이고 연출은 흠잡을 데

리들리 스콧

없이 탁월하다. 캐릭터들을 생생하게 살리면서 스릴 넘치는 영화의 전개를 통해 끝까지 관객의 몰입도를 지속시켜 나가는 것이다. 간혹 영화가 망하면 바로 CF 회사로 돌아가 차기작을 준비하곤 한다.

1937년 11월 30일 영국 북동부 사우스실즈에서 태어났다. 런던 왕립미술학교와 웨스트 하틀풀 예술 학교를 졸업하고 1년간 뉴욕에서 다큐멘터리 제작을 경험한 뒤 영국으로 돌아와 BBC의 세트 디자이너가 되었다. 1967년 BBC를 떠난 후 10여 년간 프리랜서로 일하며 수백 편의 CF를 제작했다. 그리고 드디어 1977년 기획에서부터 완성까지 총 5년이 걸린 그의 첫 작품 〈결투자들〉이 개봉되었다. 시각적인 차원에서 새로운 감각이 번득이는 나폴레옹 시대 배경의 작품이었다. 그해

칸 영화제에서 심사위원 특별상을 받으며 일약 주목을 받기 시작했다. 이후 할리우드로 건너가서 〈에이리언〉, 〈블레이드 러너〉 등을 연출하였다.

　1989년에 일본에서 야쿠자와 대결을 벌이는 두 미국 형사의 이야기를 그린 〈블랙 레인〉과 페미니즘 영화 〈델마와 루이스〉는 스콧을 대표적인 흥행 감독으로 부상시켰다. 이후에 찍은 〈1492 콜럼버스 1492〉, 〈지 아이 제인〉이 잇달아 흥행에 실패하면서 잠시 침체기를 겪다가 2000년에 발표한 〈글래디에이터〉의 대성공으로 화려하게 재기하였다. 이후 〈킹덤 오브 헤븐〉, 〈로빈 후드〉, 〈블랙 호크 다운〉, 〈어느 멋진 순간〉, 〈아메리칸 갱스터〉, 〈마션〉, 〈올 더 머니〉, 〈라스트 듀얼-최후의 결투〉, 〈하우스 오브 구찌〉 등의 걸작을 연달아 발표하면서 노익장을 과시했다. 금년 86세인 그는 곧 호아킨 피닉스 주연의 〈나폴레옹〉을 발표할 예정이며 이어서 〈글래디에이터〉 후속편을 구상 중에 있다. 대단한 노익장이 아닐 수 없다.

44장

흐르는 강물처럼

명배우, 명감독이자 지성인, 로버트 레드포드

I. 흐르는 강물처럼(1993년), A River Runs Through It

이 영화의 메가폰을 잡은 로버트 레드포드는 배우 겸 감독으로서 여러모로 클린트 이스트우드와 비견되기도 한다. 1980년 감독 데뷔작 〈보통사람들〉로 아카데미 감독상을 수상한 그는 1993년 노먼 맥클레인의 자전적 소설 『A River Runs Through It and Other Stories』를 영화화한 〈흐르는 강물처럼〉으로 감독으로서의 역량을 보여 주었다. 이 영화는 20세기 초 미국 몬태나 주를 배경으로 낚시를 통해 인생을 배워 가는 아버지와 두 아들의 이야기를 그린 명작이다. 아름다운 자연 풍경을 배경으로 예술적인 경지에 도달한 플라잉 낚시의 환상적인 장면과 더불어 가족 간의 사랑과 아픔 그리고 인생의 참 의미를 잔잔하게 그렸다.

영화에서 주제로 등장하는 '낚시'는 가족 간의 끈끈한 매개체라는 중요한 의미를 지닌다. 낚시터는 세 부자(父子)가 모이는 자리이기도 하지만, 동시에 세 사람의 정신이 함께 화합하는 자리이기도 하다. 그래서 아버지와 두 형제간의 다른 개인적 개성이나 성향도 낚시를 하는 그 순간만은 일체감을 보여 준다. 평소 의견 다툼이 있을 때에는 갈등했던 아버지와 아들들도 낚시를 하면서 모두 하나가 되는 것이다.

영화 제목에서 풍기듯이 흐르는 강은 인간의 삶을 상징한다. 우리의 삶은 그냥 한자리에 머무는 것이 아니라 강물처럼 흘러간다는 것을 아버지 리버런드 맥클레인(톰 스커릿 분), 큰아들 노만(크레이그 쉐퍼 분)과 작은아들 폴(브래드 피트 분)의 각자의 삶에서 보여 주고 있다. 흐르는 강물처럼 사랑과 죽음도 자연스럽게 찾아온다는 것이다.

이 영화의 중심인물인 두 형제는 아주 판이한 성격의 소유자들이다. 엄격한 목사인 아버지는 두 형제에게 절대적인 존재다. 아버지는 감정 표현을 가능한 한 억제하고 원칙을 고수하며 아들들에 대한 칭찬에 인색하지만, 한편으로는 낚시에 대한 열정과 문학,

낚시하는 세 부자

시에 대한 사랑, 두 아들에 대한 깊은 애정이 마음속에 자리 잡고 있다.

형 노먼은 아버지에게 순응하는 성격이지만 동생 폴은 반항적인

성격이다. 아버지의 말에 복종하는 노먼과 달리 아버지의 그늘로부터 벗어나기 위해 몸부림치는 폴은 결국 자유분방한 삶을 살다가 길에서 폭행을 당해 죽음을 당한다. 충격을 받은 아버지는 아들 폴에 대한 안타까움을 참을 수가 없다. 이러한 아버지의 심정은 아들의 죽음을 회상하는 데에서 나타난다. 감정을 억제하면서 살아온 아버지는 폴이 죽고 난 후에야 "그(작은아들)는 아름다웠다."라고 말한다.

아버지는 교회 강단에서 "우리는 상대방이 도움을 원하고 있다는 것을 알면서도 도움을 주지 못한다. 그러나 우린 서로에게 도움이 될 수 없다 하더라도 서로를 사랑할 순 있다."라고 지난날을 회상한다. 이 말은 평소에 표현을 억제하고 살아 온 본인이 폴에게 좀 더 자상하지 못했음을 가슴 아파하는 심정을 나타낸다. 그러나 한편으로는 그는 아들과 서로의 다름을 알고, 그래서 완전히 이해할 수 없으리라는 것을 알고 있었지만 그를 사랑했다는 점을 말하고 싶어 하는 것이다.

시간이 많이 흘러서, 이따금씩 이해 못하기도 했지만 사랑했던 사람들이 모두 떠나고, 노인이 되어서 홀로 남은 노먼은 그들을 추억하고 애도하며 변함없이 낚싯줄을 드리운다. 그리고 다음과 같이 독백한다.

"서부 몬태나의 많은 플라잉 낚시꾼들과 마찬가지로 나는 저녁에 시원해질 때까지 낚시를 시작하지 않는다. 서부 몬태나의 여름 낮은 거의 북극이나 마찬가지로 길기 때문이다. 서늘한 저녁이 되면 협곡의 어스름 속에서 모든 존재가 내 영혼과 추억들과 블랙풋강의 소리들과 네 박자 흐름과 물고기가 올라오기를 희망함과 함께 서서히 희미해진다. 마침내 일체는 어둠에 묻힌다.

그리고 그 어둠을 관통하여 강물이 흘러간다. 강은 대홍수로 인해 생겼다. 그리고 태초부터 존재한 바위들 위로 흐른다. 어떤 바위들 위에는 빗방울이 끊임없이 떨어진다. 바위들 밑에는 말(언어)들이 있다. 어떤 말들은 그 바위들의 말이다. 강물은 내 마음속에서 떠나지 않는다."

노먼의 시간처럼, 각자의 삶도 흘러가고 있고, 또한 흘러갈 것이다. 잔잔히 흘러가는 순간들은 멈추지 않고 유유히 흘러 결국은 하나의 큰 강물로 합쳐질 것이다. 막을 수도 없고, 거스를 수도 없이 흐르는 강물처럼….

원래 노먼은 아버지로부터 가족 이야기를 책으로 써 보라는 말을 염두에 두었었는데, 교수직에서 은퇴한 다음에 책을 쓰기 시작했다. 이후 완성된 원고를 미국 동부의 여러 출판사에 보냈으나 출간을 거절당하고 결국은 1967년 작가가 몸담았던 시카고 대학 출판부에서 펴내게 되었다. 출간하자마자 단번에 베스트셀러에 올랐고, 이후 꾸준한 명성을 유지하면서 미국 문학의 걸작의 하나로 자리 잡았다. 노먼이 원작을 레드포드에게 건네준 것은 1980년이었고, 1990년에야 각본의 초고를 보냈다. 이때 그는 죽기 며칠 전이었고 끝내 노먼은 영화의 완성을 보지 못했다. 아카데미 촬영상을 받았다.

이 영화에서는 젊은 시절의 로버트 레드포드를 그대로 빼어 박은 듯한 브래드 피트의 젊은 날의 풋풋한 연기를 볼 수 있다. 영화는 원작에 나오는 몬태나 주의 블랙풋 강이 아닌 캐나다의 보우강에서 촬영했다. 영화의 제목인 "흐르는 강물처럼"은 사실 의역한 것이다. 영화 말미에 나오는 노먼의 내레이션 원문은 "Eventually, all things merge into one…, …and a river runs through it."이다. 이를 직역하자면 "결국은 모든 것들이 하나로 합치게 되고, 강물은 그렇게 흐른다." 정도의 의미일 것이다.

스코틀랜드 출신 장로교 목사 리버런드는 아들 노먼과 폴, 부인(브렌다 브레딘 분)과 함께 몬태나주 블랙풋 강가에서 살면서 낚시를 종교와 같을 정도로 소중하게 생각하고 즐긴다. 그의 아들들도 아버지로부터 낚시를 배워 어려서부터 낚시를 좋아한다. 장성한 맏아들 노먼은 동부 시카고 대학에서 문학을 전공하고 동생 폴은 고향에서 신문 기자로 활동하며 낚시를 인생의 최고 목표처럼 여기면서 산다. 잠시 집으로 돌아온 노먼에게 폴이 보이는 낚시 솜씨는 예술의 경지에까지 도달해 있었다. 노먼이 시카고 대학으로부터 문학 교수로 채용되었다는 통보를 받는 등 온 가족의 기쁨도 잠시, 폴이 어느 날 갑자기 길에서 폭행당해 사망했다는 소식을 접하면서 모두가 망연자실해진다. 아버지는 마지막 설교에서 "완전히 이해는 못 해도 완벽한 사랑을 할 수는 있다"는 말을 남긴다. 이제 늙은 노먼은 혼자 낚시를 하며 흐르는 강을 바라보면서 가족과 인생 그리고 낚시에 대한 회상에 잠긴다.

II. 명배우, 명감독이자 지성인 로버트 레드포드

로버트 레드포드의 얼굴은 정말로 반듯하다. 깊이를 알 수 없는 호수 같은 그의 눈망울에서는 사람의 마음속 깊은 밑바닥을 울리는 호소력을 지니고 있다. 묵직하면서도 울림 있는 그의 목소리는 삶의 연륜과 깊이를 느끼게 한다. 그래서 그랬을까. 지금껏 그가 출연했거나 감독한 영화들은 하나같이 삶의 깊이를 온존이 담아냈다는 평을 받아 왔다.

1936년 캘리포니아 주 산타 모니카에서 태어난 그는 고등학교 시절에는 예상 밖으로 말썽도 꽤 피우는 문제아였다고 한다. 야구 특기생으로 들어간 콜로라도대학에서는 음주 문제로 장학생 자격을 박탈당하기도 하였다. 1년간 석유 노동자로 일한 뒤 얼마간 파리 등 유럽에서 그림을 그리며 방랑 생활을 하기도 했다. 배우 수업은 미국에 돌아와 뉴욕의 드라마 예술 아카데미를 다니며 비로소 시작하였다. 이후 연극 무대에 섰다가 1960년대 초부턴 TV 드라마에 조연으로 출연하며 영화배우로서의 첫발을 내밀게 된다.

로버트 레드포드

그리고 1967년 제인 폰다와 함께 공연한 〈맨발로 공원을〉이라는 작품으로 레드포드는 스타급으로 도약하게 된다. 금발에 전형적인 미국의 젊고 잘생긴 청년상을 보여 준 레드포드는 이후 폴 뉴먼과 콤비로 나온 〈내일을 향해 쏴라〉, 〈스팅〉, 〈추억〉, 〈머나

먼 다리〉, 〈위대한 개츠비〉, 〈모두가 대통령의 사람들〉, 〈아웃 오브 아프리카〉등의 영화로 1970년대 미국에서 최고의 인기와 흥행을 몰고 다녔다. 1980년에는 〈보통 사람들〉로 자신이 직접 영화감독으로 데뷔하기도 했다. 한 가족의 불행을 다룬 이 영화는 아카데미 작품상과 감독상을 그에게 안겨 주었다. 1993년에는 〈흐르는 강물처럼〉을 감독하면서 그의 뒤를 이을 차세대 '골든 보이' 브래드 피트를 주연으로 발탁

하기도 했다.

사실 젊은 시절의 레드포드도 매력이 풍겼지만 눈가에 잔주름이 깊어 가는 지금도 여전히 멋있다. 그가 역을 맡았던 〈호스 위스퍼러〉의 톰 부커, 〈라스트 캐슬〉의 유진 어윈 그리고 〈스파이 게임〉의 네이단 뮈어는 정말이지 잊을 수 없는 캐릭터들이다. 온몸으로 겪어 낸 삶 속에서 쌓인 지혜가 서려 있는 그의 눈빛과 부드러운 미소에 인간적인 신뢰가 가득하다. 주로 휴머니티 넘치는 연기를 펼쳤고, 연출한 영화에서도 휴머니즘을 강조한 그의 이미지와 어쩌면 그렇게도 닮았는지 모르겠다.

그는 무명의 영화감독들에게 자신의 작품을 선보일 수 있는 기회를 주는 '선댄스 영화제'를 창립하기도 했다. '선댄스'란 자신이 출연했던 〈내일을 향해 쏴라〉의 주인공 이름이다. 또한 자연 보호와 환경 문제, 아메리카 인디언의 인권 문제 등에 힘을 써 왔다. 또한 그는 사생활에서도 상당히 모범적이었다. 지금은 이혼하였지만 무명 시절 결혼한 첫 번째 부인과는 거의 40년에 가까운 결혼 생활을 유지하였으며, 젊고 잘나가는 시절에도 그 흔한 스캔들조차 하나도 없었던 레드포드였다. 71세가 되던 2009년 그동안 동거 생활을 하고 있던 추상화가인 21세 연하의 지빌레 차가르스와 결혼식을 올려 잔잔한 충격을 주기도 했다.

그는 지난 2018년 그의 나이 82세 때 만든 영화 〈미스터 스마일〉을 끝으로 연기 생활을 접었다. 그의 영화 인생의 마지막을 장식한 〈미스터 스마일〉은 60여 년간 은행을 털고, 30번의 도주로 탈옥의 아티스트

라는 별명을 얻었던 전
설적인 포레스트 터커의
이야기를 소재로 제작됐
다. 레드포드의 우아한
은퇴작이 되었다. 그는
사생활을 감추려고 가급
적 스포트라이트를 피해

마지막 작품 <미스터 스마일>에서 레드포드

온 인물이었다. 스타로서의 자신으로부터 개인적인 자신을 분리하려
고 애써 온 그는, 이제 편안한 운둔자로서의 노후를 즐길 수 있게 되었
다. 항상 정의롭고 선한 역을 맡아 오던 명배우 레드포드는 이제 할리
우드의 또 하나의 전설로 기록될 것이다.

쉰들러 리스트

의인(義人) 오스카 쉰들러

I. 쉰들러 리스트(1993년), Shindler's List

영화 〈쉰들러 리스트〉는 토머스 케닐리의 소설 『쉰들러의 방주Schindler's Ark』를 원작으로 해서 만들어졌다. 1994년 66회 미국 아카데미 시상식에서 7개 부문(작품상·감독상·각색상·촬영상·편집상·미술상·음악상)에서 수상했다. 홀로코스트라는 끔찍한 상황에서 약 1,100명의 유대인을 구해 내는 독일인 오스카 쉰들러의 이야기를 담고 있다. 이 영화는 쉰들러라는 한 사람의 선의가 세상을 어떻게 변화시키는가를 그리고 있다.

스필버그는 당초 이 영화의 이야기가 무겁고 어두워서 흥행이 어려울 것으로 예상했지만, 결과는 정반대였다. 예산의 10배 이상의 이익을 거둬들이며 흥행 대박을 쳤다. 아울러 평단도 호평 일색이면서 스필버그에게 마침내 아카데미 작품상과 감독상을 안겨 주는 의미 있는 영화가 되었다. 그전까지 스필버그를 상업 영화만을 연출한다고 깔보았던 평론가들의 편견을 바꾸어 놓는 계기가 되기도 했다.

이 영화는 시작 부분에서 나오는 유대교 예배를 비롯해서 다섯 장면만 컬러로 처리했다. 나머지는 모두 흑백이다. 이 다섯 장면 중에서 가장 인상적인 신은 빨간 코트를 입은 여자아이의 모습이다. 이 소녀는 실제로 나치에 희생당했다. 홀로코스트의 희생자들을 대표하는 상징하는 강렬한 장면이다. 이와 같은 일부 컬러를 삽입하면서 절묘한 영상을 만들어 낸 촬영 감독 야누스 카민스키는 이 영화 바로 직후 찍은 〈라이언 일병 구하기〉에서도 뛰어난 촬영 솜씨를 보여 주었다. 이후 그는 스필버그의 모든 영화에서 쭉 함께 쭉 일해 오고 있다.

이 영화는 아우슈비츠 수용소 바로 옆에 만들어진 세트에서 두 달 넘어 촬영이 진행되었다. 독일인 배우들과 이스라엘인 배우들은 아무런 문제 없이 조화를 이루면서 작업했다. 나치 친위대 역할을 한 독일인 배우들은 스필버그에게 조상의 수치스러운 과거를 청산할 수 있는 기회를 주어 감사하다는 말을 했다고 한다. 스필버그는 영화를 독일어와 폴란드어로만 찍고 자막을 쓰려고 했다. 그러나 관객의 시선이 화면 아닌 자막에 집중되는 것을 우려해서 영어를 위주로 해서 촬영했다. 음악은 영화 음악의 대가인 존 윌리엄스가 담당했다. 처음에는 자기보다 나은 음악가가 맡아야 한다고 고사했으나 스필버그가 "맞습니다. 그런데 그 사람들은 모두 고인이 됐어요."라고 응답했다. 듣는 사람의 심금을 울리는 주제 선율은 폴란드계 유대인이며 세계적인 바이올리니스트 이작 펄만이 연주한다.

쉰들러와 이자크(오른편)

이 영화는 주인공 쉰들러(리암 니슨 분)와 그의 유대인 회계사 이자크 스턴(벤 킹슬리 분), 그리고 사이코 악역이기도 한 나치의 수용소장 아몬 괴트(랄프 파인즈 분) 등 3인이 이끌어 간다. 쉰들러와 이자크는 대조적 캐릭터의 인물들이다. 쉰들러는 술고래이지만 이자크는 술을 입에 거의 대지 않는다. 쉰들러는 경영에는 손을 놓고 있지만 '술 상무' 역할은 뛰어나다. 실제 경영은 이자크가 담당한다. 한 명이라도 더 살리려는 쉰들러에 비해서 나치 광기의 상징을 대표하는 인물은 심심풀이로 유대인을 쏘아 죽이는 수용소장 아몬 괴트다. 수용소의 유대인들을 재미 삼아 총으로 사냥하던 괴트는 전쟁이 끝난 후 폴란드에서 재판을 받고 교수형에 처해졌다.

원작을 쓴 호주 작가 토머스 케닐리는 1980년 어느 날 LA 베벌리힐스의 가죽 제품 가게에 들렀다. 이때 주인인 유대인 페퍼버그가 얘기해 준 쉰들러의 이야기에 흥미를 느껴 소설을 쓰기 시작했고 1982년에 출간했다. 케닐리로부터 판권을 사들인 스필버그는 여러 사람의 손을 거쳐 시나리오를 완성했다. 그러나 정작 스필버그는 본인이 유대인이었기 때문인지 감독을 맡기에는 부담을 느꼈다. 그래서 머뭇거리다가 고심 끝에 명장 마틴 스콜세지에게 연출을 맡기려 했다. 스콜세지는 아무래도 이탈리아계인 자신보다 유대계 감독이 연출해야 할 프로젝트라며 정중하게 거절했다. 스필버그는 이 영화로 얻은 자기 몫의 개런티 전액을 홀로코스트 역사 재단 '쇼아 파운데이션'에 기부하였다. 그는 '피가 맺힌 돈blood money'이라 도저히 받을 수 없었다고 하면서….

﹕간략한 줄거리

제2차 세계대전의 시작을 알리는 포성이 울리면서 1939년 가을, 독일은 폴란드를 점령한다. 독일군은 모든 유대인들의 사유 재산을 몰수한다. 이때 나치 당원이기도 한 독일계 체코인 사업가인 오스카 쉰들러는 유대인이 소유하던 공장을 인수하러 폴란드의 크라쿠프에 도착한다. 쉰들러는 나치 친위대 대원들과 친분을 쌓은 후 공장을 인수한다. 그는 인건비를 줄이기 유대인 회계사 이자크를 앞장세워 유대인들을 공장에 고용한다. 돈을 벌려고 유대인을 고용했지만 쉰들러는 이들의 비참한 실상을 직접 목격하고 마음의 동요를 느낀다.

독일의 유대인 정책이 점점 악랄해지고, 마침내 모든 유대인들을 가스 수용소인 아우슈비츠로 옮기려고 할 즈음, 쉰들러는 적어도 자신이 공장에 고용했던 유대인들만은 살려야겠다고 결심한다. 쉰들러는 이자크와 함께 유대인 1,100여 명의 리스트를 작성해서, 독일군 장교에게 뇌물을 바치고서 그들을 인도받는다. 유대인들은 기차를 타고 쉰들러의 고향으로 향한다. 그로부터 약 7개월간 쉰들러의 공장에서는 아무것도 만들어 내지 못했으나 쉰들러는 전 재산을 털어 유대인들을 먹여 살렸다. 1945년 전쟁이 끝났을 때 쉰들러는 1,100명을 구해 내고도 더 구하지 못한 죄책감에 이런 말을 했다. "왜 나는 더 많은 유대인을 구해 내지 못했는가."

II. 의인(義人), 오스카 쉰들러

오스카 쉰들러는 1908년 4월 28일, 당시 오스트리아-헝가리 제국의 모라비아의 스비타비에서 농기계 공장을 운영하던 부모의 아들로 태어났다. 쉰들러 일가는 16세기에 빈에서 모라비아로 이주한 독일계였다. 자라면서 아버지의 공장에서 일하던 그는 1939년에 나치당에 자원 입당했다. 이후 1939년 9월, 나치 독일이 폴란드

오스카 쉰들러

를 점령하자 한 밑천 잡아 보겠다고 폴란드의 크라쿠프로 갔다. 그는 그곳에서 나치 독일로부터 군납용 법랑 용기를 만들고 있던 유대인 소유의 공장을 불하받았다.

이때 쉰들러는 친하게 지내던 나치당 친위대 장교인 슈츠슈타펠로부터 유대인 노동자를 공급받았다. 강제 수용소에 수감된 유대인들을 차출해 거의 공짜로 부려 먹으려고 공장으로 데려온 것이다. 그런데 기특하게도 쉰들러는 이 특권을 교묘하게 이용하여 어린이나 여성, 대학생들을 숙련된 금속공이라 속이고 자신의 공장에 데려와 은밀히 보호하기 시작했다. 이때 그는 암시장에서 모자라는 물자를 조달하거나 유대인 소녀와 키스했다는 등 불미스러운 이유로 악명 높은 게슈타포의 조사를 받았다. 그는 돈과 보석, 미술작품 등을 바리바리 싸서 뇌물로 바치는 등 간신히 사건을 무마하기도 했다.

1944년부터 많은 유대인이 아우슈비츠로 이송되기 시작했다. 여기서 쉰들러는 약 1,100여 명에 달하는 유대인의 목록(쉰들러 리스트)을 작성하고, 체코 모라비아의 브린리츠에 군수 물자 공장을 세운 다음 이들을 이곳으로 빼돌리는 계획을 세웠다. 이들을 이송하는 과정에서 여성 유대인들 300여 명이 행정 착오로 아우슈비츠로 이송되어 가스실 처형 직전에 놓이자 이들을 아슬아슬하게 구출해서 브린리츠로 데려오기도 했다. 전쟁이 막바지에 이르자 7개월 동안 공장은 거의 가동되지 못했고 생산량 수치를 위조하는 방식으로 독일 당국을 눈속임했다.

하지만 수입이 없어지자 데려온 근로자들의 생계유지와 독일 관리 매수를 위해 자기 재산을 탈탈 털어 수백만 마르크를 지출했다. 쉰들러는 나치 장교들에게 뇌물을 주면서 버텼던 것이다. 쉰들러는 파산 직전까지 갔다. 전쟁이 끝났다. 쉰들러로 인해 목숨을 구한 근로자들은 금이빨을 녹여서 반지를 만들어 선물했다. 반지에는 탈무드에 나오는 글귀가 적혀 있었다. '한 사람을 구함은 온 세상을 구함과 같다'.

종전 후 부인과 아르헨티나로 이민을 가서 양계를 하는 등 농장을 운영하기도 했으나 여의치 않아 혼자서 독일로 귀국했다. 이후 시멘트 공장 등 몇 가지 사업을 시작했지만 모두 실패했다. 다행히 쉰들러에 의해 목숨을 건진 유대인들이 도움을 줘서 근근이 먹고살 수준은 되었다. 1962년에는 이스라엘 홀로코스트 기념박물관인 야드 바셈에서 오스카 쉰들러에게 열방의 의인*이라는 칭호를 부여했다.

---

* 열방이란 모든 민족들을 가리킨다. 열방의 의인은 이스라엘에서 사용되는 명예 칭호다. 홀로코스트 때 비유대인으로서 나치로부터 유대인을 구해 낸 사람들에게 이 칭호가 수여된다.

이후 1974년 10월 9일 암으로 세상을 떠났고, 시신은 예루살렘의 묘지에 안장되었다. 묘지는 유대인들의 성지인 시온산에 있는데, 그는 시온산에 묻힌 유일한 나치 당원이다. 지금도 이 묘지를 향한 쉰들러를 추모하는 유대인들의 발길이 끊어지지 않고 있다.

★ 46장 ★

포레스트 검프

미국의 국민 배우, 톰 행크스

I. 포레스트 검프(1994년), Forrest Gump

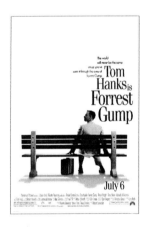

이 영화는 IQ 75의 모자라는 지능을 가졌지만 열정과 따뜻한 가슴을 지니고 있는 포레스트 검프가 미국의 격동적인 역사적 사건들을 만나 이를 헤쳐 나가는 감동적인 이야기를 그리고 있다. 거장 스티븐 스필버그 감독의 수제자면서 〈백 투더 퓨처〉, 〈누가 로저 래빗을 모함했나〉를 만든 로버트 저메키스가 메가폰을 잡았다. 윈스터 프랜시스 그룹 주니어의 원작을 바탕으로 해서 만든 이 영화는 1995년도 제67회 아카데미 시상식에서 주요 6개 상(작품상·감독상·남우주연상·각색상·편집상·시각효과상)을 휩쓸었다. 주인공 검프로 나온 톰 행크스는 전년도(필라델피아로 남우주연상 수상)에 이어 아카데미 남우주연상 2년 연속 수상이라는 영광을 누렸다. 이 영화는 흥행에서도 전 세계 6억 6천만 달러라는 놀라운 수익을 기록했다.

버스 정류장에서 검프

저메키스 감독은 흥행 대박과 관련해서 "포레스트 검프가 보여 주는 미덕은 순진함만이 아니다. 그는 정직하고 너그럽고 착하고 의리가 있다. 미국인이 보여 줄 수 있는 모든 장점을 다 갖추고 있다. 그래서 지금은 잃어버린 고지식함과 단순하고 위대한 순정에 대한 사람들의 그리움이 영화 흥행으로 연계된 건 아닌가 싶다."라고 소감을 말했다. 톰 행크스는 이 영화가 엄청난 수익을 거둔 사실보다 검프의 인간적인 모습을 기억해 주길 바란다고 말했다.

이 영화는 일반인보다 지능이 한참 떨어지는 경계선 지능(IQ가 70~80점 사이)에 있는 검프가 우직스러움과 성실함으로 성공한다는 스토리를 담고 있어 아메리칸드림을 그렸다는 시각도 있었다. 그래서 아메리카드림을 허상이라고 생각하는 이들에게 비아냥을 받기도 했다. 그러나 영화에 특별한 의미를 부여하기보다는 그냥 한 편의 휴먼 드라마로 보는 것이 일반적인 시각인 것 같다. 검프의 어머니가 검프에게 하는 말인 "인생은 초콜릿 상자와 같단다."는 지금도 명대사로 사람들 입에 오르내린다. 상자에서 달콤한 밀크 초콜릿을 집을 수도 있고, 쓰디쓴 다크 초콜릿을 집을 수도 있고, 알코올이 섞인 위스키 봉봉을 집을 수도 있듯이, 우리들 앞의 인생은 알 수 없다는 것이다. 내가 어떤 초콜릿을 선택하느냐를 떠나서 선택한 초콜릿을 그냥 음미하며 즐기는 것이 더 중요하다는 의미일 것이다.

〈포레스트 검프〉는 베트남 전쟁과 반전 운동, 흑인 민권 운동, 닉슨의 워터게이트 사건, 미중 핑퐁 외교 등 굵직굵직한 미국의 현대적 사건을 검프의 개인사에 교묘하게 녹여 넣으면서 많은 사람들의 흥미를 불러 모았다. 또한 이 역사적 사건들에 등장하는 케네디, 존슨, 닉슨 등 미국 대통령들과 엘비스 프레슬리, 존 레논 등을 화면상에 살아 있는 것처럼 재현해 내어 전 세계 관객들을 깜짝 놀라게 했다.

이들을 화면상에 살리는 작업은 CG 기술이 없던 당시로서는 그야말로 장인 정신을 가지고 필름을 한 장 한 장 일일이 수정해야 하는 백퍼센트 노가다 일이었다. 초기 수준의 CG 수작업이었다. 사진 편집 기술을 이용해 로토스코핑*으로 필름 한 프레임, 한 프레임을 전부 일일이 수작업으로 고쳤다.

◗ 간략한 줄거리

불편한 다리와 남들보다 뒤떨어지는 지능을 가진 포레스트 검프는 헌신적인 어머니와 사랑하는 제니의 도움으로 편견과 시달림 속에서도 따뜻한 마음을 잃지 않고 성장한다. 또래들이 괴롭히자 이를 피해 도망치던 포레스트는 누구보다 빠르게 달릴 수 있는 자신의 재능을 깨닫는다. 그의 재능을 알아본 대학에서 그를 미식축구 선수로 발탁하고, 졸업 후에도 뛰어난 신체 능력으로 군에 들어가 월남전에 참전해서 무공 훈장을 수여받고 새우잡이로 성공을

---

* 로토스코핑은 실사 이미지를 종이나 셀(만화 제작용 투명 용지) 위에 투사하여 한 프레임씩 윤곽선을 그린 뒤 이 윤곽선을 바탕으로 애니메이션을 만든 다음 원본 이미지와 합성하는 기법을 말한다.

거두는 등 잘 나가는 인생을 살게 된다. 하지만 어머니가 병에 걸려 저세상으로 떠나고, 첫사랑 제니 역시 그의 곁을 떠나간다. 얼마 후 두 사람은 재회를 하게 된다. 그동안 제니는 검프의 아들을 키우고 있었다. 행복도 잠시 제니는 병으로 세상을 떠나고 검프는 아들과 함께 살아간다.

II. 미국의 국민 배우, 톰 행크스

톰 행크스

톰 행크스는 수더분한 인상과 올바른 인성, 뛰어난 연기력으로 할리우드에서 가장 존경받는 배우 중의 한 사람이다. 그를 가리켜 '가장 미국적인 배우', '미국의 얼굴'이라는 표현을 많이 쓰기도 한다. 이전에 미국의 1대 국민 배우였던 제임스 스튜어트에 이어 2대 미국의 국민 배우라고 일컬어진다. 최근 어느 잡지의 조사에서 미국에서 가장 신뢰할 수 있는 배우 1위로 뽑히기도 했다.

행크스는 1956년 7월 9일 출생으로 캘리포니아의 콩코드의 이스트 베이 시티에서 태어났다. 어머니를 6살 때 여의었고, 요리사인 아버지를 따라 전국 각지를 돌아다니며 다양한 사람들을 접하게 된다. 이때의 경험이 훗날 그의 연기력에 보탬이 되었을 것이다. 고등학교 시

절에 유진 오닐의 연
극 〈아이스맨 코메
스〉를 보고 배우가 되
겠다는 마음을 먹고
캘리포니아 대학에서
연기를 전공하게 된
다. 대학 졸업 후 TV

영화 〈시애틀의 잠 못 이루는 밤〉에서 맥 라이언과 행크스

와 영화에 드문드문 출연하다가 론 하워드가 감독한 84년 작품 〈스플
래쉬〉의 주연으로 출연하면서 알려지게 된다. 이후 주로 로맨스 코미
디물에 출연했다. 1991년 〈그들만의 리그〉와 1993년 〈시애틀의 잠 못
이루는 밤〉이 흥행에 대성공하면서 최고의 코미디 로맨스 배우로 자
리를 잡지만 이 장르에서 벗어나기로 결심한다. 이제 더 이상 로맨스
나 코미디물만 할 수 없다면서 이후 들어오는 섭외는 모두 거절한다.

그래서 고르고 골라서 출연한 영화가 1994년도의 〈필라델피아〉였
다. 이 영화에서 에이즈에 걸린 게이 변호사 연기로 아카데미상 남우
주연상을 수상하게 되면서, 비로소 코미디물에서 벗어난 그의 정통파
연기가 인정을 받기 시작했다. 이듬해 로버트 저메키스 감독의 〈포레
스트 검프〉에 출연, 다시 아카데미 남우주연상을 받았다. 2년 연속 남
우주연상을 받은 것은 아카데미 역사에서 딱 두 명뿐이다. 다른 한 사
람은 대배우 스펜서 트레이시다. 평론에서도 극찬을 받았지만 흥행에
서도 총 6억 6천만 달러 수익이라는 대기록을 세웠다.

그 뒤로도 〈아폴로 13〉, 〈캐스트 어웨이〉, 〈그린 마일〉, 〈로드 투 퍼

디션〉, 〈캐치 미 이프 유 캔〉, 〈터미널〉, 〈라이언 일병 구하기〉, 〈다빈치코드〉, 〈찰리 윌슨의 전쟁〉, 〈설리: 허드슨 강의 기적〉, 〈더 포스트〉 등다수의 명작들에 출연했다. 근래에는 〈로맨틱 크라운〉이라는 영화에서 감독, 주연을 맡아 눈길을 끌었다. 제작 활동도 활발해서 스필버그와 함께 제2차 세계대전 시리즈인 〈밴드 오브 브라더스〉, 〈더 퍼시픽〉을 만들었고 〈마스터스 오브 디 에어〉를 곧 출시할 예정으로 있다. 이밖에 〈맘마미아〉 시리즈 등도 제작했다.

행크스는 팬을 대하는 태도가 겸손하고 친근한 배우 중 한 명으로정평이 나 있다. 그가 지금의 최고의 배우로 자리를 잡을 수 있게 해 준가장 큰 장점이 바로 이 친근감이다. 이 친근감을 바탕으로 해서 지금까지 인간미 넘치는 역할을 많이 맡았고 이것이 그의 퍼스널 브랜드가되다시피 되었다. 이 밖에 그는 무려 32개의 자선 구호 단체에게기부를 하고 있는 훈남이기도 하다.

첫 번째 부인 서맨사 루이스와 10년간 결혼 생활 후에 1988년부터현재의 부인 리타 윌슨과 지금까지 살고 있다. 자녀는 3남 1녀를 두었다. 장남 콜린 행크스는 미드 〈밴드 오브 브라더스〉와 코엔 형제가 만든 미드 〈파고〉에 출연했다. 최근에 〈오토라는 남자〉에서 오토 역으로나오는 행크스의 젊은 날을 차남 트루먼 행크스가 역을 맡아 화제가되기도 했다.

행크스는 현명한 의사 결정과 뛰어난 능력으로 오랜 시간에 걸쳐퍼스널 브랜드를 발전시킨 할리우드의 모범적인 사례이다. 한마디로그는 '비범한 보통 사람'이다.

47장

파고

할리우드에서 가장 창의적인 코엔 형제

I. 파고(1997년), Fargo

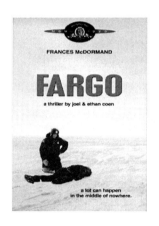

〈파고〉는 코엔 형제(조엘, 에단)가 각본·제작·연출한 범죄 영화다. 1997년도 제69회 아카데미에서 코엔 형제가 각본상, 형 조엘 코엔의 아내이기도 한 프랜시스 맥도먼드가 여우주연상을 수상했다. 또 제49회 칸 영화제에서는 감독상을 수상했다. 이 영화는 코엔 형제가 쓴 픽션으로, 실화는 아니다. 영화의 오프닝에서 실화라는 자막이 올라오지만 뒤에 언급할 살인의 장면만 실제 일어난 사건에서 영향을 받았다. 영화 말미에 픽션이라고 크레딧으로 살짝 정정하기도 한다. 영화는 전편에 걸쳐 코엔 형제 특유의 냉소적인 유머와 풍자가 깔려 있다. 이들 형제의 트레이드마크이기도 한 매우 심각한 이야기를 헛웃음으로 변환시키는 특유의 재치와 짓궂음이 영화 곳곳에 녹아 있다.

미국 북단의 노스다코다 주의 꽁꽁 얼어붙은 겨울의 끝없는 세계가 펼쳐진다. 눈이 시리도록 하얗고 차디찬 설정 위로 피가 뿌려지는 잔인한 세상을 카메라는 담담하게 훑어가고 있다. 범죄물이지만, 등장인물들이 하나같이 어리숙하고 나사가 빠져 있다. 그래서 이들의 막연한 범죄 계획은 점점 의도치 않게 파국으로 치닫게 된다. 살인 행각이 도를 넘어 지나쳐 버린 것이다. 영화 제목인 '파고Fargo'는 그곳 지역 이름이지만 'far go'와 같이 너무 멀리 갔다는 의미로도 해석된다. 호엔 형제의 영화에서 자주 볼 수 있지만, 도덕적 기준도 뚜렷한 목적의식도 없이 하루하루를 사는 보통 사람들의 어긋난 욕망과 일탈이 가져오는 허무와 비극을 그리고 있다.

파고는 미국 노스다코타 주에 있는 도시 이름이다. 한심하기 짝이 없는 제리(윌리엄 머시 분)라는 인물이 빚 때문에 아내 납

사건 현장에서 마지 경찰서장

치를 사주하는 것을 시작으로 무고한 피해자들이 연속해서 발생한다. 어리버리하면서 타고난 밉상인 제리에게 납치 청부를 맡은 칼(스티브 부세미 분)과 게어(피터 스토메어 분)는 제리의 아내 진(크리스틴 루드루드 분)을 납치하면서 경찰 한 명과 목격자 두 명을 살해하여 일이 점점 꼬여

만 간다. 칼과 게어는 단순한 성격들이어서 더 잔인한 인물들로 보인다. 여기에 뛰어난 수사관이자 여주인공인 만삭의 마지(프란시스 맥도먼드 분)가 살인 사건을 담당한다.

이 사건을 수사하는 마지의 일상과 잔인하기 짝이 없는 범인들과의 대비적인 시선이 이 영화의 특징 중의 하나다. 명석한 수사관인 마지가 남편과 사는 집은 평온하기 그지없다. 아침을 차려 주는 남편, 시동이 걸리지 않자 남편을 찾는 아내의 모습 등이 그것이다. 마지는 만삭의 무거운 몸을 이끌고 추운 날씨 속에 이들을 쫓고 있다. 결국 범인을 잡으러 농가로 뛰어든다. 하지만 그곳에서 펼쳐진 광경은 사람을 토막 내서 분쇄기에 갈고 있는 엽기적인 광경이다. 마지는 경악을 금치 못하지만 결국 범인을 체포하고 호송해 오는 차 안에서 마지는 이렇게 독백을 한다. "세상 사는 데 돈보다 더 중요한 게 있는데…. 도대체 이해를 할 수가 없네." 이와 같이 돈 때문에 벌어지는 어처구니없는 살인 행각들 한편으로는 수사관 마지 부부처럼 소박한 일상에서 행복을 느끼며 살라고 영화는 말하고 있다.

영화 엔딩 부분에 마지와 그녀의 남편이 침대에서 TV를 보며 나누는 대화는 더욱 걸작이다.

남편: "두 달 남았군…."

아내: "네…. 두 달…."

이 엽기적인 세상에 자신의 아이가 나올 시간은 고작 두 달밖에 남지 않았다는 말로 끝을 맺는 이 영화는 참으로 쓸쓸한 아이러니를 보여 주고 있다.

빚에 쪼들린 자동차 세일즈맨 제리는 자신의 아내를 유괴하여 돈 많은 장인으로부터 몸값을 뽑아낼 궁리를 한다. 제리는 양아치들인 칼과 게어에게 자신의 아내의 납치를 의뢰한다. 납치범들은 제리의 아내 진을 납치하지만, 일이 엉뚱한 곳에서 뒤엉키기 시작한다. 이들은 뜻하지 않게 고속도로에서 검문을 받게 되자 경찰관을 죽인다. 설상가상으로 옆을 지나가던 차량 속의 목격자 둘도 악착같이 쫓아가서 살해한다. 유능한 시골 경찰 서장 마지가 이 살인 사건을 담당하게 된다.

마지는 실마리를 찾아 제리의 사무실에까지 찾아온다. 당황한 제리는 장인에게 몸값을 재촉하지만 평소 사위를 못 미더워 하는 장인은 직접 돈을 들고 딸과 교환키로 한 장소에 나간다. 장인이 나타나자 당황한 칼은 장인을 쏴 죽이고 돈을 챙겨 달아난다. 한편 마지는 마침내 범인들의 은신처를 찾아낸다. 그곳에서 게어가 칼을 살해하여 분쇄기에 갈고 있는 끔찍한 장면을 목격하고 그를 체포하는 데 성공하고 제리는 숨어 있던 모텔에서 검거된다.

Ⅱ. 할리우드에서 가장 창의적인 코엔 형제

코엔 형제는 '할리우드에서 가장 창의적인 형제'라는 수식어가 따라다닌다. 이 형제는 네오 느와르를 선도하는 독립 영화의 기수로 평가받고 있기도 하다. 형제는 공동으로 각본을 쓰며, 주로 형 조엘이 감독을 맡고 동생 에단이 제작을 담당하고 있다. 시나리오를 함께 쓸 뿐 아니라 그 밖의 대부분의 작업을 공동으로 하기 때문에 두 사람을 별도로 떼어 놓고 생각할 수가 없다. 이들은 어떤 장르에서 작업하든 그 장르의 고전적인 골격을 유지하면서 이야기를 비틀어 풀어 가는 탁월한 재능을 갖고 있다.

형 코엘(오른편)과 동생 에단

코엔 형제는 '사이먼스 락 칼리지' 출신이다. 매사추세츠 주에 있는 이 학교는 16세 정도의 머리가 뛰어난 학생들을 대상으로 해서 미리 대학 과정을 가르친다.

그리고 곧바로 대학 3학년에 편입시키는 일종의 영재 학교다. 조엘은 뉴욕대학 영화과를 졸업한 후 영화 편집 일을 했다. 졸업 후 〈이블 데드〉 같은 B급 호러 영화들을 편집하는 일에 종사했다. 그에 의하면 이때 배운 것이 대학에서 배운 것보다 훨씬 많았다고 했다. 이후 프린스턴대학 철학과를 졸업한 동생 에단이 형의 작업에 동참했다. 이때부터 이 둘은 미스터리 살인물의 시나리오를 공동 집필하기 시작하였다.

코엔 형제의 이름은 1984년 뉴욕 근교의 일부 극장에서만 개봉된 〈분노의 저격자〉가 평론가들의 높은 평가를 받으면서 서서히 알려지기 시작했다. 이후 코엔 형제는 냉소적인 블랙 유머를 구사하는 그들만의 독특한 여러 영화를 만들다가 1991년 칸 영화제에서 극찬을 받은 〈바톤 핑크〉를 발표한다. 충격과 공포, 연민과 공감이 뒤섞이면서 한편으로는 터져 나오는 웃음 속에 누군가가 꾼 악몽처럼 관객을 불안하게 만든다는 찬사와 함께 황금종려상, 남우주연상, 감독상을 거머쥐었다.

이후 1996년에는 코엔 형제의 최고의 걸작이라고 불리는 〈파고〉를 발표하면서 또 한 번 전 세계 코엔 마니아들의 환호를 불러일으켰다. 칸에서 감독상을 받은 이 영화는 코엔 형제의 작품세계가 여전히 현실을 블랙 유머로 삐딱하게 보고 있음을 나타냈다. 장인의 돈을 뜯어내기 위해 아내를 유괴하려는 자동차 세일즈맨과 이 유괴극을 실행하는 양아치들, 그리고 이들을 쫓는 여자 수사관 마지의 일상을 나란히 보여 주고 있다. 이 영화는 어처구니없는 범죄 행각의 우스꽝스러움 뒤에 숨어 있는 미국의 중산층의 현실을 예리하게 파헤쳤다는 평을 들었다.

2007년에는 안톤 쉬거라는 사이코의 섬뜩한 살인 행적을 그린 〈노인을 위한 나라는 없다〉를 발표했다. 미국 현대 문학 작가 코맥 매카시의 작품을 영화화했는데 느리면서도 잔혹하고 서스펜스로 가득한 코엔 영화의 정수라는 평을 받았다. 이 영화는 이듬해 제80회 아카데미 시상식에서 4개 부문(작품상·감독상·남우조연상·각색상)을 수상하면서 기염을 토했고 흥행에서도 대박을 터뜨렸다. 코엔의 그 어떤 영화보다 디테일과 주제가 내세우는 메시지의 풍성함을 보여 주었다며 국내외를 막론하고 평론가들의 극찬을 받았다.

2010년에는 존 웨인 주연의 1969년 영화 〈진정한 용기〉를 리메이크한 〈더 브레이브〉를 만들었다. 이 영화는 코엔 형제 영화로서는 처음으로 미국 내에서 1억 불 이상의 흥행 수익을 올린 히트작이 되었다. 그 이전까지 형제가 만들었던 어느 영화도 따라올 수 없는 수익이었다. 코엔 형제의 어느 영화보다 그들답지 않다는 작품이라는 평을 듣기도 했다. 그러나 수정주의 서부극처럼 웨스턴의 신화적 장식을 모조리 걷어 내면서도 고전 서부극의 틀을 고스란히 살려 낸 수작이었다는 호평을 받았다.

2014년부터 미드 〈파고〉 시리즈 5편까지 연속으로 발표하면서 코엔 팬들을 즐겁게 해주었다. 전작 영화 〈파고〉와는 다른 내용들이다. 이 시리즈에서도 코엔 형제의 특유의 블랙유머가 곁들인 냉소적인 시각이 빠질 수가 없다. 이는 그들 형제의 가장 큰 특징이자 매력이기도 하다. 이 시리즈에서도 뜻밖의 인물이 야기하는 뜻하지 않은 결과를 낳으며 한편으로는 우연이 쌓여서 필연이 되고 운명이 된다는 이야기를 다루고 있다. 그들이 만드는 영화에는 선의가 항상 이기지도 않지만 그렇다고 폭력에 허무하게 무너지지도 않는다는 인생의 아이러니도 빼놓을 수가 없다.

라이언 일병 구하기

할리우드의 지존, 스티븐 스필버그 감독

I. 라이언 일병 구하기(1998년), Saving Private Ryan

영화 〈라이언 일병 구하기〉는 1994년 시나리오 작가 로버트 로다트가 2차 대전 당시 미 제101 공수사단에서 근무했던 닐랜드 프릿츠 병장 형제들의 이야기*에서 영감을 받아 각본을 쓰기 시작했다. 이후 완성된 시나리오는 배우 톰 행크스를 거쳐 스필버그 손에까지 건네졌고, 마침내 그에 의해 이 명작이 탄생되었다.

---

* 영화 속 라이언과 비슷하게 실제 닐랜드 형제들 넷 중에 셋이 1944년 비슷한 시기에 행방불명되거나 전사하는 일이 벌어졌다. 첫째인 폭격기 조종사 에드워드는 미얀마에서 추락하면서 행방불명이 되었고 둘째와 셋째인 프렌스턴과 로버트는 노르망디 상륙 작전 때 각각 전사했다. 막내 프리츠는 당시 카랑탕에서 전투 중이었는데 그의 연대 군종 신부가 당국에 이들 형제의 사연을 보고하면서 급히 귀국 조치가 이루어졌다. 첫째 에드워드는 종전 후 일본군 포로 수용소에 있다가 간신히 살아 돌아왔다. 프릿츠는 나중에 치과 의사가 되었다.

전쟁 영화는 〈라이언 일병 구하기〉 이전과 이후로 나뉜다고 할 정도로 이 영화는 영화사에 강렬한 충격을 주었다. 이 영화는 당시 할리우드에서 월남전을 다룬 영화에 밀려 있던 2차 대전 영화가 부활하는 계기가 되기도 했다. 〈라이언 일병 구하기〉는 이전의 스필버그의 표현법과는 뭔가 확연히 달랐다. 이전의 그가 그린 폭력 장면은 대체로 만화 같았다. 하지만 이 영화 초반의 대략 30분에 못 미치는 오마하 해변 전투 신은 영화사상 가장 끔찍한 전투 장면으로 손꼽힌다. 이후에 등장한 수많은 영화들이 전범으로 삼았을 정도로 기념비적 장면이었다.

상륙정의 문이 열리자마자 날아드는 기관총탄에 부서져 버리는 병사들의 얼굴, 흘러나오는 내장, 떨어져 나간 자기 팔을 잡고 어쩔 줄 몰라 하는 병사, 산산조각으로 찢겨 나가는 부상병, 쉿 소리와 함께 날아간 총알은 철모를 뚫고, 날아드는 포탄에 병사들의 온몸은 갈기갈기 찢겨 나가며 바다는 핏빛으로 물들어 간다. 이전까지 전쟁 영화의 낭만적이고 허구적인 묘사를 완전히 뒤엎은 것이다.

이와 같은 리얼한 전투 장면은 촬영 감독 야누시 카민스키의 뛰어난 촬영 기술에 힘입었다. 그는 카메라를 어깨에 메고 뛰어다니면서 찍었다. 카민스키는 나중에 전설적인 종군 사진작가 로버트 카파*의 사진들을 염두에 두며 촬영했다고도 한다. 카민스키는 이후에도 여러

---

* 헝가리 태생의 카파는 1936년 스페인 내전을 시작으로 중일 전쟁, 제2차 세계대전, 아랍-이스라엘 전쟁, 인도-차이나 전쟁 등 다섯 전쟁에 종군 사진기자로 참전하여 전쟁 보도 사진가로서 세계적인 명성을 떨쳤다. 오마하 해변 상륙 당시 100여 장의 사진을 찍었지만 현상실 작업자의 실수로 11장의 사진만 겨우 건질 수 있었다. 이 사진들은 전설이 되었다. 1954년 2월 베트남에서 프랑스군을 취재하다 지뢰 폭발 사고로 사망했다.

영화에서 스필버그와 함께
일했다.

촬영은 대부분은 영국에
서 이루어졌지만, 영화 초반
오마하 해변 상륙 작전 장면
은 아일랜드에서 촬영했다.
아일랜드군 당국은 수백 명

라이언 일병

의 병사를 촬영을 위해 흔쾌히 빌려주었다. 이 병사들 대부분은 1995
년도의 멜 깁슨의 〈브레이브 하트〉에도 이미 출연한 이력이 있었다.
촬영 직전에 톰 행크스를 비롯한 출연자들은 실제로 해병대 신병 훈련
소에서 혹독한 훈련을 받았다.

스티븐 스필버그와 톰 행크스는 〈라이언 일병 구하기〉의 흥행에
힘입어 이후 제2차 세계대전을 배경으로 한 미드인 〈밴드 오브 브라더
스〉를 만들어 격찬을 받았고 에미상도 받았다. 이후 태평양 전쟁을 무
대로 한 미드 〈더 퍼시픽〉을 발표하여 또다시 에미상을 수상했다. 그
리고 이들은 세 번째 미드로, 제2차 세계대전 중 미8공군의 유럽에서
의 활동을 그린 〈마스터스 오브 디 에어〉를 2023년에 공개할 예정이
다. 이 밖에 두 사람은 〈라이언 일병 구하기〉 이후에도 〈캐치 미 이프
유 캔〉, 〈터미널〉, 〈스파이 브릿지〉, 〈더 포스트〉 등 4편의 영화를 만들
면서 끈끈한 유대감을 과시해 오고 있다.

이 영화는 제작비 7천만 달러를 들여 모두 4억 8천만 달러가 넘는
제작비 대비 7배 가까운 수익을 올리면서 흥행에서도 크게 성공했다.

2017년 영화 〈덩케르크〉가 개봉되기 전까지 전 세계에서 가장 흥행에 성공한 제2차 세계대전 영화로 기록되었다. 1999년 제71회 아카데미에서 5개 부문(감독상·촬영상·편집상·음향편집상·음향효과상)을 수상했다.

스필버그는 이 영화를 찍고 난 후 제2차 세계대전에 참전했던 모든 병사들에게 이 영화를 바친다고 소감을 말했다. 스필버그가 〈라이언 일병 구하기〉를 통해 바라보는 제2차 세계대전에 대한 시각은 바로, 즉 '휴머니티 구하기'라고 할 수 있다. 2차 세계 대전은 결국 히틀러의 나치 독일의 광기와 학살로부터 인간과 세상을 구하기 위한 전쟁이었다. 그에게 있어 이는 곧 라이언 일병을 구해 어머니의 품에 되돌려 보내는 것을 의미한다.

⁞ 간략한 줄거리

2차 대전의 가장 큰 격전지 중 하나였던 노르망디에서의 상륙 작전이 성공한 직후 조지 마셜 육군 총참모 총장은 전쟁에 참전한 한 병사의 4형제 중 3명이 죽고 막내 라이언만 아직 살아 있다는 보고를 받았다. 마지막 남은 아들 한 명만이라도 어머니의 품에 돌려보내야 한다는 그의 결정이 내려지자, 그를 구하러 가기 위한 소수의 라이언 구출부대가 꾸려진다. 존 밀러 대위(톰 행크스 분)가 부대장이 된다. 부대원들 중 일부는 병사 한 명을 구하기 위해 자신들 여럿이 목숨을 거는 일을 못마땅하게 생각한다. 그들이 가는 길목마다 시시각각 전투가 벌어지며 사상자까지 발생한다. 우여곡절 끝에 찾아낸 라이언이지만 그는 동료들을 두고 돌아갈 수 없다며 오히려 전선에 남겠다고 한다. 또 한 번의 큰 전투가 그들을 기다리고 있다. 전투는 격렬했고 결국 구출 대원 한 명과 라이언만 살아남는다.

II. 할리우드의 지존, 스티븐 스필버그 감독

스티븐 스필버그

할리우드의 지존이라고까지 불리는 스티븐 스필버그는 모든 영화 장르를 망라하는 천부적인 감각으로 관객을 사로잡아온 최고의 흥행 감독이며 작가주의 감독이기도 하다. 자신만의 독특한 시각으로 정치적이면서 사회적으로 민감한 소재를 따뜻하고 인간적으로 작품화하는 데 뛰어난 역량을 가진 그는 할리우드의 모든 배우들이 함께 작업하기를 원하는 사랑받는 감독이기도 하다.

오하이오 주 신시내티에서 출생한 스필버그는 유대인 집안에서 피아노 연주자 어머니와 전기 기사 아버지 밑에서 자랐다. 어릴 적부터 영화를 너무나 좋아해 비디오카메라를 들고 다녔던 그는 스스로 영화를 만들기 시작했다. 13살 나이에 만든 8mm 단편 영화를 친구들에게 돈을 받고 보여 줄 만큼 어려서부터 예술과 비즈니스를 챙기는 천부적인 소질이 있었다. 상상력이 누구보다 뛰어났던 그는 알프레드 히치콕 감독의 영화를 좋아했다. 1970년 롱비치 캘리포니아 주립 대학 영문과를 졸업한 다음 TV 영화감독으로 활동하다가 영화 〈격돌〉로 주목을 받기 시작했다.

그의 이름을 세계적으로 알린 영화는 1972년도에 만든 〈죠스〉였

영화 <인디아나 존스>

다. 26세의 젊은 나이에 최초의 블록버스터이자 서스펜스 걸작을 만들어 엄청난 히트를 기록한 것이다. <죠스>의 놀라운 성공 이후, 스필버그는 할리우드 영화 산업을 뒤흔들 정도의 거물 흥행사로 자리를 잡았다. 이어서 그는 <인디아나 존스> 시리즈를 비롯해서 여러 흥행작을 줄줄이 내놓으면서 스필버그는 베이비붐 세대의 이상과 현실을 영상으로 옮긴 감독이라는 평가를 받기에 이른다. 1993년에는 <쥬라기 공원>으로 본인의 영화였던 <E.T.>의 세계 흥행 기록을 경신하기도 했다. 그는 역대 흥행 1위 기록을 세 번이나 갈아치운 어마어마한 기록의 보유자다.

홍행 감독으로 대성공한 스필버그는 한편으로는 자신이 존경하는 존 포드, 알프레드 히치콕, 프랭크 카프라, 데이비드 린 등의 거장들과 같은 위치에 오르기를 마음속으로 열망하고 있었다. 동시에 이미 거장의 반열에 오른 같은 나이 또래의 프랜시스 코폴라와 마틴 스콜세지와 같이 존경도 받고 싶어 했지만 비평가들은 물론 대중도 그를 예술가로 인정하지 않았다. 모두들 그를 한낱 홍행몰이 감독 정도로만 치부했던 것이다.

그러나 1994년, <쉰들러 리스트>로 마침내 아카데미 작품상과 감독상을 수상하면서 홍행과 작품성 모두에서 쾌거를 이루었다. 이를 계기로 스필버그의 작품에 대한 비평계와 대중의 시선은 변하기 시작했다. 그리고 1999년 〈라이언 일병 구하기〉로 아카데미 감독상을 수상하며 자신에 대한 평단과 대중들의 흥행 위주의 감독이라는 시선을 완전히 불식시켰다.

2000년대에 들어와서도 왕성한 활동을 보이며 〈마이너리티 리포트〉, 〈캐치 미 이프 유 캔〉, 〈터미널〉, 〈우주전쟁〉, 〈뮌헨〉, 〈링컨〉, 〈스파이 브릿지〉, 〈더 포스트〉, 〈웨스트 사이드 스토리〉와 최근의 본인의 자전적 영화 〈파벨만스〉에 이르기까지 다양한 걸작들을 내놓고 있다. 다른 감독 같으면 평생 한 번 만들기도 힘든 작품들을 장르와 내용을 넘나들면서 왕성하게 쏟아내고 있는 것이다.

대체적으로 스필버그의 영화 저변에 흐르는 것은 가족과 어린이들에 대한 무한한 애정이다. 이 애정을 대표적으로 담은 영화가 1982년에 발표한 〈E.T.〉였다. 외계인과 친구가 되는 소년의 이야기를 그린 이 가족 영화는 남녀노소 상관없이 전 세계 관객들의 순수한 동심을 자극했던 것이다. 스필버그 자체의 얼굴 자체가 천진난만하다. 때때로 순진무구하기까지 한 경탄과 믿음의 메시지가 대부분의 그의 영화에 녹아 있다. 그래서 그런지 스필버그의 영화는 전반적으로 낙관적이다.

스필버그는 가족이든 연인이든 친구든 그 사이가 한 번 틀어지더라도 결국에는 다시 복원될 수 있음을 대부분의 그의 영화에서 보여주고 있다. 영화처럼 실제에서도 스필버그는 한 번 같이 작업한 스태프들과도 거의 평생을 같이한다. 영화 음악의 대가 존 윌리엄스가 가장 오래된 친구이고 시나리오 작가 존 쿠쉬너, 촬영 감독 카민스키 등 스필버그는 항상 같은 사람들과 일한다. 이 사람들도 스필버그와 함께 일하는 것을 편하게 생각하고 가족같이 생각한다고 한다.

　스필버그는 할리우드의 지존이라고 할 만한 위치에 있는 지금도 여전히 겸손하고 대인 관계에 있어 수줍어하는 성격이다. 아직도 성실하고 공부 잘하고 예의 바른 모범생 같은 인상을 풍기고 있다. 거장급 감독이지만 촬영장에서 영화를 찍을 때마다 긴장이 된다고 한다. 믿기 어려운 얘기다. 그 긴장이 극단적으로 심해져서 패닉에 가까워질 때면 언제나 기발 난 아이디어가 떠오른다고 한다. 스필버그는 촬영장에서 리허설을 하지 않는 것으로도 유명하다.

49장

굿 월 헌팅

코미디물의 천재, 로빈 윌리엄스
불알친구인 할리우드의 두 스타, 맷 데이몬&밴 애플랙

I. 굿 월 헌팅(1998년), Good Will Hunting

영화 〈굿 월 헌팅〉은 "네 잘못이 아니야It's not your fault."라는 명대사로 전 세계의 상처받은 이들에게 위로를 건넨 영화로 잘 알려져 있다. 영화는 천재적인 두뇌를 가지고 있지만 자라면서 받은 상처로 마음을 닫아 버린 반항아 윌(맷 데이먼 분)이 심리학 교수 숀(로빈 윌리엄스 분)과의 만남을 통해 마음의 상처를 치유하고 변모되는 과정을 그렸다.

이 영화는 데이먼이 하버드 대학교 재학 중에 과제로 제출한 50페이지 분량의 단편 소설을 그 원작으로 하고 있다. 이 원작을 데이먼이 배우이자 절친인 벤 애플렉과 공동으로 각본을 써서 영화화했다. 두 사람은 "처음 각본을 쓸 때 도대체 우리가 뭘 하고 있는지 몰라서 시간을 엄청 많이 잡아먹었다. 대본 작업을 하는 데 몇 년이 걸렸다. 수천 페이지를 쓰고 또 쓰고 난 후에야 130페이지짜리 각본을 완성할 수 있었다."며 당시의 경험을 회상했다. 데이먼은 고등학생 시절 이웃에 살던 사회학자 하워드 진*의 소탈하고 진심 어린 교육 방식에 감명을 받아 원작을 썼다고 한다. 영화에 나오는 로빈 윌리엄스가 역을 맡고 있는 숀 맥과이어의 모델이 바로 하워드 진이다.

이 영화는 1998년 제70회 아카데미상 9개 부문 후보에 올라 맷 데이먼과 벤 애플릭이 각본상을, 로빈 윌리엄스가 남우조연상을 수상했다. 시나리오를 직접 쓰고 주연과 조연으로 각각 출연까지 했던 데이먼과 애플렉은 아카데미 각본상을 받고 영화계의 샛별로 뜨면서 이제는 명실상부한 할리우드의 스타로 군림하고 있다. 데이먼으로서는 이상이 현재까지 유일한 아카데미 수상 경력이다. 데이먼은 아카데미 남우주연상에도 노미네이트되었으나 〈이보다 더 좋을 순 없다〉의 잭 니콜슨에게 돌아갔다.

이 영화는 묵직한 연륜의 윌리엄스와 젊은 패기의 신인 배우 데이먼과의 멋진 호흡이 돋보이는 작품이다. 상처를 간직한 제자의 아픔을 이해하기 위해 노력하는 스승의 모습을 감동적으로 연기하고 있다. 뛰어난 천재지만 자라면서 위탁 가정의 부모로부터 받은 학대로 인해 마

---

* 하워드 진은 미국의 저명한 진보적 역사학자다. 그에 의하면 건국의 아버지들로부터 시작된 미국의 역사는 만인 평등 추구의 방향이 아니라 경제와 정치계를 잡고 있던 엘리트들이 그들의 재산 확보를 최우선시하는 방향으로 흘러왔다고 주장한다.

음을 닫고 사는 윌을 세상 밖으로 끄집어내기 위해 진심 어린 멘토가 되어 주는 숀과의 특별한 관계는 관객들에게 깊은 감동을 안겨 준다.

이 영화는 오랫동안 〈굿모닝 베트남〉, 〈죽은 시인의 사회〉, 〈미세스 다웃파이어〉 등 정극·희극을 불문하고 발군의 연기력을 보여 왔으나 유독 상복

윌 헌팅(왼편)과 숀 교수

이 없던 윌리엄스에게 아카데미 남우조연상을 안겨 주었다. 이전 영화 〈죽은 시인의 사회〉에서도 이상적인 멘토 역할로 호평을 받은 그에게 기어코 아카데미는 보답을 한 셈이다.

또한 이 영화에서 진한 우정을 나누는 윌 역의 데이먼과 처키 역의 애플렉은 30년을 넘게 우정을 이어온 동네 친구다. 이들은 이 영화가 제작에 들어갈 때 시나리오를 공동 작업 했다는 소식이 알려지면서 세간의 주목을 모았다. 아카데미 각본상 수상 당시 데이먼은 "남우주연상을 받는 것보다 벤과 함께 각본상을 받은 것이 더 행복하다."고 말해 절친 애플렉을 향한 우정 어린 마음을 드러내면서 극장을 가득 메운 관객들의 박수를 받았다.

제목 '굿 윌 헌팅'에서 윌 헌팅은 주인공 맷 데이먼의 영화에서의 이름을 말한다. 좋은 멘토를 만나 변화하는 모습을 굿Good으로 표현해서 '굿 윌 헌팅'인 것이다. "잘 되어 간다. 윌 헌팅!" 이런 뜻일 것이다. 실제로 미국에는 헌팅이라는 성을 가진 사람이 많다. 그들의 조상은

직업이 아마 사냥꾼이었을 것이다.

아카데미 각본상에 빛나는 명대사 중의 하나

반항적인 윌을 호수가로 불러낸 숀 교수가 윌에게 이렇게 말한다.

"네가 어린애란 거야. 그건 당연해. 넌 보스턴을 떠나 본 적이 없으니까."

"내가 미술에 대해 물으면 넌 온갖 정보를 다 갖다 댈걸? 미켈란젤로를 예로 들어 볼까? 그의 걸작품이나 정치적 야심, 교황과의 관계, 성적 본능까지…. 그렇지? 하지만 시스티나 성당의 냄새가 어떤지는 모를걸? 한 번도 그 성당의 아름다운 천정화를 본 적이 없을 테니까."

"사랑에 관해 물으면 시 한 수까지 읊겠지만 한 여인에게 완전한 포로가 되어 본 적은 없을걸? 눈빛에 완전히 매료되어 신께서 너만을 위해 보내 주신 천사로 착각하게 되지. 또한 한 여인의 천사가 되어 사랑을 지키는 것이 어떤 건지 너는 몰라. 그 사랑은 어떤 역경은 물론 암조차 이겨 내지. 진정한 상실감이 어떤 건지 너는 몰라. 타인을 네 자신보다 더 사랑할 때 느끼는 거니까. 누굴 그렇게 사랑한 적 없을걸?"

"넌 천재야. 그건 누구도 부정 못 해. 근데 그림 한 장 달랑 보곤 내

불멸의 명작 영화 50선

인생을 다 안다는 듯 내 아픈 삶을 잔인하게 난도질했어. 너 고아지? 네가 뭘 느끼고 어떤 앤지 올리버 트위스트만 읽어 보면 다 알 수 있을까? 그게 널 다 설명할 수 있어?"

▌ 간략한 줄거리

태어나자마자 부모에게 버림받은 윌은 누구의 사랑도 받지 못하면서 자란다. 비례해서 세상을 향한 윌의 원망과 증오심도 커져 갔다. 하지만 윌에게는 남들과 다른 뛰어난 재능이 있었다. 바로 천재적인 두뇌였다. 특히 수학에 뛰어났다. MIT 대학 청소부로 일하는 윌은 수학과 교수가 복도에 써 놓은 난제를 그 자리에서 풀어낼 만큼 명석하다. 그러나 성질은 더러워서 건달 같은 친구들 몇 외에는 아무도 접근을 꺼려한다. 이를 안타까워한 수학과 교수가 어렵사리 멘토로 데려온 사람이 자신의 친구이자 심리 상담가 숀이었다. 숀은 윌과 티격태격하면서 그의 마음의 빗장을 하나씩 열어 간다. 숀은 마음을 닫고 살고 있는 윌에게 그동안에 일어났던 모든 일이 "네 잘못이 아니야"라는 위로를 건네면서 그의 내면의 상처를 쓰다듬은 것이다. 뜨거운 눈물을 흘리며 지난 상처를 치유 받은 윌은 원망으로 가득했던 세상과 그리고 자기 자신과도 화해하게 된다.

II. 코미디물의 천재, 로빈 윌리엄스

로빈 윌리엄스는 1989년의 영화 〈죽은 시인의 사회〉에서 '카르페 디엠(현재를 즐겨라, Carpe Diem)'이라는 명대사와 함께 입시에 매몰되어 있는 명문 사립고 학생들에게 자유와 낭만을 가르치던 존 키팅 선생으로 열연하면서 깊은 인상을 심어 주었다. 그는 발군의 모사 능력과 엉뚱한 유머로 유명했던 코미디의 천재, 푸근한 미소와 더불어 다재다능한 연기파 배우였다.

윌리엄스는 1951년 미국 일리노이 주 시카고에서 포드 자동차 회사의 중역인 아버지와 전직 모델 출신인 어머니 사이에서 출생했다. 클레어몬트 매케나 칼리지에서 정치학을 공부하다가 그만두고, 1973년부터 줄리어드 연기 학교에서 연기를 공부했다. 영화배우로서는 1980년 동명의 만화 원작을 영화화한 〈뽀빠이〉의 주연으로 데뷔했다. 흥행은 별로 성공하지 못했으나 이 작품에서 윌리엄스는 주인공인 뽀빠이 역을 맡아 그야말로 원작인 만화에서 그대로 튀어나온 듯한 명연기를 보였다.

이후 〈굿모닝 베트남〉, 〈후크〉, 〈미세스 다웃파이어〉, 〈쥬만지〉, 〈천국보다 아름다운〉, 〈어거스트 러쉬〉 등 70여 편이 넘는 영화에 출연하며 연기파 배우로 활약했다. 그는 아카데미 남우주연상 후보에 3차례 올랐으나 아카데미와는 유독 인연이 없다가,

로빈 윌리엄스

1998년 〈굿 윌 헌팅〉으로 아카데미 남우조연상을 수상했다. 이외에도 미국 배우 조합상 2회, 그래미상 3회 등 화려한 수상 경력을 보유하고 있으며, 2005년에는 평생공로상을 수상했다.

2014년 8월 11일, 샌프란시스코의 마린 카운티 경찰국은 로빈 윌리엄스가 캘리포니아 티뷰론 자택에서 허리띠로 목을 매 자살했다고 밝혔다. 그의 나이 63세였다. 부인인 수잔 슈나이더는 윌리엄스가 파킨슨병과 우울증을 앓고 있었으며, 특히 치매 현상이 심해 본인이 무

척 힘들어했다고 밝혔다. 영화 〈굿 윌 헌팅〉에서 명콤비로 함께 출연했던 맷 데이먼은 그의 죽음에 대한 소식을 듣고 "나와 벤은 로빈에게 이루 말할 수 없는 큰 빚을 졌다. 로빈이 〈굿 윌 헌팅〉에 출연해 준 데 대해서 내가 아무리 고마워해도 충분치 않을 것이다."라면서 무척 안타까워했다. 당시 오바마 미국 대통령도 "그야말로 그는 누구도 대신할 수 없는 특별한 사람이었다."며 애도했다.

그는 개인적으로 천하가 알아주는 박애주의자였다. 그는 생전에 그가 출연하는 모든 영화에 항상 10여 명의 노숙자들을 함께 고용하도록 계약 조건을 내걸었다고 한다. 해당 노숙자들은 주로 엑스트라로 고용했는데 그가 사망하기 전까지 1,520명이 넘는 사람들과 함께했다고 한다. 정치적으로는 민주당의 열렬한 지지자였다. 이라크 전쟁에 대해서 꾸준히 반대 의사를 표시했지만 한편으로는 이라크의 미군들을 위한 위문 활동도 꾸준하게 해 왔다.

윌리엄스는 학교 선생, 인생의 선배 혹은 푸근한 아저씨 느낌을 주는 배우였다. 그는 여러 영화에서 아주머니·거지 왕초·로봇·스토커 등 못 하는 역할이 없는 뛰어난 연기력의 소유자였다. 그는 무엇보다도 코미디의 천재였다. 끊임없이 쏟아 내는 풍자와 모사는 타의 추종을 불허했다. 영화 〈미세스 다웃파이어〉에서는 관객들을 포복절도하게 만들기도 했다. 입담도 대단했다. 투실한 가슴과 익살스러운 제스처와 따뜻한 미소를 던지는 이 털북숭이 사내는 많은 사람들의 기억에 영원히 잊혀지지 않을 것이다.

생전에 그는 "친절하라. 우리가 만나는 사람은 모두 힘든 싸움을 하고 있다."라는 플라톤의 명언을 자주 인용했다고 한다. 푸근한 인상으로 왕성한 위트와 유머로 모두에게 웃음과 행복을 주었지만 정작 본인은 극심한 우울증으로 외로움을 겪고 있었던 것이다. 로빈 윌리엄스의 파안대소가 그립다.

III. 불알친구인 할리우드의 두 스타 맷 데이몬 & 밴 애플랙

맷 데이먼

그는 하버드 대학교 영문학과를 중퇴했다. 재학 중에 배우라는 직업에 깊이 매료되면서 자퇴했다. 그는 자신의 학창 시절이 "수업 시간표를 짜는 것보다 오디션 시간표를 짜기에 바빴던 시기"라고 할 정도였다. 데이먼은 학교를 알린 유명인으로 2013년에 하버드 예술 훈장을 받기도 했다. 배우 토미 리 존스와는 같은 대학의 같은 학과 후배이기도 하다.

맷 데이먼

어린 시절부터 데이먼은 글쓰기에 재능을 보였고, 중학교 때부터 이미 시나리오와 단편 소설을 쓰기 시작했으며 연극 연출도 했다고 한다. 미국에서도 엄친아 이미지가 강하다. 그의 어머니는 유아교육학 교수라서 칼럼 등에서 데이먼을 키운 경험을 바탕으로 자녀 양육과 교육관을 피력한 적도 있다. 데뷔 때부터 쭉 흔들림 없는 연기력을 보이고 있어 영화 팬들이 일단 믿고 보는 배우로 정평이 나 있다.

절친한 친구로는 벤 애플렉이 있다. 둘은 보스턴에서 10살 때부터 알고 지낸 불알친구였다. 때문에 데이먼의 인터뷰에서는 항상 벤에 관한 질문이 나오며, 애플렉의 인터뷰에도 맷의 질문이 안 나오면 이상할 정도다. 아카데미 상복은 없는 편이나 다른 영화제에서 수상한 경력은 많은 편이다. 애플렉 외에 〈모뉴먼츠 맨〉에서 공연한 조지 클루니, 〈디파티드〉에서 함께 공연했던 레오나르도 디카프리오와도 절친 사이다.

각본을 고르는 시각이 까다로운 편이며 흥행보다는 살짝 예술성이 짙은 영화를 선호하는 편이다. 명문 대학에 재학한 이력 때문에 지적인 느낌이 앞서는

영화 〈본 시리즈〉에서 데이먼

배우이다. 이런 데이먼이 기존 이미지를 깨고 반전의 매력을 선사한 계기가 바로 〈본 시리즈〉의 제이슨 본 역이었다. 직접 몸으로 부딪치고 깨지면서 가공할 액션을 선보였던 것이다. 대표작으로는 〈굿 윌 헌팅〉, 〈라이언 일병 구하기〉, 〈오션스 시리즈〉, 〈본 시리즈〉, 〈더 브레이브〉, 〈스틸워터〉, 〈포드 V 페라리〉, 〈라스트 듀얼: 최후의 결투〉, 〈에어〉 등을 들 수 있다.

데이먼은 바텐더 출신의 루치아나 바로소와 만나 2005년 결혼했

다. 이들에겐 바로소가 데리고 들어온 전남편과의 사이에서 낳은 딸과 재혼 후 낳은 세 딸을 포함해서 네 딸이 있다. 영화 촬영으로 바쁜 와중에도 가족과 많은 시간을 함께 보내려 애쓰는 것으로 알려졌고, 종종 딸들과 외출이나 쇼핑을 하는 모습이 카메라에 포착되면서 딸 바보라는 애교 섞인 얘기도 종종 듣고 있다.

그는 '워터닷오알지water.org'라는 재단을 설립해서 후진국에 깨끗한 식수를 공급하는 캠페인을 펼쳐 온 환경운동가이기도 하다. 자신의 집 변기의 물을 떠서 목욕을 하는 영상은 많은 이들에게 깊은 인상을 심어 주기도 했다. 또한 미국의 패권주의를 노골적으로 비판하기도 하는 진보적인 성향을 갖고 있는데, 이는 고등학교 시절 이웃의 하워드 진 교수에게 영향을 많이 받았기 때문일 것이다.

벤 애플렉

캘리포니아 주 버클리에서 배우이자 무대 감독이었던 아버지와 교사였던 어머니 사이에서 출생했다. 아버지의 음주벽으로 부모가 이혼한 후 어머니를 따라 어렸을 때 매사추세츠 주 케임브리지로 이사를 왔다. 사실상 매사추세츠 주 토박이인 셈이다. 8살 때부터 같은 동네의 데이먼과 불알친구로 자라면서 같은 고등학교를 다녔다. 버몬트 대학에서 스페인

벤 애플렉

어과를 다니기도 했지만 시나리오 쓰는 일에 푹 빠지기 시작했다. 그가 영화계에 알려지기 시작한 것은 친구 데이먼과 공동 각본을 쓰고 조연으로 출연한 〈굿 윌 헌팅〉을 통해서부터였다.

이때부터 대작 〈아마겟돈〉과 〈진주만〉 등에 주연으로 출연하면서 잘생긴 청춘스타 이미지로 팬들의 인기를 모았으나, 이후 출연한 여러 작품들에서 비평이나 흥행 면에서 별반 주목을 받지 못했다. 반면에 〈오션스 일레븐〉과 〈제이슨 본〉 시리즈로 한창 인기 가도를 달리고 있던 친구 데이먼과 자주 비교당하기도 했다. 안정적인 연기력을 보였지만 이렇다 할 정도의 두각을 나타낸 인상적인 작품이 없었던 것이다.

그런 그가 빛을 본 분야는 바로 각본과 연출이었다. 2007년 동생 캐시 애플렉을 주연으로 해서 처음으로 감독한 〈가라, 아이야, 가라〉를 통해 다소 비판적이었던 자신에 대한 평가를 뒤바꾸는 데 성공했다. 데니스 루헤인의 동명 소설을 각색한 영화로, 아동 실종 사건을 통해 미국 내 아동 보호에 대한 사회적인 맹점과 학대의 현실을 예리하게 그려 냈다는 평을 받았다.

이어서 2011년에는 두 번째 연출작 〈타운〉으로 호평을 받았다. 애플렉은 이 영화를 찍기 위해 보스턴의 뒷골목 어깨들이나 FBI 요원들과 친하게 지냈다. 아무튼 이 영화의 성공이 결코 본인의 운만은 아니었다는 것을 증명하면서 감독으로서의 역량을 확실히 인정받는다. 그리고 2012년에는 〈아르고〉로 아카데미 작품상과 감독상을 수상하면서 '포스트 클린트 이스트우드'라는 명예로운 별명을 얻기에 이른다. 〈아르고〉는 인질 구출 작전이라는 단순한 실화를 깔끔한 연출로 손에

영화 <아르고>에서 애플렉

땀을 쥐게 하는 긴장감과 영화적 재미를 끌어내며 높은 평가를 받았다. 기품과 유연함이 돋보이는 작품이었다. 2021년에는 애플렉과 데이먼 두 사람은 〈라스트 듀얼: 최후의 결투〉에서 공동 각본과 주연으로 만나 거장 리들리 스콧의 연출 솜씨를 빌어 명작을 탄생시켰다.

2023년에는 나이키사의 '에어 조던' 브랜드 탄생에 관한 영화 〈에어〉를 감독했다. 절친 데이먼이 브랜드 탄생에 기여한 소니 바카로를 연기하고, 본인은 당시 나이키 사장이었던 필 나이트를 연기했다. 이번에 내놓은 〈에어〉를 통해 세 번째 협업을 하게 된 두 사람은 "이 영화는 우리가 아는 스포츠 스타(마이클 조던)에 대한 이야기지만 그 이면에 그의 어머니의 영향력에 대한 드라마다. 그것이 우리가 이 이야기를 좋아했던 이유다."라고 소감을 밝혔다. 이 영화를 찍기 위해 애플렉은 조던과 친구로 지내는 등 치밀하게 준비해 왔으며 조던에게는 사실이 아닌 것은 절대로 영화화하지 않겠다고 다짐을 했다고 한다.

애플렉은 지난 2022년 7월 제니퍼 로페즈와 재결합하면서 세간의 화제가 되었다. 이 두 사람은 18년 전에 약혼식을 파기한 바 있었는데, 이번에 정식 결혼식을 올린 것이다. 애플렉은 지난 2005년부터 2018년까지 결혼 생활을 이어온 전처 제니퍼 가너와 세 자녀를 슬하에 두고 있다. 영화 〈맨체스터 바이 더 씨〉에서 아카데미 남우주연상을 받은 캐시 애플렉은 벤 애플렉의 동생이기도 하다. 애플렉이 메가폰을 잡은 작품에서는 전반적으로 사회의 변두리에 살고 있는 사회적 약자들에 대한 따뜻한 시선과 기교 없는 현실적인 담백한 태도가 곳곳에서 보인다는 평을 듣고 있다.

50장

뷰티플 마인드

괴짜 천재, 존 내쉬 / 다혈질의 배우이자 감독, 러셀 크로우

I. 뷰티플 마인드(2001년), Beautiful Mind

영화 〈뷰티플 마인드〉는 정신 분열 증세를 보이는 수학 천재 존 내쉬가 자신의 병을 이겨 내고 노벨상을 수상하기까지의 감동적인 실화를 그린 휴먼 드라마다. 조현병으로 점점 황폐해져 가는 남편 존 내시의 영혼을 치유하기 위해 자신을 희생한 그의 아내 알리샤의 극진한 사랑의 이야기를 담고 있다. 이 감동적인 스토리를 영화에 담기 위해 치밀한 연출과 배우들의 열연이 돋보인다. 영화는 실비아 네이사가 쓴 책『A Beautiful Mind: The Life of Mathematical Genius and Nobel Laureate John Nash』을 원작으로 해서 만들어졌다.

연출은 재미와 감동을 항상 챙기기로 유명한 〈랜섬〉, 〈파 앤 어웨이〉, 〈분노의 역류〉 등을 만든 론 하워드가 맡았다. 〈글래디에이터〉로 톱스타 자리에 오른 러셀 크로우가 수학 천재 존 내쉬를 연기했고, 이 밖에 내쉬의 환각 속에 등장하는 인물로 에드 해리스와 부인 역에 제니퍼 코넬리가 열연했다. 2002년도 제74회 아카데미에서 작품상·감독상·여우조연상·각색상 등 4개 부문에서 수상했다. 제니퍼가 여우조연상을 수상했다. 러셀 크로우는 분명히 남우주연상이 예상되었지만 전년도에 〈글래디에이터〉로 남우주연상을 받은 것이 고려되어 수상이 불발되었다는 후문이다.

2001년에 개봉한 이 영화는 그해 최고의 작품으로 평론가들의 찬사를 받았다. 《뉴욕 포스트》는 "광기와 싸우면서 이를 극복해 나가는 수학 천재의 매력적이고 놀라운 실화를 그린 영화"라고 평했으며, 《시카고 선 타임스》는 "한 천재의 통렬한 삶을 그린 이 영화는 우리의 넋을 빼앗아 간다."라며 극찬을 아끼지 않았다. CNN에서도 "이 영화는 인간의 나약함과 강인함을 그린 지적이면서도 자극적인 작품"이라고 박수를 보냈다.

내쉬는 영화에서 묘사하는 것처럼 소련의 암호가 아닌 외계의 암호를 찾기 위해 신문과 라디오에 매달렸다고 한다. 또한 내쉬가 시달리는 환각 증세는 환상으로 나타나지만, 실제로는 눈으로 보이는 인물들은 아니고 청각적인 환청이었다고 한다. 아내 알리샤와도 항상 그의 곁에 있었다는 영화 내용과는 달리 실제로 63년 이혼했다가 그의 간청으로 7년 뒤 돌아와 재결합했다. 알리샤에 의하면 "환자인 그를 버렸다는 자책감 때문에 남편으로부터 도저히 도망칠 수 없었다."라고 말했다. 내쉬는 영화 속의 노벨상 시상식장에서 "아내는 자신이 평생 동안 풀지 못한 '사랑의 방정식'을 가르쳤다."고

내쉬와 알리시아

소감을 말한다. 이 소감을 통해 영화 제목인 '뷰티풀 마인드'란 옆에서 극진히 간호했던 자신의 아내를 의미한다.

⁞ 간략한 줄거리

영화는 실존 인물인 존 포브스 내쉬 주니어가 1947년 프린스턴 대학원 수학과에 진학하면서 시작된다. 이 웨스트 버지니어 출신의 수학 천재는 일찍이 눈부신 학문적 업적들을 성취해 냄으로써, 제2의 아인슈타인이라는 평을 받으며 학계의 주목을 받는다. 이 괴짜 천재는 대학원 기숙사 유리창을 칠판 삼아 하나의 문제에만 매달린다. 그것이 바로 1949년 21살의 나이로 애덤 스미스 경제학 이론을 정면으로 뒤집는 균형 이론이다. 이 이론으로 그는 일약 학계의 스타로 떠오른다.

이때 정부 비밀 요원 윌리엄 파처가 신문과 잡지에 숨겨진 소련의 암호를 풀어 달라고 부탁한다. 내쉬는 알리샤라는 매력적인 여학생과 결혼한 뒤 암호 해독을 중단할 뜻을 비치자, 파처는 소련에게 그의 위치를 알려 위험에 빠뜨리겠다고 협박한다. 결국 이 파처는 내쉬의 환각 속의 인물에 불과하지만 이때부터 내쉬는 정신 분열 증세를 보여 병원에 강제로 수용된다. 그러나 아내의 요청으로 자택으로 돌아온다. 결국 본인의 처절한 노력과 아내의 헌신적인 내조로 재기에 성공하면서 1994년도에 노벨 경제학상을 받는다.

II. 괴짜 천재, 존 내쉬

존 내쉬

영화보다 더 극적인 삶을 살았던 내쉬는 1928년 웨스트버지니아 주의 블루필드에서 전기 기술자인 아버지와 라틴어 교사 출신의 어머니 사이에서 태어났다. 무척 내성적이고 비사교적이었으나, 뛰어난 두뇌의 소유자였던 그는 어머니의 극진한 보살핌 속에서 어린 시절을 보냈다. 1945년 카네기멜론대학에 전액 장학생으로 입학, 화학을 전공하다가 수학으로 전공을 바꾸었다. 이후 프린스턴 대학교에서 박사 학위를 취득하였다.

1950년부터 랜드연구소에서 일하였으며, 1951년부터 MIT에서 강의했다. 1957년 MIT 학생으로 자신의 강의를 듣던 알리샤 라드와 결혼하였다. 1958년 30세의 젊은 나이에 수학계의 노벨상이라 불리는 필즈상 후보에 올랐으나 이 사람은 나중에도 충분히 받을 수 있다며 선정위원회에서는 다른 사람을 뽑았다. 이 무렵부터 붉은 넥타이를 한 사람들이 자신을 감시하는 소련의 공산주의 스파이라는 망상에 시달리는 등 불안정한 정신 상태를 보이다가 1959년 조현병 진단을 받고 MIT 교수직에서 물러났다.

내쉬는 조현병으로 거의 30년 가까이 일상으로 복귀할 수 없었다. 처음에는 심한 환각 현상 때문에 9년간 정신 병원에 있다가 자택으로 돌아와 지냈다. 훗날 아내 알리샤와 의논 끝에 일단 일상으로 복귀했으나 현실의 삶은 그야말로 녹록지 않았다. 그러나 아내와 주위의 도움으로 서서히

결혼식에서 내쉬 부부

조현병에서 벗어나 정상으로 돌아왔다. 1994년 균형이론으로 1994년 노벨 경제학상을 받게 된다. 내쉬 균형*이라고 불리는 이 이론은 젊은 날의 그가 1950년 프린스턴 대학교 박사 학위 졸업 논문인 "비협력 게임Non-Cooperative Games"의 내용이다. 이 논문은 27 페이지라는 극히 적은 분량인데 이는 한 줄로 요약하면 "그가 생각하는 걸 나도 생각한다고 그가 생각하리라는 걸 나는 생각한다."이다. 내쉬 균형은 수학적 이론이지만 노벨상 위원회는 그에게 이례적으로 노벨 경제학상을 수여했다, 그의 논문 내용이 수학의 영역으로만 한정하기에는 너무나 위대했기 때문이었다.

이후에도 내쉬는 조현병 증상을 이따금씩 보였지만 상당히 회복 증상을 보이며 활동을 계속했다. 2015년 5월 19일에는 국제적으로 권위 있는 수학상인 아벨상**을 수여받았다. 수상 인터뷰에서 노벨상과

---

* 내쉬 균형은 게임 이론의 형태로 게임의 참여자가 상대방의 전략을 고정된 것으로 보고 그 상황에서 자신에게 최적인 선택을 할 때, 그 선택들의 결과가 결국은 균형을 이룬다는 것을 말한다. 오늘날 정치적 협상이나 경제 분야에서 전략으로 널리 활용되고 있다. 내쉬 균형을 설명하는 대표적인 예로서 '죄수의 딜레마'가 있다.

** 노르웨이 정부가 자국의 수학자 아벨을 기념해 수여하는 국제적 권위의 수학상이다. 2003년부터 매년 뛰어난 업적을 낸 수학자들에게 수여하고 있다.

아벨상 중 어느 것이 더 가치 있게 느껴지냐는 질문에 2분의 1이 3분의 1보다 더 낫지 않겠냐는 재치 있는 답변을 내놓기도 했다. 그런데, 5월 23일 귀국해서 부인과 함께 택시를 탔는데 교통사고로 부인과 함께 사망했다.

사고는 택시 기사가 앞에 있던 차를 추월하기 위해 차선을 넘던 중 그만 가드레일에 충돌하면서 발생했다. 안전벨트를 매지 않고 있던 내쉬 내외는 그만 차 밖으로 튕겨져 나가면서 안타깝게도 사망했다. 많은 이들은 이 비보를 듣고 다시금 영화에서 그의 아내가 보여 준 헌신적인 사랑을 떠올리며 고인을 애도했다. 영화 〈뷰티플 마인드〉에서 그의 역을 연기했던 러셀 크로우를 비롯해서 출연진들도 모두 고인 부부의 죽음에 대하여 안타까움을 토로했다.

III. 다혈질의 배우이자 감독, 러셀 크로우

러셀 크로우는 1964년 뉴질랜드 웰링턴에서 태어나 4세 때 부모와 호주로 이주하였다. 어린 시절부터 아역 스타로 출발한 그는 커 가면서 TV와 영화에 출연했다. 1992년 출연한 〈이유

러셀 크로우

없는 반항〉으로 세계적으로 그를 알리게 된다. 이후 1994년에 출연한

〈섬 오브 어스〉는 그가 할리우드에서도 상품 가치가 있음을 보여 준 영화였다. 다음 해인 1995년, 당시 〈퀵 앤 데드〉의 제작을 맡았던 여배우 샤론 스톤이 그의 캐스팅을 추천했다. 1998년 커티스 핸슨 감독의 느와르 영화 〈LA 컨피덴셜〉에서 거칠지만 의협심 있는 형사로 두각을 나타내면서 영화계에 뚜렷한 인상을 남겼다.

이후 아카데미 남우주연상을 안겨 준 〈글래디에이터〉의 복수심에 불타는 막시무스, 〈뷰티풀 마인드〉의 조현병에 걸린 수학 천재 존 내쉬, 〈마스터 앤드 커맨더: 위대한 정복자〉의 잭 오브리 함장 그리고 〈신데렐라 맨〉의 가난한 복서 짐 브래덕 역에 이르기까지 놀라울 정도로 다양한 역할들을 연기하면서 드디어 최고의 배우의 반열에 오른다.

영화 〈글래디에이터〉에서 크로우

2015년에는 제1차 세계대전 당시 갈리폴리 전투로 세 아들을 모두 잃은 한 남자를 그린 〈워터 디바이너〉의 주연을 맡으면서 메가폰을 처음으로 잡았다. 이 영화에 대한 감독으로서의 역량에 대하여도 찬사를 받았는데, 후에 스태프진들은 크로우에 대해 영화 십여 편을 찍은 관록이 묻어난다고 놀라워했다. 이에 대하여 크로우는 〈글래디에이터〉, 〈바디 오브 라이즈〉, 〈로빈 후드〉 등을 함께한 거장 리들리 스콧으로부터 가장 많이 배웠다고 그에게 공을 돌렸다. 2023년에는 영화 〈포커 페이스〉를 감독, 주연을 맡아 카리스마 넘치는 갬블러로 나온다. 그는 록 가수가 되고자 했던 어릴 때 꿈을 버리지 않고 지금도 한 록 밴드에서 기타를 치고 노래를 하고 있다. 그는 호주에 가정을 꾸렸고 거기서 오랜 연인인 호주 출신의 가수이자 배우 다니엘 스펜서와 결혼하여 두 자녀를 두었는데, 지난 2017년에 두 사람은 이혼했다.

터프한 인상 덕분에 주로 선이 굵은 스타일의 역할들을 자주 맡지만 〈인사이더〉, 〈뷰티플 마인드〉와 같이 섬세한 연기에도 일가견이 있다. 그래서 할리우드에서는 강하면서도 섬세한 연기를 동시에 할 줄 아는 배우라고 평가받는다. 생긴 인상대로 다혈질에 자기 주관이 뚜렷하다. 스크린 밖에서는 주먹싸움을 곧잘 벌이는 불같은 성격의 소유자이기도 하다. 그래서 여러 폭행 사건들에 휘말리면서 구설수에 오르기도 했다.

최근에는 나이가 들어서인지 한층 부드러워졌다는 얘기가 나돌기도 한다. 본인은 영화 제작 과정에서 작품에 집중하다 보니 간혹 언성이 높아지기도 했고 성격적으로 의협심이 강해 대충 지나가지 않은 점도 있었음을 시인하기도 했다. 앞으로 연륜이 쌓이면서 더욱 노련한 연기와 일취월장하는 연출 솜씨가 기대되고 있다.

명작 영화와 함께 읽는 역사와 인물

명작 영화로 미국 역사를 읽다